Belehrung und Beratung des Beschuldigten über sein Aussageverhalten

Schriften zum Strafrecht und Strafprozeßrecht

Herausgegeben von Manfred Maiwald

Band 63

PETER LANG
Frankfurt am Main · Berlin · Bern · Bruxelles · New York · Oxford · Wien

Tim Schurig

Belehrung und Beratung des Beschuldigten über sein Aussageverhalten

Eine gemeinsame Aufgabe von Gericht und Verteidigung?

PETER LANG
Europäischer Verlag der Wissenschaften

Bibliografische Information Der Deutschen Bibliothek
Die Deutsche Bibliothek verzeichnet diese Publikation in der Deutschen Nationalbibliografie; detaillierte bibliografische Daten sind im Internet über <http://dnb.ddb.de> abrufbar.

Zugl.: Hamburg, Univ., Diss., 2002

D 18
ISSN 0938-6181
ISBN 3-631-50628-7

www.peterlang.de

Vorwort

Die folgende Arbeit lag der Juristischen Fakultät der Universität Hamburg im Sommersemester 2002 als Inaugural-Dissertation vor. Rechtsprechung und Literatur wurden bis Mai 2002 berücksichtigt.

Dank schulde ich

- Herrn Prof. Dr. Fezer für die in jeder Phase der Arbeit vorbildliche Betreuung,

- Herrn Prof. Dr. Köhler für die zügige Erstellung des Zweitgutachtens,

- Herrn Prof. Dr. Maiwald für die Bereitschaft, meine Arbeit in die Reihe aufzunehmen,

- meiner Lebensgefährtin Brigitte Severin, die den Erstentwurf der Arbeit mit viel Geduld und Sachverstand korrigierte und viele wertvolle Hinweise einbrachte,

- meinem Vater Dieter Schurig, Frau Frieda Boekhoff und Frau Katja Welser, die die Mühen des abschließenden Korrekturlesens auf sich nahmen,

- Frau Ute Ehrk für die reibungslose Organisation,

- Frau Dipl.-Bibl. Regina Wohlers für die Hilfe bei der Literaturrecherche,

- und meinen Eltern, Dieter und Ute Schurig, denen diese Arbeit gewidmet ist, für den Rückhalt über all die Jahre.

Hamburg, im November 2002 *Tim Schurig*

Inhaltsverzeichnis

1. Teil: Einführung in die Problemstellung und Gang der Untersuchung

Der Beschuldigte – konfrontiert mit dem Tatvorwurf – sieht sich vielen Möglichkeiten gegenüber, wie er sein Aussageverhalten gestalten kann. Er kann sich jeder Aussage enthalten oder sich zur Sache einlassen und dabei eventuell ein Geständnis ablegen oder den Tatvorwurf bestreiten. Aber auch viele Mischformen wie z.B. Schweigen zu bestimmten Punkten, Teileinlassungen und Teilgeständnisse sind denkbar. Die Wahl des Aussageverhaltens ist oft für den Prozess entscheidend. Angesichts der Bedeutung dieser grundsätzlichen Weichenstellung stellt sich die Frage, wie der Beschuldigte über diese Möglichkeiten und deren Folgen informiert wird.

Er benötigt hierbei zweierlei: *Belehrung und Beratung.* Während die Belehrung die Information über die grundsätzliche Möglichkeit und die Folgen eines Aussageverhaltens meint, ist die Beratung weitergehend: Hier wird dem Beschuldigten ein sich für seine spezielle Situation anbietendes Verhalten empfohlen im Sinne eines konkreten Verhaltensvorschlags.

Ist die Notwendigkeit einer so genauen Information des Beschuldigten erkannt, stellt sich die Frage, wer diese vornimmt. Zunächst scheint der *Verteidiger* hierfür geeignet und prädestiniert zu sein. Ein Blick auf § 140 StPO verrät aber, dass nicht immer ein Verteidiger mitwirken muss. Hinzu kommt, dass er nur begrenzte Anwesenheitsrechte im wichtigen Ermittlungsverfahren hat. Deshalb liegt es nahe, danach zu fragen, inwieweit auch das *Gericht* diese Aufgabe, den Beschuldigten über die Möglichkeiten hinsichtlich des Aussageverhalten zu informieren und ihm zu bestimmten Verhaltensweisen zu raten, übernehmen kann.

Damit ist der Leitgedanke der Arbeit formuliert:

Inwieweit ist das Gericht für eine hinreichende Belehrung und Beratung des Beschuldigten zuständig? Oder ist diese Aufgabe in der Hauptsache dem Verteidiger zugewiesen? Wie hat ggf. die Aufgabenverteilung insgesamt auszusehen?

Dabei soll in folgenden Untersuchungsschritten vorgegangen werden:

Der **2. Teil** gibt unter der Überschrift **„Der Belehrungs- und Beratungsbedarf des Beschuldigten“** einen Überblick über das Schweigerecht und das Geständnis. Hierbei werden die weitreichenden Folgen deutlich, die die Entscheidung z.B. für ein Geständnis hat. Innerhalb der Betrachtung des Schweigerechts ist die dogmatische Unterscheidung nach den verschiedenen Erscheinungsformen darzustellen. Bezüglich des Geständnisses ist hinsichtlich der dogmatischen Einordnung der Einfluss von BGHSt. 43, 195 zu beachten.

Diese Darstellung orientiert sich an den bestehenden Belehrungsvorschriften, insbesondere an den §§ 136 I, 243 IV StPO. Die enorme Diskrepanz zwischen der stark ausdifferenzierten Dogmatik, die beim Schweigerecht drei Kategorien mit unterschiedlichen Rechtsfolgen unterscheidet, und dünnem Belehrungsinhalt statuiert den Belehrungs- und Beratungsbedarf des Beschuldigten. Die Ergebnisse dieser Darstellung sind Orientierungspunkt für die weitergehenden Überlegungen. Es wird herausgearbeitet werden, dass besonders eine Frage für den Beschuldigten wichtig ist: die Frage, ob er sich mit einem bestimmten Verhalten schon eingelassen, *ob er also sein Schweigen bereits gebrochen hat.* Bei dieser Einordnung spielt die Diskussion um das sog. „Teilschweigen" eine zentrale Rolle.

Allerdings ist es ungewöhnlich, nach der Befriedigung dieses Bedarfs zu fragen und sogleich zur Zuweisung dieser Aufgabe das Gericht in den Blick zu nehmen, da das Gericht im Prozess sowohl den Sachverhalt aufklären und bewerten als auch gleichzeitig die Rechte des Beschuldigten wahren muss. Es ist also nicht „parteiisch" zu Gunsten des Beschuldigten. Maßstäbe und Richtlinien für eine dem Beschuldigten Nutzen bringende Belehrung und Beratung lassen sich deshalb am besten aus der Perspektive des Verteidigers gewinnen, dessen ureigenste Aufgabe die Unterstützung des Beschuldigten ist. Erst dann ist die Überlegung sinnvoll, ob das Gericht sich in ähnlicher Weise gegenüber dem Beschuldigten verhalten kann.

Deshalb soll **im 3. Teil, „Beratung hinsichtlich des Einlassungsverhaltens durch den Verteidiger"**, die Problematik aus Sicht des Verteidigers dargestellt werden. Betrachtet werden die Kriterien, anhand derer der Verteidiger zu einem bestimmten Aussageverhalten raten würde. Schon hierbei werden sich einige Gesichtspunkte ergeben, die sich nicht auf das Gericht als „Verteidigersurrogat" übertragen lassen. Hingegen könnten andere Überlegungen durchaus Gegenstand eines richterlichen Hinweises sein. Dies ist zu analysieren. Hierbei wird herausgearbeitet werden, dass *die Einschätzung der gerichtlichen Beurteilung der Beweissituation* die zentrale Frage bei der Beratung des Beschuldigten darstellt. Damit sind für den Beschuldigten im Wesentlichen zwei Fragen besonders bedeutsam im Hinblick auf die Entscheidung zu einem bestimmten Einlassungsverhalten:

Ist das Verhalten des Beschuldigten als Schweigen oder als Aussage zu werten, und wie schätzt das Gericht die derzeitige Beweis- und Rechtslage ein ?

Der **4. Teil** der Untersuchung steht unter der Überschrift **„Belehrung und Beratung durch staatliche Organe, insbesondere durch das Gericht?"**. Kurz skizziert werden muss hierbei, warum diese Überlegung notwendig ist: Die Enge des § 140 StPO führt dazu, dass viele Beschuldigte *unverteidigt* sind. In einer zweiten Überlegung sind die übrigen staatlichen Organe wie Polizei und Staatsanwaltschaft als diejenigen *auszuscheiden*, die eine Beratung des Beschuldigten im umfassenden Sinne leisten könnten. Dies lässt sich anhand der vorherrschenden Perspektive des Ermittlungsverfahrens und der angewandten Vernehmungsmethoden zeigen.

Damit ist der Weg frei zu einer umfassenden Betrachtung der Aufgaben des Gerichts. Nach diesen Vorüberlegungen geht es im Kernstück der Arbeit um das Gericht in seiner Rolle als belehrendes und beratendes Organ. Die Fragestellung lautet hierbei, inwieweit das Gericht bereit und in der Lage ist, dem Beschuldigten Hinweise in Form von Belehrungen und Beratungen zukommen zu lassen.

Hierzu ist in einem ersten Schritt eine gründliche Analyse der Dogmatik und Rechtsprechung, die sich um die Belehrung gem. §§ 136 I, 243 IV StPO ranken, notwendig. Hierbei wird eine skeptische Haltung der Rechtsprechung gegenüber den Belehrungsvorschriften erkennbar, was die „aussagehemmende Wirkung" von Belehrungen angeht. Nicht nur die Funktionen von Belehrungen werden hier herausgearbeitet, sondern auch die Art und Weise, in der die Rechtsprechung den Verteidiger in ihr „Belehrungskonzept" integriert.

In einem zweiten Schritt werden die Belehrungen und Beratungen dargestellt, die über die normierten Belehrungen hinausgehen. Eine konkrete Beratung durch das Gericht, wie der Hinweis auf die Vorteile einer Aussage in dieser Verfahrenssituation, wird untersucht, ebenso die sog. „qualifizierte" Belehrung. Es soll deutlich werden, für welchen *begrenzten* Bereich diese Bereitschaft zu weitergehenden Hinweisen nur gilt. Nicht nur bezüglich der Mitteilung der Verdachtsgründe gem. § 136 StPO ist man sehr zurückhaltend und lässt eine nur sehr späte Information zu. Auch die Frage, wie das Gericht die Beweislage vorläufig einschätzt, scheint zunächst eindeutig gelöst: Nach BGHSt. 43, 212 wird kein Anspruch auf die Bekanntgabe einer vorläufigen Einschätzung gewährt. All dies erschwert die Beratung des Beschuldigten und provoziert geradezu die Frage, ob das Gericht gerade deshalb als „Berater" auftreten müsste, weil es die eigene Einschätzung der beweisrechtlichen Lage kennt.

Diesem Gedanken ist im **5. Teil, „Kommunikative Strukturen und Prognoseprobleme"**, weiter auf den Grund zu gehen, weil die Überlegungen des 3. Teils haben deutlich werden lassen, wie entscheidend die Beratung – dort noch aus der Sicht des Verteidigers geschildert – von der Beurteilung der Einschätzung der beweisrechtlichen Situation durch das Gericht abhängt. Es wird zu zeigen sein, dass dieses prognostische Element auch in anderen dogmatischen Bereichen der jüngeren Diskussion seinen Platz hat: Auch in der *Widerspruchslösung* und der *Absprachepraxis* stellt sich dieses Problem. Es ist zu untersuchen, ob hierfür in der dogmatischen Auseinandersetzung um diese beiden Rechtsfiguren eine Lösung angeboten wird. Genauere Betrachtung verdient schließlich die in jüngster Zeit wieder verstärkt diskutierte Idee des partizipatorischen Prozesses, der auch die Bekanntgabe einer vorläufigen Einschätzung der

Beweislage umfasst. Zu untersuchen ist, ob diese Diskussion nur zu einer „Lizensierung“ des Deals verwendet werden soll, oder ob sich hieraus ein Prozessmodell entwickelt, das dem Bedürfnis nach Information über die Einschätzung der Lage durch das Gericht gerecht wird. In diesem Zusammenhang wird nach adaptierbaren kommunikativen Strukturen gesucht. Auch wird deutlich, dass durch diese neuen Entwicklungen ein *zusätzlicher Beratungsbedarf* im Verhältnis zu den in den ersten beiden Teilen erarbeiteten Erkenntnissen geschaffen wird.

Aus den Betrachtungen des 5. Teils wird sich ergeben, dass für das Problem der „Prognose“ derzeit *keine Lösung* in Sicht ist, was an der einseitigen Orientierung der Idee „partizipatorischer Prozess“ an der Absprachenpraxis liegt. Auch die Suche nach kommunikativen Strukturen, die Anregungen für ein Gesamtkonzept liefern könnten, wird weitgehend erfolglos bleiben. Aus den zu Tage tretenden Defiziten lässt sich aber ableiten, welche Veränderungen notwendig sind, die im 8. Teil präzisiert werden.

Der **6. Teil, „Rolle des Verteidigers“**, nimmt das Ergebnis des 4. Teils – weitgehend Ungeeignetheit des Gerichts zur Beratung des Beschuldigten – und des 5. Teils – kaum vorhandene kommunikative Strukturen – zum Anlass, die Rolle des Verteidigers innerhalb des zu entwickelnden Belehrungs- und Beratungskonzepts zu reflektieren. Die neuere Rechtsprechung zur Widerspruchslösung und zum Missbrauch des Beweisantragsrechts gibt Anlass zu zeigen, dass sich die verstärkte Zuweisung von Aufgaben und Verantwortlichkeit an den Verteidiger in einem Rechtsprechungstrend widerspiegelt. Hieraus müssen aber angesichts der Ungeeignetheit des Gerichts, den Beschuldigten über sein Einlassungsverhalten zu beraten, Konsequenzen gezogen werden: Eine große Anzahl von Pflichten muss mit entsprechenden Rechten korrespondieren. Somit wird hier die Forderung nach erweiterten Anwesenheitsrechten erhoben, die im 8. Teil präzisiert werden müssen.

Doch auch die ständige Mitwirkung eines Verteidigers kann einen Eingriff in die Autonomie bzw. Subjektsstellung des Beschuldigten bedeuten. Deshalb zieht der **7. Teil, „Der Beschuldigte als Verfahrenssubjekt“**, die Subjektsstellung des Beschuldigten als Orientierungspunkt für das Maß der Belehrung und Beratung und den Umfang der Verteidigeranwesenheit heran.

Auf dieser Grundlage werden im **8. Teil, „Umsetzung in Vorschläge de lege ferenda“**, die gewonnenen Erkenntnisse zusammengefasst und Vorschläge de lege ferenda unterbreitet, die dazu dienen sollen, dem Angeklagten eine wahrhaft souveräne Entscheidung über die Art seines Einlassungsverhaltens zu ermöglichen.

2. Teil: Der Belehrungs- und Beratungsbedarf des Beschuldigten

1. Abschnitt: Der schweigende Beschuldigte

Zunächst ist es erforderlich, den Belehrungs- und Beratungsbedarf des Beschuldigten darzustellen, an dem sich die weitere Untersuchung orientieren wird. Der 1. Abschnitt beschäftigt sich mit dem schweigenden Beschuldigten, während der 2. Abschnitt die besondere Problematik des Geständnisses aufzeigt. Aus den besonderen „Tücken“ der hiermit verbundenen Dogmatik ergibt sich die Notwendigkeit, den Beschuldigten über die Folgen seines Verhaltens eingehend zu informieren.

Das Phänomen des schweigenden Beschuldigten ist mit einer komplexen Dogmatik und vielen umstrittenen Einzelfragen verbunden. In diesem Bereich ist der Belehrungs- und Beratungsbedarf des Beschuldigten besonders groß. In tatsächlicher Hinsicht bestehen Zweifel hinsichtlich der Frage, ob der schweigende Beschuldigte ein häufig in der Praxis auftretendes Phänomen darstellt oder nicht. Einerseits wird behauptet, der im Lauf des Verfahrens durchgehend schweigende Beschuldigte sei eine Ausnahme.[1] Die meisten Beschuldigten würden darauf drängen, sich einzulassen, wobei zum einen die Vorstellung eine Rolle spiele, den strafrechtlichen Vorwurf mit bloßen Erklärungen entkräften zu können, zum anderen ein verfehltes Bild vom Beweiswert der Beschuldigtenaussage zugrunde liege.[2] Dass diese Annahme zutreffend ist, wird andererseits bezweifelt: Die Aussageverweigerung aus prozesstaktischen Gründen sei keine Ausnahmeerscheinung mehr und gehöre – zumindest beim verteidigten Angeklagten – durchaus zum Gerichtsalltag.[3] Diese statistischen Fragen verlieren an Gewicht, wenn man die Wirkung des Schweigens betrachtet. Das Schweigen wird als eine gewisse kriminalistische Bestätigung dafür angesehen, dass die

---

1 *Stree*, JZ 1966, 593, 594; *Baumann*, JuS 1965, 172, 175; *Tröndle*, DRiZ, 1970, 213, 216 „ausnahmsweise Verweigerung; *Torka*, 233; *Dahs*, Rdnr. 454 spricht von einer Erstaunen hervorrufenden Ausnahmeerscheinung. Vgl. auch *Kohlhaas*, NJW 1969, 2282, 2284, der aufgrund des Selbsterhaltungstriebes davon ausgeht, dass nur selten geschwiegen werde wie auch *Rüping*, JR 1974, 135, 137 „natürliches Streben, Entlastendes vorzutragen.“ *Bauer*, 58, geht davon aus, dass das völlige Schweigen „auch in Zukunft die Ausnahme bleiben wird.“

2 *Schlothauer*, Rdnr. 52.

3 *Malek*, Rdnr. 206, der sich in Fn. 76 darüber wundert, weshalb *Dahs* dieses Verhalten „auch im Jahre 1999“ noch immer als Ausnahmeerscheinung bezeichne. Vgl. auch *Schlothauer*, Rdnr. 55, der den schweigenden Angeklagten „zumindest vor großstädtischen Gerichten“ ebenso zum typischen Erscheinungsbild rechnet wie den sich einlassenden.

Strafverfolgungsbehörden den „Richtigen" verfolgen.[4] Schon aus diesem tatsächlichen Gesichtspunkt heraus ist es nötig, dass der Beschuldigte über die Folgen der Ausübung des Schweigerechts im Bilde ist. Diese Notwendigkeit ist unabhängig von der Frage gegeben, ob mehr oder weniger Beschuldigte gewillt sind, ihr Schweigerecht auszuüben.

Eine Darstellung des Beratungsbedarfs des Beschuldigten hinsichtlich des Schweigens hat sich am Wortlaut des § 136 I 2 StPO zu orientieren: Er ist darauf hinzuweisen, „dass es ihm nach dem Gesetze freistehe, sich zu der Beschuldigung zu äußern oder nicht zur Sache auszusagen (....)." Dies stellt den gesetzlichen „Mindeststandard" an Information des Beschuldigten bezüglich seines Schweigerechts dar. Weitere Belehrungen sind de lege lata aber nicht vorgesehen, denn die Aussagefreiheit ist zugleich umfassend und beliebig gewährleistet: Allein der Beschuldigte bestimmt, ob überhaupt und zu welchen Aussagen er Stellung nimmt.[5] Nicht unproblematisch ist es deshalb, wenn das Gericht zusätzliche Hinweise gibt, z.B. dergestalt, dass Schweigen in dieser speziellen Prozesssituation sich als nachteilig erweisen könnte. Solche über den gesetzlichen Standard hinausgehende Hinweise können nämlich die Entscheidungsfreiheit des Beschuldigten nachhaltig beeinträchtigen, was noch Gegenstand eingehender Betrachtung sein wird.[6]

Im Folgenden geht es darum, dass die Dogmatik und Fallgruppen, die sich hinter der kurzen gesetzlichen Belehrung verbergen, den gerichtlich unerfahrenen und vor allem den anwaltlich nicht betreuten Beschuldigten überraschen dürften. Der Grund hierfür besteht darin, dass die Formulierung des § 136 I 2 StPO nicht erahnen lässt, welche Besonderheiten es bei der Wahl des Aussageverhaltens „Schweigen" zu beachten gilt. Diverse Abgrenzungsschwierigkeiten und Streitfragen statuieren damit den Beratungsbedarf des Beschuldigten im Hinblick auf sein Schweigerecht, was verdeutlichen wird, dass der richtige Umgang mit den jeweiligen Konstellationen sich „als nicht immer ganz einfach" darstellt.[7]

A. Dogmatik des Schweigerechts und Fallgruppen

I. Terminologische Vorbemerkungen

Im Bereich des Schweigerechts herrscht seit langen Jahren eine unveränderte Terminologie:[8]

---

4 *Kleinknecht*, JR 1966, 270, 270.

5 *Schellenberg*, 88.

6 Vgl. zu dieser Problematik eingehend unten, 4. Teil, 2. Abschnitt, B.II. 2.

7 Kritisch *Park*, StV 2001, 589, 589.

8 Vgl. *Nickl*, 2, Fn. 2-4, vgl. auch *Richter* II, StV 1994, 687, 689; jüngstens (m.E. terminologisch nicht eindeutig) zusammenfassend *Park*, StV 2001, 598, 598f.

- *Völliges* Schweigen ist die Verweigerung jeglicher Einlassung in allen Verfahrensabschnitten.[9]
- *Zeitweises* Schweigen ist die Verweigerung der Einlassung nur in bestimmten Verfahrensabschnitten, z.B. vor dem Staatsanwalt oder der Polizei im Ermittlungsverfahren.
- *Teilweises* oder partielles Schweigen ist die Verweigerung der Einlassung in einem Verfahrensabschnitt auf Einzelfragen oder zu bestimmten Einzelpunkten.[10]

Für das zeitweise Schweigen hat sich auch die Bezeichnung horizontales Schweigen, für das teilweise Schweigen der Begriff vertikales Schweigen eingebürgert.[11] Ob sich diese Begriffe aber geradezu aufdrängen,[12] muss bezweifelt werden. Es bietet sich an, die Schlüssigkeit einer Kategorisierung auch daran zu bemessen, ob sie sich „aus sich selbst heraus" erklärt. Jedoch ist diese Unterscheidung nach verschiedenen „Schweigearten" weder dem Gesetz bekannt, noch dürfte sich aus der Betrachtung nach der Laiensphäre ein klares Bild über diese Abgrenzungen ergeben.

Schon der Begriff „teilweises" Schweigen ist mehrdeutig. Dass hiermit ein Teil eines mehrstufigen, in Vor-, Zwischen- und Hauptverfahren gegliederten Strafverfahrens gemeint ist, ergibt sich aus dem Wort „teilweise" nicht zwingend. Auch könnte hiermit das Schweigen zu bestimmten Punkten gemeint sein, also bezogen auf den Tatvorwurf. Genauso steht es mit der Bezeichnung „Teilschweigen". Dies könnte ebenso gut einen „Teil" des Verfahrens, z.B. das Vorverfahren, meinen.

Die Begriffe „horizontal" und „vertikal" , das zweite in der Literatur zu findende Abgrenzungspaar, sind ebenfalls mehrdeutig. Horizontal kann sich auf die Zeitachse beziehen[13] und Schweigen in einem Abschnitt des Verfahrens bedeuten. Man kann sich das Verfahren aber auch – quasi temporär – von unten nach oben aufgebaut vorstellen mit den verschiedenen Verfahrensstufen als jeweils eine Ebene. Dann wäre das Schweigen zu bestimmten Punkten als horizontal zu betrachten, da auf einer Ebene geschwiegen wurde. Ebenso könnte man das Schweigen in einem Abschnitt des Verfahrens dann als vertikal be-

---

9 *Schneider*, Jura 1990, 572, 574 „Totalschweigen"; *Park*, StV 2001, 589, 589.

10 Vgl. *Rieß*, JA 1980, 293, 295: „Teilweises Schweigen ist gegeben, wenn der Beschuldigte in einer Vernehmung zu einem einheitlichen Tatgeschehen einzelne Angaben verweigert (....)." S. auch *Kühl*, JuS 1986, 115, 120, der schon hier die Problematik der Nichtentbindung der Zeugen vom Zeugnisverweigerungsrecht nennt. Vgl. *Schneider*, Jura 1990, 572, 573: „partielles Schweigen".

11 *Richter* II, StV 1994, 687, 691 / 692.

12 *Torka*, 233.

13 Vgl. *Torka*, 233, der diese Begriffe für geglückt hält; auch *Park*, StV 2001, 589, 599 bezieht sich auf die Zeitachse.

trachten. Die Terminologie hat also eine gewisse Beliebigkeit und ist vom Blickwinkel abhängig.

Vollends durcheinander geraten die Begriffe schließlich, wenn man wie Park kategorisiert: Er versteht den Begriff „teilweises Schweigen“ als Oberbegriff für die beiden Unterkategorien horizontales und vertikales Teilschweigen.[14] Hier werden die beiden Ansätze, die zwischen „teilweisem Schweigen“ und „Teilschweigen“ bzw. „horizontal“ und „vertikal“ unterscheiden, miteinander vermengt, und dies in einer kaum nachzuvollziehenden Weise, entsprechen sich doch teilweises Schweigen und horizontales Schweigen nach herkömmlicher Terminologie, so dass das erste nicht Oberbegriff für das letztere sein kann. Auch der Versuch, zwischen „zeitlichem Teilschweigen“ und „sachlichem Teilschweigen zu unterscheiden[15], kann nicht überzeugen, ist der Begriff „Teilschweigen“ doch herkömmlich lediglich für das Schweigen zu einzelnen Punkten reserviert. [16]

Doch es geht nicht darum, Wortbedeutungen und Kategorisierungen besonders feinsinnig zu kritisieren. Entscheidend ist in diesem Zusammenhang, dass selbst derjenige, der sich über seine Rechte anhand der Kommentarliteratur informieren möchte, angesichts dieser Begriffsvielfalt zwangsläufig Orientierungsprobleme bekommt. Anhand der nachfolgenden Betrachtung der einzelnen Fallgruppen wird der Belehrungs- und Beratungsbedarf noch deutlicher werden. In terminologischer Hinsicht wird hier die Unterscheidung „teilweises Schweigen“ und „Teilschweigen“ verwendet. Formal ist ohnehin nur entscheidend, dass bei den Verfahrensbeteiligten Klarheit über die Kategorien besteht. Inhaltlich problematisch dagegen wird es, wenn alle Fallgruppen in ein Schema gezwängt werden und nur noch ein reines „Zuordnen“ von Begriffen stattfindet, ohne die sachgerechte Lösung des Einzelfalles im Auge zu behalten.[17] Wenn dann auch noch Fälle des „pauschalen Bestreitens“ aus dogmatischen Gründen dem Schweigen zugeordnet werden[18], wird die Dogmatik zunehmend unübersichtlicher. Auch Definitionen der Art, teilweises Schweigen läge unter anderem dann vor, wenn der Angeklagte „auf einzelne Fragen die Antwort verweigert oder mit

---

14 Vgl. *Park*, StV 2001, 589, 590/591, der wie folgt gliedert: 1. Vollumfängliches Schweigen, 2. Teilweises Schweigen, a) Horizontales Teilschweigen, b) Vertikales Teilschweigen.

15 *Park*, StV 2001, 589, 591.

16 *Park*, StV 2001, 589, 591 kann sich auch bezüglich des Begriffs „vertikales Teilschweigen“ nicht auf *Richter II*, StV 1994, 687, 690 berufen, wie er dies in Fn. 33 tut. *Richter II* a.a.O. spricht vom „vertikalen Schweigen“ oder „Teilschweigen“, *nicht* aber vom „vertikalen Teilschweigen“.

17 *Nickl*, 2; *Schneider*, Jura 1990, 572, 573 warnt vor schablonenhaftem, fallgruppenorientiertem Denken.

18 Vgl. unten, 2. Teil, 1. Abschnitt, A. II. a) aa).

Ausflüchten antwortet“, [19] tragen nicht zur Klarheit bei. Denn ist nicht das „Antworten mit Ausflüchten“ gerade kein Fall des Schweigens, sondern einer Einlassung, die unproblematisch zu würdigen ist? Die Unterscheidung von teilweisem Schweigen und Teilschweigen nach dem noch darzustellenden Konzept der h.M. macht weitere Differenzierungen erforderlich, die die Bedenklichkeit der Konstruktion des Teilschweigens wie auch die Schwierigkeiten der Abgrenzung verdeutlichen.[20]

Bei der folgenden Betrachtung soll im Mittelpunkt stehen, dass alle dogmatischen Differenzierungen vor dem Hintergrund der dünnen Belehrungsformel des § 136 I 2 StPO zu betrachten sind. Hier knüpft auch die Behauptung an, eine gesetzliche Grundlage für diese Unterscheidung nach Fallgruppen des Schweigens wie „gänzlich“ oder „teilweise“ gäbe es nicht, da § 261 StPO die Beweiswürdigung ausdrücklich auch auf die Umstände erstrecke, die nicht durch formelle Beweise erschlossen wurden.[21] Die Konsequenz daraus, das Schweigen insgesamt zu würdigen[22], wird aber zu Recht nicht gezogen. Wer aber dahin gehend belehrt wird, dass „es ihm nach dem Gesetz freistehe, sich zu der Beschuldigung zu äußern oder nicht zur Sache auszusagen“ (§ 136 I 2 StPO), dürfte sich wundern, was sich alles dogmatisch hinter dieser Formel verbirgt.

Die folgende Untersuchung der Fallgruppen des Schweigens des Beschuldigten ist unter dem Blickwinkel zu betrachten, dass im Strafprozess nichts mehr interessiert als die Frage, ob das Schweigen nicht *doch* noch gewürdigt werden darf.[23]

II. Fallgruppen des Schweigens des Beschuldigten

1. Völliges Schweigen

a) Völlige Passivität

Einigkeit herrscht seit langem darüber, dass die völlige Passivität dem Beschuldigten nicht zum Nachteil gereichen darf.[24] Dem liegt der Gedanke zugrunde,

---

19 Vgl. bei *Rogall*, 250.

20 *Rogall*, 251.

21 *Ostermeyer*, NJW 1969, 1187, 1187.

22 *Ostermeyer*, NJW 1969, 1187, 1187.

23 *Keiser*, StV 2000, 636, 635.

24 Absolut h.M. vgl. BGHSt 20, 281, 282; 25, 365, 368; 38, 302, 305; LR/*Hanack*, § 136, Rdnr. 26; *Rogall*, 247; *Wessels*, JuS 1988, 169, 171; *Kühl*, JuS 1986, 115, 118; *Schneider*, Jura 1990, 572, 574: „ex nihilo nihil fit“; *Richter II*, StV 1994, 687, 689; *Eisenberg*, Rdnr. 899; zu allen Fallgruppen des Schweigens *Miebach*, NStZ 2000, 234ff. *Verrel*, 17, weist auf die *doppelte Begründung* hin: notwendige Konsequenz aus der Einlassungs-

dass eine Rechtsposition wie das Schweigerecht nur dann gewährleistet bleibt, wenn es auch als Verwertungsverbot interpretiert wird.[25] Wie weit dieser Grundsatz reicht, zeigt BGHSt 25, 365, wo es darum geht, aus der bloßen Haltereigenschaft des Angeklagten ein Beweisanzeichen zu konstruieren. Der BGH führt hierzu aus, die Haltereigenschaft sei jedenfalls allein kein ausreichendes Indiz für die Täterschaft einer Verkehrsordnungswidrigkeit, wenn nicht noch weitere Gesichtspunkte hinzuträten. Auch aus der Tatsache, dass der Halter die Einlassung verweigere oder sich nur darauf beschränke, die Täterschaft zu bestreiten, dürften keine für ihn nachteiligen Schlüsse gezogen werden.[26] Das Bundesverfassungsgericht hat bestätigt, dass das Schweigen des Beschuldigten im Strafprozess jedenfalls dann nicht als belastendes Indiz gewertet werden darf, wenn er die Einlassung zur Sache vollständig verweigere, da sonst mittelbar ein unzulässiger Aussagezwang erzeugt werde.[27] Insgesamt ist diese Fallgruppe völlig unproblematisch und außer Streit.[28] Problematisch ist nur die Frage, wann ein völliges Schweigen wertungsmäßig ebenfalls vorliegt, obwohl *nicht* völlig Passivität vorliegt.

b) Gleichzustellendes Verhalten

Neben dem totalen Schweigen sind in Rechtsprechung und Literatur Fallgruppen anerkannt, die dem Schweigen gleichgestellt werden.[29] Die Abgrenzung zum noch zu besprechenden Teilschweigen wird hierbei umso problematischer, je umfangreicher sich die Äußerung gestaltet.[30]

aa) Pauschales Bestreiten des Tatvorwurfs

„Wenn ich einfach – obwohl es anders war – sage, ich bin`s nicht gewesen oder ich bin nicht der Täter oder ich habe die Tat nicht begangen, ist das dann gelogen?“ – „Nein, dann lügen Sie nicht, dann schweigen Sie, und dazu haben Sie ein Recht.“[31]

---

freiheit einerseits, dem Regelungsgehalt des § 261 entnommene Beweisgrundsätze andererseits.

25 SK/*Schlüchter*, § 261, Rdnr. 36.

26 BGHSt 25, 365, 368.

27 BVerfG, NStZ 1995, 555, 555. Im Übrigen ergäbe es keinen Unterschied, ob im Ermittlungsverfahren oder in der Hauptverhandlung geschwiegen werde.

28 Nicht übersehen werden darf, dass aber dem Schweigen doch ein faktischer Beweiswert teilweise zugemessen wird, z.B. dann, wenn der Beschuldigte bei einer belastenden Zeugenaussage schweigt, vgl. *Stein*, ZStW 97, 303, 323. Kritisch auch *Verrel*, 18, der nachweist, dass teilweise gewisse Schlüsse aus dem Schweigen zugelassen werden.

29 Vgl. *Park*, StV 2001, 589, 590; *Verrel*, 22: normativ auszulegender Begriff.

30 *Maatz*, NStZ 2000, 234, 235.

31 *Fezer*, Stree/Wessels-FS, 663, 663.

Diese fiktive Belehrungssituation verdeutlicht, wie überraschend sich für den Laien die dogmatische Konstruktion der Einordnung des bloß pauschalen Bestreitens in die Fallgruppe des totalen Schweigens darstellt. Für ihn ist es besonders wichtig, genau zu wissen, ab wann er sich auch im rechtlichen Sinne eingelassen hat. Dies ist gerade im Hinblick auf die unten zu besprechende Fallgruppe des Teilschweigens von großer Bedeutung.

Erklärt der Angeklagte vor der Hauptverhandlung nur einmal nach Vorhalt belastender Umstände, „dass er die Tat nicht begangen habe", so sind aus einer solch allgemein gehaltenen Erklärung, durch die der Angeklagte seine Täterschaft bestreitet, keinerlei Angaben zur Sache zu entnehmen, weshalb aus einem solchen Verhalten auch keine für den Angeklagten nachteiligen Schlüsse gezogen werden dürfen.[32] Es entbehrt einer substanziellen Aussage, so dass eine spätere Aussage hierzu nicht in Widerspruch stehen kann.[33] Pauschales Bestreiten ist also als rechtliches Nullum zu bewerten. Etwas unscharf erscheint daher die Formulierung des BGH, eine solche *Einlassung* sei einem Schweigen „gleichzusetzen".[34] Rein dogmatisch liegt nämlich gerade keine Einlassung vor, sondern nur ein für den Erkenntnisgewinnungsprozess neutrales *Verhalten* des Beschuldigten. Unabhängig von dieser Einordnung ist der Grundsatz, dass pauschales Bestreiten keine Einlassung darstellt, als gefestigte Rechtsprechung anzusehen.[35] Diese ist als Reaktion auf die Tatsache zu verstehen, dass der Angeklagte sich leicht dazu verleiten lassen wird, aus dem natürlichen Verteidigungsdrang heraus seine Täterschaft zumindest mit den Worten „Ich war`s nicht", „Ich hab damit nichts zu tun",[36] oder Ähnlichem zu bestreiten. Dies soll noch nicht als Teilaussage verwertet werden können.[37] Für den Beschuldigten bleibt damit das „Ventil", den Tatvorwurf selbst bestreiten zu dürfen, ohne beweisrechtliche Folgen, wodurch die Entscheidung für das Schweigen erleichtert wird.[38]

Selbstverständlich ist diese Einordnung jedoch nicht. Denn der Angeklagte, der den Tatvorwurf kurz bestätigt, wird natürlich nicht als schweigend angese-

---

32 BGHSt 34, 324, 326.

33 Meyer, JR 1988, 79, 79; zustimmend auch *Hammerstein*, JR 1987, 479, 479.

34 BGH StV 1992, 548, 548.

35 BGH StV 1992, 548, 549 verweist nicht einmal auf die eigene ständige Rspr., sondern pauschal auf KK/*Hürxthal*, § 261, Rdnr. 39. Vgl. aber BGHSt 25, 365, 368; 34, 324, 326; 38, 302, 307.

36 Vgl. zum generellen Beteuern der Unschuld OLG Celle, NJW 1974, 202, 202; HansOLG Hamburg, MDR 1976, 864, 864.

37 Kritisch zum Ganzen *Schneider*, Jura 1990, 572, 581, der auch beim pauschalen Bestreiten eine Einlassung annimmt, hieraus aber Folgen für das Teilschweigen ableitet.

38 B/K/M/*Mehle*, § 9 Rdnr. 171. Vgl. zu dieser Entscheidung „Reden oder Schweigen" unten 3. Teil. 1. Abschnitt, C.

hen.[39] Dieser Gegensatz zeigt, dass ein „Schweigen im Rechtssinne“ existiert, dem alles zugeordnet wird, was im Ergebnis dem Schweigerecht unterfällt.[40] Insgesamt ist der Behandlung des pauschalen Bestreitens in der genannten Form zwar zuzustimmen. Dass diese Bewertung mit der Einschätzung aus der Laiensphäre korrespondieren könnte, ist aber unwahrscheinlich. Hier besteht Informationsbedarf des Beschuldigten.

bb) Schweigen = Unterlassen jeder Aussage?

Die großen Abgrenzungsschwierigkeiten werden in diesem Bereich dann deutlich, wenn der Angeklagte erheblich längere Erklärungen abgibt als unter aa) beschrieben. Folgende Aussage lag einer neueren BGH-Entscheidung zugrunde:

> „Das, was ich heute gehört habe, muß ich mir zunächst überlegen, bevor ich mich dazu äußere. Ich kann aber jetzt schon sagen, daß ich dazu beitragen möchte, die gegen mich erhobenen Vorwürfe zu klären und zu lösen. Die Vorwürfe sind aber so schwerwiegend, daß ich mir eine Äußerung zuvor überlegen muß.“
>
> Später dann:
>
> „Ich bin mir bewußt, daß ich zu den gewaltigen Tatvorwürfen etwas sagen muß. Sie stellen sich dann möglicherweise in einem anderen Licht dar, so daß nicht von der empfindlichen Freiheitsstrafe auszugehen ist, die von der Bundesanwaltschaft angeführt wird.“[41]

Die Vorinstanz hatte diese Äußerungen als pauschales Geständnis der dem Angeklagten zur Last gelegten Taten gewertet. Dieser Wertung trat der BGH entgegen. Der Angeklagte habe mit seinen Erklärungen lediglich zum Ausdruck gebracht, dass er Bedenkzeit benötige, bevor er sich äußere. Dies dürfe nicht zu seinem Nachteil und schon gar nicht als Geständnis gewertet werden.[42] Der BGH weist darauf hin, dass das völlige Schweigen nicht mit dem Unterlassen jeglicher Erklärungen gleichzusetzen sei.[43] Ein Teilschweigen läge jedenfalls nicht vor. Entscheidend hierfür sei nämlich, ob der Angeklagte an der Sachverhaltsaufklärung in Teilpunkten mitwirke, bezüglich anderer Teilpunkte dies dann aber unterlasse.[44] Mit der Erklärung, dass sich die Vorwürfe dann möglicherweise in einem anderen Licht darstellen würden, habe er sich ebenso wenig zum Beweismittel gemacht wie durch das „Fürmöglichhalten“ einer empfindlichen Strafe. Eine Teileinlassung scheide aus.[45]

---

39 Vgl. zum „schlanken“ Geständnis unten 2. Teil, 2. Abschnitt, B.

40 *Keiser*, StV 2000, 633, 635.

41 Vgl. BGH NStZ 1997, 147, 147.

42 BGH NStZ 1997, 147, 147.

43 BGH NStZ 1997, 147, 147 mit Verweis auf Kleinknecht/*Meyer-Goßner*, § 261, Rdnr. 16.

44 BGH NStZ 1997, 147, 147.

45 BGH NStZ 1997, 147, 148.

Der BGH macht damit deutlich, dass laut geäußerte Gedanken des Angeklagten darüber, ob und ggf. wann er sich einlassen werde, nicht schon eine Aussage an sich darstellen. Dass streng zwischen Äußerungen bezüglich des „Ob" der Aussage und einer Einlassung selbst unterschieden werde muss, ist nicht überraschend. Doch die Tatsache, dass diese vorinstanzliche Entscheidung eine konsequente Anwendung der bekannten Rechtsprechung zum pauschalen Bestreiten bzw. zur Teileinlassung vermissen lässt, zeigt auf, dass immer wieder mit allen Mitteln versucht wird, die Äußerungen des Angeklagten zu würdigen.

cc) Rechtsausführungen sind keine Teileinlassung

Eine wichtige Differenzierung zwischen Tatsachen- und rechtlicher Bewertungsebene wird in einem Urteil des BayObLG deutlich, dem Angaben aus einem vom Beschuldigten bei der Polizei ausgefüllten Formular zugrunde lagen:

> „Wird der Verkehrsverstoß zugegeben?; Nein. Wenn nein, aus welchen Gründen?; Es handelt sich nicht um ein verbotswidriges Rechtsüberholen nach § 5/I StVO, siehe Anlage (....)."[46]

Wiederum wurde die Frage, ob hier eine verwertbare Aussage vorliegt, davon abhängig gemacht, ob in dieser Aussage eine Teilaussage erblickt werden kann. Das Gericht führt aus, der Angeklagte habe nicht zum Sachverhalt Stellung genommen, sondern lediglich Rechtsausführungen des Inhalts gemacht, dass der Sachverhalt schon rechtlich nicht den Tatbestand eines Strafgesetzes oder einer Ordnungswidrigkeit erfülle. Er habe die Frage nach der Richtigkeit des Sachverhalts vielmehr gar nicht beantwortet, sondern sich lediglich gegen die Schlüssigkeit des Schuldvorwurfs gewandt, worin keine Teileinlassung zu sehen sei.[47] Will der Beschuldigte von dieser interessanten Möglichkeit einer rechtlichen Erwiderung Gebrauch machen, so muss er von dieser Rechtsprechung Kenntnis haben. Doch wird er auch Orientierung darüber benötigen, ob er bereits den Bereich zur Einlassung durch sein Verhalten betreten hat. Diese Grenze wird leicht überschritten.

dd) Widerruf ist Angabe zur Sache

Eine völlig andere Konstellation ist gegeben, wenn der Angeklagte nach Angaben im Ermittlungsverfahren diese in der Hauptverhandlung widerruft.

Der BGH hatte einen Fall zu beurteilen, in dem der Angeklagte vor der Polizei und dem Ermittlungsrichter im Wesentlichen geständig war, in der Hauptverhandlung aber zunächst von seinem Schweigerecht Gebrauch machte, um dann später seine früheren Angaben unbegründet zu widerrufen und durch sei-

---

46 Vgl. BayObLG, MDR 1988, 882, 882.

47 BayObLG, MDR 1988, 882, 883.

nen Verteidiger eine „wie maßgeschneidert" auf das aktuelle Beweisergebnis abgestimmte Erklärung abzugeben.[48]

Der BGH sah bereits diesen Widerruf als eine Einlassung zur Sache an. Hierin sei kein pauschales Bestreiten zu sehen, vielmehr habe er sich selbst zum Beweismittel gemacht, auch wenn er keine andere Tatschilderung vorgebracht habe.[49] Dass der Widerruf kein pauschales Bestreiten darstellt, ist deshalb richtig, weil der Widerruf einer Aussage denklogisch deren kontradiktorisches Gegenteil bedeutet.[50]

Kritisiert worden ist hieran lediglich, dass der BGH auf dem Weg zu diesem Ergebnis zweistufig vorgeht: Zunächst wird der Widerruf als Aussage qualifiziert. Diese Aussage wird dann wegen Fehlens einer Begründung als unvollständig betrachtet, was sie zur Teilaussage macht. Aus dieser Lückenhaftigkeit wird auf die Unglaubwürdigkeit des Geständnisses geschlossen.[51]

Dieses Ergebnis lässt sich leichter finden, wenn man feststellt, dass der Beschuldigte keinen Anspruch darauf hat, geleistete Beiträge zur Wahrheitsfindung wieder aus dem Verkehr zu ziehen.[52] Dann wird lediglich die Tatsache, dass einst ein Geständnis vorlag, verwertet. Die zuvor beschriebene in zwei Schritten erfolgte Herleitung des BGH führt nämlich dazu, dass eine Begründung für den Widerruf gefordert wird, für die sich in der StPO keine Grundlage findet.[53] Vom Ergebnis her betrachtet, dem zuzustimmen ist, ist für den Beschuldigten eine Information darüber nötig, dass Aussagen aus früheren Verfahrensstadien nicht ohne weiteres wieder ungeschehen gemacht werden können[54] bzw. dass ein Widerruf eine Aussage darstellt.

2. Teilweises Schweigen

Wie schon bei der Bewertung eines Widerrufs soeben anklang, wird eine Einordnung des „Aussagestatus'" umso schwerer, je mehr Aussagen im Verfahrensverlauf gemacht wurden. Am einfachsten ist dabei die Situation zu handhaben, in der der Beschuldigte in einem Abschnitt des Verfahrens aussagte, in weiteren aber nicht mehr.

---

48 BGH NStZ 1998, 209, 209.

49 BGH NStZ 1998, 209, 209.

50 *Torka*, 244.

51 *Torka*, 244.

52 *Torka*, 244 mit Verweis auf *Stree*, JZ 1966, 593, 597; *Beulke*, Rdnr. 416.

53 *Torka*, 244; vgl. auch *Meyer*, JR 1966, 352, 352, der – allerdings für das Teilschweigen – auch aus dem Fehlen der Erklärung der weiteren Aussage Schlüsse zulassen will.

54 Zur Bedeutung des Vorverfahrens vgl. unten 4. Teil, 1. Abschnitt, B.I.

Die klassische Entscheidung im Bereich des horizontalen Schweigens, auf die in anschließenden Entscheidungen immer wieder verwiesen wurde, findet sich im 20. Band der amtlichen Sammlung. Der Angeklagte hatte Folgendes erklärt:

„Mir ist bekannt, warum ich zur Polizei gebracht worden bin. Ich möchte meine Aussage aber nur vor dem Vorführungsrichter machen.“[55]

Später sagte er dann vor dem Haftrichter aus. Der BGH äußerte sich noch vorsichtig zu der Frage, ob das Recht des Beschuldigten, nicht zur Sache aussagen zu müssen, es schlechthin verbiete, daraus nachteilige Schlüsse für ihn abzuleiten.[56] Unzulässig sei es jedenfalls, aus der Tatsache, dass sich der Beschuldigte erst bei einer richterlichen Vernehmung einlassen wolle, derartige Schlüsse zu ziehen, damit sich der Beschuldigte nicht schon bei der ersten polizeilichen Vernehmung gezwungen sähe, sofort auszusagen. Eine andere Beurteilung würde die Freiheit der Willensentscheidung im Hinblick auf § 136 a StPO zu sehr einschränken.[57]

Nach BGH-Ansicht ist hiermit der Fall gleich zu behandeln, dass der Angeklagte während des gegen ihn gerichteten Verfahrens als Zeuge in einem anderen Verfahren die Auskunft verweigert.[58] Der Angeklagte müsse in einem solchen Fall gegen die belastende Verwertung seines früheren Schweigens gleichermaßen Schutz genießen wie im Falle des horizontalen Schweigens, was mit einer Angleichung der Reichweite des Schweigerechts des Beschuldigten und des Auskunftsverweigerungsrechts des verdächtigen Zeugen gem. § 55 StPO einherginge.[59]

Die Unverwertbarkeit des teilweisen Schweigens in verschiedenen Abschnitten ist auch angesichts der Gesetzessystematik nachvollziehbar, da in früheren Verfahrensabschnitten gewonnene Erkenntnisse nur unter bestimmten Umständen in der Hauptverhandlung verwertbar sind. Damit stellt sich die Hauptverhandlung als eigenständig und nicht nur als Fortführung des staatsanwaltlichen

---

55 BGHSt 20, 281.

56 BGHSt 20, 281, 282.

57 BGHSt 20, 281, 283; *Kleinknecht*, JR 1966, 270, 271 verweist darauf, dass die vom BGH aufgezeigte Zwangslage nicht den für § 136 a StPO erforderlichen Stärkegrad aufweist, weswegen nur an dessen Grundgedanken angeknüpft werden könne.

58 BGHSt 38, 302, 305.

59 BGHSt 38, 302, 306. mit dem Hinweis, dass sonst die Tragweite des Schweigerechts von der formalen Frage nach Trennung oder Einheitlichkeit des Verfahrens abhinge. Vgl. auch *Dahs/Langkeit*, NStZ 1993, 213, 215, die vor einer Übertragung der Teilschweigegrundsätze auf die Fälle des § 55 StPO wegen dessen besonderer Funktion warnen.

Ermittlungsverfahrens dar.[60] Es lässt sich deshalb feststellen, dass der Umstand, dass der Beschuldigte nicht sogleich im Vorverfahren Stellung genommen hat, nicht den Schluss erlaubt, er habe sich erst zur Hauptverhandlung die passende Erklärung zurecht gelegt.[61] Dies muss der Beschuldigte aber wissen, damit bei ihm nicht der Eindruck entsteht, er stehe wegen des Schweigens im Vorverfahren in der Hauptverhandlung „unter Zugzwang".

3. Teilschweigen

Die Situation, dass ein Beschuldigter sich nur zu einzelnen Punkten äußert – das so genannte „Teilschweigen" – gehört wohl zu den umstrittensten Fallgruppen im Bereich des Schweigerechts.[62] In der neueren Rechtsprechung und in den wesentlichen argumentativen Säulen dieser Konstruktion lassen sich Ansätze finden, deren konsequente Umsetzung eine Erweiterung der bestehenden Belehrungspflichten erfordert. Dies wird eine genaue Betrachtung der Entwicklung und der Begründung dieses Instituts ergeben.

a) Grundentscheidung zum Teilschweigen

Die ausdrückliche Abgrenzung zu BGHSt 20, 281[63] findet sich im selben Band. Der Beschuldigte hatte sich dahin gehend eingelassen, im Büro seines Anwalts keine eidesstattliche Versicherung abgegeben zu haben. Die Nachprüfung durch das Gericht verhinderte er dadurch, dass er seinen Anwalt nicht, wie für eine Vernehmung erforderlich, von seiner Verpflichtung zur Verschwiegenheit entband.[64] Der BGH führt aus, § 261 StPO berechtige und verpflichte den Tatrichter dazu, alle durch die Hauptverhandlung ordnungsgemäß gewonnenen Erkenntnisse bei der Überzeugungsbildung umfassend zu würdigen.[65] Der Angeklagte, der sich in Kenntnis seines Schweigerechts dennoch äußere, mache sich in freiem Entschluss selbst zu einem Beweismittel und unterstelle sich auch im Hinblick auf die Tatsache, dass er zu bestimmten Einzelfragen nicht antwortet, damit der Beweiswürdigung. Er habe von seinem Schweigerecht keinen

60 *Wessels*, JuS 1966, 169, 172, der damit die Ansicht *Kohlhaas*', NJW 1965, 2283, 2283 unter 2b, zurückweist, der das Verfahren „als Gesamtheit" versteht und auch hier ein verwertbares Teilschweigen annehmen will.

61 *Quentmeier*, JA 1996, 215, 218.

62 *Verrel*, 24, spricht von nach wie vor konträren Ansichten in diesem Bereich.

63 Vgl. BGHSt 20, 298, 301.

64 BGHSt 20, 298, 299.

65 BGHSt 20, 298, 299.

Gebrauch gemacht und damit seine Einlassung und sein Prozessverhalten notwendigerweise der umfassenden Würdigung durch das Gericht unterworfen. [66]

Etwas überraschend ist, dass hier nicht die in der Prozesswirklichkeit immer wieder erscheinende Situation, dass ein Beschuldigter sich nur partiell äußert und danach schweigt[67], vorliegt, sondern dass hier nach erfolgter Aussage eine notwendige Mitwirkungshandlung – Entbindung von der Schweigeverpflichtung – unterlassen wird. Diese Gleichsetzung des Teilschweigens mit Fällen, in denen der Beschuldigte sich weigert, ein Beweismittel zur Verfügung zu stellen, nachdem er sich zuvor partiell eingelassen hatte, ist aber gerechtfertigt. Der Beschuldigte muss sich weder mit Worten noch mit Taten verteidigen, ihn treffen mithin keinerlei aktive Mitwirkungspflichten, was die Gleichstellung von Schweigen und der Mitwirkungsverweigerung im Zusammenhang mit der Teilschweigeproblematik ermöglicht.[68] Dennoch überrascht es, wenn diese Entscheidung immer wieder quasi als „Standardentscheidung“[69] zum Teilschweigen zitiert wird, denn der Entscheidung lag gerade keine typische Teilschweige-Konstellation zugrunde. Dies hat dem BGH im 45. Band einige Probleme bereitet, wie sich noch zeigen wird.

b) Bestätigung der Konstruktion / verschiedene Taten

Die Möglichkeit, aus der teilweisen Aussage zu bestimmten Punkten und dem darauf folgenden Schweigen Erkenntnisse abzuleiten, wird vom BGH in einem anderen Zusammenhang bestätigt. Ein Zeuge hatte sich teilweise geäußert, dann aber die Überprüfung seiner Aussage durch eine Blutprobe dadurch vereitelt, dass er sich auf sein Weigerungsrecht aus § 81 c III 1 StPO berief.[70] Zwar sei es grundsätzlich unstatthaft, aus der Weigerung des Zeugen für den Angeklagten nachteilige Schlüsse zu ziehen, dieser Grundsatz werde aber dann durchbrochen, wenn der Zeuge von seinem Weigerungsrecht nur zum Teil Gebrauch mache. Würde in einem solchen Falle nur das Ausgesprochene berücksichtigt, so wäre die Beweiswürdigung derart einseitig, dass mit ihr die Gefahr einer Verfälschung verbunden wäre.[71]

---

66 BGHSt 20, 298, 300.

67 Vgl. auch oben „Vorbemerkungen zur Terminologie“, 2. Teil, 1. Abschnitt, A. I.

68 *Nickl*, 41, beide Verhaltensweisen seien wertungsmäßig gleich zu behandeln.

69 Vgl. z.B. *Park*, StV 2001, 589, 591 zitiert diese Entscheidung als „wesentliche Grundlage“ für die h.M. hinsichtlich der Verwertung des Teilschweigens.

70 BGHSt 32, 140, 141/142.

71 BGHSt 32, 140, 142 mit Verweis auf *Hanack*, JR 1981, 433.

Wiederum wird die Mitwirkungsverweigerung – hier die Blutentnahme – dem Verweigern auf verbaler Ebene – dem Schweigen – gleichgestellt.[72] Dieses Verhalten wird auch nicht erst in der Rechtsfolge, sondern schon faktisch wie ein Schweigen behandelt.[73] Zudem wird der Gedanke wiederholt, dass dann, wenn sich jemand als Beweismittel zur Verfügung stellt, das Gericht zur Überprüfung seiner Beweisbehauptung gezwungen wird, woraufhin der Weigerung, dieses Vorhaben zu unterstützen – sei es Schweigen oder eine Mitwirkungsverweigerung – Beweiswert zukommt.[74] Wenn der BGH formuliert, dass das gesamte Verhalten im Prozess beurteilt werden muss und nicht isoliert die Informationen, die der Zeuge freiwillig einbringt[75], dann wird hier der Gedanke der Gesamteinlassung formuliert, der in der Diskussion um das Teilschweigen eine zentrale Rolle einnimmt.[76] Sowohl der Zeuge als auch der Angeklagte unterwerfen sich nach BGH-Ansicht mit einer Teileinlassung der umfassenden Würdigung ihres Prozessverhaltens.[77]

Diese Entscheidung klärt die Frage des Teilschweigens auch im Hinblick auf mehrere selbstständige Taten: Zwar könne das Schweigen auf einzelne Fragen von indizieller Bedeutung sein. Dies gelte aber dann nicht, wenn der Angeklagte zu einer von mehreren selbstständigen Taten schweige, da er sich insoweit eben nicht zu einem Beweismittel mache.[78] Dem liegt der Gedanke zugrunde, dass sich hier – anders als bei einem zusammengehörigen Tatgeschehen – der Schluss, der Angeklagte habe etwas zu verbergen, nicht ohne weiteres aufdrängen soll.[79] Zudem sei die Regel, dass durch Indizienschluss nicht von einer auf die andere Tat geschlossen werden darf, normativ fundiert: Die Aussagefreiheit des Beschuldigten könne in einem tatgebundenen Prozessrecht sonst nicht gesichert werden.[80]

---

72 Vgl. Wortlaut BGHSt 32, 140, 142: „ Der Zeuge kann zwar von dem ihm in § 52 StPO und in § 81 c Abs. 3 Satz 1 StPO gewährten Recht zur Mitwirkungsverweigerung unterschiedlich Gebrauch machen. Tut er dies, so kann das aber bei der Beweiswürdigung ebenso wenig unberücksichtigt bleiben wie das Verhalten eines Zeugen, der zu einem bestimmten Sachverhalt teilweise Angaben macht und teilweise *schweigt*.“ Vgl. auch *Pelchen*, JR 1985, 71, 72.

73 *Keiser*, StV 2000, 633, 633.

74 BGHSt 32, 140, 143.

75 BGHSt 32, 140, 143.

76 Vgl. hierzu die Diskussion 2. Teil, 1. Abschnitt, A.II. 3. d)

77 *Pelchen*, JR 1985, 71, 74.

78 BGHSt 32, 140, 145.

79 *Pelchen*, JR 1985, 71, 74, zu diesem zweifelhaftem Argument vgl. die Diskussion zum Teilschweigen.

80 *Volk*, NStZ 1984, 377, 378.

c) Ergänzungs- und Abgrenzungsentscheidungen BGHSt 45, 363, und 45, 367

Nachdem die Problematik des Teilschweigens die Rechtsprechung lange Jahre nicht erneut beschäftigt hat, haben nun gleich zwei Entscheidungen Eingang in den 45. Band gefunden, die sich mit der Problematik der Mitwirkungsverweigerung und dem Teilschweigen beschäftigen.[81]

Im ersten Fall hatte der Angeklagte sich geweigert, einen Arzt von seiner Schweigepflicht zu befreien, der ihn als seinen Patienten identifizieren sollte.[82] Mit dieser Identifikation wäre klar gewesen, dass es sich bei dem Angeklagten um die Person handelte, die eine andere Person telefonisch um eine Absage eines Termins bei eben diesem Arzt gebeten hatte. Der BGH stellte fest, dass bei einem umfassend schweigenden Angeklagten der Umstand, dass er einen ärztlichen Zeugen nicht von dessen Schweigepflicht entbindet, nicht als belastendes Indiz verwertet werden dürfte, da er nicht verpflichtet sei, aktiv zur Sachaufklärung beizutragen, wobei das umfassende Schweigen der Verweigerung etwaiger Zustimmungs- oder Entbindungserklärungen gleichzustellen sei.[83]

Die Entscheidung betrifft also einen umfänglich schweigenden Angeklagten, bestätigt aber noch einmal das Ergebnis und die Konstruktion, die zu BGHSt 20, 298 geführt hatte. Dort hatte der Angeklagte sich in einer bestimmten Weise über das Gespräch mit seinem Anwalt geäußert und dann die Entbindungserklärung verweigert.[84] Denn wenn der Angeklagte sich zum Tatvorwurf eingelassen habe, dann könne es dem Richter nicht verwehrt werden, dass er daraus, dass die Überprüfung der Aussagen verhindert werde, negative Schlüsse ableitet; insoweit habe sich der Angeklagte selbst zum Beweismittel gemacht und seine Ausführungen der Beweiswürdigung durch den Richter unterstellt.[85] Dies war vorliegend jedoch nicht der Fall, da der Angeklagte umfassend geschwiegen hatte.

Zusätzlich betont der BGH, dass das Recht auf Verweigerung der Entbindungserklärung auch dann greife, wenn nicht klar sei bzw. gerade bewiesen werden sollte, ob der Angeklagte in einem Behandlungsverhältnis zu dem Arzt steht.[86] Die Entscheidung ist als notwendige Bestätigung des nemo-tenetur-

---

[81] *Verrel*, 31, erblickt in diesen Entscheidungen eine Präzisierung der bisherigen Rechtsprechung zum Teilschweigen, weist aber darauf hin, dass der Streit über die grundsätzliche Verwertbarkeit des Teilschweigens nicht obsolet geworden ist.

[82] BGHSt 45, 363, 364.

[83] BGHSt 45, 363, 364 mit Verweis auf BGHSt 34, 324, 326.

[84] Vgl. nochmals BGHSt 20, 298, 299: „Die Beantwortung der Frage (...) hat Rechtsanwalt G. (...) davon abhängig gemacht, daß der Angeklagte ihn von seiner Verpflichtung zur Verschwiegenheit entbinde. Der Angeklagte hat das abgelehnt."

[85] BGHSt. 45, 363, 364.

[86] BGHSt 45, 363, 366.

Grundsatzes[87] und als Festigung der Grenzen der Mitwirkungsfreiheit[88] begrüßt worden.

Die zweite Entscheidung in diesem Bereich erging kurze Zeit später ebenfalls vom 3. Senat; sie bezeichnet sich als Abgrenzung zu BGHSt 20, 298.[89] Die Freundin des Angeklagten hat von dessen Verteidiger von einem Geständnis diesem gegenüber erfahren und dies an Freundinnen weitererzählt, die dies vor Gericht als Zeugen bekundeten. Zwar bestritt eine Zeugin, diese Information vom Verteidiger erhalten zu haben, für die Richtigkeit des Teilgeständnisses spreche jedoch – so die Vorinstanz – , dass der Angeklagte seinen Verteidiger auf Aufforderung des Gerichts hin nicht von dessen Schweigepflicht entband.[90] Wiederum verneint der BGH eine Pflicht, zur Sachaufklärung aktiv beizutragen.[91] Er verweist auf die eigene Rechtsprechung, nach der das Teilschweigen indizielle Bedeutung haben kann und stellt Überlegungen an, inwieweit diese Grundsätze sich auf das sonstige Prozessverhalten – Verweigerung der Schweigepflichtentbindung – übertragen lässt, wobei er die Formulierung, „der sich einlassende Angeklagte unterwerfe sich und sein Prozessverhalten notwendigerweise der umfassenden Beweiswürdigung“, für in dieser Reichweite bedenklich erklärt.[92] Nachteilige Schlüsse dürften jedenfalls dann nicht gezogen werden, wenn dieses Prozessverhalten nicht in einem engen und einem einer isolierten Bewertung unzugänglichen Sachzusammenhang mit dem Inhalt seiner Einlassung stehe.[93] Das Gespräch mit dem Anwalt war nämlich nicht Teil seiner Einlassung gewesen. Damit habe er dieses nicht zum Gegenstand der Beweiswürdigung gemacht, sondern der Bewertung durch das Gericht mit dem zulässigen Mittel der Entbindungsverweigerung entzogen, worin der Unterschied zu BGHSt 20, 298 zu sehen sei: Hier habe sich der Angeklagte auf ein Gespräch mit einem bestimmten Inhalt berufen und dies der Überprüfung des Gerichts entzogen.[94]

Diese Entscheidung ist in zweierlei Hinsicht interessant: Zunächst überrascht das Vorgehen des BGH. Er prüft zunächst scheinbar, inwieweit die Grundsätze zum Teilschweigen auf das sonstige Verhalten übertragen werden können; dabei wird für die Frage des Teilschweigens BGHSt 20, 298 als Grundlage betrachtet.[95] Dies will deshalb zunächst nicht überzeugen, weil BGHSt 20, 298 die

---

87 *Kühne*, JZ 2000, 684, 684.

88 *Dallmeyer*, JA 2000, 544, 544.

89 BGHSt 45, 367, 367, 1. Leitsatz am Ende.

90 BGHSt 45, 367, 368.

91 BGHSt 45, 367, 368 mit Verweis auf BGHSt 34, 324, 326.

92 BGHSt 45, 367, 369.

93 BGHSt 45, 367, 370; vgl. zu diesem Zusammenhang *Verrel*, 27 ff.

94 BGHSt 45, 367, 370.

95 Vgl. BGHSt. 45, 367, 369.

Möglichkeit der Verwertbarkeit des Teilschweigens als Vorfrage ohne weitere Begründung voraussetzt, indem auf eine Auffassung in der Literatur verwiesen wird.[96] Diese Entscheidung hatte gerade eine Konstellation (Mitwirkungsverweigerung) vor Augen, die nicht typisch für das Teilschweigen ist. Der ständige Hinweis auf diese Entscheidung als Grundentscheidung für das Teilschweigen ist nicht ganz nachvollziehbar, da hier gerade keine vertiefte Auseinandersetzung mit der Grundkonstellation des Teilschweigens stattgefunden hat. Die Frage der Übertragbarkeit dieser „Grundsätze“ hatte BGHSt 20, 298 schon geklärt, indem festgestellt wurde, dass für den vorliegenden Fall der Verweigerung der Entbindung von der Schweigepflicht *nichts anderes* gelten könne.[97] Erst später wird deutlich, dass es dem BGH jetzt um die Abgrenzung zur alten Entscheidung im 20. Band geht.[98]

Im Ergebnis ist dem BGH zuzustimmen: In der Tat drängt sich der Unterschied zwischen einem Angeklagten, der eine Beweisbehauptung aufstellt und deren Überprüfung verhindert und dem, der sich zu einem ganz anderen Zusammenhang geäußert hat und erst dann die Entbindung eines Zeugen von der Schweigepflicht verweigert, geradezu auf. In der Sache hat der BGH auch nichts anderes getan, als diese beiden Fälle voneinander abzugrenzen, weshalb die oben angesprochene „Ableitung“ aus den Teilschweige-Grundsätzen überflüssig erscheint.

Doch gerade diese „Ableitung“ ist der zweite Aspekt, der diese Entscheidung interessant macht: Wurde vom BGH lediglich gefragt, inwieweit sich die Grundsätze des Teilschweigens auf die Fallgruppe der Mitwirkungsverweigerung auswirken, bietet es sich an, jetzt *umgekehrt* zu fragen, inwieweit sich die Formulierung, dass „Schlüsse dann nicht gezogen werden dürfen, wenn dieses Prozessverhalten nicht in einem engen und einer isolierten Bewertung unzugänglichen Sachzusammenhang mit dem Inhalt der Einlassung steht“[99], auch auf die anderen Fällen des Teilschweigens übertragen werden kann. Dieser Gedanke des „engen und einer isolierten Betrachtung unzugänglichen Zusammenhangs“ dürfte die Diskussion um das Teilschweigen in einem neuen Licht erscheinen lassen.

---

96 Vgl. BGHSt 20, 298, 300: „Dem Richter kann es dann auch nicht verwehrt sein, daraus Schlüsse zu ziehen, daß ein Angeklagter, der sich sonst äußert, Einzelfragen unbeantwortet lässt.“

97 BGHSt 20, 298, 300.

98 BGHSt 43, 367, 370: „...unterscheidet sich der Sachverhalt wesentlich von dem, der der Entscheidung in BGHSt 20, 298 zugrundegelegen hatte.“

99 BGHSt 45, 367, 370.

d) Diskussion zur Verwertung des Teilschweigens

„Die Ablehnung (weiterer Einlassung) erweckt den Eindruck beredten Schweigens, das mit den Äußerungen fest verknüpft ist und diese, soweit sie belastende Zugeständnisse enthalten, bestärkt oder abrundet, andererseits entlastendes Vorbringen entwertet."[100]

Die Diskussion um das Teilschweigen ist alt, wie das obige Zitat von Stree belegt. Ob sie durch die neuen BGH-Urteile wieder mit neuem Leben erfüllt wird, wird sich in den zu erwartenden – weiteren – Reaktionen im Schrifttum zeigen müssen. Vorliegend soll diese Judikatur unter dem Gesichtspunkt der Gesamteinlassung berücksichtigt werden.

Im Vordergrund steht hierbei die Überlegung, dass sich bei allen zentralen Argumenten, die in der Diskussion um das Teilschweigen eine Rolle spielen, ein konkreter Bezug zum Belehrungs- und Beratungsbedarf des Beschuldigten herstellen lässt.

aa) Wille, sich selbst zum Beweismittel zu machen

Ein zentrales Argument in der Diskussion um das Teilschweigen ist die Behauptung, der Beschuldigte mache sich selbst mit seiner Teileinlassung zum Beweismittel.[101] Der Beschuldigte verlasse den Schutzraum des Schweigens zeitweilig selbst und breche mit seiner teilweisen Einlassung das Schweigen als Ganzes.[102] Zunächst ist schon die Formulierung des Ansatzes ungenau: Es ist nicht die Person des Angeklagten, sondern seine Aussage, welche als Beweismittel anzusehen ist.[103] Die Freiheit, eine bestimmte Auskunft zu erteilen, macht ihn dabei aber bezüglich anderer Fragen nicht unfrei.[104] Der Angeklagte ist nämlich nicht nur bezüglich des „Ob" der Entscheidung zu schweigen frei, sondern auch bezüglich der Frage, wann und wozu er sich einlässt.[105] Die dem Angeklagten eingeräumte Möglichkeit zur Passivität erstreckt sich damit nicht allein auf das Totalschweigen, sondern auch auf alle anderen Schweigeformen.[106] Soweit der Angeklagte schweigt, will er sich mithin der Beweiswürdigung entziehen; das Gericht soll gerade ohne seine Einlassung bei der Beweiswürdigung auskommen.[107] Nimmt man aber das Argument ernst, dass es auf seinen Willen

[100] *Stree*, JZ 1966, 593, 598.

[101] Vgl. *Jerouschek*, ZStW 102, 793, 800, der Beschuldigte „geriere sich nicht mehr als Neutrum."

[102] *Kohlhaas*, NJW 1965, 2282, 2283.

[103] *Eb. Schmidt*, JZ 1970, 338, 341.

[104] *Arndt*, NJW 1966, 869, 870.

[105] *Rieß*, JA 1980, 293, 294.

[106] *Schneider*, Jura 1990, 572, 575.

[107] *Kühl*, JuS 1986, 115, 118.

als Ausdruck seiner Subjektsstellung ankommt, müsste es dem Richter verwehrt sein, aus der Teileinlassung negative Schlüsse abzuleiten.[108]

Wie schon festgestellt: Der Angeklagte will sich bezüglich der Punkte, zu denen er schweigt, gerade *nicht* zum Beweismittel machen lassen.[109] Nun kann man einschränkend formulieren, eine Teileinlassung mit der Folge der Verwertbarkeit des Schweigens dürfe nur dann angenommen werden, wenn der Wille des Angeklagten, sein Schweigerecht preiszugeben, eindeutig und zweifelsfrei erkennbar sei.[110] Ein Maßstab hierfür ist aber nicht in Sicht. Der Beschuldigte, der sich ein paar Worte abringen lässt oder spontan ein Geständnis ablegt, wird sich nämlich in aller Regel nicht bewusst sein, sich hierdurch zum Beweismittel zu machen, so dass es an der Freiwilligkeit fehlt.[111]

Der Wille zur Einlassung bleibt damit eine bloße Fiktion. Erst die Belehrung durch das Gericht wird dem Angeklagten die Möglichkeit geben, eine eigenverantwortliche Entscheidung bezüglich seines Aussageverhaltens zu treffen. Um die Argumentation aufrechterhalten zu können, dass der anschließenden Verwertung des Schweigens eine autonome Entscheidung des Angeklagten zugrunde liegt, müsste der Angeklagte schon vor dem Moment, in dem er sich das erste Mal einlässt, darauf hingewiesen werden, dass er mit der ersten Einlassung sein darauf folgendes Schweigen der Beweiswürdigung unterstellt. Eine solche Belehrungspflicht ist in § 136 I 2 StPO aber nicht vorgesehen. Die Behauptung, es bestehe der Wille, das Schweigerecht durch eine Einlassung, so kurz sie auch sei, preiszugeben, ist damit kaum haltbar. Dieser Gedanke ist spätestens ab Beginn des Redens des Angeklagten nicht mehr schlüssig. Hat sich der Beschuldigte einmal eingelassen, so kann von freier Entscheidung keine Rede mehr sein, denn die h.M. zum Teilschweigen führt auch dazu, dass nach der ersten Äußerung zur Sache ein mittelbarer Druck zu weiteren Aussagen geschaffen wird; denn die Wahlmöglichkeit stellt für ihn dann keine echte Alternative dar, wenn der Weg aus der Gefährdung durch Selbstbelastung geradewegs in die Selbstbelastung durch Schweigen führt.[112]

Ist man der Ansicht, der Beschuldigte erkenne mit seiner Bereitschaft zur Aussage die Gesprächsregeln des Prozesses an, was auch die Verwertung des Teilschweigens umfasse[113], so drängt sich die Frage auf, woher er die Kenntnis dieser behaupteten Regel haben soll, welche notwendige Bedingung für eine Anerkennung der Regeln wäre. Damit hängt die Schlüssigkeit des Arguments vom sich in freier Entscheidung zum Beweismittel machenden Beschuldigten

---

108 *Stree*, JZ 1966, 593, 598.

109 *Günther*, JR 1978, 89, 91, Fn. 24; zustimmend *Schneider*, Jura 1990, 572, 580.

110 *Dahs/Langkeit*, NStZ 1993, 213, 214.

111 *Ostermeyer*, NJW 1969, 1187, 1187.

112 *Stree*, JZ 1966, 593, 596.

113 *F.C. Schroeder*, Fälle und Lösungen, 44.

von einer Voraussetzung ab, die nicht gegeben ist: Von der Belehrung des Angeklagten über die Folgen einer nur teilweisen Einlassung.

bb) Gedanke der Gesamteinlassung

Mit dem Gedanken der Gesamteinlassung ist ein weiteres tragendes Argument in der Teilschweigediskussion angesprochen. Es wird behauptet, wenn der Beschuldigte zu einem Punkt redet und zu einem anderen schweigt, bilde das teilweise Schweigen einen negativen Bestandteil der Aussage, die in ihrer Gesamtheit der richterlichen Beweiswürdigung unterliegt.[114] Der Angeklagte könne nicht verlangen, dass man ihm eine Behauptung unbesehen glaube, so dass er es sich gefallen lassen müsse, wenn aus der Verweigerung weiterer Mitwirkung der Schluss gezogen werde, dass seine vorherige Behauptung falsch sei. Ein anderer Schluss sei gar nicht möglich.[115]

Geradezu klassisch ist in diesem Bereich die Formulierung Wessels`, wer den guten Tropfen genieße (= Möglichkeit zur Entlastung), müsse auch den bösen (= freie Würdigung der Gesamteinlassung) in Kauf nehmen.[116] Dies überzeugt aber nicht, wird hiermit doch lediglich eine bloße Situationsbeschreibung gegeben, die nicht erklärt, warum der Beschuldigte mit der Beurteilung seines gesamten Verhaltens rechnen muss. Denn das bloße Ausnutzen der günstigen Gelegenheit zur Entlastung als Anknüpfungspunkt für die Verwertung kann nicht genügen.[117] Passivität auf einer Ebene kann nicht deshalb bedeutsam werden, weil Aktivität auf anderer Ebene vorliegt.[118] Das bloße Vorbringen von Entlastungsargumenten kann nämlich nicht so verstanden werden, dass sich der Angeklagte insgesamt als Beweismittel zur Verfügung stellt.[119]

Schon die Prämisse, dass sich Reden und Schweigen zusammenfassen lassen, erweckt Bedenken.[120] Denn es stellt sich die Frage, warum sich der Schluss vom Reden bezüglich des einen Teils auf das Schweigen zum anderen bei selbstständigen Taten nicht so aufdrängen soll. Hier ist eine Verwertung des Schweigens

---

114 *Wessels*, JuS 1966, 169, 172, *Castringius*, 66; *Rieß* JA 1980, 295; LR/*Hanack*, § 136 Rdnr. 27; *F.C. Schroeder*, Fälle und Lösungen, 44, weist bezüglich des Erklärungsgehalts darauf hin, auch beim Betrug führe das Auslassen einzelner Tatsachen eher zur Täuschung als gänzliches Schweigen. Den Zusammenhang zwischen „Gesagtem" und „Verschwiegenem" betonend *Verrel*, 35.

115 *Meyer*, JR 1966, 352, 352.

116 *Wessels*, JuS 1966, 169, 172, Fn. 20.

117 *Stree*, JZ 1966, 593, 598.

118 *Rogall*, 252, spricht davon, dass die Einlassung den Beschuldigten nicht „vogelfrei" bezüglich der Wertung des darauf folgenden Schweigens mache.

119 *Hammerstein*, Middendorff-FS, 111, 115.

120 *Stree*, JZ 1966, 593, 597.

zum anderen Delikt nicht erlaubt.[121] Was den Erkenntnisgehalt angeht, ist dies keineswegs zwingend, denn auch rechtlich selbstständige Taten können eng miteinander verwoben sein, so dass bei konsequenter Übertragung des Gedankens nicht die rechtliche Selbstständigkeit der Tatbestände, sondern die Zusammengehörigkeit des Lebensvorganges ausschlaggebend sein müsste.[122]

Ähnliches gilt für das sog. horizontale Schweigen: Werden Aussage und Schweigen durch eine einheitliche zeitliche Zäsur getrennt, dann verbietet sich die Zusammenfassung unter einem Gesamttatverhalten ebenso, wie wenn Aussage und Schweigen auf verschiedene Punkte verteilt werden. Im Hinblick auf den mittelbaren Zwang, sich selbst belasten zu müssen, ergibt sich kein sachlicher Unterschied zum horizontalen Schweigen, das in Bezug auf seine Nichtverwertbarkeit außer Frage steht.[123]

Dass die Idee der Gesamtaussage kaum haltbar ist, kann man an den Relativierungen ablesen, die vereinzelt vorgebracht werden: Nur dort, wo die Aussage bereits so weit gegangen sei, dass die Nichtbeantwortung einer weiteren Fragen zum „beredten Schweigen" werde, dürfe man in der Gesamteinlassung des Angeklagten ein Schuldindiz erblicken.[124] Je weniger der Angeklagte aussage, desto mehr verliere sein Schweigen an Beweiskraft, was die Aufgabe der starren Trennung zwischen den Schweigekategorien und die Annahme eines graduell verlaufenden Beweiswerts[125] zur Folge habe. Das Schweigen reiche demnach als Schuldnachweis umso weniger aus, je geringer die übrigen Indizien einzustufen seien.[126]

So reizvoll die Lösung von einer starren Kategorisierung auch erscheinen mag: Sie wirft nur weitere Probleme auf. Wenn das Gericht untersuchen müsste, ob der Angeklagte wohl eher viel oder eher wenig verheimlicht hat, um daran anknüpfend den Beweiswert des Schweigens einzustufen, bleibt, auch angesichts der Abgrenzungsprobleme der h.M., eines auf der Strecke: Die Rechtssicherheit.[127] Denn bei einer solchen Vorgehensweise wird es unmöglich zu prognostizieren, ob dem Schweigen Beweiswert nach Ansicht des Gerichts zukommt

---

121 Vgl. oben, 2. Teil, 1. Abschnitt, A. II. 3. b).

122 *Pelchen*, JR 1985, 71, 74 bringt das Beispiel eines Verkehrsvergehens nach §§ 315, 315 b StGB mit anschließender Flucht (§ 142 StGB).

123 *Rüping*, JR 1974, 135, 138; *Park*, StV 2001, 589, 591 hält die Situationen für den Beschuldigten für „strukturell identisch".

124 *Eser*, Beiheft ZStW 86, 136, 161.

125 *Günther*, JR 1978, 89, 94.

126 *Günther*, JR 1978, 89, 94, in diesem Sinne auch LR/*Hanack*, § 136, Rdnr. 27, der die Idee des aussagepsychologischen Gesamtzusammenhangs von *Eser*, Beiheft ZStW 86, 161 aufgreift.

127 *Leiwesmeyer*, 94, Fn. 373.

oder nicht. Der Maßstab, ob es der Lebens- bzw. Berufserfahrung[128] entspreche, dass ein Unschuldiger sich verteidigt hätte, wo der Beschuldigte schwieg[129], ist jedenfalls hochgradig unbestimmt und damit unbrauchbar.

Die Idee der Gesamtaussage erscheint aber in einem anderen Licht, wenn man die in der neuesten Judikatur entwickelten Grundsätze über die Bewertung des Prozessverhaltens im 45. Band heranzieht. Hier war, wie oben bereits erwähnt, ausgeführt worden, dass negative Schlüsse aus dem Prozessverhalten (dort: Verweigerung der Entbindung von der Schweigepflicht) dann nicht gezogen werden dürfen, wenn dieses „nicht in einem engen und einem einer isolierten Bewertung unzugänglichen Sachzusammenhang“ mit der Einlassung steht.[130] Nun ist diese Idee nicht für das „normale“ Teilschweigen entwickelt worden, sondern für einen Sonderfall. Diese Idee ist aber übertragbar. Wenn man die Forderung nach einem „engen und einer isolierten Betrachtung unzugänglichen Sachzusammenhang mit dem Inhalt der Einlassung“ ernst nimmt, kann man in der Tat von einer Gesamteinlassung sprechen. Dass bei Reden zu einem Thema und gleichzeitigem Schweigen zu einem ganz anderen Gesichtspunkt Schlüsse gezogen werden dürften, wird damit vermieden. Damit bestünde auch nicht die Gefahr, dass bei Antworten auf vermeintlich harmlose Fragen („Ist das ihre Unterschrift?“) das Schweigen auf sämtliche nachfolgenden Fragen verwertbar wäre,[131] weil es an dem für eine Würdigung erforderlichen engen Zusammenhang fehlen würde.

Diese Anpassung der Teilschweigedogmatik an die Entscheidung BGHSt 45, 367 ist auch deshalb notwendig, weil die Konsequenz dieses Urteils sonst leicht umgangen werden könnte. Da der Angeklagte sich bereits eingelassen hatte zur Person des Opfers, die er nicht gekannt haben wollte, wäre statt der Aufforderung, den Verteidiger von seiner Schweigepflicht zu entbinden, auch die Frage denkbar gewesen, ob der Angeklagte ein Gespräch mit bestimmtem Inhalt mit seinem Verteidiger geführt habe. Ein Schweigen auf diese Frage hätte indizielle Bedeutung gehabt und hätte verwertet werden dürfen nach den herkömmlichen Grundsätzen der Teilschweige-Konstruktion. Dies könnte man nur durch die Forderung eines engen Zusammenhanges mit der vorigen Aussage vermeiden. Schon um diesen Wertungswiderspruch zu beseitigen, muss die zitierte Entscheidung Auswirkungen auf die Teilschweigediskussion haben. Ob sie zu einer (Wieder-)Belebung der Kontroverse beiträgt, wird man aber abwarten müssen.

128 Kritisch zum Begriff der Berufserfahrung *Eisenberg*, Rdnr. 916 f.

129 *Meyer*, JR 1966, 352, 352.

130 BGHSt 45, 367, 370.

131 Vgl. das Beispiel bei *Richter* II, StV 1994.

Wenn man diesen engen Zusammenhang zwischen Einlassung und Schweigen fordert, lässt sich auch leichter begründen, warum sich der Beschuldigte „in freier Entscheidung selbst zum Beweismittel“ macht.[132] Der Gegenstand der Aussage, der nach dem Willen des Beschuldigten berücksichtigt werden soll, hängt dann so eng mit dem Schweigen zur anderen Frage zusammen, dass nicht mehr gesagt werden kann, gerade diese Frage wollte der Beschuldigte nicht erörtert wissen. Solange sich diese Idee der Umsetzung des Urteils auch auf der Teilschweige-Ebene nicht in der Judikatur oder Literatur wieder finden lässt, gelten die Vorbehalte gegen die Argumente der h.M. aber unvermindert.

cc) Untrennbarkeit des Gesamteindrucks

Ein weiteres Argument, nämlich die These von der Untrennbarkeit des Gesamteindrucks, knüpft – mehr faktisch denn normativ argumentierend – an die psychologische Wirkung auf den Richter an. So wird behauptet, wenn der Angeklagte die Aussage verweigere, so entstehe in Abhängigkeit von der momentanen Beweissituation zwangsläufig ein bestimmter Eindruck, der schon aus psychologischen Gründen eine gewisse Wirkung auf die Überzeugungsbildung des Richters habe.[133] Die Forderung, der Tatrichter solle die Augen vor einem starken Indiz verschließen, stelle den Tatrichter vor eine kaum lösbare Aufgabe[134] und könne ihn in die Versuchung führen, es in den Urteilsgründen als für seine Überzeugung mitbestimmend zu unterschlagen.[135]

Ein Verdacht bleibt dabei aber unausräumbar bestehen: Wenn man das Schweigen zum negativen Bestandteil der Aussage stempelt, hat man in Wirklichkeit nicht die Untrennbarkeit des Gesamteindrucks im Auge. Vielmehr bewertet man das tatsächliche äußere Erscheinungsbild, dem ein gewisser Erkenntniswert inne wohnen soll, den man um der Wahrheitsfindung willen nicht preisgeben will.[136] Denn die These des Erkenntniswertes wurde wiederholt als nicht verifiziert zurückgewiesen.[137] Hierbei ist Rogall in dem Punkt zuzustimmen, dass die Aussage „Ich war am Tatort, bin es aber nicht gewesen“ keinen höheren Erkenntniswert hat als das völlige Schweigen, denn eine Überführung wird nur aufgrund anderer Indizien in einem solchen Fall möglich sein, welche aber die Wertung des Teilschweigens überflüssig machen dürfte.[138] Aus dem

---

132 Vgl. oben unter aa).

133 *Fuhrmann*, JR 1965, 417, 418.

134 *Schneider*, JuS 1970, 271, 273.

135 *Pelchen*, JR 1985, 71, 72; *Ostermeyer*, NJW 1968, 1789, 1789.

136 *Stree*, JZ 1966, 593, 598; deutlich *Rogall*, 253; zum Aussagewert allgemein *Leiwesmeyer*, 79 ff.

137 *Schneider*, Jura 1990, 572, 579; *Rüping*, JR 1974, 134, 138; *Stree*, JZ 1966, 593, 598.

138 *Rogall*, 253.

Schweigen zu bestimmten Punkten lässt sich nämlich mehr als ein irrationales Wahrscheinlichkeitsurteil, das wegen seiner Unsicherheit nicht zur Gewissheitsbegründung genügt, nicht gewinnen. [139]

Wiederum ist eine Orientierung an den Grundsätzen, die zum teilweisen Schweigen entwickelt wurden, angezeigt. Wenn der BGH nämlich die These der Gesamtaussage beim teilweisen Schweigen zurückweist[140], so ist nicht einzusehen, warum die Einlassungsfreiheit beim Teilschweigen geringere Bedeutung haben sollte.[141] Strukturell entsprechen sich teilweises Schweigen und Teilschweigen in dem Punkt, dass der Beschuldigte einmal eine Aussage macht, ein anderes Mal nicht. Dass eine entlastende Aussage vor der Polizei, der ein Schweigen in der Hauptverhandlung nachfolgt, keinen Aussagewert haben soll, das genaue Gegenteil aber für die inhaltlich gleiche Aussage in der Hauptverhandlung gelten soll, ist nicht erklärbar.[142] Letztlich verbietet sich die Zusammenfassung von Reden und Schweigen ebenso wie die Zusammenfassung von Schweigen und anderen Beweisergebnissen.[143]

Die Konstruktion der Gesamtaussage hat unmittelbar Einfluss auf den hier zur Diskussion stehenden Belehrungs- und Beratungsbedarf des Beschuldigten. Solange diese Form der Beweiswürdigung von h.M. und Rechtsprechung akzeptiert und praktiziert wird, wird dem Zufall dadurch Raum gegeben, dass der geschickte oder anwaltlich beratene Angeklagte seine Stellung durch anfängliches Schweigen und späteres, schwer zu widerlegendes Entlastungsvorbringen stärken kann, während dem unerfahrenen, sich sogleich verteidigenden Beschuldigten, der nicht von einem Verteidiger betreut wird, dieser Weg über das Teilschweigen versperrt ist.[144]

dd) Verfälschung der Beweisaufnahme, Erfahrungssatz und Beweiswert

Auch mit den Auswirkungen auf die Beweisaufnahme wird argumentiert, sollte das Teilschweigen nicht verwertet werden dürfen. Die Gefahr der Verfälschung der Beweiswürdigung bezeichne hierbei den Grund und die Grenzen der Berücksichtigung des Teilschweigens. Eine Würdigung nur des Gesprochenen wäre hoffnungslos einseitig. Zur Verhinderung der Einseitigkeit müsse auch das

---

139 *Rogall*, 254.

140 Vgl. BGH MDR 1971, 18, 18.

141 *Günther*, JR 1978, 89, 91; *Rüping*, JR 1974, 134, 138; *Rogall*, 253.

142 *Rogall*, 253; *Rüping*, JR 1974, 134, 138; ihnen folgend Leiwesmeyer, 96.

143 Stree, JZ 1966, 593, 598.

144 *Schneider*, Jura 1990, 572, 580.

gewürdigt werden, was zwischen den Zeilen stehe.[145] Das Schweigen schaffe keinen besonderen beweiswürdigungsfreien Raum.[146]

Der Gesetzgeber hat allerdings in Kenntnis der widerstreitenden Prinzipien – Wahrheitsfindung auf der einen, Anspruch auf faires Verfahren auf der anderen Seite – durch Einführung der Belehrungspflicht die Rechte des Angeklagten verstärkt und bewusst in Kauf genommen, dass bei deren Ausübung sich die Wahrheit eventuell nicht herausfinden lässt.[147] Das Schweigerecht als Teil der Aussagefreiheit gehe aufgrund der gesetzgeberischen Entscheidung nicht nur der ohnehin unsicheren Wahrheitsfindung beim völligen Schweigen, sondern auch der verlässlicheren Wahrheitsfindung beim teilweisen Schweigen vor.[148]

Auch ist es durchaus nicht ungewöhnlich, wenn man sich dazu bekennt, Wahrheitsfindung nicht um jeden Preis betreiben zu wollen, dass auf einige Beweismittel gänzlich verzichtet wird.[149] Letztlich ist diese Situation beim Vorliegen von Beweisverwertungsverboten immer gegeben[150], so dass auch eine rationale Trennung zwischen Teilaussage und Teilschweigen möglich sein muss.[151] Denn es ist kein unüberwindbares Problem, einzelne Fragen als nicht gestellt oder Themen als nicht angesprochen zu behandeln.[152]

Von einer Verfälschungsgefahr kann deshalb nur eingeschränkt gesprochen werden. Dies umso mehr, als der Aussagewert des Teilschweigens äußerst begrenzt ist. Dies wird zwar vielfach anders beurteilt: Es bestehe ein Erfahrungssatz, dass der Angeklagte, der sich verteidigen wolle, damit erst dann aufhöre, wenn es nichts mehr zu verteidigen gibt.[153] Denn ihm Günstiges habe der Angeklagte ja heftig vorgetragen, somit schweige er nur dort, wo es ihm genehm sei.[154] Der menschenerfahrene Richter könne durchaus Schlüsse ziehen, die sich hieraus ergebende Verantwortung und die Gefahr der Fehlschlüsse sei aber zu bedenken.[155] Inzwischen ist jedoch anerkannt, dass ein solcher psychologischer Erfahrungssatz nicht existiert.[156] Die Vielzahl der hinter diesem Schweigen

---

145 *Hanack*, JR 1981, 432, 433.

146 *Kohlhaas*, NJW 1965, 2282, 2284.

147 *Güldenpfennig*, NJW 1969, 1867, 1867.

148 *Rogall*, 252 ff.

149 *Schneider*, Jura 1990, 572, 579: Beweisverfälschungsgefahr als kriminalpolitisches Ziel, das es dogmatisch zu begründen gilt.

150 *Rogall*, 253; *Schneider*, Jura 1990, 572, 579; *Dencker*, NStZ 1982, 458, 460; hiergegen aber *Verrel*, 34.

151 *Rogall*, 254.

152 *Leiwesmeyer*, 94.

153 *Meyer*, JR 1966, 352, 352.

154 *Kohlhaas*, NJW 1965, 2282, 2283.

155 *Eb. Schmidt*, JZ 1970, 338, 342.

156 *Schneider*, Jura, 1990, 572, 577; *Leiwesmeyer*, 90 ff.

möglicherweise stehenden Motive werde der Richter nicht zuverlässig im Rahmen der Beweiswürdigung deuten können.[157] Schon die eingeräumte Ausnahme Meyers, der die Idee des Erfahrungssatzes in die Diskussion eingebracht hat, dass der Beschuldigte auch aus Verärgerung über den Vorsitzenden schweigt, weil ihm „das Wort im Mund verdreht werde“[158], zeigt die Unbrauchbarkeit dieser Regel. Doch das Erforschen eben dieser Motive darf, was im Übrigen weitgehend anerkannt ist, nicht zum Gegenstand der Untersuchung gemacht werden.[159] Denn eventuell führt gerade die Gewissheit, dass er nicht überführt werden kann, dazu, dass der Angeklagte schweigt.[160] Geht man jedoch von einer so genannten „Normaldeutigkeit“ des Schweigens aus, so setzt man sich leicht über Zweifel in der Beweisführung hinweg und schließt Beweislücken.[161] Damit konstruiert man eine unzulässige Umkehr der Beweislast[162]: Plötzlich ist es an dem Beschuldigten nachzuweisen, dass sein Schweigen unverdächtige Gründe hat. Insgesamt erscheint die Annahme von „harmlosen“ Motiven im Einzelfall als willkürlich.[163] Selbst wenn man fordert, der Richter müsse vom Vorliegen „nicht harmloser“ Schweigemotive überzeugt sein, kann diese Überzeugung letztlich nur aus dem Reden gewonnen werden, wobei hinsichtlich des Schweigens im Zweifel harmlose Motive anzunehmen sind.[164]Auch lässt sich diese Idee nicht mit dem Verwertungsverbot beim gänzlichen Schweigen in Einklang bringen, wenn hier keine Schlüsse aus dem Schweigen zugelassen werden, beim Teilschweigen aber doch.[165] Wenn man den Grundsatz in dubio pro reo ernst nimmt, muss der Angeklagte beim Fehlen hinreichender Indizien freigesprochen werden, so dass das Teilschweigen nicht zum Zuge kommt.[166]

---

157 *Fuhrmann*, JR 1965, 417, 418; vgl. auch *Stree*, JZ 1966, 593, 594: eventuell liege die Absicht zugrunde, bestimmte Personen zu schützen. *Wessels*, JuS 1966, 169, 172 gibt Rücksichtnahme auf die Ehe und auf private oder geschäftliche Beziehungen an. *Schmidt*, JZ 1966, 338, 341 „Vermeidung der Bloßstellung anderer“; *Quentmeier*, JA 1996, 215, 218: „Boykott, Trotzreaktionen“.

158 *Meyer*, JR 1966, 352, 353.

159 *Günther*, JR 1978, 89, 94; *Dingeldey*, JA 1984, 407, 413; Kleinknecht/*Meyer-Goßner*, § 261, Rdnr. 16; SK/*Schlüchter*, § 261, Rdnr. 38; *Kühl*, JuS 1986, 115, 118. Auch *Wessels*, JuS 1966, 169, 172 gibt zu, dass sichere Schlüsse nur bei Kenntnis der Motive möglich sind.

160 *Meyer*, JR 1966, 352, 352.

161 *Stree*, JZ 1966, 593, 594.

162 *Roschmann*, 139.

163 *Leiwesmeyer*, 91.

164 *Leiwesmeyer*, 95.

165 *Günther*, JR 1978, 89, 94, Fn. 64.

166 *Rogall*, 255.

In diesem Zusammenhang wird oft vor einer Umgehung der Problematik gewarnt: Revisionsrechtlich bestehe die Gefahr, dass die Würdigung des Schweigens aus den Urteilsgründen herausgelassen werde, so dass diese dann nicht mehr überprüft werden könne;[167] dies deshalb, weil die Psychologie der richterlichen Überzeugungsbildung der richterlichen Kontrolle entzogen sei.[168] Angesichts der hohen Anforderungen, die die Rechtsprechung an die Darlegung der Überzeugungsbildung stellt[169], dürfte diese Gefahr sich in Grenzen halten; denn allein psychologische Schwierigkeiten bei der Trennung von Schweigen und Reden beseitigen die Pflicht zur rationalen Beweiswürdigung und Urteilsbegründung nicht.[170] Dass durch die Nichtverwertung des Teilschweigens die Wohltat der Beweisverbote in die Plage unangemessener Beschneidung der Wahrheitsfindung verwandelt wird[171], ist zu bezweifeln, wenn man bedenkt, dass eventuell auch der Richter von der „Freiheit des Irrens“[172] seinerseits befreit wird.

ee) Belehrungsinhalt

Dass im Falle des Teilschweigens eine Diskrepanz zwischen Belehrungsinhalt und Rechtswirklichkeit besteht, ist schon früh festgestellt worden: Wenn Schweigen allgemein als belastendes Indiz verwertet werden dürfte, dann wäre die Belehrung über das Recht zur Wahl zwischen den beiden Verteidigungsmöglichkeiten unehrlich, weil nach dem Gesetz nicht auf das erhebliche Risiko im Falle der Wahl des Schweigens hingewiesen werde.[173] Dem wurde aber entgegengehalten, das StPÄG habe einige falsche Hoffnungen geweckt, unter anderem die Annahme, dass aus der Belehrungspflicht gem. § 243 V 1 StPO ein Beweisverbot bezüglich des gesamten Verhaltens in der Hauptverhandlung bestehe.[174] In Wahrheit habe die Veränderung der §§ 136, 136a und 243 StPO nur das Gewicht der Belehrungspflichten vergrößert. Diese Verstärkung der Kenntnisse könne dem Gericht sein Recht, aus Gegenindizien und Schweigen Schlüsse zu ziehen, nicht rauben.[175]

---

167 *Kohlhaas*, NJW 1965, 2282, 2284.

168 *Schmidt-Leichner*, NJW 1966, 189, 189.

169 Vgl. *Fezer*, StV 1995, 95, 100.

170 *Rogall*, 255.

171 *Kohlhaas*, NJW 1965, 2283, 2283 Fn. 20.

172 *Schmidt-Leichner*, NJW 1966, 189, 191.

173 *Kleinknecht*, JR 1966, 270, 271.

174 *Meyer*, JR 1966, 352, 352.

175 *Kohlhaas*, NJW 1965, 2283, 2284.

Angesichts der geänderten Rechtsprechung zur unterlassenen Belehrung[176] kann dies nicht mehr überzeugen. Richtig ist zwar, dass die Belehrungsvorschriften zunächst nichts darüber aussagen, inwieweit das Schweigen des Angeklagten berücksichtigt werden kann.[177] Es liegt aber nahe, dass demjenigen, der auf sein Recht hingewiesen wird, zumindest auch die Gefahr mitgeteilt werden muss, die mit dessen Ausübung einhergeht.[178] Es leuchtet angesichts der Belehrung wenig ein, dass es dem Angeklagten zwar erlaubt ist, nichts zu sagen oder sich nur teilweise zu äußern, dass er aber wegen letzterer Verhaltensweise Nachteile befürchten muss angesichts des Grundsatzes der freien Beweiswürdigung.[179] Wenn mit der Belehrung dem Angeklagten die Gewähr dafür gegeben werde, er könne sein Schweigerecht ohne Furcht vor nachteiliger Bewertung ausüben[180], dann könnte man in der Belehrung eine gewisse Garantie erblicken. Dem wurde entgegengehalten, eine Zusicherung wäre schon deshalb kaum konstruierbar, da es dem Gericht zum einen verboten sei, irgendwelche Zusicherungen zu machen. Auf der anderen Seite sei kaum vorhersehbar, wie sich das Verhalten auswirken wird, so dass sich die Aufgabe des Gerichts darin erschöpfe, den Angeklagten auf seine Rechte hinzuweisen.[181]

Die Lösung hat der BGH schon vor langer Zeit im Zusammenhang mit dem zeitweisen Schweigen vorgezeichnet: Er führte aus, wenn es zulässig wäre, bei der Beweiswürdigung zum Nachteil des Beschuldigten zu berücksichtigen, dass dieser nicht schon bei seiner polizeilichen, sondern erst bei seiner richterlichen Vernehmung ausgesagt hat, hätte es „nahe gelegen", die Belehrungspflicht hierauf zu erstrecken. Weise man einen Beschuldigten auf ein Recht hin, bei dessen Ausübung ihm Nachteile entstehen könnten, so müsse zumindest bei Fehlen eines Verteidigers aus Gründen der Fairness auf die möglichen Folgen der Rechtsausübung hingewiesen werden.[182] Wenn man dem folgt und sich vergegenwärtigt, dass sich, wie oben gezeigt, kein struktureller Unterschied zwischen zeitweisem Schweigen und Teilschweigen ergibt, so stellt sich zwangsläufig die Frage, warum hieraus nicht die Konsequenz gezogen und dieser Gedanke auch beim Teilschweigen fruchtbar gemacht wird. In der Literatur findet sich dann auch eine die h.M. treffend zusammenfassende Formulierung, welche als Vorbild für eine Belehrung dienen kann:

---

176 Vgl. unten zu BGHSt 38, 214: 4.Teil, 2. Abschnitt, A.II.2.

177 *Stree*, JZ 1966, 593, 593.

178 *Schmidt-Leichner*, NJW 1966, 189, 180, der über eine Täuschung gem. § 136 a in diesem Zusammenhang nachdenkt, was zu weit gehen dürfte.

179 *Güldenpfennig*, NJW 1969, 1867, 1867.

180 *Wessels*, JuS 1966, 169, 179.

181 *Günther*, JR 1978, 89, 92.

182 BGHSt 20, 281, 283/284; vgl. auch *Geppert*, Meyer-GS, 101, 107.

„Teilschweigen darf nur dann zu Lasten des Angeklagten gewürdigt werden, wenn er zu ein- und derselben Tat sowohl redet als auch schweigt.“[183]

Wenn viele Vorsitzende über § 243 IV 1 StPO hinaus den Hinweis erteilen, dass das Schweigen nicht zum Nachteil des Angeklagten verwertet werden darf, so liegt die Forderung nahe, ihn auch darüber zu belehren, dass aus dem Teilschweigen negative Schlüsse möglich sind.[184]

Ein weiterer Einwand ist aber zu berücksichtigen: Selbst wenn der Betroffene auf die Möglichkeit nachteiliger Schlüsse hingewiesen werde, bliebe eine Verwertung des Teilschweigens auch dann rechtswidrig, weil die Ankündigung gesetzeswidriger Maßnahmen nicht deren Rechtswidrigkeit nehmen könne.[185] Diese Argumentation ist indes nicht zwingend: Denn wie sich gezeigt hat, lassen sich viele Argumente gegen die Verwertung des Teilschweigens auf die Tatsache, dass eine Belehrung in diesem Zusammenhang fehlt, beziehen. Das Vorhandensein einer solchen Belehrung würde insbesondere das Argument, dass sich der Angeklagte selbst zu einem Beweismittel macht, in einem anderen Licht erscheinen lassen. Die Frage von Rechtmäßigkeit der Verwertung und Belehrung lassen sich also nicht trennen, sie hängen vielmehr voneinander ab.

ff) Stellungnahme

Beweisnot und die Erwartung, der Beschuldigte werde den Tathergang schildern können, stellen eine ständige Versuchung dar, sich über die theoretisch klaren Grenzen der Aussagefreiheit hinwegzusetzen.[186] Die Konstruktion des Teilschweigens ist hierfür nur ein Beispiel. Diesen ständigen Bemühungen der Tatsacheninstanzen, im Umfeld des schweigenden Angeklagten Anknüpfungspunkte zu finden, an denen doch noch angesetzt werden kann, ist entgegenzutreten.[187] Denn die Gefahr der Manipulation liegt nahe, wenn Antworten auf unverfängliche Fragen („Ist das hier etwa ihre Unterschrift?“), dazu führen, dass der Angeklagte in die Situation des Teilschweigens manövriert wird.[188]

Diese Folge ließe sich nur durch eine Übertragung der Grundsätze, die vom BGH in seiner Entscheidung im 45. Band aufgestellt wurden, überwinden.[189]

---

183 *Volk*, NStZ 1984, 377, 378.

184 So *Burhoff*, Rdnr. 177, der die Verteidiger dazu auffordert, diesen Hinweis zu geben, falls der Vorsitzende dies nicht tut.

185 *Rüping*, JZ 1974, 135, 138.

186 *Rieß*, JA 1980, 293.

187 *Kühne*, JZ 2000, 684, 684.

188 *Richter* II, StV 1994, 687, 690.

189 S. schon oben unter c); vgl. BGHSt 45, 367, 370.

Die freiwillige Entscheidung des Angeklagten hat nach der Wertung des Gesetzes eine so überragende Bedeutung, dass auch die Beweiswürdigung davon erfasst wird, womit dieser Entscheidungsfreiheit der Vorrang gegenüber der Wahrheitserforschung eingeräumt werde.[190] Dem liegt der Gedanke zugrunde, dass die freie richterliche Beweiswürdigung ihre Grenzen findet am Recht eines jeden Menschen, nicht zu seiner Überführung beitragen zu müssen.[191]Andernfalls gewinnt das inquisitorische Element zu stark an Bedeutung und lässt die gem. § 136 II StPO vorgesehene Entlastungsfunktion in den Hintergrund treten. [192] Die gesetzliche Vermutung seiner Unschuld begründet das Recht des Beschuldigten, Fragen nicht nur freiwillig zu beantworten, sondern auch einige Fragen zu beantworten, andere nicht.[193] Diese Vermutung der Unschuld ist unteilbar und wird nicht bei einem Wechsel zwischen Schweigen und Aussage gegenstandslos.[194]

Wenn die Befürworter der Verwertung des Teilschweigens das Argument der Freiwilligkeit ins Felde führen, so ist dies unhaltbar: Wahre Aussagefreiheit kann es nur bei völliger Sicherheit davor geben, dass aus der Ausübung des Schweigerechts nachteilige Schlüsse gezogen werden.[195] Gerade in kritischen Situationen ist das Schweigerecht sonst sinnlos, wenn man es nur dort anerkennt, „wo es nicht schadet."[196] Die Beurteilung des Teilschweigens führt dann dazu, dass es gefährlicher wird als wahrheitswidriges Leugnen, bei dem ja immerhin noch eine Chance besteht, dass die Lüge nicht durchschaut wird.[197] Man muss nicht einen Rechtsstaat befürchten, in dem nur die „Armen und Dummen" reden und die „Reichen und Schlauen" schweigen,[198] um zu erkennen, dass die Konzeption der h.M. zum Teilschweigen so nicht haltbar ist. Denn für eine prinzipielle Unterscheidung zwischen totalem Schweigen und Teilschweigen fehlt jeder Anhaltspunkt.[199] Solange diese Unterscheidung aber faktisch besteht, ist sie ein wichtiger Bestandteil des Informationsbedarfes des Beschuldigten. Der Beschuldigte befindet sich deshalb in einer schwer auflösbaren Situation: Will er Entlastendes vorbringen, so muss er sich anschließend der Vernehmung stellen,

---

190 *Güldenpfennig*, NJW 1969, 1867, 1867.

191 *Rogall*, 249.

192 *Hammerstein*, Middendorff-FS, 111, 111.

193 *Arndt*, NJW 1966, 869, 870.

194 *Rüping*, JR 1974, 135, 138.

195 *Stree*, JZ 1966, 593, 594.

196 *Nickl*, 69.

197 *Wessels*, JuS 1966, 169, 171.

198 *Arzt*, Ketzerische Bemerkungen, 24.

199 *Ostermeyer*, NJW 1969, 1187, 1187.

will er ungünstige Schlüsse vermeiden.[200] Die Entscheidung zu reden oder zu schweigen ist deshalb so wichtig, weil sie einen „point of no return" in beweisrechtlicher Hinsicht bedeuten kann. Der Beschuldigte muss über diese Auswirkung eingehend belehrt und für seinen speziellen Fall beraten werden.

III. Bewertung des Gesamtverhaltens in der Verhandlung

War bist jetzt von der Würdigung des Schweigens die Rede, soll im Folgenden ein Blick auf die Auswirkungen der späten Nennung von Beweisen und Alibis und die Bewertung von Mimik und Gestik des Beschuldigten geworfen werden. Die Bewertung dieser Begleitumstände ist deshalb so wichtig, weil diese die Art und Weise der Ausübung des Schweigerechts unmittelbar beeinflussen können und damit zum Belehrungs- und Beratungsbedarf gehören.

1. Späte Nennung von Beweisen und Alibis

Für die ungehinderte Ausübung des Schweigerechts ist es wichtig, dass es sich nicht negativ für den Beschuldigten auswirkt, wenn er die Entscheidung, sich redend zu verteidigen, erst spät trifft. Die hier nur beispielhaft aufgeführte Judikatur zeigt, dass aus der „Verzögerung" der Einlassung gelegentlich tatsächlich Nachteile zu befürchten sind. Gerade in der besonderen Drucksituation der Untersuchungshaft scheinen die Tatsacheninstanzen gelegentlich geneigt zu sein, den Umstand der späten Einlassung unzulässig zu verwerten. So erteilte der BGH den Erwägungen eine Absage, dass dann, wenn der Angeklagte seit 3 Monaten in Untersuchungshaft sitze, mehrfach Gelegenheit zur Äußerung gehabt habe und erst nach Akteneinsicht des Verteidigers ein Alibi behaupte, es Beachtung verdiene, dass er ein sicheres Alibi erst jetzt vortrage.[201] In einem anderen Fall saß ein Angeklagter bereits über 6 Monate in Untersuchungshaft und war anwaltlich vertreten. Die Vorinstanz war der Ansicht, dass nichts näher gelegen hätte, als durch eine Aussage bereits im Ermittlungsstadium die eigene Unschuld zu dokumentieren, „ohne damit sein Aussageverweigerungsrecht schmälern zu wollen." Der BGH attestierte zu Recht eine unzulässige Einschränkung des Schweigerechts.[202]

Diese Tendenz, aus langem Schweigen in der Untersuchungshaft nachteilige Schlüsse abzuleiten, findet sich immer wieder in der Rechtsprechung. Jüngst hob der BGH ein Urteil auf, in dem die Vorinstanz es „für kaum nachvollziehbar" hielt, dass ein Beschuldigter, der sich seit Monaten in Untersuchungshaft befand, nicht zumindest alsbald versucht habe, die gegen ihn erhobenen Vor-

---

200 *Hammerstein*, Middendorff-FS, 111, 115.

201 BGH StV 1998, 90, 91.

202 BGH StPO § 261 Aussageverhalten 11.

würfe zu entkräften und die Beweislage zu erschüttern, woraufhin die späte Aussage des Beschuldigten als bloße Schutzbehauptung angesehen wurde.[203]

Späte Einlassungen können sich also nachteilig auswirken, auch wenn der BGH diesen Tendenzen entgegenzutreten versucht. Aber zumindest für den Fall, dass ein Beschuldigter ein polizeiliches Geständnis erst ganz am Ende der Hauptverhandlung widerruft und das Gericht vor der Frage steht, ob dem Geständnis oder dem Widerruf Glauben zu schenken sei, hielt es der BGH für zulässig, dass entscheidend auf den Umstand abgestellt wurde, dass der Beschuldigte wesentliche entlastende Angaben erst spät in der Hauptverhandlung vorgebracht hatte.[204] Ähnlich urteilte der BGH in einem Fall, dem eine späte Benennung eines Alibizeugen zugrunde gelegen hatte. Aus dem Schweigerecht des Beschuldigten sei kein Verbot der Bewertung des Umstands herzuleiten, dass er die Zeugin R erst in der Hauptverhandlung als Alibizeugin benannte, denn aus dem Prozessverhalten des Angeklagten dürften negative Schlussfolgerungen gezogen werden.[205]

Doch es gibt auch die Tendenz, der späten Nennung von Fakten keine Auswirkung auf die Beweiswürdigung einzuräumen: Ein Angeklagter hatte die Beute auf der Flucht weggeworfen und nannte diesen angeblichen Ort in der Hauptverhandlung nicht. Als fehlerhaft wurde vom BGH hier das Vorgehen der Vorinstanz bezeichnet, aus der Tatsache, dass der Angeklagte „seine Version“ des Tatgeschehens leicht mit der Angabe des Ortes, an dem er einen Geldbeutel weggeworfen haben wollte, hätte untermauern können, dies aber erst in der Hauptverhandlung tat.[206] Auch die späte Benennung eines Zeugen darf sich nach Ansicht des BGH nicht auswirken, denn vom Angeklagten dürfe nicht verlangt werden, dass er von sich aus Beweisanträge zu seiner Entlastung stellt. In diesem Fall greife die Amtsaufklärungspflicht des Gerichts ein.[207]

In jüngerer Zeit wurde auch der Versuch gerügt, aus der späten Nennung eines Alibis, obwohl dies „ihm jederzeit möglich gewesen sei“, negative Schlüsse zulasten des Angeklagten zu ziehen.[208] Dies gelte auch dann, wenn eine Entlastung durch eine Aussage schon zu einem früheren Zeitpunkt angezeigt gewesen wäre, denn das verspätete Vorbringen entlastender Umstände dürfe auch dann, wenn dieses Verhalten unverständlich sei, nicht gegen den Angeklagten verwendet werden.[209]

---

203 BGH NStZ-RR 2000, 37, 37.

204 BGH NStZ 1995, 20, 20.

205 BGH NStZ 1987, 218, 218.

206 BGHR StPO § 261, Aussageverhalten 4.

207 BGH StV 1988, 286, 287.

208 BGH NStZ – RR 1996, 363, 363.

209 BGH StV 1992, 548.

Insgesamt bietet sich ein nicht ganz einheitliches Bild hinsichtlich der Frage, ob der Zeitpunkt der Einlassung zulasten des Beschuldigten Berücksichtigung finden darf.

Doch nicht allein die späte Einlassung des Angeklagten erweckte den Argwohn des erkennenden Gerichts im folgenden Fall: Der Angeklagte ließ sich erst sehr spät ein, wobei „zudem auffällig" gewesen sei, dass er dies erst nach mehrfacher Unterbrechung und Rücksprache mit seinem Verteidiger getan habe. Die Tatsache, dass jeweils eine Unterredung mit dem Verteidiger voran ging, dürfe aber nicht nachteilig für den Angeklagten gewürdigt werden, urteilte der BGH.[210] Günstig ist diese Rechtsprechung deshalb, weil es dem Angeklagten, der anwaltliche betreut wird, die Möglichkeit gibt, die Ereignisse der Hauptverhandlung mit seinem Anwalt zu besprechen und erst dann mit entsprechendem Vorbringen zu reagieren.

Insgesamt bleibt auch ein uneinheitliches Bild hinsichtlich der späten Nennung von Entlastungsbeweisen zu konstatieren.

2. Mimik / Gestik

Selten wird der Beschuldigte, auch wenn er sich entschlossen hat zu schweigen, mit völlig unbewegter Miene der Hauptverhandlung folgen. Muss also der Beschuldigte davor gewarnt werden, sich zu „Gesichtsentgleisungen" hinreißen zu lassen? Ob Mimik und Gestik des Angeklagten zur Überzeugungsbildung herangezogen werden dürfen, ist zweifelhaft.[211] Zur Aussage des Beschuldigten zählen grundsätzlich nicht nur die gesprochenen Äußerungen, sondern auch nonverbale Äußerungen wie Gesten, Kopfschütteln und Nicken.[212] Ob Ausdruckshandlungen wie Erröten, Weinen und Erbleichen ebenfalls vom Gericht für die Beweiswürdigung herangezogen werden, ist aber unsicher.[213] Dies gilt insbesondere dann, wenn der Beschuldigte ansonsten schweigt. Der BGH beanstandete z.B. die Überzeugungsbildung der Vorinstanz, die sich darauf stützte, dass „der Angeklagte, der den Gang der Hauptverhandlung mit lebhafter Mimik und Gestik trotz seines Schweigens begleitet hatte, weder selbst noch durch seinen Verteidiger in Abrede gestellt hatte, die beiden Zeugen (...) miteinander bekannt gemacht zu haben"[214], da hier zu besorgen wäre, dass das Schweigen des

---

210 BGH StV 1994, 413, 413.

211 *Keiser*, StV 2000, 633 f weist auf den Zusammenhang solchen „Prozessverhaltens" mit der oben besprochenen Judikatur des BGH im 45. Band hin; *Stein*, ZStW 97, 303, 326 misst Erkenntnissen aus nicht-verbalem Verhalten keine große praktische Bedeutung bei.

212 *Walder*, 61; *Bauer*, 9.

213 Ablehnend *Walder*, 61.

214 BGH NStZ 1994, 24, 24.

Angeklagten zu seinem Nachteil verwendet worden sei, womit der BGH sein Unbehagen gegen Schlüsse aus körperlichen Anzeichen zum Ausdruck bringt.

Mit der Konstellation außerprozessualen Schweigens in Verbindung mit einem verdächtigen „Gesamtverhalten“ hatte es das OLG Karlsruhe[215] zu tun. Die wegen Sachbeschädigung Angeklagte war auf die Frage ihres Betriebsleiters, ob sie Butylalkohol in das Chromsäurebad des Betriebs geschüttet hätte, woraufhin es zu heftigen chemischen Reaktionen mit beträchtlichem Sachschaden gekommen war, weiß geworden und hatte sich setzen müssen. Zwar handelte es sich hierbei um ein Verhalten außerhalb des Verfahrens, dennoch stellte sich auch hier die Frage nach dem generellen Beweiswert derartiger Reaktionen. Soweit die Vorinstanz von diesem Verhalten auf die Täterschaft schloss, wurde dies vom OLG Karlsruhe zurückgewiesen, da hier vom LG ein „Erfahrungssatz“ zugrunde gelegt worden war, wonach der Persönlichkeitsstruktur, die bei der Angeklagten vorgelegen habe, nur ein Bestreiten des Tatvorwurfs als denkbares Verhalten entsprochen hätte. Ein solcher Erfahrungssatz bestehe aber nicht.[216]

Teilweise werden derartige Schlüsse aber auch befürwortet: Dem Richter sei die Verwertung von Begleitumständen der Tat nicht verwehrt, was sich aus der Rolle des Angeklagten als „Objekt des Verfahrens“ und aus seiner Rolle als Gegenstand des Zwanges ergebe.[217] Auffälligkeiten des Angeklagten im Verhalten wie Mimik und Gesten dürften auch dann im Rahmen der freien Beweiswürdigung berücksichtigt werden, wenn der Angeklagte durch die Wahl des Schweigens als Verteidigungsmittel sich gerade nicht als Beweismittel zur Verfügung stellen wolle. Hierbei sei aber Zurückhaltung geboten.[218] Angesichts der entgegenstehenden Entscheidung des BGH[219] kann eine derartige Beweisführung aber nicht überzeugen: Entzieht nämlich der Angeklagte bewusst seine Persönlichkeit der Urteilsfindung des Gerichts, so darf dies nicht durch eine Wertung einer in ihrer Bedeutung mehrdeutigen Körpersprache unterlaufen werden, will man nicht das kaum lösbare Problem schaffen, unverwertbares Totalschweigen und in Form von Mimik und Gestik „beredtes Schweigen“ voneinander abzugrenzen.[220] Das Verwerten von „Gebaren“ ist ein Hintertürverfahren und damit abzulehnen. Der (berechtigte) Zwang, am Verfahren teilnehmen zu

---

215 OLG Karlsruhe, NStZ 1989, 287, 287.

216 OLG Karlsruhe, NStZ 1989, 287, 288. Weiterhin war fraglich, ob das Verhalten überhaupt der Beweiswürdigung zugänglich war.

217 *Rogall*, 252/253.

218 *Kleinknecht*, JR 1966, 270, 270; vgl. auch *Seibert*, NJW 1965, 1706, 1706, Fn.4, nach dem der Eindruck von dem zur Sache schweigenden Angeklagten „natürlich“ verwendet werden darf, was aber mit Zurückhaltung geschehen solle.

219 BGH NStZ 1994, 24, 24.

220 *Dahs/Langkeit*, NStZ 1993, 213, 215. Kritisch ist deshalb die Aussage Rogalls, 253, zu betrachten, dass das Stottern und Erröten durch Augenschein erfasst werde und dies mit der Aussagefreiheit „nichts zu tun habe“.

müssen, würde dergestalt missbraucht, dass sich der Angeklagte „wie ein Ding“[221] betrachten lassen müsse, was schwerlich mit dem heutigen Verständnis des Angeklagten als Subjekt des Verfahrens[222] zu vereinbaren wäre. Einem nicht eindeutigen äußeren Verhalten wie dem Herumrutschen oder dem Ausweichen mit dem Blick kommt kein Erklärungswert in eine bestimmte Beweisrichtung zu.[223]

Wenn das Gericht die Begleitumstände einer Aussage verwerten darf, was nach allgemeiner Ansicht der Fall ist[224], so bietet es sich an, davon auszugehen, dass die Begleitumstände das Schicksal des Hauptverhaltens teilen: Umstände, die das Schweigen begleiten, sind gleichsam als deren Annex zu betrachten und dürfen schon wegen der vorrangigen Komponente der Aussagefreiheit nicht verwertet werden.[225] Es ist völlig unklar, wie es bewerkstelligt werden soll, auf der einen Seite nonverbales Verhalten des Angeklagten „grundsätzlich“ zu berücksichtigen, auf der anderen Seite aber zu vermeiden, dass damit der Wille des Angeklagten, seine Persönlichkeit insgesamt der Urteilsfindung zu entziehen, unterlaufen wird.[226] Rechtlich hat der „breit grinsende“ Angeklagte auf beweisrechtlicher Ebene also keine Nachteile zu befürchten. Faktisch wird er mit seinem Verhalten das Gericht aber eventuell zu weiteren Beweiserhebungen veranlassen und die Atmosphäre negativ beeinflussen, was ihm zum Nachteil gereichen kann. Es besteht immer die Gefahr, dass der Beweis der Schuld auf andere Weise geführt wird und sich das Beschuldigtenverhalten dann faktisch negativ auf die Strafzumessung auswirkt. Auf Letzteres wird ein guter Verteidiger den Beschuldigten hinweisen.[227]

IV. Verhalten dritter Personen

Im Umfeld des schweigenden Angeklagten spielen zwei Personengruppen eine Rolle, deren Verhalten Zurechnungsfragen im Hinblick auf das Schweigen des Angeklagten aufwerfen. Es sind dies insbesondere Angehörige, die sich ihrerseits auf ihr Aussageverweigerungsrecht berufen, und der Verteidiger, bei dessen Ausführungen fraglich ist, ob sie als Aussagen des Angeklagten betrachtet werden können.

---

221 *Arndt*, NJW 1966, 869, 871.

222 Vgl. zur Subjektsstellung des Beschuldigten unten 7. Teil.

223 *Keiser*, StV 2000, 633, 636.

224 SK/*Schlüchter*, § 261, Rdnr. 13; LR/*Gollwitzer*, § 261, Rdnr. 16, 73; KK/*Engelhardt*, § 261, Rdnr. 19.

225 *Keiser*, StV 2000, 633, 636.

226 *Miebach*, NStZ 2000, 234, 235.

227 Zu den Erwägungen, die ein Verteidiger hinsichtlich des Aussageverhaltens anstellt vgl. unten 3. Teil, 1. Abschnitt.

1. Angehörige

Schon früh hatte der BGH entschieden, dass die Ausübung des Aussageverweigerungsrechts durch einen Angehörigen nicht zulasten des Angeklagten gewertet werden darf, da der Angehörige sonst nicht frei über die Ausübung seines Rechts befinden könne, wenn er negative Schlüsse für den mit ihm verbundenen Angeklagten befürchten müsse.[228] Dies ist für den Angeklagten wichtig, denn diese Rechtsprechung sorgt dafür, dass er sich bei Aussageverweigerung des Angehörigen nicht selbst zu einer Aussage veranlasst sehen muss. Auch das teilweise Schweigen des angehörigen Zeugen z.B. vor der Hauptverhandlung darf allein nicht zulasten des Angeklagten verwertet werden.[229]

Ebenso werden die Grundsätze, die für den nur teilschweigenden Angeklagten – nach (noch) h.M. – gelten, auch auf den Zeugen übertragen. Hat sich dieser teilweise zur Sache geäußert und verweigert er dann auf einzelne Fragen die Antwort, so können hieraus negative Schlüsse zulasten des Angeklagten gefolgert werden, da sonst nach Ansicht des BGH die Beweiswürdigung nur des Ausgesprochenen so einseitig wäre, dass die Gefahr der Verfälschung der freien Beweiswürdigung bestehe.[230] Der Inhalt seiner Aussage ließe sich nur durch eine Bewertung seines Gesamtverhaltens im Prozess, nicht aber allein durch die Informationen, die er dem Gericht zur Verfügung stellt, beurteilen.[231] Deshalb kann auch dann, wenn es das Gericht für widerlegt hält, dass eine Zeugin ein Alibi des Ehemannes schon im Ermittlungsverfahren behauptet hat, sondern der Ansicht ist, dass dies erstmals in der Hauptverhandlung vorgetragen wurde, dieses widersprüchliche Verhalten verwertet werden, soweit die Zeugin im Vorverfahren sich nachweisbar aktiv verhalten und damit ihr Gesamtverhalten der richterlichen Beweiswürdigung unterstellt hat.[232]

Die Tatsache, dass die Teilschweige-Konstruktion auch beim Zeugen Anwendung finden soll, ist deshalb unbedenklich, weil der Zeuge Beweismittel[233] ist und der Beschuldigte nur selten Einfluss darauf hat, ob dieser aussagt bzw. aussagen darf. Insofern sind hier Gesichtspunkte wie die Verfälschung der Beweislage unbedenklich. Ein anderer Gesichtspunkt wird aber in diesem Zusammenhang interessant: Wie schätzt das Gericht die Beweislage ein? Schließt es Lücken in der Aussage des Zeugen durch die „Teilschweigekonstruktion“? Auf

228 BGHSt 22, 113, 114.

229 Vgl. BGHSt 34, 324, 327: „ (...) hätte die Unglaubwürdigkeit der Aussage der Ehefrau nicht allein aus ihrem Schweigen vor der Hauptverhandlung hergeleitet werden können.“

230 BGHSt 32, 140, 142 mit Verweis auf *Hanack* JR 1981, 433.

231 BGHSt 32, 140, 143.

232 BGH St 43, 324, 328.

233 *Fezer*, Fall 12, Rdnr. 4; *Beulke*, Rdnr. 179.

dieses Interesse an der Einschätzung der Sach- und Rechtslage durch das Gericht wird zurückzukommen sein.[234]

2. Verteidiger

Erklärungen des Verteidigers sind besonders problematisch im Hinblick auf das Schweigerecht des Beschuldigten. Es stellt sich die Frage, welche Erklärungen als solche des Verteidigers anzusehen sind und welche der Verteidiger für den Angeklagten abgibt, diesem quasi „zugerechnet" werden. Diese Problematik ist für die gegebene Fragestellung nach dem Belehrungs- und Beratungsbedarf von elementarer Bedeutung. In dem Bereich, in dem der Verteidiger nämlich Gefahr läuft, dass seine Aussagen als solche des Angeklagten aufgefasst werden, muss er besondere Aufmerksamkeit im Hinblick auf seine Verteidigungsstrategie walten lassen.

Die erste Entscheidung aus diesem Bereich, die weite Kreise zog, wurde vom OLG Hamm getroffen. Es bejahte die Möglichkeit einer Vertretung des Angeklagten bei dessen Aussage, „wann immer ihm dies – etwa auf Grund des sprachlichen Vermögens oder der forensischen Geschicklichkeit des Verteidigers – als zweckmäßig erscheint." [235] Allerdings bestehe die Notwendigkeit, die vom Verteidiger in Vertretung des Angeklagten abgegebene Einlassung von den sonstigen prozessualen Erklärungen unmissverständlich abzugrenzen, da die Gefahr bestehe, dass der Verteidiger die Darstellung des Angeklagten mit eigenen spekulativen Darstellungen mische.[236] Zur Klarstellung forderte das OLG Hamm eine ausdrückliche Befragung des Verteidigers, wie seine Erklärung zu verstehen sei.[237]

Das OLG Celle hatte Stellung zu beziehen in einem Fall, in dem die Vorinstanz die Schriftsätze des Verteidigers verlesen und deren Inhalt zulasten des Beschuldigten verwertet hatte. Das OLG befand, dass Schriftstücke mit früheren Erklärungen nur dann verwertet werden dürfen, wenn der Beschuldigte sie selbst verfasst habe. Verteidiger und Beschuldigter seien voneinander unabhängig, so dass der Verteidiger nicht Vertreter des Angeklagten sei. Die Schriftsätze seien nur als prozessrechtliche Darstellungen des Verteidigers anzusehen, nicht aber als Äußerungen des Angeklagten selbst. Der Grundsatz der Unmittelbarkeit gebiete, dass nur Erklärungen des Angeklagten selbst oder Bekundungen seines Verteidigers als Zeuge verwertet werden.[238]

---

234 Ausführlich hierzu unten 4. Teil, 2. Abschnitt, B. IV. 2

235 OLG Hamm, JR 1980, 82, 82.

236 OLG Hamm, JR 1980, 82, 82.

237 OLG Hamm, JR 1980, 82, 82.

238 OLG Celle, NStZ 1988, 426, 426.

Diese Ansicht bestätigt der BGH später und wiederholt die Anforderungen, die schon das OLG Hamm an eine etwaige Zurechnung stellte: Durch Erklärungen des Angeklagten oder des Verteidigers müsse deutlich werden, dass der Angeklagte die Äußerungen des Verteidigers als eigene Einlassung verstanden wissen will; dann könne auch die Äußerung des Verteidigers als eine solche des Angeklagten angesehen und verwertet werden. [239]

Eingang in die amtliche Sammlung hat diese Problematik – allerdings bezüglich schriftlicher Einlassungen – im 39. Band gefunden, als der BGH feststellte, dass in diesen Fällen nur dann ein Urkundsverbot nicht bestehe, wenn der Angeklagte die schriftliche Erklärung selbst abgegeben habe. Dies sei aber dann nicht der Fall, wenn er sich gegenüber einer anderen Person geäußert habe, welche diese Erklärung nur schriftlich wiedergab. In Betracht käme nur, die niederschreibende Person zu verhören.[240] Der BGH ließ offen, wie zu entscheiden sei, wenn sich der Angeklagte des Verteidigers lediglich als Schreibhilfe bedient hätte, da im vorliegenden Fall jedenfalls nicht auszuschließen war, dass Überlegungen des Verteidigers Eingang in den Schriftsatz gefunden hatten.[241] Eine Differenzierung zwischen Verteidiger- und Mandantenerklärung innerhalb einer Erklärung des Verteidigers scheint dabei allerdings künstlich, da für diese Differenzierung gerade die Aussage des Verteidigers benötigt würde; ein Umstand, den die Konstruktion über den Urkundsbeweis ja gerade vermeiden will.[242] Im Verhältnis zum Verteidiger ist die Konstruktion der Schreibhilfe sowieso ein nur theoretischer Fall[243], da kaum ein Fall denkbar ist, in dem nicht die Wertungen bzw. Empfehlungen des Verteidigers Eingang in die schriftliche Erklärung finden.

Das Erfordernis, dass der Angeklagte oder der Verteidiger deutlich zum Ausdruck bringen muss, dass der Angeklagte die Erklärung des Verteidigers als seine eigene verstanden wissen will, findet sich im folgenden Verlauf in der Rechtsprechung ausdrücklich nur bezüglich der schriftlichen[244] Einlassung wieder[245]. Unklarheiten bestehen hinsichtlich der mündlichen Einlassung. In einem weiteren Urteil hatte die Verteidigerin erklärt, ihr Mandant „würde die Vorwürfe in vollem Umfang einräumen“, für weitere Fragen aber nicht zur Verfügung ste-

---

239 BGH NStZ 1990, 447, 447. Als zusätzliche Problematik kam hier hinzu, dass hier aus einer Beweisbehauptung des Verteidigers auf den Willen zur Einlassung seitens des Angeklagten geschlossen wurde.

240 BGHSt 39, 305, 306.

241 BGHSt 39, 305, 307.

242 *Seitz*, NStZ 1994, 185, 186.

243 *Seitz*, NStZ 1994, 185, 187.

244 Zu den Anforderungen an schriftliche Einlassungen allgemein vgl. BGH, StV 2001, 548, 548.

245 BGH StV 2002, 182, 183: Klarstellung durch den Beschuldigten.

hen.[246] Der BGH befand, der Angeklagte habe nicht die Einlassung zur Sache verweigert, sondern sich über seine Verteidigerin geäußert, da sich aus dem Gesamtzusammenhang ergebe, dass es sich nicht um eine Erklärung der Verteidigerin, sondern um eine des Angeklagten handele, welcher sich das Geständnis „durchaus“ auch strafmildernd[247] zurechnen lassen wolle. Die angeblich aus Sicht der Revision entgegenstehenden Entscheidungen würden sich dadurch unterscheiden, dass dort der Angeklagte die Aussage verweigert habe, weshalb die nachfolgende Verteidigererklärung dort nicht als seine anzusehen war.[248]

Wie sich hier aus dem „Gesamtzusammenhang“ ergeben soll, dass der Angeklagte die Verteidigererklärung als eigene verstanden wissen will, ist indes kaum nachvollziehbar. Tatsächlich lagen in dieser Situation weder Anhaltspunkte für das eine noch für das andere vor.[249] Auch die gewundene Formulierung, der Angeklagte wolle sich dieses Geständnis „durchaus“ strafmildernd anrechnen lassen, verdeckt nur mühsam, dass gerade dies in Frage steht und nicht einfach angenommen werden kann. Die Behauptung, andere Urteile stünden nicht entgegen, weil sich dort der Angeklagte nicht eingelassen hatte, ist ein klassischer Zirkelschluss, denn genau diese Frage stellte sich doch in diesem Zusammenhang: Liegt eine Einlassung „mittels“ des Verteidigers vor oder nicht?

Die Entscheidung überzeugt nicht, bereitet jedoch den Boden für eine weitere Entscheidung, die ebenfalls undurchsichtig erscheint: In ihr stellte der BGH fest, dass Erklärungen, die der Verteidiger in der Hauptverhandlung in Anwesenheit seines Mandanten, der selbst nichts zur Sache aussagte, abgibt, „ohne weiteres“ als Einlassung des Angeklagten betrachtet werden dürfen.[250]

Diese Entscheidung hat zu erheblicher Verunsicherung im Schrifttum geführt. Ihm zufolge scheine der BGH jetzt auf den klarstellenden Zusatz zu verzichten[251], deshalb solle der Verteidiger, selbst wenn er zur Sachäußerung autorisiert ist, seine Äußerungen noch gründlicher als zuvor überlegen.[252] Der BGH liefere keine Begründung für seine apodiktische Behauptung und teile die näheren Umstände der Entscheidung nicht mit, so dass deren Reichweite nicht mit Sicherheit beurteilt werden könne, wodurch auch die Gefahr einer etwaigen Fehlinterpretation steige.[253] Dieses Urteil lasse sich mühelos unter die Entscheidung des

---

246 BGH NStZ 1994, 352, 352.

247 Zu dieser Wirkung des Geständnisses vgl. unten, 2. Teil, 2. Abschnitt, D.

248 BGH NStZ 1994, 352, 352.

249 *Burhoff*, Rdnr. 1042, lässt hingegen den Hinweis, „die Vorwürfe würden vom Angeklagten eingeräumt“ als Indiz für eine Angeklagteneinlassung genügen.

250 BGH StV 1998, 59, 59.

251 *Schlothauer*, Rdnr. 77 e; *Burhoff*, Rdnr. 1042.

252 *Burhoff*, Rdnr. 1042.

253 *Park*, StV 1998, 59, 59.

BGH[254] aus dem Jahre 1990 subsumieren, so dass nur schwer verständlich sei, warum der BGH nunmehr auf die klarstellende Erklärung des Angeklagten zu verzichten scheint und ohne eine Begründung dogmatisches Neuland betrete.[255]

Die Frage der Zurechnung von Verteidigererklärungen betrifft zwei Problemfelder: Erstens die grundsätzliche Möglichkeit einer Vertretung bei der Einlassung zur Sache und zweitens die Anforderungen, die an die Klarstellung des Angeklagten hinsichtlich des Verhaltens seines Verteidigers zu stellen sind.

Schon die erste Frage, ob eine solche Stellvertretung überhaupt möglich ist, wird kontrovers diskutiert. Immerhin kann man sagen, dass die Aussagefreiheit neben dem „Ob" der Aussagefreiheit auch das „Wie" enthalten muss, soll die Handlungsautonomie nicht zu stark eingeschränkt werden. [256] Andererseits kann man die Möglichkeit einer Stellvertretung damit ablehnen, dass auch der Zeuge sich bei seiner „höchstpersönlichen" Einlassung nicht vertreten lassen kann und dass deshalb beim Angeklagten nichts anderes gelten darf, zumal sich das Gericht, wenn es sich auf die Darstellung des Verteidigers verlässt, sich in unzulässiger Weise nur auf einen Zeugen „vom Hörensagen" stützen würde.[257] Hieran wird wiederum kritisiert, dass die bloße Güte des Beweises – hier: „nur" der Bericht eines Vertreters – noch nichts über die Möglichkeit einer etwaigen Vertretung aussagt.[258] Die Frage der grundsätzlichen Vertretungsmöglichkeit soll hier nicht weiter vertieft werden. Sie wird inzwischen von der Rechtsprechung vorausgesetzt. Hierauf müssen sich der Angeklagte und der Verteidiger einstellen.[259]

Der zweite Problemkreis betrifft die gesunkenen Anforderungen an den Nachweis der Tatsache, dass ein Fall von Vertretung vorgelegen hat. Hierzu ist Folgendes anzumerken: Der Behauptung, dass Erklärungen des Verteidigers ohne weiteres als Einlassungen des Angeklagten betrachtet werden können, ist deutlich zu widersprechen. Es ist vielmehr eine ausdrückliche Vertretungsmacht

---

254 BGH NStZ 1990, 447.

255 *Park*, StV 1998, 59, 59/60, der seine wesentlichen Argumente in StV 2001, 589, 594 noch einmal zusammenfasst.

256 *Park*, StV 1998, 59, 60.

257 *Fezer*, JR 1980, 83, 83, vgl. auch *Michel*, MDR 1994, 648, 648: „Die Einlassung gilt als Beweismittel und unterscheidet sich nicht von der Zeugenaussage, die unstreitig nur der Zeuge selbst abgeben kann."

258 *Schlothauer*, Rdnr. 77 e, Fn. 48: „Fezers These (...) bleibt ebenfalls die Erklärung dafür schuldig, warum der Angeklagte sich nicht in der Einlassung vertreten lassen kann."

259 Ob deshalb die Konstruktion *Parks*, StV 1998, 59, 60, die schon zivilrechtlich nicht unumstrittene Figur des „Vertreters in der Erklärung", der den Vertretenen nur in der Erklärung, nicht aber im Willen vertritt, herangezogen werden kann, ist hier nicht weiter zu vertiefen. Diese Idee wird aufgegriffen von *Schlothauer*, Rdnr. 77 e a.E., der hiermit vermeiden will, dass aus der Luft gegriffene Sachverhaltsangaben („Phantasieangaben") des Verteidigers zulasten des Angeklagten gehen.

zu fordern. Äußerungen des Verteidigers dürfen erst dann zum Beweisgegenstand gemacht werden, wenn deutlich wird, dass der Angeklagte sie als eigene Erklärung verstanden wissen will, wobei er diese Zustimmung *zweifelsfrei* erklären muss.[260] Die Möglichkeit einer stillschweigenden Ermächtigung des Verteidigers ist nur für prozessuale Erklärungen entwickelt worden und im Bereich der Sachverhaltsfeststellung und Wahrheitsfindung unbrauchbar.[261] Auch ergibt sich aus § 244 II StPO , dass der Vorsitzende ggf. nachfragen müsse, wie diese Erklärungen zu verstehen seien. Allein die Antwort des Angeklagten ist hierbei entscheidend für die Urteilsfindung.[262] Keinesfalls kann das Schweigen des Angeklagten als konkludente Zustimmung aufgefasst werden, ebenso wenig, wie das Gericht sich mit der bloßen Behauptung des Verteidigers, er besäße Vertretungsmacht, zufrieden geben dürfte. Der Amtsaufklärungsgrundsatz gebietet es, dass der Nachweis für diese Vertretungsbefugnis erbracht wird.[263] Zudem ist zu bedenken, dass auch andere Erklärungen des Verteidigers, die höchstpersönliche Rechte des Angeklagten betreffen, nur dann beachtlich sind, wenn eine ausdrückliche Ermächtigung seitens des Angeklagten vorliegt. Denn nicht nur die selbstständige Verfahrensrolle, sondern auch der hohe Stellenwert des Schweigerechts stehen einer Gleichsetzung der Verteidigererklärung mit der Einlassung des Angeklagten entgegen, so dass eine Preisgabe dieses Rechtes nur dann angenommen werden darf, wenn dies zweifelsfrei aus den Erklärungen oder dem Verhalten des Angeklagten hervorgeht.[264]

Immerhin: Jüngst stellte der BGH – etwas überraschend – lapidar fest, dass die Beweisbehauptungen in Beweisanträgen des Verteidigers nicht ohne weiteres als Einlassung des Angeklagten angesehen werden können.[265] In einer anderen jüngeren Entscheidung verweist der BGH wieder auf seine Judikatur, die eine Verwertung der in den Beweisanträgen des Verteidigers enthaltenen Tatsachenbehauptungen nicht zulässt.[266] Eine Abkehr von der Ansicht, dass Erklärungen des Verteidigers ohne weiteres als Aussagen des Beschuldigten gewertet

---

260 *Michel*, MDR 1994, 648.

261 *Fezer*, JR 1980, 83, 85.

262 *Fezer*, JR 1980, 83, 85.

263 *Park*, StV 1998, 59, 61, der deutlich macht, dass es hierbei auch um die Rollenverteilung innerhalb des Prozesses geht. Handelt es sich nämlich nicht um eine Einlassung des Angeklagten, kann es sich um eine solche des Verteidigers handeln, oder er wird als Zeuge über frühere Aussagen des Angeklagten vernommen.

264 *Dahs/Langkeit*, NStZ 1993, 213, 215.

265 BGH NStZ 2000, 495, 496.

266 Vgl. BGHSt 45, 363, 365 mit Verweis auf insbesondere BGH NStZ 1990, 447, aber ohne Hinweis auf BGH StV 1998, 58, 58.

werden dürfen, ist hierin aber nicht zu erblicken.[267] Eine Klarstellung seitens des BGH wäre in diesem Bereich wünschenswert.

Man bewegt sich hier dogmatisch auf einem schmalen Grat. Wenn der BGH an seinem Standpunkt festhält, dass Verteidigererklärungen „ohne weiteres" wie Erklärungen des Beschuldigten aufgefasst werden dürfen, entstehen schwierige Abgrenzungsprobleme: Man kann sich die auf der Grundlage der besprochenen Judikatur schwer zu beantwortende Frage stellen, ob z.B. der Beweisermittlungsantrag, den die nachforschende Tätigkeit des Gerichts in eine bestimmte Richtung lenken will[268], zurechnungstechnisch als Beweisantrag des Verteidigers (nicht zurechenbar) oder als bloße Erklärung des Verteidigers zur Sache (wohl zurechenbar nach BGH) zu werten ist. Die Situation ist in diesem Bereich also mehr als unklar[269] und wird auch nicht klarer durch die letzte Stellungnahme des BGH, weil hier eine entschiedenen Abgrenzung zur alten Ansicht nicht zu finden ist.

Ein Informationsbedürfnis besteht also im Hinblick auf die Frage, ob das Gericht Verteidigererklärungen als solche des Beschuldigten ansieht. Dies ist deshalb wichtig, weil in Kombination mit der Teilschweigeproblematik die Frage an Bedeutung gewinnt, ob sich der Beschuldigte bereits eingelassen hatte oder nicht und somit sein Schweigen zu weiteren Fragen gewertet werden darf.

V. Keine Auswirkung auf die Strafzumessung

Ist die Rechtsprechung bei der Sachverhaltsfeststellung der Ansicht, dass das Teilschweigen bei der Beweiswürdigung berücksichtigt werden dürfe, so zeigt sich auf Strafzumessungsebene ein anderes Bild. Der BGH ist der Ansicht, das Schweigerecht des Angeklagten umfasse auch das Recht, zu bestimmten Einzelfragen zu schweigen. Nehme er dieses Recht wahr, so dürfe dies nicht bei der Strafzumessung zu seinem Nachteil verwertet werden.[270] Der Angeklagte sei z.B. auch nicht zur Namhaftmachung von Zeugen, die eventuell zu seiner Überführung beitragen, verpflichtet; verweigere er zu diesem bestimmten Punkt die Aussage, so dürfe ihm dies bei der Strafzumessung nicht zum Nachteil gereichen.[271] Insbesondere dürfe nicht berücksichtigt werden, dass der schweigende Angeklagte den Schaden nicht wieder gut gemacht, sich während des Verfah-

---

267 Deshalb hat BGH NStZ 2000, 495, 496 die Entscheidung BGH StV 1998, 58 wohl auch nicht weiter kommentiert. An dem dortigen Standpunkt hinsichtlich Erklärungen des Verteidigers wird offensichtlich festgehalten.

268 Vgl. *Fezer*, 12, Rdnr. 57.

269 Vgl. nochmals die erhebliche Verunsicherung bei *Burhoff*, Rdnr. 1042 einerseits als auch bei *Schlothauer*, Rdnr. 77 e andererseits.

270 BGH NStZ - RR 1996, 71, 71; vgl. *Rüping*, JR 1974, 135, 138, *Eser*, Beiheft ZStW 86, 136, 162. Kritisch aber zum Verschweigen des Verbleibs der Tatbeute *Verrel*, 49.

271 BGH StV 1981, 276, 276 / 277.

rens nicht um sein Opfer gekümmert oder keine Reue gezeigt habe, da er dies ohne Gefährdung seiner legitimen Verteidigung nicht tun könne.[272] Diese Gleichbehandlung aller Schweigekonstellationen auf der Ebene der Strafzumessung zeigt im Übrigen wiederum, wie zweifelhaft die Ansicht der h.M. auf der Ebene der Tatsachenfeststellung ist.[273]

B. Zusammenfassung: Belehrungsbedarf zum Schweigerecht

Die einfache Belehrungsformel der §§ 136 I 2 , 243 IV 1 StPO steht im deutlichen Gegensatz zu den Problemen und Fallgruppen, nach denen in der Rechtsprechung und Literatur differenziert wird. Um konstruktive Vorschläge zur Auflösung dieser Diskrepanz erarbeiten zu können, muss eine Reduktion auf wenige tragende Gedanken erfolgen, da offensichtlich ist, dass eine Belehrung über die gesamte Bandbreite der dargestellten Dogmatik sinnlos, ja sogar schädlich ist, da sie der Beschuldigte kaum wird richtig einordnen können.[274] Neben diesem Bemühen, handhabbare Grundgedanken für die weiteren Betrachtungen zu erarbeiten, werden einige Vorüberlegungen dazu angestellt, ob das Gericht oder der Verteidiger einen Beitrag zur Lösung liefern kann.

I. Zusammenfassende Übersicht über die Probleme

Die Rechtsprechung zum Teilschweigen erweist sich als ein zentrales Problem. Die Idee eines sich in voller Selbstbestimmung selbst zum Beweismittel machenden Prozesssubjekts ist nur dann haltbar, wenn der Beschuldigte über die Folgen seiner Einlassung zu einem Punkt im Bilde ist. Wie oben gezeigt, gilt dies für fast alle Argumente, die für eine Verwertung des Teilschweigens sprechen. Solange sich der BGH aber wie in jüngster Zeit lediglich kritisch zur Idee einer „Gesamteinlassung" äußert[275], muss davon ausgegangen werden, dass die dogmatische Konstruktion, die eine Verwertung des sog. Teilschweigens erlaubt, weiter Bestand haben wird. Der angesprochene enge Zusammenhang zwischen argumentativen Säulen der Teilschweigeidee und Belehrungsinhalt muss aber Konsequenzen haben in zweierlei Hinsicht:

- Erstens muss der Beschuldigte wissen, *dass* eine Teileinlassung derartige Konsequenzen hat.
- Zweitens muss er wissen, *wann* er diesen Bereich der Teileinlassung betritt, also sein Schweigen bricht.

---

272 *Rieß*, JA 1980, 293, 295.

273 SK/*Rogall*, Vor § 136, Rdnr. 207.

274 Vgl. u.a. zum Problem der Umsetzbarkeit auch unten, 4. Teil, 2. Abschnitt, B. II.

275 Vgl. oben, 2. Teil, 1. Abschnitt, A. II. 3. d).

Über die erste Frage ist er vom Gericht zu belehren. Die zweite Frage gestaltet sich schwieriger: Der Verteidiger kann bei der Besprechung des Einlassungsverhaltens die Gefahr einer Teileinlassung durch eindringliche Hinweise und Vorbereitung des Aussageverhaltens zwar eindämmen. Hält sich der Beschuldigte nicht an die besprochene Taktik, kann allerdings auch der Verteidiger nur noch zu intervenieren versuchen, um den Beschuldigten von einer begonnenen Einlassung abzuhalten. Im Gegensatz hierzu weiß das Gericht mangels eines Vorgesprächs mit dem Beschuldigten aber nicht, ob dieser sich einlassen möchte oder nicht. Überschreitet er die Schwelle zur Teileinlassung, so kann das Gericht ihn jedoch darauf hinweisen, dass von nun an sein Schweigen zu weiteren Fragen negativ gewertet werden kann. Das Problem, dass der Beschuldigte impulsiv reagiert und sich vorschnell einlässt, stellt sich in jedem Fall, ob nun ein Verteidiger oder das Gericht die Belehrung des Beschuldigten übernimmt.

Deshalb bietet sich die Einführung einer Art „Bedenkzeit" an. Dies bedeutet, dass dem Beschuldigten mitgeteilt werden könnte, dass sein letztes Verhalten als Einlassung zu werten ist und ob er dieses als solches gewertet haben möchte mit der Konsequenz, dass ein Schweigen auf weitere Fragen Wertungen zu seinen Lasten nach sich ziehen kann. Zum Überdenken dieser Frage wird ihm eine gedankliche Pause – eben eine „Bedenkzeit" – gewährt.

Doch dies genügt noch nicht. Hinzutreten muss die Möglichkeit für den Beschuldigten, sich dafür zu entscheiden, dass das vorherige Verhalten als *nicht geschehen* betrachtet werden soll, also beweisrechtlich unverwertbar ist. Dieser Gedanke wird im Verlaufe aufzugreifen sein.

Anders dagegen sieht es im Bereich des völligen Schweigens und der gleichzustellenden Verhaltensweisen aus. Letztere haben eine Schutzfunktion für den Beschuldigten, dessen verständliches Bestreiten des Vorwurfs in pauschaler Form nicht als Bruch des Schweigens gewertet werden soll.[276] Den Beschuldigten aber darüber zu belehren, er könne durchaus pauschal bestreiten, müsse nicht jegliche Ausführungen unterlassen und könne Rechtsausführungen tätigen, ist aber insbesondere für den unverteidigten Beschuldigten abzulehnen, weil die Gefahr besteht, dass er bei der Wahrnehmung dieser Optionen die Schwelle zur Einlassung überschreitet, worauf er nur noch hingewiesen werden kann, wenn es bereits zu spät ist und dann wiederum der Gedanke des Hinweises hierauf in Verbindung mit einer „Bedenkzeit" greifen müsste. Einzig dem anwaltlich vertretenen Beschuldigten kann die Möglichkeit der Rechtsausführungen nützen; er kann nach Besprechung mit seinem Verteidiger den Tatvorwurf auf diese Weise angreifen. Ein unverteidigter Beschuldigter wird aber in der Regel nichts mit dieser Möglichkeit anzufangen wissen. Deshalb scheiden diese dem völligen Schweigen gleichzustellenden Fallgruppen als Belehrungsgegenstand in dem Sinne aus, dass dem Beschuldigten diese Möglichkeiten genannt werden müssten. Dies wird der Schutzfunktion dieser Konstruktion am besten gerecht. An-

---

276 Vgl. oben „gleichzustellendes Verhalten", 2. Teil, 1. Abschnitt, A. II. 1. b).

deres muss aber dann gelten, wenn der Beschuldigte von diesen Optionen von sich aus Gebrauch macht. Denn wird er, wie hier gefordert, über die Konsequenzen des Teilschweigens informiert, so muss ihm nun gesagt werden, dass die Grenze zu einer Teileinlassung noch nicht überschritten ist, damit der Beschuldigte sich bei der nächsten Frage des Gerichts nicht in Zugzwang wähnt. So kann eine Belehrung darüber, dass Schweigen nach einer Teileinlassung negativ verwertet werden kann, zur Notwendigkeit einer weiteren in dem Sinne, dass der Bereich der Einlassung noch nicht erreicht ist, führen.

Die oben eingehend diskutierte Frage, wann die Ausführungen des Verteidigers als Aussage des Beschuldigten gewertet werden[277], liegt auf einer Ebene mit den schon angesprochenen Fallgruppen: Wieder geht es um die Frage, ob in einer bestimmten Situation rechtlich vom Schweigen oder von einer Aussage des Beschuldigten auszugehen ist. Angesichts der äußerst unklaren rechtlichen Lage in diesem Bereich ist das Gericht hier besonders aufgefordert, seine Einschätzung der Lage in Form eines Hinweises kundzutun, wenn es der Ansicht ist, es liege eine Aussage des Beschuldigten vor.

Was die Ausführungen von Zeugen angeht, bewegt man sich auf einer anderen Ebene: Hier stellt sich die Frage, wie das Gericht das Verhalten der Zeugen bewertet und zu welchen Schlüssen es – eventuell unter Anwendung der Teilschweigekonstruktion – gelangt. Damit ist das Interesse an der Kundgabe der Einschätzung der Sach- und Rechtslage formuliert, welches in anderem Zusammenhang wieder auftreten wird.[278]

Bezüglich der Problematik der Bewertung des Gesamtverhaltens[279] ist der verteidigte Beschuldigte gegenüber dem unverteidigten im Vorteil. Obschon Mimik und Gestik nicht negativ im Hinblick auf die Beweiswürdigung verwertet werden dürfen, wird der Verteidiger ein Auge auf das Verhalten des Beschuldigten haben und gegebenenfalls auf ihn einwirken, um das Gericht nicht unnötig zu weiteren eventuell nachteiligen Beweiserhebungen zu veranlassen oder „schlechte Stimmung" durch das zweideutige Verhalten des Mandanten zu erzeugen. In diesem Bereich ist ein richterlicher Hinweis kaum denkbar. Umso notwendiger ist die Anwesenheit eines Verteidigers.

Ähnlich liegen die Dinge bei der späten Nennung von Alibis und anderen Beweismitteln. Der Hinweis an den Beschuldigten, dass dies beweisrechtlich keine negativen Folgen haben darf, kann vom Richter, zu dessen Aufgaben es ja gehört, die Wahrheit in einem angemessen langen Verfahren herauszufinden, nicht verlangt werden, da dies einen Aufruf zur Verfahrensverzögerung darstellen würde. Zudem kann angesichts der uneinheitlichen Rechtsprechung in diesem Bereich ein richterlicher Hinweis nicht befürwortet werden. Eine Belehrung

---

277 Vgl. oben, 2. Teil, 1. Abschnitt, A. IV. 2.

278 Vgl. unten, 4. Teil, II. Abschnitt, B. IV. 2.

279 Vgl. oben „Gesamtverhalten". 2. Teil, 1. Abschnitt, A. III.

der Art, der Beschuldigte könne mit der Nennung von ihn entlastenden Umständen ruhig lange warten, ohne Nachteile befürchten zu müssen, ist zudem unsinnig. Der anwaltlich vertretene Beschuldigte kann diesen Umstand aber als taktische Option nutzen.[280]

Damit lässt sich festhalten, dass der Informationsbedarf des Beschuldigten in Bezug auf das Schweigerecht im „Aussagestatus" liegt: Er muss über die Frage orientiert sein, ob sein bisheriges Verhalten eine Aussage darstellte und damit die Grenze zur Teilaussage überschritten worden ist oder ob dies wie z.B. im Falle des pauschalen Bestreitens noch nicht geschehen ist. Ähnlich liegt es bei Stellungnahmen des Verteidigers; auch hier stellt sich die Frage, ob eine Aussage des Beschuldigten im Raume steht.

II. Ausgangspunkte für die weitere Untersuchung

Bezüglich des Belehrungs- und Beratungsbedarfs des Beschuldigten können hinsichtlich des Schweigerechts folgende Ausgangspunkte für die weitere Untersuchung festgehalten werden:

1. Bezüglich der *Teilschweige-Konstruktion* ist zu bedenken,

a) dass der Beschuldigte informiert werden muss,

aa) generell über die Folgen einer punktuellen Einlassung
bb) darüber, dass er aktuell mit seiner Einlassung die Schwelle überschritten hat bzw.
cc) darüber, dass er mit seiner Einlassung diese Schwelle eben noch nicht überschritten hat wie z.B. im Falle des pauschalen Bestreitens[281]

b) dass der Gedanke der „Bedenkzeit" in Verbindung mit einem Verwertungsverbot bezüglich der 1. Aussage weiter vertieft werden muss, weil viele impulsive Äußerungen leicht den Bereich der Einlassung erreichen.

2. Bei Einlassung / Verhalten dritter Personen ist zu unterscheiden, ob

a) sich der Verteidiger mit einer Stellungnahme einschaltet. Auch hier steht die Frage im Mittelpunkt, ob dies als Aussage des Beschuldigten gewertet wird.

---

280 Vgl. unten, 3. Teil, zu den taktischen Überlegungen des Verteidigers.

281 Dieses Ergebnis cc) ist nur vorläufig. Es wird sich nämlich im 8. Teil, 1. Abschnitt, B. bei der Entwicklung des Gesamtkonzepts zeigen, dass dieser Hinweis gerade in Kombination mit dem noch zu entwickelnden Gedanken der Bedenkzeit (vgl. auch nachfolgend b)) nicht unbedingt erforderlich ist.

b) Zeugen lückenhaft Stellung beziehen. Hier ist die Frage interessant, inwiefern die Einschätzung der Sach- und Rechtslage beim Gericht erfragt werden kann.

3. Bezüglich des Gesamtverhaltens in der Verhandlung und des späten Vorbringens von Entlastungsbeweisen handelt es sich um Bereiche, die für eine gerichtliche Belehrung oder Beratung ungeeignet sind und höchstens vom Verteidiger sehr vorsichtig als taktische Option empfohlen werden können, weil ihre Folgen, insbesondere im Bereich des verspäteten Vorbringens, schwer absehbar sind.

4. Der Gedanke der souveränen Entscheidung des Beschuldigten als Prozesssubjekt über sein Aussageverhalten – eine der wesentlichen Argumente der Befürworter der Verwertung des Teilschweigens – muss als Leitlinie für alle weiteren Überlegungen betrachtet werden.

2. Abschnitt: Dogmatik und Probleme des Geständnisses

Die StPO sieht Belehrungen bezüglich des Geständnisses nicht vor[282]. Der Informationsbedarf des Beschuldigten ist deshalb in diesem Bereich besonders hoch, weil es im Gegensatz zum Schweigerecht keinen gesetzlichen „Belehrungsmindeststandard" gibt. Wie schon zuvor beim Schweigerecht, ist das Geständnis auf die belehrungs- und beratungsrelevanten Umstände zu untersuchen.

A. Bedeutung

Das Geständnis ist von enormer strafrechtspraktischer Bedeutung[283] und hat weitreichende Folgen.[284] Unter einem Geständnis im weiteren Sinne versteht man alle Erklärungen, die für den Schuld- oder Rechtsfolgenausspruch von Belang sein können, unabhängig davon, ob sie sich be- oder entlastend auswirken.[285] Geständnisse gibt es in vielen Erscheinungsformen: glaubhafte und unglaubhafte, mit dem Anklagevorwurf übereinstimmende oder nicht übereinstimmende, der Strafmilderungswirkung nach bedeutsame und unbedeutsame.[286] Der bestimmende Einfluss des Geständnisses auf den Verfahrensgang wird z.B.

282 Zu den dennoch erfolgenden Hinweisen einiger Richter vgl. unten, 4. Teil, 2. Abschnitt, B. II. 3.

283 *Dencker*, ZStW 102, 51, 51. Vgl. auch sehr weitgehend *Arzt*, FS-SchwKrG, 233, 235, der das moderne Strafrechtssystem nur dann für überlebensfähig hält, wenn Geständnisse den Normalfall bilden.

284 *Jerouscheck*, ZStW 102, 793, 794: folgenträchtigste Einlassung. Für Reduktion der Bedeutung plädierend *Weigend*, Schutz der Selbstbestimmung, 149, 162; vgl. auch *Malek*, Rdnr. 221.

285 RGSt 45, 198; 54, 126.

286 *Niemöller*, StV 1990, 34, 37.

auch darin deutlich, dass es gem. §§ 45, 47 JGG Voraussetzung für eine bestimmte Verfahrensart ist.[287] Statistisch betrachtet soll der geständige Beschuldigte eher die Regel sein als der bestreitende und um einen Freispruch kämpfende.[288] Für den Beschuldigten sind die beweisrechtliche Würdigung seines Geständnisses und die Auswirkungen in strafzumessungsrechtlicher Hinsicht von besonderer Bedeutung.

B. Beweisrechtliche Würdigung des Geständnisses

Das Geständnis ist nicht nur die bequemste, sondern auch die für das Gewissen beruhigendste unter allen Formen des Beweises.[289] Dies erklärt das große Interesse der Strafverfolgungsbehörden[290] am Geständnis, weist aber auch auf die Gefahren hin, die eine voreilige Gleichstellung des Zugestandenen mit der Wirklichkeit mit sich bringt.[291] Dass das Geständnis längst zum wichtigsten Beweismittel geworden ist, zeigt die erhöhte Verurteilungsrate bei geständigen Beschuldigten, doch ist das Geständnis auch gleichzeitig eine der größten Fehlerquellen im Hinblick auf Fehlurteile.[292] Deshalb muss das Geständnis mit ebenso großer Vorsicht und Sorgfalt gewürdigt werden wie jedes andere Beweismittel.[293] Eine bindende, absolute Wirkung hat es nicht, die Verwertbarkeit muss jeweils gesondert überprüft werden[294], denn die Stellung des Beschuldigten als Prozesssubjekt reicht nicht so weit, dass sein Geständnis als Prozesshandlung eine das Gericht bindende Wirkung entfalten würde.[295] Das Geständnis darf dabei nicht nur Ersatz für mangelnde andere Beweise sein, sondern nur eine Bestätigung eines geführten Indizienbeweises.[296] Dies bedeutet, dass das Gericht das Geständnis zur sicheren Grundlage der Tatsachenfeststellung machen kön-

---

287 *Dencker*, ZStW 102, 51, 54.

288 *Hamm*, Meyer-Goßner-FS, 33, 40.

289 *Radbruch*, Sauer-FS, 121, 123.

290 *Bosch*, 177 spricht von „inquisitorischer Geständnisjagd“, was sich in der polizeilichen Vernehmungsliteratur wiederspiegele.

291 Vgl. *Siolek*, DRiZ 1993, 422, 428, der kritisiert, dass häufig fragwürdige Geständnisse ungeprüft zur Grundlage der Entscheidung gemacht werden.

292 *Bosch*, 177 m.w.N.

293 *Dencker*, ZStW 102, 51, 52; *Eisenberg*, Rdnr. 726, hält deshalb die sprachliche Differenzierung „Aussage“ des Zeugen und „Einlassung“ des Angeklagten ob des einheitlichen Bewertungsgegenstandes für verfehlt.

294 *Bruns*, Strafzumessung, 233; der 58. DJT, L 209 sprach sich deutlich dafür aus, dass sich aufdrängende (weitere) Beweiserhebungen nicht unterbleiben dürften; vgl. auch *Kuckein*, Meyer-Goßner-FS, 63, 71.

295 *Jerouscheck*, ZStW 102, 793, 798.

296 Radbruch, Sauer-FS, 121, 124.

nen muss, was eine kritische Überprüfung der Aussage des Angeklagten anhand des Akteninhaltes und durch Nachfragen nach Hintergründen, Beweggründen, Einzelheiten zum Geschehen (sog. „Täterwissen") erfordert.[297]

Diese kritische Überprüfung wird zwar allerorts angemahnt[298], dennoch ist man der Ansicht, dass eine Verurteilung auch alleine auf das Geständnis des Angeklagten gestützt werden kann.[299] Auch die RiStBV messen dem Geständnis eine hohe Bedeutung zu, kann doch gem. Nr. 111 IV RiStBV auf die Benennung von Zeugen bei Vorliegen eines Geständnisses verzichtet werden, was den besonderen Beweiswert betont.[300]

Kann man dem für ein in der Hauptverhandlung abgelegtes Geständnis vielleicht noch folgen, so sind Zweifel hinsichtlich eines polizeilich erlangten Geständnisses angesichts der Verhältnisse bei den polizeilichen Verhören schon eher angebracht.[301] Zweifel sind auch dann angezeigt, wenn das Geständnis das einzige Beweismittel darstellt und erst nach einem Hinweis des Gerichts auf die strafmildernde Wirkung erfolgte, weil dann die Gefahr besteht, dass ein falsches, rein taktisch motiviertes Geständnis im Raume steht.[302] Zwingend erforderlich ist ein Geständnis für die Verurteilung natürlich nicht. Denn eine Funktion der freien Beweiswürdigung besteht darin, Verurteilungen auch ohne Geständnis zu ermöglichen.[303] Ist die Beweislage aber dürftig, wird das Geständnis umso wichtiger.

Angesichts der in diesen Fällen wirklich überragenden Bedeutung des Geständnisses ist es überraschend, wenn der BGH bei der Prüfung der Glaubwürdigkeit schon mit äußerst „schlanken" Geständnissen zufrieden ist: Im zu beurteilenden Fall hatte der Angeklagte durch seinen Verteidiger vortragen lassen, „die Anklagevorwürfe seien im Wesentlichen richtig", was er auf Nachfrage mit

---

297 *Schmidt-Hieber*, NStZ 1988, 302, 304; vgl. *Siolek*, 284, der auf weitere Beweisaufnahmen erst dann verzichten will, wenn keine weiteren Beweismittel zur Verfügung stehen.

298 Plastisch *Eisenberg*, Rdnr. 727; *Schmidt-Hieber*, Wassermann-FS, 995, 1002.

299 *Roxin*, § 15, Rdnr. 19; LR/*Gollwitzer*, § 244,Rdnr. 30; *Schmidt-Hieber*, Wassermann-FS, 995, 1003: dies erlaube der Grundsatz der freien Beweiswürdigung; kritisch *Jerouscheck*, ZStW 102, 793 „unzulängliche Grundlage"; vgl. auch *Meyer-Goßner*, NStZ 1992, 167, 167, bei Geständnis entfalle eine Beweisaufnahme zum Schuldvorwurf im Wesentlichen. Vgl. jüngst BGH StV 2002, 116, 116: Das LG Konstanz habe sich „maßgeblich" auf das Geständnis des Angeklagten im Ermittlungsverfahren gestützt.

300 Worauf *Busam*, 29, hinweist.

301 Zu Recht kritisch *Bosch*, 178. Zu den Verhältnissen in der polizeilichen Vernehmung s.u. 4. Teil, 1. Abschnitt, B. II.

302 *Schmidt-Hieber*, Wassermann-FS, 995, 1003.

303 *Arzt*, FS-SchKrG, 233, 240, der das Schwinden der Geständnis-Bedeutung mit der zunehmenden Bedeutung des Indizienbeweises in Verbindung bringt als Entwicklung des 19. Jahrhunderts.

der Bemerkung ergänzte, „die Vorwürfe träfen in der erhobenen Form zu."[304] Die nur pauschale Ablegung eines Geständnisses hindere das Gericht nicht daran, diesem Glauben zu schenken. Zwar dürfe sich das Gericht nicht mit einer bloßen „prozessualen Anerkenntnis" zufrieden geben; diese läge aber gerade nicht vor, weil er sich konkret auf die im Anklagesatz enthaltene Tatschilderung bezogen habe.[305] Zweifel an der Richtigkeit des Geständnisses könnten sich auch nicht allein aus der Tatsache ergeben, dass der Angeklagte dieses erst nach In-Aussicht-Stellen eines bestimmten Strafmaßes abgelegt habe; weitere Zweifel müssten hinzukommen.[306] Im vorliegenden Fall wären derartige Auswirkungen auch schon deshalb nicht zu befürchten gewesen, weil im Fall des Geständnisses eine hohe Strafe genannt wurde.[307] In diesen Ausführungen des BGH wird deutlich, wie gerne auf das Geständnis als Urteilsgrundlage zurückgegriffen wird.[308] Angesichts dieses Faktums muss nicht entschieden werden, ob die kargen Worte des Angeklagten „Der Vorwurf ist richtig; ich schäme mich so sehr", überzeugender sind als breite Ausführungen, welche sich inhaltlich auf eben diesen Kern zurück führen lassen.[309]

Diese nach wie vor große Bedeutung des Geständnisses in beweisrechtlicher Hinsicht ist auch das Ergebnis der steigenden Bedeutung des Indizienbeweises. Dieser hat den Nachteil, dass der Richter Restzweifel selbst überwinden muss, was eine starke Belastung für ihn darstellt. Diesem Konflikt entrinnt er besonders gerne dadurch, dass er auf ein Geständnis zurückgreift.[310] Besonders deutlich wird die starke beweisrechtliche Bedeutung, die dem Geständnis zugemessen wird, anhand der Idee, den § 244 II StPO um den Satz zu ergänzen: „Dies gilt nicht, wenn und soweit der Angeklagte die ihm in der Anklage vorgeworfene Straftat einräumt".[311] Treffend führt Meyer-Goßner in diesem Zusammenhang aus:

> „Aber es ist heute schon so, dass eine Beweisaufnahme zum Tatvorwurf im Wesentlichen entfällt, wenn der Angeklagte geständig ist."[312]

---

304 BGH NStZ 1999, 92, 93; *Artkämper*, Kriminalistik 1999, 784, 787 bezeichnet dies kritisch als „Abnicken".

305 BGH NStZ 1999, 92, 93.

306 BGH NStZ 1999, 92, 93.

307 BGH NStZ 1999, 92, 94.

308 Dies schlägt sich natürlich auch in der Absprachenpraxis nieder, vgl. unten D II – IV.

309 Vgl. *Dahs*, 58. DJT, L 36.

310 *Arzt*, FS-SchwKrG, 233, 241.

311 Vgl. *Hamm*, Meyer-Goßner-FS, 33, 46.

312 *Meyer-Goßner*, NStZ 1992, 167, 168.

Dieses Vorgehen überrascht deshalb nicht, weil das Geständnis – insbesondere natürlich im Bereich der Absprachen – als ein willkommenes Mittel zur Verfahrensabkürzung angesehen wird, so dass kaum erwartet werden kann, dass das Gericht mehr Aufwand als unbedingt nötig zur Überprüfung betreibt, will es nicht „seine eigenen Bemühungen um abkürzende Verfahrenserledigung torpedieren.“[313] Diese starke Orientierung am Geständnis muss der Beschuldigte kennen, um nicht durch ein voreiliges, falsches Geständnis faktisch eine „Beweislastumkehr“ herbeizuführen, an der auch ein später erfolgender Widerruf nichts mehr ändern kann.[314] Denn selbst das auf der Grundlage einer unzulässigen oder fehlgeschlagenen Absprache basierende Geständnis soll für die Beweiswürdigung herangezogen werden dürfen.[315]

C. Sonderproblem des Geständniswiderrufs

Eng mit der beweisrechtlichen Bedeutung ist das Problem verbunden, die Wirkung des Geständnisses wieder aus der Welt zu schaffen: Der Widerruf eines Geständnisses[316] ist ein in der Praxis nicht seltenes Phänomen. Da jedes Geständnis suggestive, selbstverurteilende Wirkung mit sich bringt,[317] ist ein Widerruf aber auch besonders problematisch. Zwar ist die prozessuale Situation nach dem Widerruf so zu behandeln, als habe das Geständnis nie existiert.[318] Faktisch ist es jedoch kaum möglich, durch einen Widerruf die Wirkungen eines einmal abgelegten Geständnisses in Gänze zu beseitigen[319] , es bleibt in der prozessualen Welt [320] und kann nicht ohne weiteres „kondiziert“[321] werden. Denn mit dem

---

313 *Weigend*, BGH-FG, 1011, 1035; konsequent *Wagner/Rönnau*, GA 1990, 387, 390, die in ihrem „§ 245 a I“ auf weitere Aufklärung verzichten wollen im Falle eines Geständnisses.

314 Vgl. *Stern*, StV 1990, 563, 564; zum Widerruf sogleich.

315 *Kuckein/Pfister*, BGH-FS, 641, sehen in BGHSt 38, 102, 104 ff und BGH NStZ 1994, 196; 1997, 561 eine „Tendenz zur Bejahung“ der Frage wie auch *Zschockelt*, NStZ 1991, 305, 310. Zu den im Schrifttum zu findenden Lösungsansätzen zusammenfassend *Kuckein*, Meyer-Goßner-FS, 63, 66.

316 Zum Ganzen *Stern*, Der Geständniswiderruf in der Strafverteidigerpraxis.

317 *Stern*, StV 1990, 563, 563.

318 *Stern*, StV 1990, 563, 564.

319 *Peters*, Fehlerquellen II, 7/9 weist nach, dass Widerrufe meist erfolglos bleiben. Vgl. auch *Siolek*, DRiZ 1993, 422, 430; *Cramer*, Rebmann-FS, 145, 157, der darauf hinweist, dass im Gegensatz zum deutschen Verfahren die Rücknahme eines sog. „guilty plea“ im amerikanischen Strafprozessrecht unproblematisch ist. Vgl. auch *Kuckein*, Meyer-Goßner-FS, 63, 69.

320 *Weigend*, BGH-FG, 1011, 1019; Hermann, StV 1996, 396, 402: „...dann sind die Würfel gefallen...“

321 *Niemöller*, StV 1990, 34, 38: die Idee „causa data, causa non secuta“ greife hier nicht.

Geständnis liegt eine Einlassung des Angeklagten vor, die die Beweislage unmittelbar beeinflusst und „per se den Freispruch aus tatsächlichen Gründen ausschließt".[322] Insbesondere von Seiten der Polizei und Staatsanwalt werde einem Widerrufsbegehren durchweg „eiserne Ablehnung" entgegen gebracht.[323] Aber auch in der Hauptverhandlung kann man bei einem Geständniswiderruf mit „turbulenten Szenen" und dem Vorhalt von Geständnisprotokollen rechnen.[324] Erfolg wird ein Geständniswiderruf nur dann haben, wenn sich einzelne Tatsachenangaben als falsch herausstellen oder bezüglich einzelner Angaben erhebliche Zweifel bestehen.[325]

Ein Beispiel für einen erfolgreichen Geständniswiderruf findet sich in einer BGH-Entscheidung jüngeren Datums: Der BGH wertete die Umstände, dass der Angeklagten U-Haft drohte, sie gerichtsunerfahren und anwaltlich nicht vertreten[326] war, als Indizien dafür, dass das widerrufene Geständnis tatsächlich falsch war. Insbesondere die Tatsache, dass sich ihr Geständnis erst nach der Information, dass sie ihren Mann nicht sprechen und ihr Kind nicht mit ins Gefängnis nehmen könne, abgelegt hatte, sprach aus BGH-Sicht für ein falsches Geständnis.[327] Weil jedoch im Regelfall, wie gesehen, die Probleme, ein Geständnis per Widerruf aus der Welt zu schaffen, weitaus größer sind, haben Wagner / Rönnau in ihrem Gesetzesentwurf zur Regelung von Absprachen, auf den noch zurückzukommen sein wird, in ihrem „§ 245 a VI" festgestellt, dass im einvernehmlichen Verfahren abgelegte Geständnisse auch nach Widerruf noch Berücksichtigung finden können.[328] Dabei stellen sie auf die starke psychologische Wirkung eines Geständnisses ab, die sich nicht aus dem Gedächtnis eliminieren lasse.[329]

Zusammenfassend lässt sich feststellen, dass beweisrechtlich ein Geständnis in der Tat einen „point of no return" darstellt.[330]

---

322 *Malek*, Rdnr. 221; vgl. auch BGHSt 43, 195, 207: „Falls der Angeklagte ein Geständnis ablegt, schränkt er seine Verteidigungsmöglichkeiten (...) auf einen schmalen Bereich ein."

323 B/K/M/*Schlag*, § 21, Rdnr. 180.

324 *Dahs*, Rdnr. 510.

325 B/K/M/*Schlag*, § 21, Rdnr. 179.

326 Dieser Umstand wird gerne als Indiz für Unkenntnis oder unüberlegtes Verhalten des Angeklagten / Beschuldigten herangezogen, vgl. unten 4. Teil, 2. Abschnitt II. 2. b) aa).

327 BGH StV 2001, 440, 440.

328 *Wagner/Rönnau*, GA 1990, 387, 390.

329 *Wagner/Rönnau*, GA 1990, 387, 400.

330 Vgl. *Stern*, 3: „Und geblieben ist auch das Unbehagen, daß sich an der Chancenlosigkeit eines Falschgeständigen nichts Entscheidendes geändert haben dürfte, daß nach wie vor Jagdfieber, Unverstand, Voreingenommenheit und Ignoranz Falschgeständnisse ebenso bewirken wie deren Widerruf vereiteln."

D. Bedeutung für die Strafzumessung

I. Doppelspurige Indizkonstruktion

Für den Beschuldigten sind natürlich die Auswirkungen des Geständnisses auf die Strafzumessung der entscheidende Punkt, über den er eingehend informiert werden muss. Die Beurteilung des Prozess- bzw. Aussageverhaltens stellt einen neuralgischen Punkt des Strafzumessungsrechts dar, obwohl das Gesetz selbst sich nicht über dessen Relevanz für die Strafzumessung äußert.[331] Kontrovers beurteilt wird hierbei insbesondere die Bedeutung des Geständnisses. Nicht das Geständnis als solches soll strafmildernde Wirkung haben; jene sei nur dann anzunehmen, wenn durch das Geständnis als Beweisanzeichen Motive sichtbar würden, deren Vorhandensein den Rückschluss auf eine mildere Beurteilung der Täterpersönlichkeit und der Tatschuld i.S.v. § 46 I 1 StGB zuließen; dies wird als doppelspurige Indizkonstruktion bezeichnet.[332] Gemeint ist damit, dass ein Geständnis als Indiz für die Gesinnung des Angeklagten in zwei Richtungen ausgelegt werden kann: Es kann von Reue oder von Rechtsfeindschaft jeweils unterschiedlichen Maßes getragen sein.[333] Entscheidend ist also der Beweggrund für das Geständnis.[334] Eine konkrete Aussage über die Berücksichtigung des Geständnisses als Nachtatverhalten ist hiermit noch nicht getroffen, vielmehr wird mit dieser Konstruktion lediglich ausgesagt, dass eine schematische Verwertung von Strafzumessungstatsachen abzulehnen ist,[335] was eine Einzelfallbetrachtung erforderlich macht.

Das Geständnis ist auf jeden Fall dann strafmildernd zu berücksichtigen, wenn es von Einsicht in das begangene Unrecht getragen ist.[336] Doch handelt es sich bei einem derart reuigen Täter um ein seltenes Ideal.[337] Darüber hinaus ist zu bemängeln, dass dem Richter bei der Beurteilung dieser Frage eine fast „gottähnliche Erkenntnisfähigkeit" zuerkannt wird[338] und die Gefahr besteht, bei

---

331 *Zipf*, 73, der auf § 34 Ziff. 17 ÖStGB hinweist, wonach es den Täter entlastet, wenn er „ein reumütiges Geständnis abgelegt oder durch seine Aussage wesentlich zur Wahrheitsfindung beigetragen hat."

332 *Bruns*, Strafzumessung, 233; Lackner/*Lackner*, § 46, Rdnr. 43.

333 Vgl. *Wesemann/Müller*, StraFo 1998, 113, 114.

334 *Busam*, 37; Zipf, 74.

335 *Bruns*, Strafzumessung, 231.

336 *Schäfer*, Strafzumessung, Rdnr. 383.

337 *Arzt*, FS-SchwKrG, 233, 238.

338 *Dencker*, ZStW 102, 51, 56, ebenso *Schäfer*, Strafzumessung, 2. Aufl., Rdnr. 296, der Zweifel an der Feststellbarkeit anmeldet. Diese Einschränkung ist nicht mehr enthalten in der 3. Aufl, Rdnr. 383.

der Beurteilung der „Reumütigkeit“ in Fiktionen zu verfallen.[339] Die Motive des Geständigen sind naturgemäß schwer durchschaubar.[340] Dass auch die meisten Strafrichter diese Ansicht teilen, hat Dencker mit einem Bericht aus der Praxis dargelegt, nach dem noch kein Strafrichter abgestritten hätte, dass aus dem Aussageverhalten des Angeklagten kaum jemals ein sicherer Schluss auf die dahinter stehenden Motive möglich sei.[341]

Besonders plastisch ist in diesem Zusammenhang hinsichtlich der sich aus dem Geständnis ergebenden Reumütigkeit die Schilderung Denckers bezüglich eines Berufsverbrechers, der nach mehreren Belastungszeugen mit den Worten gestand: „Ist gut, ihr habt gewonnen.“ Dies veranlasste den Tatrichter im Kollegengespräch zu der Äußerung: „Was meinen Sie, was für eine Mühe wir hatten, ihm das im Urteil als reumütiges Geständnis strafmildernd zugute zu bringen.“[342]

Mildernde Wirkung soll dann nicht anzunehmen sein, wenn das Geständnis auf einer erdrückenden Beweislage beruht.[343] Es dürfte auch äußerst schwierig sein, aus einem derartigen Geständnis Reue zu entnehmen, insbesondere dann, wenn nur ein eingeschränktes Geständnis vorliegt.[344] Der Gedanke, dass derjenige, der nur das zugesteht, was ihm ohnehin schon nachgewiesen wurde[345], nicht belohnt werden soll, wird aber dann stark relativiert, wenn man es mit dem BGH für fraglich hält, „ob es überhaupt möglich ist, aus dem Prozessverhalten des Angeklagten für ihn – unter Beachtung des Zweifelsgrundsatzes – nachteilige sichere Schlüsse zu ziehen“.[346] Der Angeklagte war im zu beurteilenden Fall durch eine Zeugenaussage schwer belastet worden und hatte daraufhin gestanden. Der BGH hielt es für bedeutsam, dass die Beweisführung dadurch erleichtert wurde, dass sich nicht die Aussagen des Angeklagten und der Zeugin gegenüberstanden. Damit musste nicht entscheidend auf die Glaubwürdigkeit der Zeugin abgestellt werden, so dass dem Geständnis mildernde Wirkung beigemessen werden konnte.[347] Diese weitgehende Bereitschaft, das Geständnis „an-

---

339 *Zipf*, 75.

340 *Radbruch*, Sauer-FS, 121, 122. Dieses Erkenntnisproblem verschärft sich noch, wenn man unverwertbare Geständnisse in strafzumessungstechnischer Hinsicht berücksichtigen will, vgl. *Wesemann/Müller*, StraFo 1998, 113, 114/115.

341 *Dencker*, ZStW 102, 51, 57, Fn. 24: „große Skepsis“.

342 *Dencker*, ZStW 102, 51, 57, Fn. 23, wobei der Berufsverbrecher als gewissermaßen sportlich-fair bezeichnet wurde.

343 BGH MDR 1966, 727, 727; bei Detter NStZ 1990, 221, 221; St 43, 195, 209; StV 1998, 481, 481.

344 Sch/Sch/Stree, § 46, Rdnr 41 a.

345 Vgl. hierzu aus Sicht des beratenden Verteidigers *Malek*, Rdnr. 224.

346 BGH StV 1998, 481, 481.

347 BGH StV 1998, 481, 481.

zurechnen", findet sich auch beim noch zu besprechenden taktischen Geständnis wieder.

Auch der Zeitpunkt des Geständnisses kann eine Rolle spielen.[348] Der Beschuldigte wird beim ersten Zugriff eher zu einem Geständnis geneigt sein als später, wenn er sich alles noch einmal überlegt hat.[349] Ein derartiges Geständnis, unbeeinflusst von Zeugen- oder Sachbeweisen, kann auf Reue des Täters hindeuten.[350] Der sogleich unter II. zu betrachtende Aspekt der Prozesstaktik ist natürlich auch in diesem Zusammenhang zu beachten.

II. Taktisches Geständnis: Regelmäßige Strafmilderung?

Problematisch in strafzumessungsrechtlicher Hinsicht ist ein taktisch abgegebenes Geständnis. Dies hat durch die Entscheidung BGHSt 43, 195 große praktische Bedeutung erlangt.[351] Wird es nämlich im Hinblick auf Strafnachlass abgegeben, ist es gerade kein Indiz für dahinter stehende Motive[352] wie Reue und für ein vermindertes Strafbedürfnis[353]. Folglich erscheint eine Strafmilderung unter Schuldgesichtspunkten auf den ersten Blick kaum vertretbar.[354] Doch aus Sicht von Literatur und Rechtsprechung spricht einiges dafür, auch in diesem Bereich eine Strafmilderung anzunehmen. Positive Schlüsse auf die Täterpersönlichkeit seien nämlich durchaus aus der Tatsache zu ziehen, dass der Angeklagte die erheblichen inneren Widerstände überwindet, die das Ablegen eines Geständnisses erfordert.[355] Ein schweigender Angeklagter habe zudem oft höhere Chancen, einer Verurteilung insgesamt zu entgehen,[356] so dass sich der Täter honorierungswürdig dieser Chance durch sein Geständnis begibt.

Ein nicht zu unterschätzender Faktor und deshalb wichtiger Anlass für Absprachen[357] ist zudem die Arbeitserleichterung, die für die Gerichte aus dem Geständnis resultiert, weil hierdurch Beweisführungsprobleme zumindest ver-

---

348 Zipf, 74. Deshalb fordert *Detter*, StraFo 1997, 193 auch, dass Geständnisse so früh wie möglich abgelegt werden, um die mildernde Wirkung so weit wie möglich zu erhalten.

349 *Kaiser*, NJW 1968, 777, 778.

350 *Zipf*, 74.

351 Lackner/*Lackner*, § 46, Rdnr. 43.

352 Kritisch zur „Motivforschung" *Schmidt-Hieber*, DRiZ 1990, 321, 321.

353 *Weigend*, Selbstbestimmung, 149, 155; *Arzt*, FS-SchwKrG, 233, 238.

354 Deshalb in dieser Art ablehnend *Zipf*, 74; methodische Probleme einräumend *Eschelbach*, JA 1999, 694, 700.

355 *Schäfer*, Strafzumessung, Rdnr. 383.

356 *Jerouscheck*, ZStW 102, 793, 819 der die Kompensation des Geständnisvorteils in Gestalt der Strafmilderung in der Chance auf Straflosigkeit des schweigenden Angeklagten erblickt.

357 Vgl. BGHSt 43, 195, 209: „Beitrag zur Sachaufklärung und Verfahrensabkürzung".

ringert werden können. Dies soll belohnt werden.[358] Dies geschieht aber wohl zu Unrecht, denn mit den Tatauswirkungen i.S.d. § 46 I StGB ist nicht der Strafverfolgungsaufwand gemeint.[359] Andererseits kann gesagt werden, dass die Tatsache, dass ein die Tataufklärung verhinderndes Verhalten bestraft wird (§§ 153 ff, 258 StGB), den Schluss darauf zulässt, dass ein die Tataufklärung förderliches Verhalten sich zu Gunsten des Angeklagten auswirken kann.[360]

Dies führt zu der Frage, ob kooperatives Verhalten im Prozess allgemein als strafmildernd berücksichtigt werden kann, weil der Allgemeinheit Kosten und Aufwand erspart würden.[361] Vielfach wurde dies abgelehnt: Es sei prozessual unstimmig, wenn das Prozessrecht Verfahrensrechte gewährt und wenn gleichzeitig ihre Nichtwahrnehmung belohnt werde. Eine generelle Anerkennung von kooperativem Verhalten als Strafmilderungsgrund sei deshalb nicht anzuerkennen.[362]

Besonders gefürchtet sind Auswirkungen auf den Beschuldigten und dessen Entscheidungsfreiheit: Das Zuckerbrot des in Aussicht gestellten Strafrabatts sei ebenso zur Beeinträchtigung der Autonomie des Beschuldigten geeignet wie die – verbotene – Peitsche der Strafverschärfung, woraus die Konsequenz zu ziehen sei, das frühere Prozessverhalten des Beschuldigten bei der Strafzumessungsentscheidung ganz unbeachtet zu lassen.[363] Hierin kommt die Kritik zum Ausdruck, die in der stark strafmildernden Bedeutung des Geständnisses eine Beeinträchtigung der Bereitschaft des Beschuldigten erblickt, sich streitig zu verteidigen.[364] Letztlich ist dies aber nur die Folge einer Wertung des Gesetzgebers, der in § 46 II das Bemühen um Wiedergutmachung und Schadensausgleich aufgenommen hat, was nur dem geständigen Beschuldigten möglich ist.[365] Zu diesem Ausgleich sei auch der Umstand zu zählen, dass sich der Täter der Tat stellt, weil unter diesem Gesichtspunkt dem Geständnis eine Genugtuungs- und Friedensfunktion zukomme, ohne die dahinter stehenden Motive erforschen zu müs-

---

358 *Arzt*, FS-SchwKrG, 233, 238; *Dencker*, ZStW 102, 51, 52, was unter dem Aspekt des Amtsermittlungsgrundsatzes nicht unproblematisch ist, weshalb *Bruns*, Strafzumessung, 233, dies nur anerkennen will, wenn sich hieraus positive Schlüsse auf die Täterpersönlichkeit ziehen lassen.

359 Sch/Sch/*Stree*, § 46, Rdnr. 41 a.

360 Vgl. *Schmidt-Hieber*, StV 1986, 355, 356, aber zu sehr auf die Tatfolgen abstellend.

361 *Schmidt-Hieber*, NJW 1982, 1017, 1021; zumindest das genaue Gegenteil, dass ein derartiges Geständnis niemals strafmildernd wirken könne, ist wohl abzulehnen, vgl. *Schmidt-Hieber*, DRiZ 1990, 321, 321.

362 *Dencker*, ZStW 102, 51, 56.

363 *Weigend*, Selbstbestimmung, 149, 156.

364 *Eschelbach*, JA 1999, 694, 700.

365 *Schäfer*, Strafzumessung, Rdnr. 385; *Eschelbach*, JA 1999, 694, 700.

sen.[366] Zur Begründung ist auch die Idee einer Unterwerfungsgeste herangezogen worden: Der Angeklagte unterwerfe sich der Norm und ihren Sanktionsfolgen, wobei gleichgültig sei, warum dies erfolge, solange nicht der Eindruck (!) „einer unverbrüchlichen Affirmation der Tat" erweckt werde.[367] Wie hierbei allerdings verhindert werden soll, dass der Eindruck einer Degenerierung zum formellen Tauschobjekt entsteht, bleibt unbeantwortet.[368] Dennoch hat der BGH in dieser Art entschieden.

III. Bewertung des taktischen Geständnisses in BGHSt 43, 195

BGHSt 43, 195 hat das Problem des taktischen Geständnisses wie folgt gelöst: Zwar dürfe der Schuldausspruch „den Boden schuldangemessenen Strafens" nicht verlassen.[369] Doch nach Abwägung aller für und gegen den Angeklagten sprechenden Umständen sei es dem Gericht nicht verwehrt, eine strafmildernde Wirkung auch dann zu bejahen, wenn „das Geständnis nicht offensichtlich in erster Linie aus Schuldeinsicht und Reue, sondern aus verfahrenstaktischen Gründen im Rahmen der Verständigung abgegeben wurde."[370] Schuldeinsicht und Reue seien subjektive Empfindungen, die „durchaus"[371] auch bei einem Geständnis aufgrund einer Absprache vorliegen könnten. Zudem fördere der Angeklagte das Prozessziel des Rechtsfriedens und leiste auch einen Beitrag zu Sachaufklärung und Verfahrensabkürzung[372], was ihm zugute gehalten werden könne. Wegen der Unsicherheiten, die sich bei der Ermittlung der Einstellung zur Tat ergeben, müsse zugunsten des Angeklagten von der für ihn günstigsten Möglichkeit ausgegangen werden. [373] Daher sei grundsätzlich jedes Geständnis geeignet, zu einer Strafmilderung zu führen, mag die Gewichtung von Fall zu

---

366 *Schmidt-Hieber*, NStZ 1988, 302, 304.

367 *Jerouscheck*, ZStW 102, 793, 818.

368 Vgl. *Jerouscheck*, ZStW 102, 793, 818 warnt vor inflationärem Gebrauch und vor genannter „Tauschobjektsfunktion". Nur unter diesen engen Bedingungen könne es „zuunterst der Rangskala von Geständnissen mit abgestufter strafmildernder Graduierung einen Platz beanspruchen."

369 BGHSt 43, 195, 208.

370 BGHSt 43, 195, 209.

371 Die Art der Formulierung könnte bereits darauf hindeuten, dass der BGH selbst nicht vollständig von seiner Lösung überzeugt ist.

372 *Jerouscheck*, ZStW 102, 793, 810 bezeichnet dies als „überschießende Handlungstendenz" des Täters. Dieser Aspekt ist hinsichtlich der Entwicklung kommunikativer Strukturen problematisch, 5. Teil, II. Abschnitt.

373 BGHSt 43, 195, 209.

Fall auch differieren; dies dürfe nur nicht dazu führen, dass dies zu einer nicht mehr schuldangemessenen Strafe führt.[374]

IV. Stellungnahmen zur BGH-Ansicht

1. Notwendigkeit der Annahme einer grundsätzlichen Strafmilderung

Der Begründungsaufwand in BGHSt 43, 195 war vor allem deshalb notwendig, weil sich mit der herkömmlichen „Indizkonstruktion“ die Berücksichtigung eines rein taktischen Geständnisses nicht rechtfertigen lässt.[375] Schließlich mangelt es „an dem entscheidenden Verbindungsstück der inneren Umkehr“.[376] Aber auch die Heranziehung des in dubio-Grundsatzes[377] hinsichtlich der honorierungswürdigen Motive des Geständigen überzeugt nur bedingt, da er nur greifen kann, wenn nach allen Ermittlungsversuchen und auch unter Zugrundelegung der richterlichen Erfahrung unüberwindliche Zweifel zurückbleiben. Einsicht und Reue können aber wohl dann sicher ausgeschlossen werden, wenn der Angeklagte nach langem Hin und Her ein schlankes Geständnis mit genau abgesprochenem Inhalt präsentiert.[378] Durch die Anwendung des Zweifelssatzes würde eine auf Restzweifel im Einzelfall zugeschnittene Regel nunmehr für den Standardfall institutionalisiert.[379]

Diese Annahme einer Strafmilderung durch den BGH hat ihre Wurzeln in den speziellen Bedürfnissen, die die sog. Absprachenpraxis mit sich bringt[380] und in der starken Abhängigkeit von der „Droge Absprachen“.[381] Wenn das Gericht schon durch eine Verständigung ein Geständnis hervorruft und diesem dann auf der anderen Seite wegen Prozesstaktik die mildernde Wirkung versagen würde, müsste in der Tat von einem „unfair trial“ gesprochen werden, so dass eine generell mildernde Wirkung in diesem Bereich angezeigt erscheint.[382] Anderen-

---

374 BGHSt 43, 195, 210.

375 Eschelbach, JA 1999, 694, 700.

376 *Weigend*, NStZ 1999, 57, 60.

377 Vgl. *Schäfer*, DRiZ 1989, 294, 295.

378 *Weigend*, NStZ 1999, 57, 61 mit Verweis auf *Rönnau*, wistra 1998, 49, 53. *Herrmann*, JuS 1999, 1163, 1165 schließt ein „Fünkchen“ Einsicht nicht gänzlich aus. Für die Anwendung des in dubio-Grundsatzes auch *Eschelbach*, JA 1999, 694, 700.

379 *Rönnau*, wistra 1998, 49, 53.

380 Deshalb befürwortet *Siolek*, DRiZ 1993, 422, 426 auch die Anwendung des in-dubio-Grundsatzes, weil er ohne eine Strafmilderung aufgrund des Geständnisses die Verständigungspraxis grundsätzlich in Gefahr sieht; vgl. auch *Hamm*, Meyer-Goßner-FS, 33, 43; *Rönnau*, wistra 1998, 49, 53 zur Bedeutung des Geständnisses für die Absprachenpraxis.

381 *Weigend*, NStZ 1999, 57, 63.

382 *Landau/Eschelbach*, NJW 1999, 321, 326.

falls sei es ein bloßes Glasperlenspiel, zwischen „taktischen" und „schlanken" Geständnissen und solchen, die wirklich von Schuldeinsicht getragen seien, unterscheiden zu wollen.[383]

Zudem ist zu bezweifeln, ob ein Richter vor dem Ablegen eines Geständnisses überhaupt erkennen kann, ob das in Aussicht gestellte Geständnis die versprochene Milderung zu rechtfertigen vermag.[384] Dies kann meist erst am Ende der Beweisnahme geschehen, wobei ein Geständnis – erst so spät abgelegt – zu diesem Zeitpunkt keinen Wert mehr haben dürfte, was den Richter dazu zwingt, eine „Prognose hinsichtlich der strafmildernden Wirkung" abzugeben.[385] Gerade diese antizipierte Wirkung ist jedoch eine Grundvoraussetzung dafür, dass eine Verständigung über die Rechtsfolgen möglich ist.[386]

Die Strafzumessungsproblematik bei taktischen Geständnissen ist also von mehreren Problemen gekennzeichnet: Weder sind die wahren Motive hinreichend sicher zu erforschen,[387] noch lässt sich aus den äußeren Umständen tatsächlich eine „reumütige Gesinnung" ablesen. Auf der anderen Seite wird die strafmildernde Wirkung des Geständnisses als „Verhandlungsmasse" benötigt. Treffend fasst Jerouscheck zusammen:

> „Hier Reue ins Urteil hineinzumanövrieren, um sie sodann strafmildernd zu berücksichtigen, mutet mitunter gekünstelt, wenn nicht dubios an, verrät aber das unabweisbare Bedürfnis (nicht nur in praxi), Geständnisse auch ohne die ihnen herkömmlich abverlangte motivationale Überfrachtung strafmildernd in Ansatz zu bringen."[388]

Ein weiteres Bedenken hinsichtlich der strafmildernden Wirkung – sei es nun im Regelfall oder beschränkt auf reumütige Geständnisse – wird im Hinblick auf den schweigenden Angeklagten vorgebracht. Wird nämlich dem geständigen Angeklagten dieses Verhalten zugute gehalten, so muss der schweigende Angeklagte auf diese „Wohltat" verzichten, m.a.W.: Das gute Recht zu schweigen kann im Falle der Ausübung eine Straferhöhung zur Folge haben, was als mit-

---

383 *Kintzi*, JR 1998, 249, 250.

384 Zweifelnd *Jerouscheck*, ZStW 102, 793, 803: kaum je sicher prognostizierbar; vgl. auch *Meyer-Goßner*, 58 DJT, L 149.

385 *Niemöller*, StV 1990, 34, 37; aber auch ein bereits im Vorverfahren abgelegtes Geständnis hat keinen entsprechenden „Marktwert" mehr, vgl. *Weigend*, BGH-FG 1011, 1012.

386 *Schmidt-Hieber*, StV 1986, 355, 356.

387 *Schmidt-Hieber*, DRiZ 1990, 321 spricht von einer „absurden Anmaßung", die Motive im Gerichtssaal erforschen zu wollen und befürchtet eine Bevorzugung des „guten Schauspielers". Nach *Siolek*, DRiZ 1993, 422, 426 findet eine solche Motivsuche häufig gar nicht erst statt.

388 *Jerouscheck*, ZStW 102, 793, 806; deshalb will *Hamm*, Meyer-Goßner-FS, 33, 42 auf diese Fiktion zugunsten einer regelmäßigen Strafmilderung bei Vorliegen eines Geständnisses verzichten.

telbarer Geständniszwang angesehen werden kann.[389] Dieser Gedanke ist bei den Überlegungen hinsichtlich der vom BGH geforderten zusätzlichen, hier sog. „erweiterten“ Belehrungen, wieder aufzugreifen.[390]

Doch kann man angesichts der BGH-Rechtsprechung und der kritischen Einwände, die ihr entgegenstehen, sagen, dass nun durchgehend von einer strafmildernden Wirkung des Geständnisses auszugehen ist? Insbesondere Malek warnt auch nach BGHSt 43, 195 davor, die strafmildernde Wirkung des Geständnisses zu überschätzen; der hierdurch herbeigeführte „kurze Prozess“ sei nicht immer das Beste für den Angeklagten.[391] Eine zu nachgiebige Verteidigung verbunden mit einem frühen Geständnis werde nur selten honoriert, und er vermutet, dass die „enge Verbindung“, die durch einen langen Prozess zwischen Gericht und Angeklagtem geschaffen werde, eher geeignet sei, harte Urteile zu vermeiden als die kurze Verhandlung, bei der die Täterschaft durch das Geständnis des Angeklagten „einwandfrei“ feststehe.[392] Trotz dieser Bedenken, denen unter dem Gesichtspunkt der Prognose noch Rechnung getragen werden muss, lässt sich feststellen, dass die Bereitschaft, auch taktische Geständnisse strafmildernd anzurechnen[393], signifikant gestiegen ist seit BGHSt 45, 195. Dies gipfelt in der Forderung Schäfers, Geständnisse stets strafmildernd zu berücksichtigen.[394] Dass die Gewichtung allerdings durchaus unterschiedlich sein kann[395] und das Geständnis nur einen von vielen Strafzumessungsfaktoren darstellt, so dass die weitere Beweisaufnahme zusätzliche Strafzumessungskriterien ans Licht bringen kann, die eine höhere Strafe erforderlich machen[396], ist bei der Beratung und Belehrung des Beschuldigten besonders zu berücksichtigen.

2. Gefahr einer „gespaltenen“ Strafzumessung durch Loslösung von Motiven?

Angesichts dieser Tendenzen besteht die Gefahr, dass es beim Geständnis zu einer „gespaltenen“ Strafzumessung kommt. Um zu erläutern, was hiermit gemeint ist, muss man sich die Entwicklung verdeutlichen, welche entscheidend von der Diskussion um Absprachen im Strafprozess geprägt ist: Schon der 58.

---

389 *Jerouscheck*, ZStW 102, 793, 806, äußerst kritisch deshalb *Verrel*, 52 f, der letztlich (54) den mittelbaren Geständnisdruck „im Interesse der positiven Wirkungen dieses Nachtatverhaltens“ hinnehmen will.

390 Vgl. unten, 4. Teil, 2. Abschnitt, B.

391 *Malek*, Rdnr. 225.

392 *Malek*, Rdnr. 19 warnt auch vor der Ankündigung, „diese Kammer weiß ein Geständnis stets (!) zu würdigen.“

393 Enger noch damals z.B. Bruns, 233.

394 *Schäfer*, Strafzumessung, Rdnr. 383.

395 BGHSt 45, 195, 210.

396 *Schäfer*, DRiZ 1989, 294, 296.

Deutsche Juristentag[397] hatte mit nur sehr knapper Mehrheit den Beschluss gefasst, dass ein glaubhaft erscheinendes Geständnis schon für sich eine Strafmilderung rechtfertige.[398] In die gleiche Richtung gehend wird auch vertreten, dass es angesichts der Probleme bei der „Motivforschung" ehrlicher wäre, das Geständnis unabhängig von den Beweggründen strafmildernd zu berücksichtigen.[399]

Verschiedene Ansätze auf dem Weg hierhin sind im Laufe der Zeit entwickelt worden: Z.B. sei ein nolo contendere[400] im Sinne eines Nichtbestreitens[401] anzuerkennen; man dürfe von dem Beschuldigten kein Geständnis verlangen. Trotz Amtsermittlungsgrundsatzes sei nämlich das Erkennen der Wahrheit im Prozess häufig schwer möglich, weshalb von einem Angeklagten auch nicht verlangt werden solle, ein Geständnis als Wahrheit anzubieten.[402] Meyer-Goßner schlug schon vor einiger Zeit vor, am Begriff des strafmildernden Geständnisses nichts zu ändern und *daneben* eine Erledigungsart treten zu lassen, in der der Beschuldigte den Strafvorwurf lediglich einräumt; er könne sich also entscheiden, ob er streitig oder unstreitig verhandeln wolle.[403] Letztlich handelt es sich hierbei um das anglo-amerikanische Institut des guilty-plea.[404] Dies hat aber einen ganz anderen Charakter: Während das Geständnis ein Beweismittel darstellt, bringt der guilty plea nur zum Ausdruck, dass der Angeklagte sich gegen die im plea bargaining ausgehandelte Strafe nicht wehrt.[405] Natürlich besteht auch hier die Gefahr falscher Selbstbezichtigung.[406] Die Idee des guilty-plea deutet aber an, wie sich die Bedeutung des Geständnisses als Aussageverhalten hin zu einer mehr formalen Betrachtungsweise verändert.

---

397 Thema: „Absprachen im Strafverfahren?"

398 58. Deutscher Juristentag, L 209, Abstimmungsergebnis 60 : 52 : 12.

399 *Cramer*, Rebmann-FS, 145, 148.

400 Zum Begriff Dielmann, ZStW 1981, 559, 559; vgl. auch *Küpper/Bode*, Jura 1999, 393, 399, Fn 329: „Der Begriff des „nolo contendere" bedeutet, dass der Angeklagte erklärt, sich nicht gegen die Anklage juristisch zu verteidigen. Zur Frage seiner strafrechtlichen Schuld nimmt er damit nicht Stellung (...)."

401 Vgl. auch *Hamm*, Meyer-Goßner-FS, 33, 48 „unstreitig stellen".

402 *Gallandi*, MDR 1987, 801, 804.

403 *Meyer-Goßner*, NStZ 1992, 167, 168; mit ähnlicher Formulierung in seinem „§ 243 I 1 a StPO" Kremer, 353: „Einräumen" des Vorwurfs, aber begrifflich unklar, da er in „S. 2" wieder von Geständnis spricht.

404 Vgl. kritisch zu diesem Institut *Bohlander*, NStZ 1992, 578, 578 und die Antikritik von *Meyer-Goßner*, NStZ 1992, 579, 579. Ausführlich *Dielmann*, ZStW GA 1981, 559 ff.; *Siolek*, 229 f.

405 *Cramer*, Rebmann-FS, 145, 156.

406 *Lilie*, 63. Deutscher Juristentag, D 100, weist warnend darauf hin, dass dieses Institut nicht unproblematisch ist.

Der Arbeitskreis deutscher, österreichischer und schweizerischer Strafrechtslehrer hält in seinem Alternativentwurf anlässlich seiner Überlegungen zu einem „Schlussgespräch" in § 169 e I 2 AE-EV ein Geständnis für nicht erforderlich. Begründet wird dies damit, dass die Koppelung von Absprache und Geständnis zweifelhaft sei, da Reue mehr oder weniger vorgespielt werden könne.[407] Auch Braun will auf ein Geständnis zugunsten einer „Unterwerfungserklärung" aus psychologischen und zivilrechtlichen Gründen verzichten.[408] Mit ähnlichen Überlegungen verweist Hamm darauf, dass viele Angeklagte die Geständnisse „aus Gründen der Selbstachtung" von ihrem Verteidiger vortragen ließen.[409] Auch Wagner/Rönnau wollen in ihrem „§ 245 a IV" dies ermöglichen, weil sie einen einstudierten Vortrag als der Person des Beschuldigten unwürdig empfinden.[410] Sie relativieren die Bedeutung des Geständnisses noch weiter, indem sie es in ihrem „§ 243 a I 2 StPO" mit dem Verzicht auf Beweisanträge bzw. deren Rücknahme gleichsetzen.[411] Zumindest eine dieser Prozesshandlungen sei die Voraussetzung für ein einvernehmliches Verfahren, weil nur durch sie eine bedeutende Verkürzung des Verfahrens herbeizuführen sei.[412]

Hand in Hand mit diesem Verzicht auf ein Geständnis im herkömmlichen Sinne geht das Bestreben, einen pauschalierten „Strafrabatt" im Falle einer erfolgreichen Absprache vorzusehen. Braun will der Gefahr des momentan recht großen Entscheidungsspielraums des Gerichts mit einer pauschalierten Strafrahmenverringerung begegnen, deren Höhe er vom eingetretenen „Rationalisierungseffekt" abhängig macht, indem er den Rabatt umso höher ausfallen lässt, je eher es zu einer Verständigung gekommen ist.[413] Auch Meyer-Goßner will einen pauschalierten Strafrabatt einführen: Werde der Strafvorwurf zu Beginn der Hauptverhandlung eingeräumt, so sei die mögliche Höchststrafe auf die Hälfte des für die angeklagten Straftatbestände gesetzlich angedrohten Höchstmaßes zu begrenzen.[414] Auch Wagner/Rönnau sehen in ihrem „§ 46 a S. 2 StGB" eine

---

407 *Alternativentwurf Reform des Ermittlungsverfahrens*, 137, 138, der deshalb auch die Regelung des § 45 III 1 JGG für problematisch und nicht verallgemeinerungsfähig hält.

408 *Braun*, StraFo 2001, 77, 80, dessen „§ 186" ein Geständnis ausdrücklich für entbehrlich erklärt; ähnlich *Bode*, DRiZ 1988, 281, 288.

409 *Hamm*, Meyer-Goßner-FS, 33, 45.

410 *Wagner/Rönnau*, GA 1990, 387, 390 / 399, wobei dieser Abs. IV vorsieht, dass der Angeklagte gefragt wird, ob er noch etwas hinzuzufügen habe; auch Siolek, 285, sieht in seinem Modell in „§ 3 III" eine solche Möglichkeit vor.

411 *Wagner/Rönnau*, GA 1990, 387, 390.

412 *Wagner/Rönnau*, GA 1990, 387, 398.

413 *Braun*, StraFo 2001, 77, 80, dessen „§ 46 b StGB" eine Abstufung von der Hälfte über ein Drittel hin zu einem Fünftel der verbüßten Strafe vorsieht, orientiert am Zeitpunkt der Verständigung.

414 *Meyer-Goßner*, NStZ 1992, 167, 168; zu der Verortung dieses Problems in einen „§ 208 StPO" vgl. *Hamm*, Meyer-Goßner-FS, 33, 39; *Weigend*, ZStW 104, 487, 509 hingegen

pauschale Milderung von einem Viertel vor[415]; Siolek erwägt eine Ermäßigung „um bis zu einem Drittel".[416]

Erkennbar wird in diesem zweistufigen Vorgehen – zunächst Abkehr von der Motivforschung, alsdann Festlegung eines pauschalierten Strafrahmens – das Bemühen, *neben* dem Geständnis im „normalen" Verfahren einen mehr formalen Geständnisbegriff zu etablieren, der den Bedürfnissen der Absprachepraxis insbesondere hinsichtlich der präzisen Vorhersehbarkeit der mildernden Wirkung gerecht werden soll.[417] Dem mit der Absprachepraxis eng verbundenen Gesichtspunkt der Verfahrensvereinfachung und -verkürzung[418] wird hiermit ein großer Einfluss auf die Strafzumessung gewährt. Das bedeutet aber, dass eine relative Sicherheit hinsichtlich der strafmildernden Wirkung des Geständnisses nur im Bereich der Absprachen existiert, weil man hier den Beitrag zur Vereinfachung des Verfahrens würdigen will. Doch was gilt für das „normale" Geständnis, das auf keiner Absprache basiert?[419]

Hierzu sei folgendes Beispiel dargelegt: Die Beweislage ist äußerst kompliziert und der Angeklagte gesteht recht schnell die ihm zur Last gelegten Taten. Nimmt das Gericht nun den Amtsaufklärungsgrundsatz ernst, muss das Gericht die Glaubhaftigkeit dieses Geständnisses durch weitere Beweiserhebungen überprüfen. Hierbei können Umstände zu Tage treten, die die mildernde Wirkung des Geständnisses deutlich relativieren. Das Geständnis wird dann zu einem Strafzumessungsfaktor unter vielen, was seine mildernde Wirkung deutlich verringert. Verhält sich der Angeklagte aber zunächst passiv und lässt die Beweisaufnahme in eine Sackgasse geraten und führt später dann Absprachverhandlungen, besteht für ihn die Chance, dass die Verfahrensabkürzung ihm hoch angerechnet sind, wobei selbst Umstände, die bereits bekannt geworden sind und geeignet wären, die Wirkung des Geständnisses zu relativieren, unter den

hält nicht von einem ausdrücklichen Strafnachlass, damit nicht die Strafdifferenz zum entscheidenden Motivationsfaktor wird, sondern „von den Chancen zusätzlicher Verteidigungsmittel".

415 *Wagner/Rönnau*, GA 1990, 387, 391, bzw. eine Aussetzung zur Bewährung bei Freiheitsstrafen bei nicht mehr als 2 bis 3 Jahren.

416 *Siolek*, 285: „§ 3 VII".

417 Zum momentan bestehenden Problem der Prognose hinsichtlich der voraussichtlichen Auswirkung auf den Strafrahmen vgl. unten, 5. Teil, 2. Abschnitt, B.

418 Vgl. unten, 5. Teil, 2. Abschnitt, A.

419 Vgl. hierzu auch die Überlegungen *Lüderssens*, StV 1990, 415, 416, der zu bedenken gibt, dass in vielen Fällen keinesfalls klar sei, ob der Angeklagt im Falle einer streiten Verhandlung „wirklich schlechter wegkäme." Ähnlich *Siolek*, DRiZ 1993, 422, 423. Vgl. auch *Weigend*, BGH-FG, 1011, 1012: Am meisten würde derjenige gewinnen, der über ausreichend Möglichkeiten verfüge, das Verfahren durch Verwirrung der Beweislage derart zu verlängern, dass er für eine Verfahrenserleichterung einen hohen Preis durchsetzen könne.

Tisch fallen. Er kommt nicht nur in den Genuss einer „pauschalierten Milderung“, sondern weitere Beweisaufnahmen werden dann kaum noch durchgeführt, will man den verkürzenden Effekt nicht wieder beseitigen, so dass auch keine weiteren ungünstigen Umstände ans Tageslicht kommen.

E. Zusammenfassung: Belehrungsbedarf zum Geständnis

I. Zusammenfassende Übersicht über die Probleme

Das Geständnis hat eine sehr große Bedeutung für die Beweisführung. Mit dem Ablegen eines Geständnisses überschreitet der Beschuldigte nicht selten einen „point of no return“, was aus der faktisch geringen Widerrufsmöglichkeit resultiert. Fraglich ist aber, wie der Beschuldigte über die massiven beweisrechtlichen Folgen informiert werden soll. Der anwaltlich vertretene Beschuldigte kann Chancen und Risiken im Gespräch mit seinem Verteidiger abwägen. Kann das Gericht aber beim unverteidigten Beschuldigten diese Möglichkeit durch eigene Belehrungen auffangen? Gerade beim Geständnis ist Skepsis angesagt. Das Interesse daran, dass der Beschuldigte die Beweisführung durch das Ablegen eines Geständnisse erleichtert, ist sehr groß. Dies wird in der enormen Bedeutung der Absprachen-Praxis deutlich. Den Beschuldigten auf die großen Gefahren eines Geständnisses hinzuweisen, ist indes problematisch, weil dies die Geständnisbereitschaft senken könnte. Wie sich noch zeigen wird, findet sich dieser Gedanke bereits bei der Diskussion um die Einführung einer Belehrung über das Schweigerecht wieder.[420] Dieser Aspekt ist immer dann zu berücksichtigen, wenn man Belehrungsvorschriften konzipieren möchte, die auch eine Chance haben sollen, von der Praxis akzeptiert zu werden.

Problematisch ist auch ein Hinweis auf die strafmildernde Wirkung.[421] Denn eine genaue Zusage über das Ausmaß dieser Wirkung im konkreten Fall wird nicht einmal im Falle einer Absprache als bindend angesehen, wenn sich im Laufe der Verhandlung Tatsachen herausstellen, die geeignet sind, die strafmildernde Wirkung einzuschränken.[422] Derartige Zusagen sind aber immer Prognosen[423] und eine wenig verlässliche Basis für den Beschuldigten, auf der er sein Einlassungsverhalten aufbauen könnte. Angesichts der Tatsache, dass das Ausmaß der Strafmilderung sehr unterschiedlich ausfallen kann und eine honorierungswürdige Leistung des Beschuldigten gerade im Verzicht auf die Möglichkeit, die immer bestehende Chance eines Freispruchs bei permanentem Schwei-

[420] Vgl. unten 4. Teil, 2. Abschnitt, A. I.

[421] Vgl. eingehend hierzu unten, 4. Teil, 2. Abschnitt, B. II. 4.

[422] Vgl. unten 5. Teil, 2. Abschnitt, B.

[423] Zum Gedanken der Prognose vgl. unten, 5. Teil, 2. Abschnitt, B.

gen wahrzunehmen,[424] gesehen wird, ist ein Hinweis auf eine solche Wirkung problematisch. Immerhin begibt sich der Beschuldigte aus der Deckung, kann aber nur ungenau einordnen, ob sich ein Geständnis auch wirklich lohnt angesichts des Verzichts auf die Möglichkeit, gänzlich straffrei auszugehen. Wenn man also Hinweise auf die strafzumessungsrechtlichen Folgen für richtig hält, so sollte dies mit dem Hinweis auf die Relativität dieser Wirkung verbunden werden. Eine andere Möglichkeit könnte in der Festlegung dieser Wirkung in § 46 II StGB bestehen.

II. Ausgangspunkte für die weitere Untersuchung

Die Ausgangspunkte für die weitere Untersuchung lassen sich im Bereich des Geständnisses nicht derart konkret fassen wie beim Schweigerecht. Dennoch kann als Leitlinien für die weiteren Betrachtungen festgehalten werden, dass

1. der Beschuldigte Informationen über die Gefahren benötigt, die von einem Geständnis in beweisrechtlicher Hinsicht ausgehen,

2. das Problem der strafmildernden Wirkung in belehrungs- wie beratungstechnischer Hinsicht äußerst komplex ist und noch weitergehender Betrachtungen im Verlaufe der Untersuchung bedarf.

---

424 Vgl. oben, 2. Teil, 2. Abschnitt, D. I.

3. Teil: Die Beratung hinsichtlich des Einlassungsverhaltens durch den Verteidiger

„Mag der Angeklagte auch ein Interesse haben, sich ins „rechte Licht“ zu rücken. Manchmal wäre es allerdings ratsamer zu schweigen.“ [425]

Im 2. Teil sind die Probleme deutlich geworden, die das Schweigen und das Geständnis in dogmatischer Hinsicht aufwerfen. Damit ist das Wissen beschrieben, das benötigt wird, um eine sinnvolle Entscheidung für ein Aussageverhalten zu treffen. Doch selbst wenn dem Beschuldigten all diese Erkenntnisse zur Verfügung stehen sollten, er also ausreichend belehrt ist, wird er Schwierigkeiten haben, diese abstrakten Informationen auf seinen Fall anzuwenden. Er wird sich die Frage stellen, ob er sich in der jetzigen Prozesssituation einlassen soll oder nicht, bzw. in welcher Weise. Nun benötigt der Beschuldigte Unterstützung auf tatsächlicher Ebene. Jetzt braucht er Ratschläge, die sich auf seinen konkreten Fall beziehen: Den Rat des Verteidigers zu einem *bestimmten* Aussageverhalten.

Aufgabe der folgenden Abschnitte ist es, jeweils für das Schweigen (1. Abschnitt) und das Geständnis (2. Abschnitt) gesondert die Maßstäbe herauszuarbeiten, an denen ein Verteidiger seine Empfehlung orientieren würde. Jeweils im Anschluss daran ist zu überlegen, ob auch das Gericht eine derartige Beratung anhand dieser Maßstäbe durchführen könnte und welche tatsächlichen bzw. rechtlichen Hindernisse dem eventuell entgegenstehen.

1. Abschnitt: Beratung durch den Verteidiger hinsichtlich des Schweigens und Übertragung auf das Gericht

A. Verantwortung des Verteidigers

„Wegen der (...) Bedeutung der Entscheidung, ob überhaupt, in welchem Umfang und zu welchem Zeitpunkt eine Einlassung abgegeben werden soll, bedarf der Beschuldigte, der nicht nur juristischer Laie, sondern in aller Regel gerichtsunerfahren ist, der Hilfe des Strafverteidigers. Dieser völlig selbstverständliche Satz findet leider in der Praxis nur in geringem Umfang Anerkennung und Verwirklichung.“ [426]

Die Entscheidung, ob ein Angeklagter sich einlässt oder nicht, kann prozessentscheidend sein.[427] Wird das Schweigerecht des Beschuldigten richtig eingesetzt,

---

425 *Ostendorf*, DRiZ 1999, 63, 65.

426 *Amelung*, Koch-FS, 145, 145.

427 *Amelung*, Koch-FS, 145, 145.

hat der Verteidiger mit ihm ein äußerst wirksames Mittel in der Hand.[428] Es ist der Zentralpunkt jeder „passiven“ Verteidigung.[429] Ob es eingesetzt wird, muss nach einer gründlichen Abwägung entschieden werden.[430] Bezüglich Umfang und Zeitpunkt seiner Einlassung benötigt der gerichtsunerfahrene Laie jedoch dringend die Hilfe seines Verteidigers.[431] Denn Reden und Schweigen sind zwar die vom Gesetz in die freie Wahl gestellten Verteidigungsmöglichkeiten [432], doch welche der Möglichkeiten der Beschuldigte einsetzen soll, muss eingehend mit ihm erörtert werden.

Zwei unterschiedliche Bereiche sind beim Verteidiger-Mandanten-Gespräch zu trennen: Die Auskunftserteilung bzw. Belehrung und die Beratung. Während die Auskunftserteilung die Belehrung über die Rechtslage im Allgemeinen oder über Einzelfragen darstellt, geht die Beratung insofern weiter, als diese konkrete Verhaltensvorschläge und Empfehlungen enthält.[433] Dabei können innerhalb eines Gesprächs die Übergänge fließend sein; und zudem besteht die Gefahr, dass Belehrungen durchaus als Empfehlungen verstanden werden.[434] Zu beachten ist, dass bei Verhaltensempfehlung auch immer die Gefahr besteht, dass sich der Verteidiger strafbar macht.[435]

Die Überlegungen, durch die ein solches Gespräch bestimmt wird, werden im Folgenden betrachtet. Die Möglichkeit, sich erst nach reiflicher Überlegung und eventuell sogar nach Rücksprache mit dem Verteidiger einzulassen, wird durch die Rechtsprechung des BGH in zweierlei Hinsicht gesichert: Die oben besprochene Konstellation des teilweisen Schweigens macht es zunächst gefahrlos möglich, sich erst in der Hauptverhandlung zur Sache zu äußern. Bis zu diesem Zeitpunkt kann der Verteidiger umfassend tätig werden.[436] Auf der anderen Seite endet mit der ersten Einlassung des Mandanten nicht die Beratungsmöglichkeiten des Verteidigers. Laut BGH ist es unzulässig, einen Schluss zum Nachteil des Angeklagten daraus zu ziehen, dass dieser seine Einlassung (erst) nach

---

428 Formularbuch/*Tondorf*, VII A. 14, Anmerkungen.

429 *Eser*, Beiheft ZStW 86, 136, 136.

430 Vgl. die noch zu besprechende „Checkliste“ in: Formularbuch /*Tondorf*, VII A. 14.

431 *Amelung*, Koch-FS, 145, 145.

432 BGHSt 25, 325, 330.

433 *Krekeler*, Friebertshäuser-FG, 53, 53.

434 *Krekeler*, Friebertshäuser-FG, 53, 53: gefährliche Nähe der Auskunft zum Ratschlag. Dieser Gedanke wird bei der Belehrung und Beratung durch das Gericht noch bedeutsam, vgl. unten, 4. Teil, 2. Abschnitt, B. II. 2 und 3.

435 Vgl. unten, 3. Abschnitt.

436 Denkbar sind eigene Ermittlungen oder auch nur die Beobachtung des Verfahrensverlaufs.

Rücksprache mit seinem Verteidiger abgeben hat.[437] Dadurch wird dem Verteidiger die Möglichkeit gegeben, helfend (oder gar: rettend) in den Verlauf der Verhandlung einzugreifen. Er kann Nervosität und Unsicherheit des Mandanten abfangen, Missverständnisse aufklären, unklare Formulierungen korrigieren und darauf hinwirken, dass die Aussagen, insbesondere bei einer staatsanwaltlichen Vernehmung, sachgerecht protokolliert werden. Allerdings kann auch er sachliche, bohrende Fragen des Richters, die den Mandanten in Gefahr bringen, nicht verhindern, ohne den Eindruck zu erwecken, der Mandant verberge etwas. Der Verteidiger kann so in Verdacht geraten, das Verfahren sabotieren zu wollen.[438] Dieser Eindruck resultiert größtenteils aus der Einstellung der Gerichte zum Phänomen des schweigenden Angeklagten.

B. Schweigen in der Rechtswirklichkeit

Noch immer besteht in der Rechtswirklichkeit ein Widerspruch zwischen eindeutiger Dogmatik und Tendenzen der Tatsacheninstanzen. Trotz klarer Rechtsprechung, nach der das gänzliche und das teilweise Schweigen nicht zum Nachteil des Angeklagten verwendet werden dürfen, wird in der Praxis das Schweigen noch immer gern als Schuldeingeständnis[439] interpretiert, obwohl dies nicht durch Äußerungen wie etwa: „Wer schweigt, hat etwas zu verbergen“, kundgetan wird, sondern sich nur unbewusst auf die Überzeugungsbildung des Gerichts auszuwirken droht.[440] Dahs merkt warnend an:

> „Der vorsichtige Richter tut selten kund, was er von dem Schweigen des Angeklagten hält. Er bildet sich aber seine Meinung, deren Grundlage er häufig nicht einmal in die Urteilsgründe zu schreiben braucht.“ [441]

Trotz eindeutig entgegenstehender Rechtslage wird das Schweigen unerkannt und unerkennbar als Schuldindiz angesehen, wobei insbesondere die Laienrich-

---

[437] BGH StV 1994, 413, 413 rügt damit den Satz der Vorinstanz: „Auffällig war zudem, daß diese Einlassung sehr spät in der Hauptverhandlung und erst nach mehrmaliger Unterbrechung mit jeweiliger Rücksprache zwischen dem Angeklagten und seinem Verteidiger abgegeben wurde, obwohl die Tat letztlich bestritten wurde.“

[438] *Dahs*, Rdnr. 283.

[439] *Stree*, JZ 1966, 593, 593; vgl. *Dahs*, Rdnr. 401 mit dem Hinweis, das Schweigen des Angeklagten könne auf das Gericht wie ein Geständnis wirken. Vgl. auch B/K/M/*Bandisch*, § 8, Rdnr. 45.

[440] Vgl. *Weihrauch*, Rdnr. 138 mit der Formulierung: „Zu hören bekommt der Verteidiger solche Sätze nicht. Aber zu spüren.“

[441] *Dahs*, Rdnr. 455 mit dem zusätzlichen Hinweis, dass diese Überzeugungsbildung jeglicher Kontrolle entzogen ist.

ter, die in erster Linie ihre Lebenserfahrung in die Waagschale werfen[442], betroffen sind.[443] Schon kurz nach Einführung der Belehrungsvorschrift des § 136 I 2 StPO im Jahre 1965[444] stellte Schmidt-Leichner die Frage, ob es nicht jeder vernünftigen Lebenserfahrung entspräche, dass ein Mensch, dem Vorwürfe gemacht werden, sich zur Wehr setzt und sich verantwortet, wobei das Schweigen demzufolge als besonders verdächtiges Anzeichen für ein schlechtes Gewissen zu interpretieren sei.[445] Doch der Gedanke, dass sich der Unschuldige äußern und nicht schweigen würde, entstammt einer überwundenen Epoche und ist mit heutiger Gesetzeslage nicht vereinbar.[446] Dennoch ist zu bedenken: Der Eindruck des Schweigens spricht immerhin dafür, dass zumindest kein Unbeteiligter verfolgt wird, was eine gewisse kriminalistische Bestätigung darstellt.[447] In den USA gäbe es gar die Daumenregel, dass schuldige Angeklagte schweigen, weil vom Unschuldigen angenommen werde, dass er darauf brenne, sich zu rehabilitieren.[448]

Diese Ansicht wirkt sich auch auf die U-Haft-Praxis aus: Ohne Einlassung ist die Chance gering, entlassen zu werden; bei einem Geständnis sind die Gerichte geneigt, nicht mehr von Verdunkelungsgefahr auszugehen.[449] Beliebt ist der schweigende Angeklagte also nicht.[450] So berichtet Salditt von einem Fall, in dem es sein Mandant zu schweigen vorzog, dass ein befreundeter Anwalt ihm mitteilte: Die Kammer schäume.[451] Bei der Ansicht, der schweigende Angeklagte habe etwas zu verbergen, handelt es sich also um ein gängiges Vorurteil.[452]

---

442 *Dahs*, Rdnr. 455.

443 *Dahs*, Rdnr. 266; vgl. auch *Schmidt-Leichner*: „Wie wird das Schweigen auf die Laienrichter wirken? Müssen die Berufsrichter ihnen nicht klar machen, daß das natürliche Rechtsempfinden ab 1.4.1965 ein anderes zu sein hat?"

444 Vgl. hierzu unten, 4. Teil, 2. Abschnitt, A. I.

445 *Schmidt-Leichner*, NJW 1966, 189, 189.

446 *Wessels*, JuS 1966, 169, 171.

447 Vgl. schon die eingangs angeführte Überlegung *Kleinknechts* in JR 1966, 270, 270; s. auch *Dahs*, Rdnr. 266; zustimmend *Schneider*, Jura 1990, 572, 574, angesichts massiver diskriminierender Folgen des Strafverfahrens könne man davon ausgehen, der in die Strafverfolgungsmaschinerie Geratene werde alles unternehmen, um ihr baldmöglichst zu entkommen.

448 *Salditt*, StV 1988, 75, 76.

449 *Amelung*, Koch-FS, 145, 147.

450 Vgl. *Wessels*, JuS 1966, 169, 171, der den - wie er selbst sagt: verfälschenden – Begriff des „privilegium odiosum" benutzt.

451 *Salditt*, StV 1993, 442, 442.

452 *Eser*, Beiheft ZStW 86, 136, 159 spricht von einem „vulgären Vorurteil".

Angesichts dieser faktischen Grundvoraussetzungen ist der Verteidiger besonders gefordert. Eine Missdeutung des Aussageverhaltens „Schweigen" kann z.B. im Ermittlungsverfahren durch den Verteidiger mit dem Hinweis abgefangen werden, dass eine Äußerung erst nach erfolgter Akteneinsicht gemacht werde[453] oder der Mandant nur auf ausdrücklichen Rat seines Verteidigers hin die Aussage verweigere[454]. Auch der Hinweis auf familiäre oder geschäftliche Rücksichtnahme[455] kann hier angebracht werden.[456] Indes ist zur Wirkung dieser Hinweise zu sagen: Juristisch relevant sind sie nicht, sondern dienen nur dazu, der psychologischen Wirkung von Vorurteilen gegenüber dem schweigenden Angeklagten eine andere psychologische Wirkung von Verteidigeräußerungen entgegenzusetzen.[457] Auf jeden Fall sollte der Verteidiger den Mandanten darauf hinweisen, dass er vor Gericht über das Schweigerecht belehrt werden wird, um zu verhindern, dass der Laie diese Belehrung als indirekte Aufforderung ansieht, zur Sache nichts zu sagen, was zu nachteiligen Missverständnissen führen kann.[458]

C. Entscheidung: Reden oder Schweigen?

Die Entscheidung – Aussageverweigerung ja oder nein – darf nicht erst kurz vor der Hauptverhandlung oder nach Belehrung durch den Vorsitzenden getroffen werden, sondern ist aus Sicht des Verteidigers unverzichtbarer Bestandteil der Vorbereitung auf die Hauptverhandlung.[459] Die Wahl ist eine sehr schwierige Entscheidung, bei der man Extremansichten, wie im Zweifel lieber zu schweigen oder nur ausnahmsweise zu schweigen, skeptisch gegenüberstehen sollte.[460] Die Umstände des Einzelfalles dürften den Ausschlag für die Entschei-

---

453 *Dahs*, Rdnr. 267.

454 Formularbuch/*Tondorf*, VII A 14.; *Malek*, Rdnr. 206.

455 *Dahs*, Rdnr. 455.

456 *Schlothauer*, Rdnr. 55.

457 *Malek*, Rdnr. 207. Vgl. zur Frage, ob dies dem Vorsitzenden vor der Verhandlung mitgeteilt werden sollte: bejahend *Schlothauer*, Rdnr. 55; auf Fälle beschränkend, in denen längere Ausführungen des Angeklagten schon bei der Terminierung berücksichtigt wurden *Malek*, Rdnr. 206.

458 *Dahs*, Rdnr. 455, genau wegen dieser Befürchtungen konnte sich der Reichsgesetzgeber nicht entschließen, eine solche Belehrung in die StPO vom 1.2. 1877 aufzunehmen, vgl. *Hahn*, Materialien, I. Abt., 1880, 139 ff, 705 ff. Zur Geschichte *Eser*, Beiheft ZStW 86, 136, 140f.

459 B/K/M/*Mehle*, § 9, Rdnr. 164: überragende Bedeutung der Entscheidung.

460 *Weihrauch*, Rdnr. 140, pauschale Aussagen ablehnend auch *Schellenberg*, 91; *Schlothauer*, Rdnr. 64a „schwierigste Frage der Vorbereitung der Hauptverhandlung". Die Tatsache, dass Schlothauer in der Neuauflage jetzt auch „Hinweise über das Einlassungs-

dung geben,[461] auch wenn diese wenig handhabbare Erkenntnis die Frage nach Maßstäben nach sich zieht. Tondorf hat versucht, dem Strafverteidiger eine Orientierungshilfe in Form einer Check-Liste zu geben[462], welche sich eng an der Dogmatik und den Vor- und Nachteilen des Schweigerechts orientiert. Er unterscheidet im Einzelnen drei Fallgruppen, hier ergänzt um die Aspekte, die sich darüber hinaus in der Strafverteidigerliteratur finden lassen.

I. Fälle, in denen immer Einlassung empfohlen wird

Nach Tondorf solle sich der Beschuldigte immer dann einlassen, wenn fehlender Vorsatz oder Rechtfertigungs- und Entschuldigungsgründe sowie besondere Umstände, die im Rahmen der Sozialprognose des § 56 StGB eine Rolle spielen könnten, geltend gemacht werden sollen.[463] Denn der Beschuldigte ist häufig der Einzige, der den wahren Sachverhalt, insbesondere seine eigenen persönlichen Verhältnisse, wirklich kennt. Das Schweigen kann deshalb ein nicht unerhebliches Prozessrisiko bedeuten, denn zugunsten des schweigenden Angeklagten brauchen nicht alle denkbaren entlastenden Umstände unterstellt werden, solange dafür keine hinreichenden tatsächlichen Anknüpfungspunkte vorliegen. Das Gericht kann natürlich nur die Gesichtspunkte berücksichtigen, die ihm bekannt sind.[464] Viele Milderungen des materiellen Rechts kann der Täter nur dann beanspruchen, wenn er sie einführt und sich einlässt. [465] Gerade die entlastenden Umstände, für die keine Anhaltspunkte vorliegen, die also auch nicht vom Zweifelssatz erfasst werden, müssen durch den Angeklagten selbst in die Verhandlung eingeführt werden.[466] Er ist insofern nicht frei von faktischen „Behauptungslasten".[467] Ein einseitiges Bild vom Tatgeschehen, das bei Fehlen der Angeklagtenaussage leicht entsteht, ist mit erheblichen Risiken verbunden.[468] Das

---

verhalten im Einzelfall" (neu eingefügte Rdnr. 64 a – 64 c) aufgenommen hat, zeigt den erhöhten Beratungsbedarf auch für die Verteidiger.

461 *Dahs*, Rdnr. 239.

462 Formularbuch/*Tondorf*, VII. A. 14.

463 Formularbuch a.a.O.

464 *Kleinknecht*, JR 1966, 270, 271. Hammerstein formuliert, aus dem gänzlichen Schweigen könnten zwar keine nachteiligen Schlüsse gezogen werden, der Angeklagte „zahle aber den Preis" dafür, indem er auf die Vernehmung als Mittel der Verteidigung verzichte.

465 Vgl. *Arzt*, FS-SchwKrG, 233, 242, der z.B. bei Berufung auf das Strafmilderungsprivileg des Totschlags ein Teilgeständnis für erforderlich hält.

466 *Schlothauer*, Rdnr. 64 b.

467 Vgl. *Dencker*, ZStW 102, 51, 73, der dies nicht mit „Beweislast" verwechselt wissen will. Bezüglich solcher entlastender Tatsachen habe der Beschuldigte das „Wissensmonopol", a.a.O., 75.

468 *Wessels*, JuS 1966, 169, 172 meint, gegen die Übernahme dieser Risiken „wehre sich der gesunde Menschenverstand."

Schweigen ist deshalb eine zweischneidige Angelegenheit, weil der Angeklagte dadurch u. U. eine ihm günstige Sachaufklärung verhindert.[469]

Eine Einlassung empfiehlt sich auch dort, wo nicht gegen den Schuldvorwurf als solchen angegangen werden soll. Durch eine Einlassung kann in diesen Fällen eventuell auch die Ladung von Zeugen verhindert werden, durch deren Einlassung sich die Situation in strafzumessungsrechtlicher Hinsicht leicht verschlechtern kann.[470]

II. Fälle, in denen „in aller Regel“ Einlassung empfohlen wird

Eine Einlassung „in aller Regel“ empfiehlt Tondorf in anderen Fällen:[471] Steht bereits ein richtiges Geständnis aus irgendeiner Phase des Verfahrens im Raum, so ist eine Aussage anzuraten, da die Verhörpersonen eventuell als Zeugen vernommen werden können und damit das Geständnis in die Hauptverhandlung eingeführt ist. Ist dem Beschuldigten ohnehin ein Geständnis anzuraten, soll er dies möglichst früh vorbringen, will er nicht der möglichen Strafmilderung verlustig gehen.[472] Insbesondere im Falle einer Strafmaßverteidigung[473] ist eine Einlassung auch dann sinnvoll, wenn das Geständnis bereits im Ermittlungsverfahren abgegeben wurde, da ein Geständnis in der Hauptverhandlung sich besonders stark auf die Strafzumessung auswirkt, weil hiermit durch den persönlichen Eindruck Einsicht und Reue besonders unterstrichen werden können.[474]

Eine regelmäßige Einlassung ist auch dann angezeigt, wenn Belastungszeugen oder Urkunden im Raume stehen, die nur durch die Aussage des Angeklagten entkräftet werden können. Gerade dann, wenn sich nicht verhindern lässt, dass frühere Aussagen des Angeklagten eingeführt werden, die missverständlich sind oder sich negativ auswirken können, sollte die Gelegenheit zur Korrektur bzw. zur Relativierung genutzt werden.[475] Auch bietet sich die Einlassung an, wenn eine Aussetzung der Verhandlung und damit neue Ermittlungen, die der Angeklagte vom Ergebnis her fürchten muss, bevorstehen.[476]

Eine Einlassung ist ebenfalls zu empfehlen, wenn eine Einstellung des Verfahrens angestrebt wird gem. §§ 153, 153 a StPO. Erst durch die Einlassung wird hierbei deutlich, dass die Schuld gering ist oder ein öffentliches bzw. be-

---

469 *Seibert*, NJW 1965, 1706, 1706; *Rieß*, JA 1980, 293, 295.

470 B/K/M/*Mehle*, § 9, Rdnr. 165.

471 Formularbuch/*Tondorf* a.a.O.

472 Formularbuch/*Tondorf* a.a.O.

473 Zum Ganzen *Detter*, StraFo 1997, 193 ff.

474 *Schlothauer*, Rdnr. 64 b. Allerdings ist hierbei die Tendenz zu einem immer mehr formalen Geständnis zu beachten, vgl. hierzu bereits oben, 2. Teil, 2. Abschnitt, D. IV.

475 *Schlothauer*, Rdnr. 64 b.

476 Formularbuch/*Tondorf* a.a.O.

sonderes öffentliches Interesse an der Strafverfolgung nicht besteht.[477] Einige Richter und Staatsanwälte wünschen die Einlassung des Beschuldigten, auch wenn sie schon zur Einstellung bereit sind, als Formalie und zur besseren Fundierung der Einstellung, was der Staatsanwalt dem Verteidiger zuweilen zu verstehen gibt.[478]

III. Fälle grundsätzlichen Schweigens

Besonders interessant sind die Fälle, in denen Tondorf grundsätzlich Schweigen empfiehlt,[479] obwohl der schweigende Angeklagte noch immer eine Ausnahmeerscheinung sei und nicht selten Erstaunen oder gar Verärgerung hervorrufe.[480] Trotz dieses zumindest psychologischen Nachteils wird in folgenden Fällen die Verweigerung der Einlassung empfohlen.

1. Tat ist nicht nachweisbar

Schweigen ist dann vorzuziehen, wenn dem Beschuldigten auf prozessordnungsgemäßem Weg die Straftat nicht nachgewiesen werden kann. Hier kommt einer der Vorteile des Schweigens zum Tragen: Der Beschuldigte kann abwarten, ob und was die Staatsanwaltschaft ermittelt und zu welchem Ergebnis sie kommt. Hiergegen kann sich der Beschuldigte dann gezielt wehren.[481] Häufig kommt die Staatsanwaltschaft ohne die Aussage des Beschuldigten nicht weiter.[482] In diesem Fall birgt eine Einlassung nur die Gefahr, dass sie Widersprüche – auch eventuell zu früher getätigten Äußerungen – aufweist und damit den Angeklagten überführt.[483] Auch besteht die Gefahr, dass der Angeklagte sich oder den fraglichen Sachverhalt so darstellt, dass doch die Gefahr einer Verurteilung geschaffen würde.[484] Aber selbst dann, wenn sich das Ergebnis der Beweisaufnahme nicht sicher prognostizieren lässt und bestimmte Sachverhaltsal-

---

477 *Schlothauer*, Rdnr. 64 b.

478 *Dahs*, Rdnr. 278 spricht hier von einem Gentlemen`s Agreement.

479 Formularbuch/*Tondorf* a.a.O.

480 *Dahs*, Rdnr. 455.

481 *Weihrauch*, Rdnr. 139.

482 Wohl auch deshalb bezeichnet *Arzt*, FS-SchwKrG, 233, 247 das Schweigen des Beschuldigten als „lästigste" Strategie hinsichtlich des Indizienbeweises.

483 *Weihrauch*, Rdnr. 139.

484 *Schlothauer*, Rdnr. 64 c. *Amelung*, Koch-FS, 145, 146 verweist darauf, dass in vielen Fällen die Beschuldigten nur durch die Einlassung straferschwerende Umstände zum Tragen gebracht haben. Interessant in diesem Zusammenhang die Überlegungen des BGH in BGHR StPO § 261 Einlassung 4, wo der BGH überlegte, ob ein Angeklagter die Messerstiche nicht deshalb insgesamt geleugnet hatte, um die „mitunter nicht einfache Erörterung der Notwehr zu vermeiden."

ternativen möglich erscheinen, da eine verfrühte Einlassung zu einer vorzeitigen Festlegung auf eine Variante führen würde, was sich insbesondere dann ungünstig auswirkt, wenn die Beweisaufnahme zu einem anderen Ergebnis gelangt, ist grundsätzlich Schweigen zu empfehlen. Während oder nach Abschluss der Beweisaufnahme hat der Angeklagte genügend Gelegenheit, die gegebenenfalls günstigen Ergebnisse mit eigenen Angaben zu verstärken.[485] Die Möglichkeiten einer konsequenten Aussageverweigerung sind also nicht zu unterschätzen.[486]

Schon bei Verkehrsordnungswidrigkeiten, die häufig auf Halteranfragen beruhen, stellen sich viele Probleme: Ist derjenige, auf den das Fahrzeug eingetragen ist, auch der Halter? Wenn ja, ist er selbst gefahren oder wer hatte noch die Möglichkeit, das Auto zu benutzen? All diese Fragen können schon zu unüberwindbaren Schwierigkeiten führen, wohingegen bereits die Angabe anderer Personen („Außer mir fahren noch X und Y den Wagen"), die in Frage kommen könnten, Ermittlungsansätze darstellen, deren Widerlegung häufig als Nachweis der Schuld des Täters herhalten müssen.[487] So gesehen führt die Einlassung eine informelle Umkehrung der Beweislast herbei: Im Mittelpunkt steht dann nicht mehr die Frage, ob der Richter auf Grund der Beweisaufnahme zu einer sicheren Überzeugung kommt. Vielmehr wird zum Maßstab für die Beweiswürdigung die Frage, ob sich die bestreitende Einlassung des Angeklagten bestätigt.[488] Die Technik des bloßen Widerlegens der Angaben des Beschuldigten wird gerne dazu benutzt, die überlegene Position des Gerichts zu verdeutlichen, um den Beschuldigten eventuell doch noch zu einem Geständnis zu bewegen.[489] Dieses Vorgehen ist allerdings mehrfach vom BGH gerügt worden: Eine widerlegte Einlassung dürfe, wie auch das Scheitern eines Alibis, nicht allein zur Grundlage der Sachverhaltsfeststellung gemacht werden. Immerhin könne der Beschuldigte der Ansicht sein, seine Lage durch falsche Angaben zu verbessern, weshalb diese keine Schlüsse auf das wirkliche Geschehen zuließen.[490] Hierbei bestehe die Gefahr, dass sich der Tatrichter von einer „diffusen Gesamtvorstellung" leiten lasse und seine Überzeugung letztlich nur auf Vermutungen basie-

---

485 *Schlothauer*, Rdnr. 64c.

486 *Schellenberg*, 91.

487 Beispiel nach *Schellenberg*, 91, Fn. 120, vgl. *Richter II*, StV 1994: 687, 692: „Damit droht in der Praxis, dass bei einem redenden Angeklagten geringere Anforderungen an den Schuldnachweis gestellt werden."

488 *Schlothauer*, Rdnr. 54 mit dem Hinweis, dass dieses Argumentationsmuster häufig Anlass zu Beanstandung in der Revision gab, vgl. BGH StV 1985, 356/357; 1986, 369/371; 1997, 291/292.

489 *Hammerstein*, Middendorff-FS, 111, 113. Dies gilt insbesondere für Alibi-Angaben, vgl. B/K/M/*Bandisch*, § 8 Rdnr. 44.

490 BGHR StPO § 261 Aussageverhalten 5, widerlegte Einlassung.

re.[491] Diese Form der Überzeugungsbildung ist schlicht unzulässig, worauf der Verteidiger im Zweifel hinzuweisen haben wird.[492]

Auf der Basis dieser Rechtsprechung kann man einen Vorteil des Schweigens in solchen Situationen, in denen die Tat nicht nachgewiesen werden kann, auch darin sehen, dass der Beschuldigte dadurch, dass er selbst keine Position bezieht, sich selbst nicht zu einem gedanklichen Kontrahenten des Gerichts macht und dieses auch nicht indirekt auffordert, seine Einlassung zu widerlegen.[493] Die durch das Schweigen weiter bestehen bleibenden Zweifel wirken dabei zugunsten des Angeklagten, wohingegen eine Einlassung Zweifel meist eher beseitigt; insofern ist die offene Frage „warum schweigt er" günstiger für den Angeklagten als ein verstimmtes Gericht, das sich ärgert und denkt: „Er versucht, mich hinters Licht zu führen."[494]

Der Rat zum Schweigen liegt auch dann nahe, wenn sich der Beschuldigte im Ermittlungsverfahren zwar eingelassen hatte, diese Angaben sich aber als unverwertbar aufgrund eines Beweiserhebungsverbotes – z.B. unterlassene Belehrung – herausstellen[495], die im Übrigen gerügt werden müssen.

Allerdings ist zu beachten, dass die mit dem Schweigen einhergehende Verfahrensverzögerung dazu führt, dass die Beweiserhebungen ausgedehnt werden, was selten die Lage des Beschuldigten verbessert.[496] Positiv kann sich die Verzögerung andererseits insofern auswirken, als die Erinnerung von Zeugen verblasst und bruchstückhaft wird, das Opfer sich von der Tat erholt hat, ein Täter-Opfer-Ausgleich herbeigeführt wurde, sich die Sozialprognose aufgrund neuer Arbeit / Partnerschaft verbessert usw.[497]

2. Bisher nur Angaben zum objektiven Tatbestand

Liegen seitens des Angeklagten nur Angaben zum Tatbestand, nicht aber zur subjektiven Seite vor, so ist ebenfalls ein Schweigen vorzuziehen. Eine schlüssige Beweisführung fällt in diesem Bereich besonders schwer; Ermittlungen sind

---

491 BGHR StPO § 261 Beweiskraft 3, widerlegte Einlassung.

492 *Burhoff*, Rdnr. 1149, sieht dies offensichtlich als gegebenen Umstand ein, auf den sich Mandant und Verteidiger vorzubereiten haben.

493 *Salditt*, StV 1988, 75, 76, „dialektische Herausforderung an das Gericht".

494 *Salditt*, StV 1988, 75, 76.

495 *Schellenberg*, 91. Zum Widerspruchserfordernis vgl. ausführlich unten 4. Teil, 2. Abschnitt, A.V.

496 *Dahs*, Rdnr. 266., vgl. auch *Schellenberg* a.a.O., der zu Bedenken gibt, dass die Ermittlung naher Verwandter zur Belastung statt Entlastung führen kann.

497 Bockemühl/*Bockemühl*, Teil B, Kapitel 1,Rdnr. 140; zweifelnd *Salditt*, StV 1988, 75, 77 der darauf hinweist, dass das Erinnerungsvermögen der Zeugen nicht nach biologischen Gesetzen funktioniere, sondern das Ergebnis eines vielschichtigen „Erinnerungsprozesses" ist, der an Wunschvorstellungen orientiert ist.

hier viel schneller festgefahren als beim objektiven Tatbestand.[498] Zu bedenken ist aber, dass dann, wenn der Angeklagte keine eigene Äußerung liefert, dies insbesondere der Staatsanwaltschaft die Beweisführung erleichtert, da sie auf nichts reagieren muss. Hingegen sind Aussagen des Beschuldigten zu widerlegen, was im Bereich personaler Momente wie Vorsatz, Absichten und Irrtümern besondere Probleme bereitet.[499] Insofern gilt es zu verhindern, dass Motive für die Tat oder subjektive Tatbestandsmerkmale zu Tage treten, die sich sonst nicht hätten feststellen lassen.[500] Allerdings: Der Schluss vom Vorliegen des objektiven auf den subjektiven Tatbestand liegt häufig nahe, da über die Konstruktion des bedingten Vorsatzes die Grenzen zwischen Vorsatz und Fahrlässigkeit verschwimmen und in Zweifelsfällen tendenziell gerne zu Gunsten des Vorsatzes entschieden wird.[501] Schematisches Anwenden von Formeln ohne Blick auf den speziellen Fall ist also zu vermeiden.

3. Schwierige Persönlichkeit des Angeklagten

Auch in der Person des Angeklagten sind die Gründe für grundsätzliches Schweigen zu suchen. Ist dieser sprachlich ungewandt oder ungeschickt bzw. verbohrt oder querulantorisch veranlagt, wird eine Aussage ihm im Zweifel eher schaden als nützen.[502] Die Persönlichkeit des Angeklagten, insbesondere aber auch sein derzeitiger psychischer oder physischer Zustand, spielen bei den Überlegungen des Verteidigers eine Rolle.[503] Kann der Angeklagte sich nur schlecht artikulieren und ist er nach seinen geistigen Fähigkeiten einer Auseinandersetzung mit Gericht oder Staatsanwaltschaft nicht gewachsen, so besteht die Gefahr, dass der Angeklagte schnell in die Defensive gerät, was sich verfahrenspsychologisch negativ auswirkt.[504] Bei derartigen Angeklagten ist zu befürchten, dass sie sich „um Kopf und Kragen" reden und bisher unbekannte, aber für sie strafrechtlich nachteilige Sachverhalte aufdecken.[505]

---

498 *Arzt*, FS-SchwKrG, 223, 242.

499 *Weihrauch*, Rdnr. 138.

500 *Schlothauer*, Rdnr. 64 c.

501 Warnend *Amelung*, Koch-FS, 145, 148. vgl. aber auch BGHR StPO § 261 Einlassung 2, Geständnis, wo der BGH sehr kritisch bei eingeräumtem objektiven Tatbestand der Feststellung der inneren Tatseite gegenüberstand und den Verdacht hegte, dass hier lediglich eine Wertung im Sinne einer vagen Vermutung des erkennenden Gerichts zugrunde lag. *Verrel*, 40, spricht von „faktischer Indizwirkung" für den subjektiven Tatbestand.

502 *Weihrauch*, Rdnr. 139.

503 *Dahs*, Rdnr. 267.

504 *Schlothauer*, Rdnr. 54.

505 *Schlothauer*, Rdnr. 64 c.

4. Mangelnde Bereitschaft zu vollständigem Geständnis

Schweigen ist auch dann die günstigere Verhaltensweise, wenn der Angeklagte zu einem umfänglichen, vollständigen Geständnis nicht bereit ist. Dies kann der Fall sein, wenn der Angeklagte dem Tatvorwurf nichts entgegenzusetzen hat, aber auch aus anderen Gründen wie Schonung nahestehender Personen. Auch aus einem anderen Grund kann sich ein Schweigen in einem solchen Fall empfehlen: Letzte Zweifel an der Schuld des Angeklagten können sich bei einer dennoch erfolgenden Verurteilung zumindest auf Strafzumessungsebene positiv auswirken.[506] Zudem ist ein Geständnis bezüglich Tatsachen, die auch anders als durch Geständnis bereits nachgewiesen werden können, wenig wert[507], außerdem lauert in diesem Bereich die Teilschweigeproblematik.[508]

Dieser Gesichtspunkt bereitet der Verteidigerliteratur besondere Sorge. Die Rechtsprechung zum Teilschweigen sei für den Angeklagten äußerst gefährlich; in Konsequenz müsse von Seiten des Verteidigers eine eindeutige Empfehlung an den Mandanten ergehen, entweder vollständig zu schweigen oder zu reden.[509] Es sei als grober Fehler zu werten, wenn der Verteidiger es zuließe, dass der Mandant teilweise zur Sache aussagt und im Übrigen schweigt.[510] Es hat sich gezeigt, dass bei der anwaltlichen Beratung die Frage der Einlassungsbereitschaft sowie des Umfangs und Zeitpunkts einer Einlassung immer bedeutsamer werden.[511]

D. Übertragung der Beratung bezgl. des Schweigerechts auf das Gericht ?

„Über diese Bedeutung und Konsequenzen des Schweigerechts, die komplexer ist als bisher zugegeben wird, sollte der Beschuldigte umfassend und verständlich informiert werden, um ihm eine irrtumsfreie Entscheidung über sein Aussageverhalten zu ermöglichen."[512]

Der Verteidiger hat bei der Beratung des Beschuldigten hinsichtlich der Option des Schweigens eine Vielzahl von Aspekten zu berücksichtigen, deren Gewichtung in eine konkrete Verhaltensempfehlung mündet. Noch stärker als beim Belehrungsbedarf des Beschuldigten stellt sich bei der Beratung die Frage, ob diese Aufgabe in ähnlicher Weise vom Gericht übernommen werden kann. Denn bei der Beratung geht es schließlich nicht nur wie bei der Belehrung um das

---

506 *Schlothauer*, Rdnr. 64 c.

507 Vgl. oben, 2. Teil, 2. Abschnitt, D. I.

508 Formularbuch/Tondorf a.a.O.

509 *Amelung*, Koch-FS, 145, 145; Weihrauch, Rdnr. 141.

510 *Dahs*, Rdnr. 456; Amelung, Koch-FS, 145, 149.

511 *Rogall*, JR 1993, 380, 380.

512 *Quentmeier*, JA 1996, 215, 220.

Vermitteln von Informationen und Handlungsmöglichkeiten, sondern um einen konkreten Handlungsvorschlag. Abschließend beantwortet wird diese Frage hier noch nicht. Vielmehr soll zunächst deutlich werden, welche Schwierigkeiten eine Übertragung auf das Gericht bereitet.

I. Übertragung der Gesichtspunkte der Situationen, in denen immer Schweigen angezeigt ist

Als besonders problematisch erweist sich die Übertragung der Überlegungen, die hinsichtlich Situationen angestellt wurden, in denen immer Schweigen empfohlen wird. Der Aspekt, dass die Tat nicht nachweisbar ist oder bisher nur Angaben zum objektiven Tatbestand vorliegen, baut darauf auf, dass das Gericht in vielen Fällen ohne die Aussage des Beschuldigten nicht weiterkommt. Will man, dass das Gericht in der Verteidigerrolle dem Beschuldigten eine Empfehlung zu schweigen zukommen lässt, erwartet man nicht mehr und nicht weniger, als dass das Gericht die Abhängigkeit von der Beschuldigtenaussage in der konkreten Aussage freimütig zugibt. Indes: Hierin gleich eine beweisrechtliche Bankrotterklärung seitens des Gerichts zu erblicken, geht wohl zu weit. Letztlich baut auch die Absprachenproblematik maßgeblich auf dem Umstand auf, dass sich in einigen Verfahren Beweise nur schwer oder sehr umständlich führen lassen. Wie ein solcher „Kommunikationsprozess“ aussehen kann, wird noch zu zeigen sein, indem der Bereich der Kommunikationsbereitschaft und -möglichkeiten beleuchtet wird, was insbesondere bei den über § 136 StPO hinausgehenden Belehrungspflichten[513] geschehen wird.

Schwierig gestaltet sich auch die Übertragung der Überlegungen auf das Gericht, die ein Verteidiger anstellen würde hinsichtlich des Angeklagten, der aufgrund seiner persönlichen Struktur nicht in der Lage ist, sich sachgerecht zu verteidigen und sich eventuell um Kopf und Kragen redet. Dieses schwierige Problem zwischen Wahrheitsfindung auf der einen und Schutz der Subjektsstellung des Beschuldigten auf der anderen Seite wird sich erst später auflösen lassen.[514]

Der Umstand, dass beim Beschuldigten eventuell eine mangelnde Bereitschaft vorhanden ist, ein vollständiges Geständnis abzulegen, steht, wie bereits gezeigt, in enger Verbindung mit der Teilschweigeproblematik. Das Gericht kann – anders als der Verteidiger aufgrund eines Vorgesprächs – diese eingeschränkte Bereitschaft in den wenigsten Fällen voraussehen. Wie auch bei der Einlassung nur zu bestimmten Punkten ist also ein Hinweis darauf erforderlich, dass mit einem Teilgeständnis eine Teileinlassung vorliegt, damit sich der Beschuldigte auf die Folgen des Schweigens zu weiteren Fragen einstellen kann. Das bereits oben

---

513 Vgl. unten 4. Teil, 3. Abschnitt.

514 Vgl. zur Subjektsstellung unten, 7. Teil.

gefundene Ergebnis, dass eine Orientierung über den „Aussagestatus" nötig ist, hat sich hier also aus anderer Perspektive bestätigt.

II. Übertragung der Gesichtspunkte der Situationen, in denen immer oder grundsätzlich Einlassung empfohlen wird

In den Fällen, in denen immer oder grundsätzlich eine Einlassung empfohlen wird, kommt wiederum der Gesichtspunkt der Prognose zum Tragen: Soll der Rat zur Einlassung aufgrund der Vermutung erfolgen, dass dem Täter günstige Umstände nur so aufgedeckt und berücksichtigt werden können, setzt dies eine vorläufige Einschätzung der bisherigen Beweisaufnahme voraus. Die Vorhersage lautet dann, dass der Beschuldigte verurteilt und empfindlich bestraft wird, obwohl strafmildernde Umstände zu vermuten sind. Die Möglichkeit, solche Hinweise zu erteilen, ist also abhängig davon, wie sehr das Gericht bereit ist, vorläufige Einschätzungen der Beweisaufnahme zu verlautbaren.

Damit hängt die Frage, ob das Gericht dem Beschuldigten eine Beratung hinsichtlich der Ausübung seines Schweigerechts zukommen lassen kann, im Wesentlichen von 2 Elementen ab: Von der Bereitschaft, vorläufige Erkenntnisse kundzugeben und der Frage, ob überhaupt geeignete kommunikative Strukturen bestehen, um eine solche Beratung durchzuführen.

E. Zusammenfassung zum 1. Abschnitt des 3. Teils

I. Zusammenfassung zur Übertragung auf die Gerichtsperspektive

Die Teilschweigeproblematik findet sich auch in den Beratungsüberlegungen des Verteidigers wieder, weil er besonders berücksichtigen muss, dass sein Mandant mit der ersten Einlassung mittelbar zu weiteren Aussagen genötigt ist. In der Übertragung der Beratung auf die Gerichtsperspektive besteht das Problem, dass das Gericht eine nur eingeschränkte Aussagebereitschaft nur schwer erkennen kann. Beides spricht dafür, nicht nur über das Teilschweigen an sich und über das Eintreten einer solchen Situation zu informieren[515], sondern auch den Gedanken der „Bedenkzeit", der bereits oben[516] formuliert wurde, weiter zu verfolgen.

Besondere Anforderungen sind an den Kommunikationsprozess zu stellen: Hier wäre von Seiten des Gerichts ein „Spiel mit offenen Karten" erforderlich, was die Bereitschaft des Gerichts bedeutet, eine – wenn auch nur vorläufige – Einschätzung der Sach- und Rechtslage kundzutun, um eine Entscheidungsbasis auf Seiten des Angeklagten zu schaffen. Die Bereitschaft zu einem solchen

---

[515] Vgl. bereits die Ergebnisse oben, 2. Teil, 1. Abschnitt, B.II.

[516] 2. Teil, 1. Abschnitt, B.I.

Kommunikationsprozess und dessen Ausgestaltung in konkreten Kommunikationstrukturen sind weiter zu untersuchen und – falls erforderlich – weiterzuentwickeln.

Die Frage nach der souveränen Entscheidung des Angeklagten hinsichtlich seines Aussageverhaltens stellt sich dann, wenn dieser Gefahr läuft, sich um „Kopf- und Kragen zu reden“. Hier ist weiter nach Maßstäben für eine souveräne Entscheidung und Konsequenzen zu fragen, falls diese nicht erfüllt sind.

II. Ausgangspunkte für die weitere Untersuchung

Zusätzliche Ausgangspunkte bzw. Untersuchungsgegenstände für die weitere Untersuchung sind damit

1. hinsichtlich der Teilschweigeproblematik der Gedanke der „Bedenkzeit“
2. hinsichtlich der Einschätzung der Sach- und Rechtslage des Gerichts dessen Bereitschaft hierzu und kommunikative Strukturen des Strafprozesses
3. die Frage, wie ein Beschuldigter zu behandeln ist, der sich um „Kopf und Kragen“ zu reden droht, was insbesondere die Frage nach Maßstäben der souveränen Entscheidung und nach Konsequenzen aufwirft, falls eine solche nicht erkennbar ist.

2. Abschnitt: Beratung durch den Verteidiger hinsichtlich eines Geständnisses

Viele Gesichtspunkte, die bereits bei der Beratung hinsichtlich der Entscheidung Schweigen / Einlassung dargelegt wurden, sind auch bei der Beratung bezüglich des Geständnisses von Bedeutung. Dies gilt insbesondere für die Einschätzung der Beweislage, die gerade beim Geständnis eine wichtige Rolle spielt. Dennoch gilt es, weitere Gesichtspunkte zu beachten.

A. Beratungsaspekte

I. Vermittlung realistischer Vorstellungen über die Auswirkungen eines Geständnisses

Der Verteidiger wird als verpflichtet angesehen, den Angeklagten über die Auswirkungen eines Geständnisses zu unterrichten, insbesondere in strafzumessungsrechtlicher Hinsicht.[517] Es ist sicherzustellen, dass der Angeklagte keine völlig unrealistischen Vorstellungen von den Auswirkungen eines Geständnisses hat, er also z.B. von der Möglichkeit einer „Verfahrenseinstellung in der Haupt-

---

[517] *Schlothauer*, Rdnr. 76.

verhandlung“ ausgeht.[518] Dem Angeklagten sind die realistischer Weise in Betracht kommenden Möglichkeiten, die ein Geständnis eröffnet, zu verdeutlichen. Sollte der Vorsitzende den Hinweis erteilen, „ein Geständnis zahle sich aus“, so ist der Verteidiger in besonderer Weise als „Dolmetscher“ gefordert: Er muss der Fehlvorstellung entgegen wirken, dass hiermit eine Aufforderung zur Aussage verbunden ist, die auf einer Aussagepflicht beruht, und darauf hinweisen, dass die strafmildernde Wirkung sehr unterschiedlich ausfallen kann.[519]

II. Maßstäbe bzgl. des Rats zum Geständnis

Die Maßstäbe, an denen sich ein Rat zum Geständnis orientiert, ähneln naturgemäß denen bezüglich des Rats zur Aussage, so dass hier nur kurz zusammengefasst werden soll: Zum Geständnis raten müsse der Verteidiger immer dann, wenn bestimmte Einlassungen des Angeklagten bereits widerlegt sind oder mit Sicherheit in der Hauptverhandlung widerlegt werden.[520] Der Verteidigungsschwerpunkt verlagert sich dann auf das Gebiet der Strafzumessung, wobei eine wenig ernstzunehmende Einlassung und uneinsichtiges Verhalten höchstens dazu führen können, die Situation zu verschlechtern.[521] Durch die Entscheidung für ein Geständnis entfällt das Verteidigungsziel „Freispruch“ gänzlich, nur noch eine Milderung der Folgen ist möglich, so dass genau zu prüfen ist, ob und in welchem Umfang "Verteidigungsterrain“ preisgegeben wird.[522] Angesichts dieser weitreichenden Folgen ist der Rat zum Geständnis erst nach sorgfältiger Prüfung angezeigt, etwa, wenn bereits im Vorverfahren ein glaubhaftes Geständnis abgelegt wurde oder die Beweislage schon deshalb aussichtslos ist, weil der Beschuldigte auf frischer Tat ertappt wurde und Zeugen ihn schwer belasten.[523]

Zu bedenken ist dabei immer, dass das Geständnis durchaus das einzige Beweismittel sein kann, auf das der Schuldspruch gestützt wird.[524] Stellt sich nach der Beweisaufnahme heraus, dass der Angeklagte ohne das auf Rat seines Ver-

---

518 *Schlothauer*, Rdnr. 76. Zum „Erwartungshorizont“ des Beschuldigten vgl. *Dahs*, Rdnr. 452.

519 Zur Problematik richterlicher Hinweise in Bezug auf das Geständnis vgl. ausführlich unten, 4. Teil, 2. Abschnitt, B. II. 3.

520 *Dahs*, Rdnr. 451 warnt vor „selbstmörderischem Bestreiten“.

521 *Schlothauer*, Rdnr. 77.

522 *Malek*, Rdnr. 221: Ausschluss des Freispruchs „aus tatsächlichen Gründen“. Vgl. hierzu auch die oben 2.Teil, 2. Abschnitt, D. ausgeführte Problematik des Geständniswiderrufs.

523 Malek, Rdnr. 222.

524 Vgl. oben zur Beweiswirkung des Geständnisses 2. Teil, 2. Abschnitt, B.

teidigers abgelegte Geständnis nicht hätte verurteilt werden können[525], so ist dies für den Verteidiger eine sehr unangenehme Situation. Zudem steht das Vertrauensverhältnis zwischen Verteidiger und Mandant auf dem Spiel, wenn der Verteidiger (voreilig) zu einem Geständnis rät, obwohl von der beweisrechtlichen Situation her keine Notwendigkeit zu einer solchen Selbstbelastung besteht.[526] Deshalb ist Vorsicht geboten, da die Beweisaufnahme kaum vorherzusehende Überraschungen bieten kann.[527] Fehlprognosen belasten das Vertrauensverhältnis stark, weshalb sich auch der Verteidiger mit Einschätzungen zurückhalten sollte.[528] Erschwerend kommt für die Einschätzung des Verteidigers hinzu, dass der Beschuldigte selten die volle Unwahrheit oder Wahrheit sagt, sondern – aus seiner Sicht wertend – die „vorteilhaften" Umstände in den Vordergrund stellt, während er die „nachteiligen" zurückhält oder verdrängt.[529] Damit kann gesagt werden, dass der Verteidiger bei der Beratung des Beschuldigten sowohl hinsichtlich der Einschätzung der Beweislage durch das Gericht eine Prognose abgeben muss als auch hinsichtlich der Frage, inwieweit der Beschuldigte ihm gegenüber die Wahrheit sagt.

III. Abraten bzw. Abhalten vom Geständnis?

Ob der Verteidiger seinen Mandanten vom Ablegen eines Geständnisses abhalten darf, wird unterschiedlich beurteilt. Diese Frage ist deshalb interessant, weil sie die Grenze zwischen Beratung „zum Besten" des Angeklagten und seiner freien, selbstbestimmten Entscheidung anschaulich beschreibt: Einerseits wird argumentiert, dies stelle einen Verstoß gegen die Beistandpflicht seitens des Verteidigers dar. Dieser müsse den Wunsch des Angeklagten, mit sich und der Straftat ins Reine zu kommen, respektieren, was schon deshalb geboten sei, weil der Mandant über den Prozess hinaus mit der Straftat leben müsse.[530] Auch wenn er das Geständnis für falsch halte, sei es nicht seine Aufgabe, dieses zu verhindern; selbst bei unvorhergesehenen Geständnissen solle der Verteidiger nicht eingreifen.[531] Dem ist entgegengesetzt worden, der Verteidiger dürfe nicht tatenlos zusehen, wie sein Mandant sich selbst Schaden zufüge. Auch bei einem

---

525 *Schlothauer*, Rdnr. 77, spricht von dem schmalen Grad, auf dem der Verteidiger wandelt, wenn er den Angeklagten zur Bekanntgabe belastender Tatsachen gebracht hat, die anders nicht hätten nachgewiesen werden können.

526 *Dahs*, Rdnr. 451.

527 *Malek*, Rdnr. 222.

528 B/K/M/*Gillmeister*, § 4 Rdnr. 90.

529 *Dahs*, Rdnr. 451, halbe Wahrheiten seien häufiger als völlige Unwahrheiten.

530 *Malek*, Rdnr. 222 stellt diesen Fall mit der Konstellation gleich, dass der Verteidiger seinen Mandanten zum Widerruf des Geständnisses auffordert.

531 *Warburg*, Die anwaltliche Praxis in Strafsachen, Rdnr. 96.

wahrheitsgemäßen Geständnis, mit dem der Angeklagte nach Erleichterung strebt, sei eine vorherige anwaltliche Beratung über die Folgen angezeigt, da die Bereitschaft zum Geständnis auf einer völlig falschen Einschätzung der Beweislage beruhen könne.[532] Auch bei einem falschen Geständnis sei dies der Fall, denn wenn schon das Anraten eines solchen nicht mit den anwaltlichen Pflichten vereinbart werden könnte, so sei dies für das tatenlose „Geschehenlassen" eines derartigen Geständnisses ebenso.[533]

Das Problem bewegt sich also zwischen den Polen „autonome Entscheidung des Beschuldigten" und „Pflicht des Verteidigers zum Beistand". Unbestritten ist, dass der Verteidiger dafür zu sorgen hat, dass der Beschuldigte seine Entscheidung nicht aus dem falschen Verständnis heraus trifft, wie ein Zeuge zur wahrheitsgemäßen Aussage verpflichtet zu sein.[534] Auch ist sicherzustellen, dass der Angeklagte sich nicht selbst einer Tat bezichtigt, die viel schwerer wiegt als der Vorwurf der Anklage.[535] Andererseits ist aber der Wunsch des Angeklagten, für seine Taten gerade zu stehen, Ausdruck seiner Subjektsstellung, so dass Respekt vor einer derartigen autonomen Entscheidung angezeigt sein kann.[536]

Auch dann ist der Verteidiger nicht zur Tatenlosigkeit verurteilt bzw. obsolet, lediglich seine Aufgabe ist dann eine andere: Er hat, falls sich der Mandant abschließend für ein Geständnis entschieden hat, dafür zu sorgen, dass der persönliche Eindruck, der vom Angeklagten und dem Geständnis entsteht, möglicht günstig ist, er also nicht unnötig „weitschweifig" formuliert und vor allem keine einlassungstechnischen Torheiten wie das Aufführen eines Rührstücks oder das Begleiten des Geständnisses mit markigen Sprüchen begeht.[537]

IV. Weiteres Vorbringen bezüglich der Strafzumessung

Die Problematik, dem Geständnis als solchem grundsätzlich eine strafmildernde Wirkung zuzusprechen, ist oben aufgezeigt worden. Der Verteidiger kann den Vorwurf, der Angeklagte habe sowieso nur so viel zugestanden, wie ihm auch auf anderem Wege sicher nachzuweisen gewesen wäre, dadurch vorbeugen, dass er den Wert des Geständnisses im Hinblick auf die Verhandlungszeit, den Tä-

---

532 *Malek*, Rdnr. 223.

533 *Malek*, Rdnr. 222, mit dem Hinweis, dass der Verteidiger aber im Zweifel außer Stande sein wird, den Angeklagten von seinem Wunsch abzubringen, wenn dieser nur hartnäckig genug vorgeht.

534 Bockemühl/Groß-Bölting/*Kaps*; Teil B, Kapitel 4, Rdnr. 87.

535 Instruktives Beispiel bei Bockemühl/Groß-Bölting/*Kaps*; Teil B, Kapitel 4, Rdnr. 87: 10 Gramm Heroin zum Eigenkonsum in Holland erworben, statt (wie in der Anklage) in Wuppertal zum Weiterverkauf.

536 Zur Subjektsstellung und ihrer Bedeutung vgl. unten 7. Teil.

537 Eingehend *Dahs*, Rdnr. 452.

ter-Opfer-Ausgleich und die Schonung von Zeugen verdeutlicht, wobei auch der Versuch unternommen werden kann, Einsicht und Reue des Täters sichtbar werden zu lassen.[538]

V. Sonderproblem: Geständniswiderruf

Besonders gefordert ist der Verteidiger beim Widerruf eines früheren Geständnisses, das aus dem Ermittlungsverfahren stammt. Gerade weil das Gericht hierauf mit Vorhalten des Geständnisprotokolls reagieren wird, muss der Verteidiger mit Nachdruck darauf hinweisen, dass das Protokoll nicht beweist, dass das Geständnis jemals oder in dieser Form abgegeben wurde, da das Protokoll falsch oder ungenau formuliert sein kann.[539]

B. Zusammenfassung zur Beratung hinsichtlich des Geständnisses

I. Übertragung auf die Gerichtsperspektive

Wiederum ist eine Übertragung der aufgezeigten Aspekte aus Verteidigerperspektive auf das Gericht vorzunehmen.

1. Die Vermittlung realistischer Vorstellungen (oben I.), welche Erwartungen an ein Geständnis geknüpft werden können, ist zwar auch vom Gericht leistbar. Der Hinweis lediglich auf die (im Ausmaß unbestimmte) strafmildernde Wirkung des Geständnisses deckt aber nur einen Ausschnitt der relevanten Aspekte ab. Weitere Hinweise auf die enorme beweisrechtliche Wirkung und die Problematik des Widerrufs wären nötig. Es wird sich noch zeigen, dass derart weitgehenden Hinweisen immer die gefürchtete „kontraproduktive" Wirkung entgegensteht: Solche Informationen sind durchweg geeignet, den Beschuldigten vom Geständnis abzuhalten, ein aus der Gerichtsperspektive ungewünschtes Ergebnis.

2. Die Maßstäbe hinsichtlich des Rats zum Geständnis (oben II.) ähneln wiederum denen hinsichtlich des Rats zur Einlassung: Wiederum müsste das Gericht eine vorläufige Einschätzung der Beweislage abgeben. Diese zentrale Frage nach dem „Stand der Dinge" aus Gerichtsperspektive wird zu vertiefen sein.

3. Die Frage, ob der Verteidiger den Beschuldigten vom Geständnis abhalten darf (oben III), stellt sich dem Gericht in einem anderen Licht dar. Weil das Gericht natürlich an einem Geständnis interessiert ist, wird es tendenziell nicht geneigt sein, davon abzuraten. Dennoch ist später noch die Frage aufzugreifen, ob nicht verhindert werden muss, dass sich der Beschuldigte trotz dürftiger Be-

---

538 *Schellenberg*, 93.

539 *Dahs*, Rdnr. 510, der darauf hinweist, dass entgegen Nr. 45 II RiStBV häufig nicht die Worte des Beschuldigten im Protokoll verwendet werden.

weislage „um Kopf und Kragen“ redet. Dieses Problem hat sich oben schon beim Rat zum grundsätzlichen Schweigen ergeben.

4. Hilfe bei der Formulierung des Geständnisses können natürlich nicht vom Gericht erwartet werden, da es nicht wie der Verteidiger ein Vorgespräch mit dem Beschuldigten führt und dem Beschuldigten nicht frühzeitig Instruktionen bezüglich der konkreten Umsetzung des Geständnisses zukommen lassen kann. Diese Möglichkeit des Verteidigers resultiert aus dem Vertrauensverhältnis[540] zwischen Mandant und Anwalt, das sich so nicht auf das Verhältnis zum Gericht übertragen lässt.

5. Ob in den bestehenden oder künftigen kommunikativen Strukturen des Verfahrens eine dem Beschuldigten günstigere aktive Beratung seitens des Gerichts möglich sein kann, wird im weiteren Verlauf untersucht werden.

II. Ausgangspunkte für die weitere Untersuchung

Für den Gang der weiteren Untersuchung können damit folgende Ausgangspunkte festgehalten werden:

1. Der Hinweis auf die strafmildernde Wirkung des Geständnisses ist problematisch und muss im Verlauf der Untersuchung weiter überdacht werden.

2. Wie beim Schweigen so ist auch der Rat zum Geständnis im hohen Maße von der Einschätzung der Sach- und Rechtslage abhängig.

3. Die Frage, ob ein geständniswilliger Angeklagter „zu seinem Besten“ vom Geständnis abgehalten werden kann (oder gar muss), ist anhand der Untersuchung der Subjektsstellung und dem Maßstab der freien Entscheidung des Angeklagten zu beantworten.

4. Die Belehrung und Begleitung hinsichtlich der Art und Weise, wie das Geständnis vorgebracht wird, ist eine Angelegenheit, die nur vom Verteidiger sinnvoll wahrgenommen werden kann.

5. Der Gedanke der kommunikativen Strukturen im Strafverfahren ist weiter zu verfolgen. Hierbei wird es insbesondere darum gehen, wie wichtige Fragestellungen insbesondere in tatsächlicher Hinsicht vom Beschuldigten und seinem Verteidiger thematisiert werden können, wie z.B. der Stand der Beweislage, Fragen eines Verwertungsverbotes o.ä. Vorhandene Strukturen könnten adaptiert werden, defizitäre Strukturen könnten Anlass zu Änderungsvorschlägen geben.

---

540 *Roxin*, Hanack-FS, 1, 15, der feststellt, eine optimale Verteidigung sei nur auf der Basis einer Vertrauensbeziehung zwischen Verteidiger und Beschuldigtem möglich.

3. Abschnitt: Fazit und Ausblick auf die nächsten Untersuchungsschritte

Die Wahl des Aussageverhaltens stellt sich insgesamt aus der Sicht des Beschuldigten als ein Analyse-Problem in zweierlei Hinsicht dar: Erstens muss er darüber orientiert sein, ob sein Verhalten bereits eine Einlassung darstellt. Zweitens benötigt er Kenntnis hinsichtlich der Einschätzung der Sach- und Rechtslage durch das Gericht. Erst auf dieser Grundlage lässt sich in einem weiteren Schritt eine sinnvolle Entscheidung für oder gegen ein bestimmtes Aussageverhalten treffen.

Sowohl die Frage des Aussagestatus als auch die Frage der Einschätzung der Sach- und Rechtslage lassen sich dem Bereich der Belehrungen zuordnen. Um in diesem Bereich Fortschritte zu erzielen, ist eine gründliche Analyse der bestehenden Belehrungsvorschriften erforderlich (4. Teil, 2. Abschnitt, A.), auf deren Grundlage Erkenntnisse über notwendige Erweiterungen gewonnen werden können. Eine daraufhin folgende Untersuchung der über § 136 I 2 bzw. § 265 StPO hinaus entwickelten Belehrungen und Beratungen (4. Teil, 2. Abschnitt, B.) kann Möglichkeiten aufzeigen, wie ein insgesamt stimmiges Belehrungs- und Beratungskonzept aussehen könnte, aber auch die Probleme deutlich werden lassen, die von besonderen richterlichen Hinweisen – wie in diesem Teil hinsichtlich des Geständnisses bereits angesprochen – ausgehen können.

Die hieran anschließende Untersuchung der großteils defizitären kommunikativen Strukturen (5. Teil) wird den Gedanken aufgreifen, wie Verteidigung und Gericht zusammen wirken müssen, um das Problem der Belehrung und Beratung insgesamt sachgerecht zu lösen.

4. Teil: Belehrung und Beratung durch staatliche Organe, insbesondere durch das Gericht?

1. Abschnitt: Notwendigkeit der Überlegung

Die vorherigen Betrachtungen haben gezeigt, wie umfangreich der Verteidiger hinsichtlich der Wahl des Aussageverhaltens gegenüber dem Beschuldigten belehrend und beratend tätig werden kann.[541] Doch wie ein Blick auf § 140 StPO zeigt, wirkt ein Verteidiger in vielen Fällen nicht mit, wenn der Beschuldigte nicht selbst einen Verteidiger beauftragt (A.). Zudem bereitet es Schwierigkeiten, Staatsanwaltschaft und Polizei weitere Beratungs- und Belehrungspflichten zuzuweisen (B), was an der starken Präjudizwirkung des Vorverfahrens (I) und den Vernehmungsmethoden speziell bei der Polizei (II) liegt.

Zu beachten wird auch sein, dass sich weitere Schwierigkeiten durch den Verweisungsmechanismus des § 163 a StPO ergeben. Man wird genau prüfen müssen, ob die zu entwickelnden Belehrungsvorschriften gleichermaßen für Haupt- und Vorverfahren gelten sollen und für alle potenziellen Verhörpersonen (III).

A. Enge des § 140 StPO

Unterhalb der durch notwendige Verteidigung abgedeckten Fälle erwartet der Gesetzgeber, dass die Verteidigung vom Angeklagten als Selbstverteidigung geführt werden kann.[542] Gerade in den hier diskutierten Fällen des erhöhten Belehrungs- und Beratungsbedarfs liegt es nahe zu überprüfen, ob hier nicht eventuell Fälle der „Schwierigkeit der Sach- und Rechtslage" bzw. der „Unfähigkeit sich selbst zu verteidigen" gem. § 140 II StPO vorliegen.

I. § 140 II StPO: „Schwierigkeit der Sach- und Rechtslage"

Insbesondere für die Frage, ob sich der Beschuldige bereits eingelassen hat und die damit verbundenen Folgen wünscht[543], könnte man daran denken, eine besondere Schwierigkeit der Sach- und Rechtslage anzunehmen. Auch hinsichtlich der noch zu besprechenden Handhabung der Widerspruchslösung[544] liegt dieser Gedanke nah. In diesem Zusammenhang sind schwierige Entscheidungen zu treffen. Für die Beurteilung der Schwierigkeit kommt es auf den Blickwinkel

---

541 Vgl. oben, 3. Teil.

542 *Hammerstein*, JR 1985, 140, 141.

543 Vgl. oben, 2. Teil, 1. Abschnitt, B. II. 1. a).

544 Vgl. hierzu unten.5. Teil, 4. Abschnitt, 1.

und die Interessenlage des Beschuldigten[545] bzw. seine persönlichen Fähigkeiten[546] an, nicht aber auf die Perspektive des Gerichts.[547]

Als Anknüpfungspunkt scheidet die Schwierigkeit der Sachlage jedoch aus. Erfasst hiervon werden hauptsächlich komplexe Indizienprozesse[548] oder solche Hauptverhandlungen, deren Beweisaufnahme besondere Komplikationen aufweisen wird[549] und bei denen Akteneinsicht des Verteidigers sachdienlich wäre.[550] Auch die Fülle der angeklagten Taten oder die Vielzahl Mitangeklagter[551] kann die Schwierigkeit der Sachlage begründen; ebenso, wenn Absprachen ins Auge gefasst werden.[552] Insgesamt kann man beim Betrachten der in der Literatur zusammengetragenen Fallgruppen[553] sagen, dass eine Schwierigkeit der Sachlage meist erst dann vorliegt, wenn diese auch an die Richter[554] besonders hohe Anforderungen stellt. Bei der Teilschweigeproblematik und der Widerspruchslösung ist dies aber nicht der Fall. Auch der Widerruf eines Geständnisses kann unter dieser Prämisse nicht als besonders schwieriger Fall eingestuft werden. Man kann also davon ausgehen, dass diese Fallgruppen nicht von der Alternative „Schwierigkeit der Sachlage“ erfasst werden.

Doch auch ein Blick auf die Alternative „schwierige Rechtslage“ hilft nicht weiter. Zwar lassen sich hier vereinzelt Anknüpfungspunkte finden, den erhöhten Belehrungs- und Beratungsbedarf insbesondere beim Teilschweigen und der Widerspruchslösung als Unterfall einer „schwierigen Rechtslage“ aufzufassen. Gerade die Widerspruchslösung bzw. das Auftreten einer Situation, in der gegen eine Verwertung eines Beweismittels hätte widersprochen werden können, wurde vereinzelt als Fall von § 140 II StPO bezeichnet.[555] Der BGH dürfte dies an-

---

545 *Oellerich*, StV 1981, 434, 437; *Molketin*, AnwBl 2001, 85, 87.

546 LG Freiburg, StV 1996, 472, 472.

547 OLG Celle, NJW 1964, 877, 877; AK/*Stern*, § 140, Rdnr. 37.

548 *Oellerich*, StV 1981, 434, 438; *Molketin*, 71.

549 *Schlothauer*, Rdnr. 195, betont in diesem Zusammenhang das Erfordernis einer „geschulten Übersicht“.

550 AK/*Stern*, § 140, Rdnr. 40.

551 BGHSt 15, 306, 306.

552 *Schmidt-Hieber*, NJW 1990, 1884, 1887.

553 Vgl. die Überblicke bei AK/*Stern*, § 140, Rdnr. 38; Kleinknecht/*Meyer-Goßner*, § 140, Rdnr. 26.

554 So insbesondere, wenn Sachverständigengutachten im Spiel sind; vgl. AK/*Stern*, § 140, Rdnr. 41.

555 Deutlich *Molketin*, AnwBl 2001, 85, 89: „...muss in jedem Fall ein Verteidiger beigeordnet werden...“; seine Verweise auf *Wollweber*, StV 1999, 355, Fn.14, der nur allgemein auf die Unfähigkeit des Beschuldigten, seine Situation zutreffend einzuschätzen, abstellt, und *Ventzke*, StV 1997, 543, 547, der die Ansicht des BGH insbesondere zum unvertei-

ders sehen, denn immerhin stellt er bezüglich der Widerspruchlösung für den unverteidigten Beschuldigten Regeln auf[556], derer es nicht bedürfte, wenn sowieso ein Fall notwendiger Verteidigung gegeben wäre. Nimmt man nun noch eine gewisse strukturelle Verwandtschaft zwischen Teilschweigeproblematik und Widerspruchslösung[557] an, so dürfte man auch erstere nicht als Fall einer „besonders schwierigen Rechtslage" einstufen.

Bestätigt wird dieses Ergebnis, wenn man zur Begründung der Verteidigernotwendigkeit gem. § 140 II StPO eine „zusammenhängende Gesamtschau" aller Beiordnungsvarianten[558] vornimmt und die Berührungspunkte der schwierigen Rechtslage mit der Verteidigungsunfähigkeit in den Mittelpunkt stellt.[559] Beurteilt man nämlich dann die Fähigkeit des Beschuldigten, „der Verhandlung zu folgen, sich schriftlich gut auszudrücken, mündlich gewandt vorzutragen und juristische Argumente aufzufassen und zu gebrauchen"[560], sind durchaus Fälle denkbar, in denen gebildeten Angeklagten der Verteidiger vorenthalten wird, obwohl sie juristisch überfordert sind. So scheint es kaum wahrscheinlich, dass bei jedem Geständniswiderruf ein Verteidiger wegen besonderer Schwierigkeit der Rechtslage bestellt wird, wenn sich der Angeklagte als redegewandt präsentiert, obwohl in Wirklichkeit besondere Schwierigkeiten wegen der faktischen Beweislastumkehr gegeben sind.[561]

II. § 140 II StPO: „Unfähigkeit sich selbst zu verteidigen"

Unfähigkeit zur Selbstverteidigung wird nämlich nur dann angenommen, wenn „unter Berücksichtigung der geistigen Kräfte und des Gesundheitszustandes des Beschuldigten sowie der sonstigen Umstände des Falles erhebliche Zweifel an der Fähigkeit, der Hauptverhandlung zu folgen und alle seiner Verteidigung dienenden Handlungen vorzunehmen, begründet sind."[562] Mit anderen Worten: Der Beschuldigte muss der Verhandlung folgen können und zur Wahr-

---

digten Beschuldigen (hierzu sogleich) „kaum mit § 140 II StPO vereinbar hält", überzeugen aber nur bedingt.

556 BGHSt 38, 214, 226.

557 Vgl. unten 4. Teil, 2. Abschnitt, A. VI. 6.: Beide suggerieren, dass die Rechtsfolgen der dogmatischen Konstruktion vom Beschuldigten „gewollt" werden.

558 *Schlothauer*, Rdnr. 196 b.

559 Diesen Zusammenhang betont *Oellerich*, StV 1981, 434, 438.

560 *Oellerich*, StV 1981, 434, 438.

561 Deshalb hält *Stern*, StV 1990, 563, 564 einen Fall notwendiger Verteidigung für gegeben.

562 Kleinknecht/*Meyer-Goßner*, § 140, Rdnr. 30; KK/*Laufhütte*, § 140, Rdnr. 24; HK/*Julius*, § 140, Rdnr. 16.

nehmung der Verteidigungsmöglichkeiten in der Lage sein.[563] Kann man dies von einem Beschuldigten behaupten, der sich mit der Teilschweigeproblematik, einer Widerspruchssituation oder der Situation eines Geständniswiderrufs konfrontiert sieht? Dies ist kaum zweifelsfrei zu beantworten. Die verbreitete restriktive Interpretation[564] des § 140 II StPO deutet an, dass im Bereich des erhöhten Belehrungs- und Beratungsbedarfs problematische Lücken bezüglich der notwendigen Verteidigermitwirkung entstehen, zumal bei der Frage der Verteidigungsunfähigkeit stark auf die körperliche bzw. geistige Konstitution abgestellt wird und weniger auf juristische Handlungskompetenz.[565]

Selbst wenn man entgegen der hier vertretenen Ansicht verschiedene in dieser Untersuchung diskutierte Fallgruppen als Fall von § 140 II StPO ansehen will, muss man sich darüber im Klaren sein, dass neben der bereits angesprochenen restriktiven Interpretation der Generalklausel noch ein weiterer Unsicherheitsfaktor existiert: Immer müssen die Umstände des konkreten Einzelfalles genau beachtet werden; und die Auslegung der Generalklausel des § 140 II StPO kann lokal sehr unterschiedlich sein.[566] All dies zusammen lässt Zweifel darüber entstehen, ob die Generalklausel die hier diskutierten Fälle abdeckt.

Zwar kann dies im Einzelfall durchaus so sein. Aber wie sich noch zeigen wird, ist die Zuordnung dieser Fälle zur notwendigen Verteidigung auch unter dem Gesichtspunkt der Beschuldigtenautonomie nicht unbedingt wünschenswert.[567] Demzufolge ist davon auszugehen, dass eine große Anzahl Beschuldigter unverteidigt ist, die mit problematischen Entscheidungen hinsichtlich ihres Aussageverhaltens konfrontiert werden. Wenn Bedenken gegen die Abwesenheit eines Verteidigers gerne mit der Überlegung, ein fairer Vorsitzender werde schon „einen Teil der Verteidigungsfähigkeit für den Angeklagten mit bedenken oder gar mit übernehmen können“[568] zur Seite geschoben werden, dann liegt es nahe, diese Annahme einer kritischen Prüfung zu unterziehen, was im 2. Abschnitt erfolgen soll.

---

563 *Molketin*, AnwBl 2001, 85, 91.

564 Deutlich *Herrmann*, StV 1996, 396, 397: Häufig werde kein Verteidiger bestellt, obwohl dies von der Sache her geboten wäre.

565 Vgl. die Fallgruppen bei AK/*Stern*, § 140, Rdnr. 52 ff: „körperliche Faktoren“ (Rdnr. 58f), „geistige Beeinträchtig“ (Rdnr. 61), „Drogenabhängigkeit“ (Rdnr. 65), aber auch die „Ausländereigenschaft“ (Rdnr. 66) oder die Fallgruppe „Jugendliche und Heranwachsende“ (Rdnr.71) stellen eher auf allgemeine Handlungsfähigkeit ab, als dass sie spezielle juristische Problematiken im Blick haben. Vgl. zum Ganzen auch *Molketin*, AnwBl 2001, 85, 91 f.

566 *Schlothauer*, Rdnr. 193, warnt daher davor, man solle sich über die Überzeugungskraft einer ständigen Rechtsprechung des Amtsgericht Niebüll in einem Verfahren vor dem Amtsgericht Kaufbeuren bzw. umgekehrt keine allzu großen Illusionen machen.

567 Vgl. unten, 7. Teil.

568 Kritisch hierzu *Hammerstein*, JR 1985, 140, 142.

B. StA und Polizei als untaugliche Adressaten weiterer Belehrungs- und Beratungsvorschriften?

Polizei und Staatsanwaltschaft haben für gewöhnlich als erste Kontakt mit dem Beschuldigten. Dieser Kontakt findet im Rahmen des Ermittlungsverfahrens statt, das prägend für das gesamte Verfahren ist. Doch die hier vorherrschende Perspektive bereitet Schwierigkeiten, in diesem Verfahrensabschnitt weitere Belehrungen und Beratungen zu fordern, obwohl diese hier mindestens genauso nötig sind wie später in der Hauptverhandlung.

I. Bedeutung des Vorverfahrens

1. Präjudizwirkung

Die Bedeutung einer Belehrung im Ermittlungsverfahren kann gar nicht hoch genug eingeschätzt werden: Im Vorverfahren besteht nämlich noch viel eher als in der Hauptverhandlung, in der der Beschuldigte regelmäßig den Beistand eines Verteidigers hat, die Möglichkeit, dass der Beschuldigte nicht über sein Schweigerecht informiert ist.[569] In Anbetracht dieses Befundes kann man die damalige Erwägung des BGH, dass das, „was für die Hauptverhandlung gelte (Verwertungsverbot bei Nichtbelehrung) nicht unbedingt auch für das Vorverfahren gelten muss“[570], nur als sehr formal und das Problem der Sache verfehlend kennzeichnen.[571] Im Vorverfahren steht der Beschuldigte meist noch unmittelbar unter dem Eindruck der Tat oder der Einleitung des Verfahrens und ist zunächst unverteidigt, so dass er Belehrungen noch viel dringender benötigt als in der Hauptverhandlung. Gerade in dieser besonders schutzbedürftigen Situation darf die Gewährleistung von Verteidigungsrechten nicht dem Zufall überlassen bleiben,[572] da hier der Beschuldigte „nicht selten auch durch die Ereignisse verwirrt und durch die ungewohnte Umgebung bedrückt oder verängstigt ist.“[573] Die Notwendigkeit einer frühzeitigen Belehrung ergibt sich auch aus den massiven Folgen, die Aussagen im Ermittlungsverfahren haben: Ist einmal der hinreichende Tatverdacht i.S.d. § 203 StPO bejaht worden, so steht allein das Schweigen in der Hauptverhandlung der sicheren Überzeugung des Gerichts von der Täterschaft des Beschuldigten gem. § 261 StPO nicht mehr entgegen, denn hier sind frühere Angaben entweder über § 254 I StPO oder über Vernehmung der Ver-

---

569 *Meyer*, NStZ 1983, 566, 567; *Fezer*, JR 1984, 341, 342; vgl. auch AG Hameln, NStZ 1990, 293, 294.

570 BGHSt 25, 325, 331.

571 *Fezer*, JR 1984, 341, 342; *Sieg*, MDR 1984, 725, 725; vgl. auch AG Hameln, NStZ 1990, 293, 293.

572 *Kratsch*, JA 1984, 179, 180.

573 BGHSt 38, 214, 222.

hörspersonen in den Prozess einführbar.[574] So kann es vorkommen, dass in den Urteilsgründen die polizeiliche Vernehmung wörtlich wiedergegeben wird und die Tatsache, dass im Ermittlungsverfahren anfänglich ein Einlassungsverhalten vorlag, als Täterschaftsindiz gewertet wird, weil dies sonst nicht zu einem völlig Unbeteiligten passe.[575] Auch ist der Aufklärungserfolg im Ermittlungsverfahren, gemessen am Maßstab der §§ 170 I, 203 StPO, deutlich abhängiger von den Angaben des Beschuldigten, als dies in der Hauptverhandlung der Fall ist.[576] Damit werden die Weichen für den Ausgang der Hauptverhandlung bereits im Vorverfahren gestellt, welches für die revisionsrechtliche Kontrolle nur bedingt zugänglich ist.[577] Diese Angaben werden dann besonders gerne in einer Phase der Verwirrung und Verängstigung zu gewinnen versucht: Man verspricht sich von solchen Aussagen, die unmittelbar im Zusammenhang mit dem Tatgeschehen stehen und ohne Verteidigerbeistand abgegeben werden, eine „ungefilterte" bzw. „unverfälschte" Aussage, der ein besonders hoher Beweiswert zukommen soll.[578] Diese Ansicht, die eine nicht existierende Beweisregel aufstellt, wird durch das Verhalten derjenigen Verteidiger auch noch besonders gestützt, die gerne darauf verweisen, dass der Beschuldigte dieselbe Aussage im Ermittlungsverfahren schon vor dem ersten Verteidigerkontakt abgegeben hatte, ja sogar ohne Belehrung sich mit gleichem Aussageinhalt einließ.[579] Wenn dann noch hinzu kommt, dass Strafbefehle und Bußbescheide sich alleine auf die Ergebnisse des Vorverfahrens stützen[580], so ist die Notwendigkeit, die Rechte des Beschuldigten schon im Ermittlungsverfahren zu sichern, hinreichend dargetan.

Auch der BGH misst dem Vorverfahren inzwischen diese gesteigerte Bedeutung bei, weil Aussagen vor der Polizei im Gegensatz zur Gerichtsverhandlung nicht mehr zurechtgerückt werden können und selbst bei Änderung des Aussageverhaltens faktisch wirksam bleiben.[581] Dieser das weitere Verfahren prägenden Wirkung, die in der Hauptverhandlung nicht mehr zu revidieren ist, lässt sich auch nicht mit dem Grundsatz der Unmittelbarkeit entgegentreten, denn die Figur des formfreien Vorhalts führt faktisch zu einer Verwertung der Eindrücke aus dem Vorverfahren. Auch wenn *technisch* gesehen nur die Aussage des Beschuldigten zu den Vorhalten verwertet werden darf, so sind Widersprüche zur

---

574 *Paulus*, NStZ 1990, 294, 295.

575 *Haizmann*, StraFo 1996, 121, 122.

576 *Paulus*, NStZ 1990, 294, 295.

577 *Ventzke*, StV 1996, 524, 524.

578 *Hamm*, NJW 1996, 2185, 2186.

579 *Hamm*, NJW 1996, 2186, 2186.

580 *Paulus*, NStZ 1990, 294, 295.

581 BGHSt 38, 214, 222.

Einlassung im Vorverfahren nicht geeignet, dem Beschuldigten aus der Sicht des Gerichts eine höhere Glaubwürdigkeit zu verschaffen.[582]

Die Erkenntnis, dass das Vorverfahren prägende Kraft [583] hat und regelmäßig richtungweisend für die Endentscheidung[584] ist, hat sich mittlerweile durchgesetzt. Das Problem der Vorwirkung des Ermittlungsverfahrens wird plastisch mit den Worten beschrieben, es sei die „Lebenslüge" der Tatrichter, dass sie in der Lage seien, nicht verwertbare Beweisergebnisse aus dem Bewusstsein zu entfernen, dass jegliche Beeinflussung hierdurch ausgeschlossen sei.[585] Gerade das Vorverfahren produziert nämlich eine Menge an Beweismaterial, das nicht oder nur eingeschränkt verwertet werden darf in der Hauptverhandlung.

Dies lässt sich anhand der Befürchtungen, die Grünwald vor BGHSt 38, 214 hegte, verdeutlichen. Er führte aus, eine Information in der Polizeiausbildung könnte lauten: „ Sie sind nach dem Gesetz verpflichtet, jeden Beschuldigten auf seine Rechte hinzuweisen. Wenn Sie es nicht tun, so hat das nach der Rechtsprechung des BGH jedoch keine Folgen".[586] Diese Bedenken sind auch heute noch nicht gänzlich unbegründet. Heute könnte ein Satz aus der Polizeiausbildung nämlich lauten:[587]

> „Grundsätzlich sind Sie nach dem Gesetz verpflichtet, jeden Beschuldigten gem. § 136 I 2 i.V.m. § 163 a IV StPO zu belehren. Bei mehrfach Vorbestraften kann man allerdings davon ausgehen, dass diese ihr Schweigerecht kennen. Zwar sind auch diese zu belehren. Geschieht dies aber nicht, so hat dies nicht zur Folge, dass ihre Aussage unverwertbar ist. Ansonsten hängt die Verwertbarkeit im Falle unterbliebener Belehrung davon ab, ob der Beschuldigte der Verwertung der Aussage zustimmt bzw. ihrer Verwertung nicht widerspricht. Hat der Beschuldigte einen Verteidiger, so hängt die Verwertung davon ab, ob dieser widerspricht, wenn es der Beschuldigte nicht von sich aus tut."

Ob eine solch detaillierte Anweisung an werdende Polizeibeamte nicht zu Verwirrung führt, soll hier nicht weiter diskutiert werden. Es liegt aber auf der Hand, dass bei derartig vielen Ausnahmen und Vorbehalten die Gefahr besteht, dass die Ermittlungsbeamten gerade angesichts „alter Kunden" (Wiederholungstäter) einfach ohne Belehrung vernehmen, bzw. in anderen Fällen es ein-

---

[582] *Bohlander*, NStZ 1992, 504, 505.

[583] *Wollweber*, StV 1999, 355, 356; *Wagner* ZStW 109, 545, 557; B/K/M/*Bandisch*, 184, B/K/M/*Gillmeister*, 300.

[584] *Maul/Eschelbach*, StraFo 1996, 66, 66.

[585] *Dahs*, StraFo 1998, 253, 255.

[586] *Grünwald*, JZ 1983, 716, 719.

[587] Die einzelnen Elemente dieser Belehrung , die alle aus BGHSt 38, 214 stammen, werden im folgenden 2. Abschnitt schrittweise nachgezeichnet.

fach drauf ankommen lassen, ob der Mangel tatsächlich aufgedeckt wird.[588] Wie viel anders sähe die polizeiliche Praxis aus, wenn eine korrekte Information lautete:

„Der Beschuldigte ist zu belehren. Jeder Verstoß führt dazu, dass seine Aussage nicht verwertet werden kann und die vorangegangene Ermittlungsarbeit eventuell völlig umsonst war."

Die kritische Würdigung der Aussagen, die ohne Belehrung zustande gekommen sind, muss aber bloße Theorie bleiben, wenn in der Praxis die Aussage des Vernehmungsbeamten als Grundlage des Urteils herangezogen wird, auch wenn dies das einzige Beweismittel sein sollte.[589]

Für den Bereich der Beratung[590] gilt damit, dass man angesichts dieser enormen Bedeutung des Vorverfahrens für die Hauptverhandlung denjenigen, die diesen Verfahrensabschnitt maßgeblich bestimmen – Polizei und der Staatsanwaltschaft – nicht die weitergehende Beratung hinsichtlich des Einlassungsverhaltens auferlegen kann. Diese können nicht neutral über ein Verhalten beraten, das ihre eigene Arbeit eventuell gefährdet.

2. Kein anderer Befund durch Heranziehen der Wertung des § 160 II StPO

Der mangelnden Eignung der Staatsanwaltschaft und Polizei kann auch nicht eine Wertung aus § 160 II StPO entgegengehalten werden. Zwar sind hiernach die Staatsanwaltschaft und auch die im Rahmen von § 163 StPO tätig werdende Polizei[591] zur Ermittlung entlastender Umstände verpflichtet. Hieraus kann aber nicht entnommen werden, dass Polizei und Staatsanwaltschaft zur Beratung des Beschuldigten geeignet wären. Der Hinweis auf § 160 II StPO kann nicht hinreichend kompensatorisch auf die grundsätzliche Inquisitionsperspektive des Vorverfahrens wirken. Für die Abwehr der Anklage ist der Ankläger ungeeignet, denn das Ermitteln entlastender Umstände ist nicht gleichbedeutend mit Verteidigen.[592] Spätestens mit der Anklageerhebung muss der Ankläger Position gegen den Angeklagten beziehen, was die Suche nach der Leitlinie der Objektivität dann zusehends erschwert.[593]

---

588 Vgl. *Sieg*, MDR 1984, 725, 726 der befürchtet, dass die Polizeibeamten der Versuchung unterliegen könnten, die Belehrung mangels Konsequenzen „zu vergessen".

589 *Sieg*, MDR 1984, 725, 725.

590 Vgl. zum Bereich der Belehrung sogleich unter III.

591 LR/*Rieß*, § 160, Rdnr. 49.

592 *Hammerstein*, JR 1985, 140, 143, der die Person das Anklägers als „persona inhabilis" bezeichnet.

593 *Hammerstein*, JR 1985, 140, 143, der betont, die Staatsanwaltschaft könne nur bei der Bewertung der Schuld und bei den Anträgen diesem Grundsatz voll gerecht werden und

II. Vernehmungsmethoden der Polizei

Für die Polizei lässt sich dieses Ergebnis durch einen Blick auf die Vernehmungsmethoden noch weiter bestätigen.[594] Nur wenige Beispiele seien hier angeführt: Die sog. Zermürbungsstrategie wird dann angewandt, wenn der Verdacht besteht, der Beschuldigte habe eine Lügengeschichte erfunden.[595] Hierbei werden die einzelnen Elemente der Aussage systematisch demontiert, bis der Beschuldigte gesteht. Bei der „Zick-Zack-Strategie" wird dies dadurch zu erreichen versucht, dass scheinbar zusammenhanglos gefragt wird, damit der Beschuldigte keine logisch aufeinander aufbauenden Falschaussagen ersinnen kann, um ihn dann durch unerwartete Fragen zu Äußerungen zu bewegen, „die er nicht machen wollte und deren informatorisch bedeutsamen Inhalt er gern verschwiegen hätte." Auch hier besteht das Ziel allein darin, ein Geständnis abzuringen.[596] Der Beschuldigte wird hiermit der Willensentschließungsfreiheit beraubt.[597] Auch der plötzliche Wechsel zwischen rabiatem Ton und verständnisvollem Eingehen auf den Beschuldigten, meist aufgeteilt auf zwei verschiedene Vernehmungsbeamte, hat nur das Ziel des Geständnisses.[598] Diese einseitige Zielrichtung der Gesprächssituation lässt natürlich keinen Raum für eine objektive Beratung.

III. Zusatzaspekt: Verweisungsmechanismus § 163 a StPO

Für die Belehrungsebene gelten die oben entwickelten Bedenken grundsätzlich entsprechend, denn Belehrungen können ebenfalls den Ermittlungserfolg beeinträchtigen.[599] Zu beachten ist aber, dass die wichtige Belehrungsvorschrift des § 136 I 2 StPO über die Verweisung in § 163 a StPO auch für die Staatsanwaltschaft (§ 163 a III StPO) und die Polizei (§ 163 a V StPO) gelten. Dies ist für den *jetzigen* Umfang der Belehrungsvorschriften auch sachgerecht. Bei einer *Erweiterung* dieser Belehrungsvorschriften kann dieser Verweisungsmechanismus aber hinderlich sein, weil so auch Belehrungen zur Pflicht für Staatsanwalt-

---

hier „Hervorragendes" leisten; *Neuhaus*, JuS 2002, 18, 19 hält § 160 II StPO für nur „theoretisch".

594 *Hermann*, StV 1996, 396, 402 verweist darauf, dass die Polizei bei der Wahl ihrer Mittel nicht gerade wählerisch ist.

595 *Gundlach*, 149 hält diese Methode für unproblematisch, da die Möglichkeit bestehe, „auf konkrete Fragen zu antworten" und hat Bedenken erst dann, wenn die Grenze des § 136 a StPO wegen Erschöpfung erreicht wird.

596 *Gundlach*, 150: Ziel sei es, „den Beschuldigten in ein Gestrüpp von Fragen und Antworten zu verwickeln, aus dem er sich nur noch befreien kann, indem er die Wahrheit sagt."

597 Kritisch aus diesem Grunde *Bosch*, 194.

598 Umgangssprachliche Bezeichnung dieser Methode: „Guter Bulle, böser Bulle".

599 Vgl. hierzu unten, 4. Teil, II. Abschnitt, A.

schaft und Polizei gemacht würden, die nur für das Gericht angemessen sind. So ist z.B. zweifelhaft, ob es sinnvoll ist, auch der Polizei eine Belehrung hinsichtlich des „Aussagestatus`" zuzuweisen. Dies könnte das juristische Verständnis eines durchschnittlichen Polizeibeamten überfordern.[600]

Daraus ergibt sich, dass bei neuen Belehrungsvorschriften im Einzelnen genau zu prüfen ist, auf welche Verfahrensbeteiligte sie sich sinnvoller Weise beziehen müssen.

C. Ergebnis des 1. Abschnitts

1. Polizei und Staatsanwaltschaft können die Beratung des Beschuldigten nicht übernehmen. Als Konsequenz hieraus sind die Möglichkeiten des Gerichts, auf dieser Ebene aktiv zu werden, zu untersuchen, was durch eine ausführliche Analyse der bestehenden und erweiterten Belehrungspflichten geschehen muss.

2. Für die Belehrungsebene gilt etwas anderes: Diese muss zwangsläufig schon im Vorverfahren auch von Seiten der Staatsanwaltschaft und der Polizei stattfinden. Am Ende der Untersuchung wird zu prüfen sein, inwieweit es sinnvoll ist, den Verweisungsmechanismus des § 163 a zu übernehmen oder hiervon abzuweichen. Diese Überlegung muss nach Bestimmung der sich ergebenden notwendigen Veränderungen / Erweiterungen des momentan bestehenden Belehrungsstandards erfolgen.

2. Abschnitt: Belehrung und Beratung durch das Gericht

A. Sinn und Reichweite bestehender Belehrungspflichten am Beispiel des § 136 I 2 StPO

„Die informierte Aussagefreiheit ist nicht zu dem Zweck geregelt, in der Hauptverhandlung nur als solche zu erscheinen, sie ist eingeführt, um in diesem Punkt ein faires Verfahren und die Wahrung des Persönlichkeitsrechts des Angeklagten tatsächlich zu gewährleisten." [601]

Belehrungen und Hinweise sind Ausfluss der Fürsorgepflicht des Gerichts, die das ganze Strafverfahren durchzieht.[602] In diesen Pflichten findet die Achtung vor der freien Entschließung auch angesichts eines Straftatverdachtes ihren stärksten Ausdruck.[603] Der Grund für die Erteilung von Hinweisen liegt nicht nur allein in der allgemeinen Rechtsunwissenheit der Bevölkerung, sondern auch in einer Autoritätsgläubigkeit, die die Beschuldigten davon abhalten kann,

---

600 Vgl. hierzu den 8. Teil.

601 OLG Celle, NJW, StV 1991, 250, 250.

602 *Schorn*, JR 1967, 203, 203; *Bernsmann*, StraFo 1998, 73, 73.

603 *Schorn*, JR 1967, 203, 203.

ihre Rechte wahrzunehmen, und sie zu einer "strammen Haltung“ angesichts der Staatsmacht verleitet.[604]

Will man die Position des Beschuldigten verbessern, indem man über neue, weitergehende Belehrungspflichten nachdenkt, ist zunächst eine Analyse der bestehenden Belehrungspflichten anhand der hierzu ergangenen Rechtsprechung notwendig. Die Strafprozessordnung verwendet höchst unterschiedliche Ausdrücke von „belehren“ über „hinweisen“ bis „anhören“, immer jedoch geht es darum, dass vom Prozessbeteiligten, in unserem Fall dem Beschuldigten, nicht erwartet werden kann, dass er genaue prozessuale Kenntnisse hat, und ihm ermöglicht wird, seine prozessualen Möglichkeiten zu erkennen und sich dementsprechend zu verhalten.[605] Man kann die gesetzlichen Belehrungspflichten als gesetzlichen „Mindeststandard“[606] dessen bezeichnen, was der Beschuldigte von Staatsseite aus an Hinweisen bekommen muss. Sie sind der Ausgangspunkt für alle Überlegungen, die zu einer eventuellen Erweiterung führen könnten.

§§ 136 I 2, 243 IV 1 StPO sind hierbei die Vorschriften, denen im Schrifttum die meiste Aufmerksamkeit geschenkt wird. Seit der ersten Entscheidung des BGHs[607] bezüglich § 136 I 2 StPO geht es in der „mit auffallender Schärfe“[608] geführten Kontroverse in erster Linie um die Frage, welche Auswirkungen es hat, wenn die staatlichen Organe ihrer Belehrungspflicht nicht nachgekommen sind.[609] Während sich der BGH lange Zeit hartnäckig gegen ein Beweisverwertungsverbot[610] bei Verstößen gegen § 136 I 2 ausgesprochen hatte[611] und diese Rechtsprechung erst 1992 nach 30-jähriger Kontroverse aufgab[612], war der BGH vergleichsweise früh der Ansicht, dass ein Verstoß bzgl. § 243 IV 1 ein Beweisverwertungsverbot nach sich ziehen müsse.[613] Der BGH hat diesen Widerspruch

604 *Kroth*, 208. Man wird diese Grundhaltung angesichts eines oft beklagten „Autoritätsverlustes“ auch heute noch antreffen.

605 *E. Schmidt*, NJW 1968, 1209, 1209, der darauf hinweist, dass diese terminologischen Unterschiede mehr dem Sprachgefühl als exakten Vorstellungen von dem entsprechen, das die einzelnen Formulierungen bezwecken sollen. Vgl. zur Formulierung der Vorschriften und mit Überblick über alle Regelungen *Bernsmann*, StraFo 1998, 73, 73 / 77.

606 Vgl. *Rieß*, Kleinknecht-FS, 355, 366.

607 BGH GA 1962, 148, 148.

608 *Schmidt*, NJW 1968, 1209, 1209.

609 BGH GA 1962, 148, 148, hatte es allerdings mit einem contra legem erfolgenden Hinweis seitens des Gerichts auf eine (angeblich) bestehende Aussagepflicht (!) zu tun.

610 Vgl. zu den Beweisverwertungsverboten *Fezer*, Beweisverwertungsverbote.

611 BGH GA 1962, 148, 148; BGH NJW 1966, 1718; BGHSt 22, 129, 129; 22, 170, 170; 31, 395, 395.

612 BGHSt 38, 214, 214, welche als „Kehrtwendeentscheidung“ zahlreiche Reaktionen hervorrief. Siehe hierzu unten 4. Teil, 2. Abschnitt, A. II. 1.; für das Ordnungswidrigkeitenverfahren vgl. *Hecker*, NJW 1997, 1833 f.

613 Nämlich schon 1974 in BGHSt 25, 325, 326.

zwischen der Bewertung von Verstößen gegen § 136 I 2 StPO und § 243 IV 1 StPO in BGHSt 38, 214 erstaunlich spät aufgelöst und sich erst nach jahrelangem Widerstand der Literatur korrigiert.[614]

Hiervon zu unterscheiden ist die Entwicklung, die es im Bereich der Belehrung über das Recht zur Verteidigerkonsultation zu verzeichnen gibt. Der BGH hatte hier zunächst einen Fall zu entscheiden, bei dem Ermittlungsbeamte den Beschuldigten zwar über sein Recht, sich mit einem Anwalt zu beraten, belehrt hatten, ihm dieses Gespräch aber verweigerten.[615] War mit dieser Entscheidung die faktische Durchsetzbarkeit des Rechts angesprochen und die Wichtigkeit des Verteidigergesprächs betont worden, so blieb weiterhin die Frage offen, ob die vom BGH angestellten Überlegungen auch im Falle der unterlassenen Belehrung Geltung beanspruchen könnten oder ob hieraus auch ein Beweisverwertungsverbot entspringen müsste. Letzteres war von der Literatur schon vermutet worden im Wege eines a maiore ad minus - Schlusses[616], stellt sich doch bloße Aufklärung über ein Recht als ein Minus gegenüber der aktiven Mitwirkung an der Verwirklichung des Rechts dar.[617] Denn mittelbar wird ein sein Konsultationsrecht nicht kennender Beschuldigter ebenfalls an der Ausübung dieses Rechts gehindert.[618]

Von Klarheit darüber, was im Falle einer unterbliebenen Belehrung über das Verteidigerkonsultationsrecht zu gelten habe, konnte jedoch keine Rede sein.[619] In einem späteren Urteil führte der BGH aus, § 136 I StPO enthalte Belehrungspflichten mit unterschiedlichem Gewicht.[620] Der BGH ließ die Frage, ob das

---

614 Vgl. *Bernsmann*, StraFo 1998, 73, 75: „überfällige Wende“.

615 BGHSt 38, 372, 327, in der dem Beschuldigten mitgeteilt wurde, es werde geredet „bis Klarheit herrsche“.

616 *Roxin*, JZ 1993, 426, 427; *Kiehl*, NJW 1994, 1267, 1267; *Ransiek*, 89; einschränkend SK/*Rogall*, § 136 Rdnr. 55; ablehnend KMR/*Müller*, § 136, Rdnr. 11, Aussage werde „nicht unverwertbar“; vgl. auch *Beulke*, NStZ 1996, 257, 257; *Lesch*, JA 1995, 157, 163; klare Präjudizien erkennend auch *Wollweber*, StV 1999, 355, 355.

617 *Wollweber*, StV 1999, 355, 355 spricht auch von weiter führenden Verfahrensschritten zur erfolgreichen Wahrnehmung des anwaltlichen Beistands oder auch Umsetzung der zuvor erteilten Basisinformation.

618 *Lesch*, JA 1995, 157, 163; zur Frage, ob zugleich die Aussagefreiheit berührt sein müsse ablehnend *Roxin*, JZ 1993, 426, 428; ihm zustimmend *Lesch* a.a.O.; SK/*Rogall*, § 136 Rdnr. 55 hält dies zwar für erforderlich, geht aber mit *Eisenberg*, Rdnr. 568 davon aus, dass dies regelmäßig der Fall ist.

619 A.A. wohl *Geyer*, Funktion und Grenzen, 150, der aber die Differenzierung zwischen unterbliebener Belehrung und unterbliebener anderweitiger Unterstützung nicht erkennt, die BGHSt 42, 15 (unausgesprochen) zugrunde liegt.

620 BGH NStZ 1997, 609, 609; diese Feststellung als überraschend bezeichnend *Kaufmann*, NStZ 1998, 474 (welcher häufig fehlerhaft als „Wirges“ zitiert wird, z.B. *Eisenberg*, Rdnr. 567. Dies ist jedoch der Wohnort des Autors. Ein Kuriosum).

Unterlassen der Belehrung über die Möglichkeit, einen Verteidiger hinzuzuziehen, „von besonderer Bedeutung für die rechtlich geschützte Sphäre des Beschuldigten ist und die Aufgabe hat, die Grundlage seiner verfahrensrechtlichen Stellung im Strafverfahren zu sichern“, offen.[621] Bleibe nämlich ungeklärt, ob der Hinweis erfolgt sei oder nicht, dürfe die Aussage verwertet werden.[622]

Wie schon das AG Hameln[623] für BGHSt 38, 214 die inhaltliche Vorlage geliefert hatte, bezog mit dem AG Neumünster[624] ein Amtsgericht erstmals klar Position in dieser Frage. In jener Entscheidung war dem Beschuldigten erklärt worden, er könne sich „vielleicht“ einen Anwalt nehmen. Das AG Neumünster entschied, dass diese Belehrung unzureichend sei; hieraus müsse „wie beim gleich gelagerten Problem der Belehrung des Beschuldigten über sein Schweigerecht in BGHSt 38, 214“ ein Verwertungsverbot folgen.[625] Die Einschätzung dieser Entscheidung, das AG Neumünster habe „erfrischend deutlich die Pflicht zur Belehrung über das Recht zur Befragung eines Verteidigers und – im Falle eines Verstoßes – ein Verwertungsverbot anerkannt“[626], trifft die Sache genau.

Inzwischen hat der BGH festgestellt, dass die Grundsätze von BGHSt 38, 214 „entsprechend auch für die Belehrung über das Recht auf Zuziehung eines Verteidigers gelten.“[627] Im zu entscheidenden Fall wurde trotz mangelnder Belehrung aber kein Verwertungsverbot angenommen, weil davon ausgegangen werden konnte, „der Angeklagte habe seine Beschuldigtenrechte vollumfänglich gekannt.“[628]

Vorliegend soll die Entwicklung dieser Rechtsprechung nicht chronologisch nachvollzogen, sondern die Aspekte besprochen werden, auf denen die Entscheidungen beruhten und die sich in der Kritik des Schrifttums wiederfanden. Die hierbei zutage tretenden Aspekte können der Frage, ob eine Erweiterung der Belehrungsvorschriften sinnvoll ist, als Leitüberlegungen dienen.

---

621 BGH NStZ 1997, 609, 609, worauf *Gübner*, StV 2001, 500, 500 explizit hinweist..

622 BGH NStZ 1997, 609, 609; vgl. die scharfe Kritik von *Kaufmann*, NStZ 1998, 474, 474 und *Wollweber*, StV 1999, 355, 355. Hierzu unten 4. Teil, 2. Abschnitt, II. 3.

623 Vgl. AG Hameln, NSt Z 1990, 293, 293.

624 AG Neumünster, StV 2001, 498, 498.

625 AG Neumünster, StV 2001, 498, 499. Die Entscheidung hat viele Facetten von der mangelhaften Belehrung , über Überlegungen zur qualifizierten Belehrung bis hin zur Vereitelung des „Anbahnungsgesprächs“ zwischen Beschuldigtem und Verteidiger.

626 *Gübner*, StV 2001, 500, 500.

627 BGH StV 2002, 117, 118.

628 BGH StV 2002, 117, 118. Zur Kritik an den „Kenntnisfiktionen“ vgl. unten, 4. Teil, 2. Abschnitt, II. 2. b).

I. Rechtspolitische Aspekte und Gesetzesfassung

1. Diskussion um die Einführung einer Belehrungspflicht in die RStPO

§ 136 I StPO a.F. geht auf § 123 I des Entwurfs zur RStPO zurück und ist bis zum StPÄG 1964 unverändert geblieben.[629] Die damals gewählte Formulierung, der Beschuldigte sei „zu befragen, ob er etwas auf die Beschuldigung erwidern wolle“, kann hierbei nur als sehr vorsichtiger Hinweis auf die Aussagefreiheit verstanden werden.[630] Diese Vorsicht überrascht umso mehr, als mit § 43 der braunschweigischen StPO vom 21.10.1856 eine Vorschrift als Vorbild existierte, die den Richter verpflichtete, den Beschuldigten bei dessen erster Vernehmung *ausdrücklich* darauf hinzuweisen, „dass er zu keiner Antwort oder Erklärung auf die ihm vorzulegenden Fragen verbunden sei.“[631] Jedoch wurde bewusst von einem solchen Hinweis abgesehen, um nicht den Eindruck zu erwecken, es gäbe nicht auch eine moralische Pflicht zur Wahrheit, und um den Beschuldigten nicht zum Schweigen zu veranlassen, weil man häufig geneigt sein werde, das Schweigen zu seinem Nachteil zu deuten.[632]

Besonders interessant ist in diesem Zusammenhang, wie der Abgeordnete Herz die aus seiner Sicht gegebene Notwendigkeit einer Belehrung begründete: Der Grundsatz nemo tenetur müsse klar zum Ausdruck gebracht werden. Es sei nämlich mit der richterlichen Autorität schlecht vereinbar, wenn dieser unter dem Anschein der Berechtigung Antworten vom Beschuldigten fordere, obwohl der Beschuldigte dies ablehnen könne.[633] Die Belehrung stellt damit also auch die beiderseitigen Rechte klar und manifestiert die kommunikative Struktur der Vernehmung in dem Sinne, dass auch öffentlich klargestellt wird, dass dem Richter eine Antwort nicht gegeben werden muss. Hinzu kam, dass viele Richter noch das „Inquirieren“ gewohnt waren, so dass auch im Hinblick auf die Richterschaft eine Belehrungspflicht notwendig erschien im Sinne einer „Selbstbelehrung“.[634]

Die Befürworter einer Belehrungspflicht wollten also eine ausdrückliche und eindeutige Belehrung des Beschuldigten über seine Aussagefreiheit, welche die Unkenntnis des Beschuldigten diesbezüglich beseitigen und ihm damit eine tatsächliche Rechtsausübung ermöglichen sollte.[635] Angesichts dieser Intention ist überraschend, dass den an der RStPO beteiligten Abgeordneten durchaus be-

---

629 *Kroth*, 136 m.w.N.

630 *Kroth*, 136.

631 Abgedruckt bei *Kroth*, 483.

632 *Hahn* I, 139; zur „Verwertung des Schweigens“ oben, 2. Teil, 1. Abschnitt, A. II.

633 Bei *Hahn* I, 701.

634 Vgl. *Herz* bei *Hahn* I, 701: „...daß man zur Zeit Untersuchungsrichter habe, welche an das Inquirieren gewöhnt seien; für diese müsse man eine Vorschrift geben...“

635 *Kroth*, 141, 142.

wusst war, wie unklar der Entwurf des § 123 RStPO war und dieser es allein der geistigen Beweglichkeit des Beschuldigten überließ, seine Rechte zu erkennen.[636]

Dabei mag neben dem Wunsch der Vermeidung von Nachteilen, die sich für den Angeklagten im Falle des Schweigens ergeben könnten[637], die Überlegung eine Rolle gespielt haben, dass eine weniger weitreichende Formulierung bei den Gesetzesberatungen eine größere Aussicht auf Annahme hatte.[638] Damit kann gesagt werden, dass eine deutliche Belehrung über die Aussagefreiheit in der alten Fassung nicht nur nicht enthalten war, sondern auch gar nicht enthalten sein sollte, obwohl mit § 43 der braunschweigischen StPO eine bewährte Vorschrift mit eindeutigem Wortlaut als Vorbild vorhanden war.[639]

Der Kommission ist damit zu Recht der Vorwurf zu machen, „zwischen einer klaren Normierung der Aussagefreiheit sowie einer diesbezüglichen Beschuldigtenbelehrung auf der einen und deren bewussten, rechtspolitisch motivierten Verschweigen auf der anderen Seite“ auf halbem Wege stehen geblieben zu sein.[640] Das bewusste Verschweigen von dogmatischen Nuancen war also schon in der alten Gesetzesfassung angelegt. Auffallend ist, dass die Argumente bei der Einführung einer Belehrungspflicht in die RStPO den Argumenten ähneln, die auch später beim StPÄG vorgebracht wurden.[641] Stets spielen die Bedenken eine Rolle, den Beschuldigten durch zu viel Information von einer Aussage abzuhalten.[642]

2. Neufassung des § 136 I 2 StPO

Die alte Fassung des § 136 I 2 StPO lautete: „Der Beschuldigte ist zu befragen, ob er etwas auf die Beschuldigung erwidern wolle“. Nach neuer und immer noch geltender Fassung ist der Beschuldigte „darauf hinzuweisen, dass es ihm nach dem Gesetz freistehe, sich zu der Beschuldigung zu äußern oder seine Aussage zur Sache zu verweigern.“[643]

Schon vom natürlichen Sprachempfinden her drängt sich der Unterschied auf: Die Frage, ob der Beschuldigte sich überhaupt äußern wolle, lässt die Folgen

---

636 *Kroth*, 145; Castringius, 22; *Radbruch*, Sauer-FS, 121, 121.

637 *Hahn* I, 702, befürchtet wurde ja eine „Ermunterung zum Schweigen“ mit eventuell nachteiligen Folgen.

638 *Kroth*, 147.

639 *Kroth*, 146, 147.

640 *Kroth*, 149.

641 *Kroth*, 202.

642 Zu diesem Aspekt sogleich.

643 Auch wenn der Wortlaut keine „Belehrung“ voraussieht, ist dieser Hinweis doch eine einer Belehrung gleichkommende Maßnahme, vgl. *Bauer*, 87.

einer Verweigerung im Dunkeln, während die Ankündigung einer Wahlmöglichkeit den Beschuldigten erwarten lässt, dass die Ausübung des Schweigerechts nicht zu seinem Nachteil gereichen wird. [644] Die Ansicht, dass auch die alte Fassung, „ob er etwas erwidern wolle" ihm die Wahl gelassen hätte, das eine oder das andere zu tun[645], kann demgegenüber nicht überzeugen.[646] Zwar war eine Interpretation des alten Wortlauts dahin gehend, dass der Richter dem Beschuldigten lediglich Gelegenheit zur Stellungnahme geben sollte, nicht schlechthin unmöglich, spätestens seit der Änderung des Wortlauts muss aber von einer Veränderung der Rechtslage ausgegangen werden.[647] Der Gesetzgeber wollte hiermit eine erhebliche Stärkung der Stellung des Beschuldigten erreichen.[648] Aus heutiger Sicht mutet es deshalb geradezu befremdlich an, dass der BGH sogar eine Belehrung zuließ, die noch dem alten Wortlaut der Norm entsprach, mit der Begründung, eine wesentliche sachliche Änderung sei mit dem neuen Wortlaut nicht eingetreten.[649] Denn die alte Formulierung kann leicht als Frage verstanden werden, ob der Beschuldigte *überhaupt* etwas gegen die Anklage vorbringen könne, was aber als Verdeutlichung der sich ihm bietenden Möglichkeiten nicht ausreicht.[650] Wie Radbruch treffend formulierte: Es wurde dem „feinen Gehör" des Beschuldigten zugemutet, aus der Frageform, „ob" er etwas erwidern wolle, nicht die Frage herauszuhören, „was" er erwidern wolle, sondern dass er nicht zu antworten brauche.[651]

3. Diskussion um Neuformulierung

Die Reichweite der Veränderungen, die mit dieser Neuformulierung einhergingen, werden noch deutlicher, wenn man die Diskussion betrachtet, die dieser Änderung voraus ging. Die zuvor aufgezeigten Schwächen der alten Formulierung hatten eine große Unzufriedenheit zur Folge und führten zu Reformüberle-

---

644 *Schmidt-Leichner*, NJW 1966, 1718, 1720, nach dessen Ansicht der Gesetzgeber sich gar nicht deutlicher hätte ausdrücken können. Vgl. *Radbruch*, Sauer-FS, 121, 121.

645 *Rejewski*, NJW 1967, 1999, 2000.

646 *Grünwald*, JZ 1968, 752, 752; *Baumann*, JuS 1965, 172, 175: scheinheilige Formulierung.

647 *Grünwald*, JZ 1968, 752, 752, *Bauer*, 89: Regelungsgegenstand sei die Belehrung nach n.F., auch wenn die Prämisse die gleiche ist; warnend *Baumann*, JuS 1965, 172, 175, der anmerkt, dass es nicht Aufgabe des Richters sei, „durch juristisch knifflige Erklärungen dem Beschuldigten vorzutäuschen", er müsse sich erklären.

648 *Kunert*, MDR 1967, 539, 539; *Seibert*, NJW 1965, 1706, 1706; *Kohlhaas*, NJW 1965, 2282, 2284; *Kleinknecht*, JZ 1965, 2282, 2284.

649 BGH NJW 1966, 1718, 1719; hiergegen schon *Schünemann*, MDR 1969, 101, 102.

650 *Schünemann*, MDR 1969, 101, 102.

651 *Radbruch*, Sauer-FS, 121, 121.

gungen, an deren Ende die aktuelle Fassung des § 136 I 2 StPO stand. Ob es tatsächlich so war, dass sich in der Gerichtspraxis die Formulierung einzubürgern begann, den Beschuldigten zu fragen „was" (und nicht „ob") er zu den Vorwürfen zu sagen habe[652], kann dabei dahinstehen. Dahs war jedenfalls einer der Ersten, der eine Veränderung der Belehrung forderte.[653] Damit war die Diskussion eröffnet.

Der Strafrechtsausschuss der Bundesrechtsanwaltskammer (BRAK) hatte in seinen Vorschlägen vom 1.3.1960 gefordert, „gesetzlich sicherzustellen, dass (...) der Beschuldigte über sein Recht zur Verweigerung der Aussage (...) belehrt und auch darüber unterrichtet wird, dass der Inhalt seiner Aussage zu seinem Nachteil verwendet werden könne (...)."[654] Dies sei notwendig, damit die „charakterlich besten" Beschuldigten, welche noch nicht mit Strafverfolgungsorganen in Berührung gekommen sind, nicht schlechter dastünden als erfahrene Delinquenten.[655] Später wurde die Forderung derart erweitert, dass nicht nur der Inhalt der Aussage schlechthin, sondern auch ein Geständnis im Besonderen zum Nachteil des Beschuldigten verwertet werden könne.[656]

Der Deutsche Richterbund (DRB) ist diesen Vorschlägen mit den Argumenten entgegengetreten, eine solche Belehrung erwecke den Anschein, dass nicht auch eine sittliche Pflicht zur Wahrheit bestehe und dadurch das Interesse der Wahrheitsfindung und der materiellen Gerechtigkeit gefährdet werde. Auch wären die Vorschläge nicht praktikabel, da sie dem Beschuldigten ein Ausweichen vor Fragen und Vorhalten ermögliche.[657] Insbesondere wurde auf einen Zusammenhang mit einem eventuellen Verwertungsverbot hingewiesen, das eine Unterlassung der Belehrung nach sich ziehen könnte.[658] Die Anlehnung an das anglo-amerikanische Recht sei ebenfalls problematisch, weil dort der Beschuldigte zur Wahrheit verpflichtet sei, wenn er denn als Zeuge in eigener Sache aussagt.[659] Der DRB war der Ansicht, dass der Richter nicht genötigt werden dürfe, der Überführung durch Belehrungen entgegenzuwirken, sie eventuell so-

---

652 So Kroth, 155, aber ohne hinreichenden Nachweis.

653 *Dahs*, AnwBl. 59, 171, 183/184.

654 Bei *E. Schmidt*, NJW 1968, 1209, 1213, da nicht im Druck erschienen.

655 *Stellungnahme Strafrechtsausschuss der BRAK*, 35, II., wobei die Formulierung zweifelhaft ist: Moralische Integrität ist natürlich nicht Maßstab für die Schutzwürdigkeit des Beschuldigten.

656 Stellungnahme *Strafrechtsausschuss der BRAK*, 34, Artikel 4 II a).

657 Vgl. bei Stellungnahme *Strafrechtsausschuss der BRAK*, 35, III.

658 A.a.O, 35, vom Strafrechtsausschuss der BRAK zitiert: III d) „Die Frage der Belehrungspflicht hänge eng zusammen mit dem Verwertungsverbot. Der anwaltliche Vorschlag lasse nicht erkennen, ob dieser Zusammenhang gesehen oder gewollt ist."

659 A.a.O; 35, III.

gar zu vereiteln.[660] Dass diese Befürchtungen mit den Argumenten identisch sind, die schon beim Entwurf zur RStPO eine Rolle spielten, ist offenbar. Auch die später zu diskutierende Einführung neuer Belehrungsvorschriften wird auf ähnliche Bedenken treffen. Stets steht der Gedanke im Mittelpunkt, dass zu viel Wissen den Ermittlungserfolg gefährdet.

Entgegen diesen damaligen Befürchtungen muss aber gesagt werden, dass die neue Formulierung nicht dazu geführt hat, dass die Aufklärungsarbeit der Polizei über Gebühr gefährdet wurde.[661] Dem stehen schon die gegenteiligen Erfahrungen anderer Länder, die ähnliche Regelungen haben, entgegen.[662] Im Gegenteil kann sogar gesagt werden, dass Belehrungen geeignet sind, die Aussagefreudigkeit sogar noch zu steigern. Denn wer über die verschiedenen Reaktionsmöglichkeiten im Bilde ist, wird regelmäßig das Verhalten wählen, das am ehesten geeignet ist, Verdachtsmomente auszuräumen.[663] Auch der Deutsche Richterbund rückte von seiner ursprünglich ablehnenden Haltung gegen die neue Formulierung im Laufe des Gesetzgebungsverfahrens ab und stimmte diesen Belehrungen sogar zu, wobei er auf die von ihm ehemals vorgebrachten Einwände nicht mehr zurück kam.[664] Zum aktuellen Rechtszustand ist abschließend zu sagen, dass der Gesetzgeber mit der jetzigen Formulierung der §§ 136 I 3, §243 IV StPO kaum deutlicher zum Ausdruck bringen konnte, dass jede den Beschuldigten vernehmende Amtsperson die Vernehmung mit einer Belehrung darüber zu beginnen habe, dass er freie Wahl zwischen Schweigen und Aussage hat.[665] Betrachtet man jedoch die Art und Weise, wie der Charakter dieser Vorschriften eingeordnet wurde, scheint die Furcht vor dem Angeklagten, der durch zu viel Information von einer Aussage abgehalten wird, weiter zu leben.

4. Idee der Ordnungsvorschrift und Neufassung der Vorschrift

Wer neue Belehrungspflichten einführen will, muss mit der Möglichkeit energischen Widerstands der Rechtsprechung rechnen. Der Unwille, den die Rechtsprechung der Änderung des § 136 I 2 StPO gegenüber an den Tag legte,

---

660 Bei *E. Schmidt*, NJW 1968, 1209, 1214.

661 *Rieß*, Kleinknecht-FS, 355, 366; a.A. *Kaiser*, NJW 1968, 777, 778, nach dessen Ansicht sich die Quote der „Schweiger" von 10-15 auf 20-35 % gesteigert habe (ohne Angabe von Quellen der statistischen Werte). Zu Recht kritisch *Bauer*, 99, Fn.1, der die mangelnde statistische Aufarbeitung bemängelt. *Kroth*, 277, weist darauf hin, dass es an Vergleichszahlen bzgl. des Aussageverhaltens vor dem StPÄG fehlte, so dass diese auf persönlichen Schätzungen (!) beruhten.

662 *Baumann*, JuS 1965, 172, 175; *Bauer*, 98 m.w.N.

663 *Baumann*, JuS 1965, 172, 175.

664 *Kroth*, 210.

665 *E. Schmidt*, NJW 1968, 1209, 1210.

nahm rückblickend betrachtet kaum mehr nachzuvollziehende Züge an.[666] Auch offensichtlich unhaltbare Argumentationsmuster wurden über Jahrzehnte aufrechterhalten. Umso erstaunlicher war dann die Kehrtwende, die eine fast 30-jährige Rechtsprechung für verfehlt erklärte.[667]

In der Diskussion um ein Beweisverwertungsverbot bei Verstößen gegen § 136 StPO findet sich erstmals der Begriff der Ordnungsvorschrift[668] als zentraler topos.[669] Die Argumentation, die um diesen Begriff aufgebaut wurde, die im Kern darauf abzielt, dass Verstöße gegen solche Normen keine Folgen haben, zeigt anschaulich, wie der Sinn einer Norm ohne substanzielle Begründung ad absurdum geführt werden kann.

Der zunächst zur Rede stehenden Entscheidung des BGH, der ersten im Bereich des § 136 I 2 StPO, lag nicht der Fall einer unterlassenen, sondern der einer falschen Belehrung zugrunde: Der Beschuldigte war „mit erhobener und energischer" Stimme auf eine (angeblich bestehende) Aussagepflicht hingewiesen worden. Der BGH führte aus, eine Revision könne aber nicht auf die Verletzung des § 136 gestützt werden, da dieser „nur" eine Ordnungsvorschrift sei.[670] Später stellte der BGH fest, es habe sich auch mit der Veränderung des Wortlautes des § 136 I 2 StPO nichts an der Rechtslage geändert.[671]

Dieser Begriff kennzeichnet den lange währenden Widerstand der Gerichte gegen die Anerkennung des gesetzgeberischen Willens. Die Kritik gestaltete sich entsprechend deutlich: Mit der Kennzeichnung als bloße Ordnungsvorschrift solle eine bloße Obstruktion des Norminhalts dergestalt ermöglicht werden, dass die Vorschrift nicht als Gesetz anerkannt werde.[672] Eine notwendige

---

666 *Rieß*, Kleinknecht-FS, 355, 366 spricht davon, die Rechtsprechung habe die veränderte Perspektive des StPÄG 1964 bis zum damaligen Zeitpunkt „nicht voll aufgenommen"; *Fincke*, NJW 1969, 1014, 1015 spricht gar von dem Versuch, eine gesetzgeberische Entscheidung im Wege der Rechtsprechung unwirksam zu machen.

667 BGHSt 38, 214.

668 Vgl. hierzu grundlegend *Bohnert*, NStZ 1982, 5ff.

669 BGH GA 1962, 148, 148. Dass der Abdruck damals „nur" in GA erfolgte (*Kroth*, 188, Fn.6), mag die „Wichtigkeit" unterstreichen, die dieser Problemstellung damals eingeräumt wurde.

670 BGH a.a.O. Der 5. Senat hielt zwar die Vernehmungsart des Untersuchungsrichters für „bedenklich", sah aber die Willensfreiheit des Beschuldigten unter dem Blickwinkel des § 136 a als nicht beeinträchtigt an.

671 BGHSt 22, 170, 173; vgl. zum Begriff der geänderten Rechtslage die Überlegungen von *Kroth*, 176f.

672 *Dencker*, MDR 1974, 359, 360, der diesen Gedanken als „erstaunlich" bezeichnet; ablehnend auch *Rudolphi*, MDR 1970, 93, 99.

Beachtung dieser Vorschrift sollte damit verneint werden.[673] Allerdings widersprach sich der BGH schon dadurch selbst, dass er in einer Entscheidung hinsichtlich ein und derselben Norm sowohl von einer Belehrungspflicht als auch von einer Ordnungsvorschrift sprach.[674]

Dieser Gedanke fand sich auch dann noch in der Rechtsprechung wieder, als schon vom BGH die Idee der Ordnungsvorschrift im Bereich des § 243 IV 1 als „methodisch veraltete Vorstellung“ verworfen worden war.[675] Diese Argumentation wurde im Schrifttum seit jeher abgelehnt: Die Idee wurde als bloße „Zauberformel“ bezeichnet, für die keine Begründung geliefert werde, sondern lediglich rekursive Nachweise ohne Substanz.[676] Die Bedeutung des Begriffs ist ohnehin recht unklar[677], was dagegen spricht, derart weitreichende Folgen an ihn zu knüpfen. Dass nämlich eine Vorschrift, die ein wichtiges Recht des Beschuldigten schützen soll, lediglich „ordnenden“ Charakter haben soll, ist nur schwer verständlich.[678] Hiergegen spricht schon der starke grundrechtliche Bezug. [679] Schon früh wurden deshalb massive Bedenken gegen den Begriff der Ordnungsvorschrift erhoben.[680] Dieser könne nur leicht dazu verleiten, es „mit dieser Vorschrift nicht so genau zu nehmen“, da die Revision nicht zu fürchten sei.[681]

---

673 Vgl. *Kunert*, MDR 1967, 539, 540, der davon spricht, dass eine solche Auslegung dazu führen müsste, Art. 1 GG wegen des starken Bezuges zu den Belehrungsvorschriften insoweit als „lex imperfecta“ für die StPO zu bezeichnen.

674 Vgl. BGHSt 22, 173 und 175, kritisch hierzu *Kroth*, 182.

675 BGHSt 25, 325, 329 in Anschluss an *Hanack*, JZ 1971; 168, 169; *Paulus*, NStZ 1990, 294, 295 spricht von einem Fossil, das längst begraben sein sollte.

676 *Grünwald*, JZ 1968, 752, 752, der die wechselseitigen Verweisungen, auf die angeblich h.M beruhen sollte, kritisiert, zumal auf eine unveröffentlichte RG – Entscheidung verwiesen wird, was dazu führt, dass die Wurzeln der „allgemeinen Ansicht“ für immer verborgen bleiben würden, vgl. auch *Seelmann*, JuS 1976, 157, 158, der bemängelt, dass in anderen Anwendungsfällen die Klassifizierung als Ordnungsvorschrift zumindest begründet wurde. *Kroth*, 160, Fn. 2 behauptet, dass dem BGH das RG-Urteil, auf das mittelbar über LR verwiesen wurde, selbst gar nicht vorgelegen habe, was den indirekten Verweis erklärt.

677 *Schmidt-Leichner*, NJW 1966, 1718, 1720.

678 *Grünwald*, JZ 1968, 752, 752; *Bernsmann*, StraFo 1998, 73, 74 weist darauf hin, wie gefährlich ein Argumentieren mit dem Sinn einer Norm und dem geschützten Rechtsgut ist.

679 *Bohnert*, NStZ 1982, 5, 9.

680 Vgl. *Kroth*, 158: „unbewiesene Behauptung“.

681 *Schmidt-Leichner*, NJW 1966, 1718, 1719: „Wie oft enthält die Sitzungsniederschrift den Stempel „§ 257 wurde beachtet“, obwohl das Gegenteil der Fall war? Und wenn der Stempel fehlt, greift die Revision deshalb wegen bloßer „Sollvorschrift“ nicht durch.“ Hiermit ist indirekt die Gefahr eines bloßen „Belehrungsformalismus“ angesprochen.

Zur Erinnerung: Der historische Gesetzgeber wollte die Strafverfolgungsbehörden zur Beachtung der Aussagefreiheit des Beschuldigten besonders verpflichten und das Schweigerecht prozessrechtlich garantieren, was eine Abwertung als bloße Ordnungsvorschrift unmöglich macht.[682] Im Gegensatz hierzu steht die geäußerte Sorge, dass die Polizei schon dazu übergehe, in der Bestimmung keine Verpflichtung zur Belehrung, sondern lediglich eine Befugnis zu erblicken.[683] Doch davon, dass § 136 I 2 StPO nur die Ordnung des Verfahrens regele, kann keine Rede sein, denn er gewährt dem Beschuldigten vielmehr eine Rechtsposition; aus der Wertentscheidung der Vorschrift folgt, dass bei dem Beschuldigten, der freiwillig an seiner Überführung mitwirke, die Freiwilligkeit zu gewährleisten ist.[684]

Die Bedeutung der Freiwilligkeit der Beschuldigtenaussage kann jedenfalls nach der Neufassung nicht zweifelhaft sein [685] und spricht eindeutig gegen eine Interpretation als bloße Ordnungsvorschrift. Auch war es zur Verdeutlichung des zwingenden Charakters der neuen Belehrungsfassung nicht erforderlich, diesen durch das Aufstellen eines Verwertungsverbotes zu manifestieren.[686] Der Begriff und die Argumentation mit der Idee der Ordnungsvorschrift ist spätestens mit BGHSt 38, 214 zwar überwunden, doch hat dies noch lange nicht zu einer umfassenden Absicherung der Belehrungsvorschrift des § 136 I 2 geführt, wie sich im Folgenden zeigen wird.

II. Absicherung und Relativierung der Belehrungsvorschrift

1. Verwertungsverbot

Der gesetzgeberische Wille kann noch so klar sein: Eine Norm wird nur dann eingehalten, wenn es Sanktionsmöglichkeiten bei Verstößen gegen sie gibt. Im Bereich der Belehrungsvorschriften bietet sich als Sanktion ein Verwertungsverbot bei Unterlassen der Belehrung an. Angesichts des ausdrücklichen Verwertungsverbotes in § 136 a III 2 StPO stellte sich die Frage, ob auch bei Verstoß gegen § 136 I 2 StPO ein solches anzunehmen sei[687] oder ob man – argumentum e contrario – vom Gegenteil auszugehen hat. Es wurde zunächst die Auffassung vertreten, allein durch die Unterlassung vorgeschriebener Hinweise

---

682 *Schünemann*, MDR 1969, 101, 102.

683 *Dahs*, NJW 1965, 1265, 1266, vgl. auch *Grünwald*, JZ 1983, 717, 719.

684 *Grünwald*, JZ 1966, 489, 495.

685 *Grünwald*, JZ 1966, 489, 495.

686 So noch BGHSt 22, 170, 175, dagegen *Kroth*, 188.

687 Dieses Problem wurde schon bei der Diskussion zum StPÄG gesehen, vgl. *Stellungnahme BRAK*, 36 mit Reaktion auf die Stellungnahme des Deutschen Richterbundes (DRB).

werde die Aussagefreiheit selbst nicht verletzt.[688] Der BGH ließ die Existenz eines auf die Verletzung von § 136 I 2 StPO bezogenen Beweisverwertungsverbotes mit dem Argument offen, dass jedenfalls eine versehentlich unterbliebene Belehrung keine größeren verfahrensrechtlichen Wirkungen entfalten könne als absichtliche Täuschungen oder Misshandlungen gem. § 136 a StPO.[689]

Fraglich erschien schon der normative Anknüpfungspunkt für ein Beweisverwertungsverbot.[690] Zwar ist mit dem Argument der geringeren Eingriffsintensität des Unterlassens gegenüber den Verstößen in § 136 a StPO[691] nachvollziehbar, dass aus Sicht des BGH auch der Versuch scheitert, die §§ 136 a III 2 bzw. 252 analog anzuwenden.[692] Mit einem argumentum e contrario darauf schließen zu wollen, dass ein Verstoß gegen § 136 I 2 StPO nach dem Willen des Gesetzgebers folgenlos bleiben soll, weil nur § 136 a III 2 StPO explizit ein Verwertungsverbot aufstellt, überzeugt schon deshalb nicht, weil sich aus dieser Vorschrift nur herleiten lässt, dass bei Verstoß gegen § 136 a eine Verwertung auch bei *Zustimmung* des Beschuldigten nicht möglich ist. Demzufolge ist die Verwertung einer Aussage, die ohne vorherige Belehrung abgegeben wurde, mit Zustimmung des Beschuldigten möglich.[693] Daraus, dass dem Gesetzgeber die Einführung eines Beweisverwertungsverbotes auch für Verstöße gegen § 136 I 2 „ein Leichtes" gewesen wäre, kann auch nicht ohne weiteres „mit gutem Grunde"[694] geschlossen werden, dass eine Umgestaltung der bisherigen Rechtslage nicht gewollt war.[695] Die Annahme, dass der Gesetzgeber die Rechtsprechung, welche bislang ein Beweisverwertungsverbot ablehnte, gekannt haben könnte[696], und der Versuch, hieraus eine bewusste Entscheidung des Gesetzgebers abzuleiten, beruht wohl tatsächlich auf einer Überschätzung der Detailkenntnisse der am Gesetzgebungsverfahren beteiligten Organe, wie Grünwald meint.[697]

Vielmehr muss umgekehrt gesagt werden: Gerade die Einführung eines Verwertungsverbotes bezüglich § 136 I 2 StPO wäre systemwidrig gewesen, denn dies hätte so verstanden werden müssen, dass ein Verbot immer voraussetzt,

---

688 *Rejewski*, NJW 1967, 1999, 2001.

689 BGHSt 22, 129, 133; 31, 395, 400.

690 Für die Gewinnung eines Verwertungsverbots aus der verletzten Norm selbst heraus *Fezer*, Beweisverwertungsverbote, 27.

691 BGHSt 31, 395, 399 a.E.

692 BGHSt 31, 395, 399.

693 *Schünemann*, MDR 1969, 101, 101; *Hanack*, JZ 1971, 168, 169.

694 Schon die Art der Formulierung weckt Bedenken. Wenn es denn schon „gute Gründe" gibt, so würde man sie doch gerne erfahren.

695 BGHSt 22, 170, 175.

696 BGHSt 22, 170, 175.

697 *Grünwald*, JZ 1968, 752.

dass es im Gesetz ausdrücklich geschrieben steht.[698] § 136 a III 2 StPO ist indes nur wegen des zusätzlichen Hinweises erforderlich, dass die Ergebnisse der Vernehmung *auch mit* Zustimmung nicht verwendet werden dürfen, wobei selbstverständlich ist, dass diese *ohne* seine Zustimmung auf keinen Fall erfolgen darf. § 252 StPO untersagt die Verwertung *rechtmäßig* gewonnener Beweise, was einer besonderen Regelung bedarf.[699] Damit muss es bei einer Herleitung der Beweisverbote aus allgemeinen Grundsätzen bleiben. Angesichts der Vielzahl von Fällen, in denen der BGH bei Normverletzungen auch außerhalb der §§ 136a II 2, 252 StPO ein Verwertungsverbot angenommen hat und der Rechtsprechung zu den sog. verfassungsrechtlichen Beweisverwertungsverboten, ist offenbar, dass eine entsprechende Verbotsnorm nicht erforderlich ist.[700]

Die Rechtsprechung hat sich mit der Anerkennung eines Verwertungsverbotes also sichtlich schwer getan [701] und diese letztlich auf eine umfassende Abwägung gestützt, wobei „das Gewicht des Verfahrensverstoßes sowie seine Bedeutung für die rechtlich geschützte Sphäre des Betroffenen ebenso ins Gewicht (fiel) wie die Erwägung, daß die Wahrheit nicht um jeden Preis erforscht werden muß“, was letztlich zu einem Verwertungsverbot führen müsse, weil die Vorschrift dazu bestimmt sei, die Grundlagen der verfahrensrechtlichen Stellung des Beschuldigten im Prozess zu sichern.[702] So günstig diese Entwicklung auch im Hinblick auf zu schaffende Belehrungspflichten sein mag: Sie wird relativiert in dreifacher Hinsicht: Durch Kenntnis- und Beweisfragen (dazu sogleich) und durch die Widerspruchslösung.[703]

2. Frage der Kenntnis des Schweigerechts

Die Fragestellung ist denkbar einfach: Muss auch derjenige belehrt werden, der sein Recht kennt? Die Ansicht des BGH ist ambivalent: Zwar bestehe eine Pflicht zum Hinweis nach § 136 I 2 StP0 *unabhängig* davon, ob der Beschuldigte seine Rechte kenne, doch sei er andererseits nicht so schutzwürdig wie ein Unwissender, mit der Folge, dass hier das Verwertungsverbot „ausnahmsweise“

---

698 *Meyer*, NStZ 1983, 566, 567; *Fezer*, JR 1984, 341, 342.

699 *Meyer*, NStZ 1983, 566, 567.

700 *Fezer*, JR 1984, 341, 342 mit zahlreichen Nachweisen zur Verletzung weiterer Vorschriften, mit denen ein Verwertungsverbot verbunden ist.

701 Diese Folge eines Beweisverwertungsverbots ist dann vom *Strafrechtsausschuss der BRAK* dann auch auf Kritik hin des DRB stark relativiert worden: „Verwertungsverbot sei – unter Umständen – eine Folge der mangelnden Belehrung“, wie *E. Schmidt,* NJW 1968, 1204, 1215 beklagt.

702 BGHSt 38, 214, 220.

703 Vgl. hierzu ausführlich unten, 4. Teil, 2. Abschnitt, A. V.

nicht gelte.[704] Das bedeutet also: Pflicht zur Belehrung: ja; Verwertungsverbot: nein.

Wegen dieser weitreichenden Konsequenz ist die Frage der bereits vorhandenen Information über das Schweigerecht einen vertieften Blick wert.

a) Das Schweigerecht: Allgemein bekannt?

Gerade von Gegnern eines Verwertungsverbots für den Fall, dass die Belehrung gem. § 136 I 2 StPO unterblieben ist, wird die Frage der Kenntnis des Inhalts der Belehrungsvorschriften gerne als Argument angeführt. Das Recht zu schweigen sei durch die in der Öffentlichkeit viel beachtete Diskussion um das StPÄG zu einer „allgemein bekannten Selbstverständlichkeit" geworden.[705] Dem ist entgegengesetzt worden, dass viele Bürger gerade nicht über das Schweigerecht informiert seien.[706] Nicht einmal bei den Strafverfolgungsbehörden sei die Kenntnis bezüglich dieses Rechts weit verbreitet.[707] Soweit allerdings feststeht, dass der Beschuldigte sein Recht kannte und die Wahl bewusst getroffen hat, lässt sich in der Tat darüber nachdenken, die Aussage ausnahmsweise doch zu verwerten.[708] Ob man indes so weit gehen und sagen kann, die Belehrungsvorschriften griffen bei einem Informierten aufgrund des „auch bei anderen dem Wortlaut nach uneingeschränkten Belehrungspflichten anerkannten, selbstverständlichen Grundsatzes, dass der Wissende nicht belehrt zu werden braucht",[709] schon nicht ein, ist durchaus zweifelhaft. Denn der Schluss, dass der Normzweck dann leer läuft, wenn der Angeklagte von seinem Recht weiß,[710] ergibt sich nur dann, wenn man den Normzweck einseitig in der Ver-

---

704 BGHSt 38, 214, 224, dem Interesse an der Verfahrensdurchführung sei hier der Vorrang einzuräumen.

705 *Rejewski*, NJW 1967, 1999, 2001.

706 *Grünwald*, JZ 1968, 752, 752, der den Widerstand gegen eine Gesetzesänderung auch aus der Erfahrung ableitet, das viele Bürger in Unkenntnis dieses Rechtes aussagten. Offensichtlich war ein solcher Zustand zumindest nicht unerwünscht. vgl. *Sieg*, MDR 1984, 725, 726 „..., eine Umfrage dürfte vielmehr geradezu ergeben, daß der Laie sein Schweigerecht als Beschuldigter gerade nicht kennt." Ebenso *E. Schmidt*, NJW 1968, 1209, 1215: „frappierende Unkenntnis selbst sehr gebildeter Personen über rechtliche Angelegenheiten". Vgl. bzgl. der Unkenntnis in der Bevölkerung auch die späteren Ausführungen in BGHSt 38, 214, 221.

707 *Grünwald*, JZ 1968, 752, 753, was aber angesichts der intensiven Diskussion seit dem Zeitpunkt dieses Zitats wohl anders sein dürfte.

708 *Grünwald*, JZ 1968, 752, 753.

709 *Dencker*, MDR 1975, 359, 361, der bei einem Verstoß nicht nur die Rechtsfolgen nicht eintreten lassen will, sondern bei Kenntnis den Anwendungsbereich der Belehrungsvorschriften reduziert sieht: Das Gesetz verlange keine leere Förmelei.

710 *Seelmann*, JuS 1976, 157, 158.

meidung von Benachteiligung aufgrund von Unkenntnis erblickt, weil man der Ansicht ist, dass der Zweck der Belehrungsvorschriften darin liegt, den Beschuldigten (lediglich) auf die beiden Alternativen des Verteidigungsverhaltens hinzuweisen.[711] Hierbei wird außer Acht gelassen, dass der Normzweck u.a. auch in der Vermittlung aktueller Kenntnis bzw. Bewusstsein besteht.[712]

Klar erkennbar ist die Tendenz, die unbedingte Verpflichtung zur Belehrung, die sich in der Anerkennung eines Beweisverwertungsverbotes manifestierte[713], wieder aufzuweichen. Interessant sind hierbei die Kriterien, die an die Feststellung dieser Kenntnis geknüpft sind.

b) Kriterien zur Feststellung der Kenntnis

aa) Verteidigeranwesenheit

Die Situation, dass ein Beschuldigter seine Rechte kennt und dies dem Gericht gegenüber zum Ausdruck bringt, dürfte praktisch nicht vorkommen. Deshalb wird gerne an Indizien angeknüpft. Z.B. könnte der verteidigte Beschuldigte ja bereits durch seinen Verteidiger über seine Rechte aufgeklärt worden sein. Hier besteht aber die Gefahr, dass mit bloßen Vermutungen gearbeitet wird, anstatt die Frage der Kenntnis im Wege des Freibeweises zu klären.[714] Der BGH hat diese Ansicht, dass bei Gegenwart eines Verteidigers bei einer Aussage vor der Polizei die Kenntnis des Schweigerechts anzunehmen ist, jedoch ausdrücklich bestätigt.[715] Die Frage der Einbindung des Verteidigers wird noch weiter zu beleuchten sein.[716]

bb) Vorstrafen als Indiz

Diese „Vermutungsrechtsprechung“ hat sich in einem entscheidenden Punkt sogar weiter verdichtet. Zwar hatte der BGH zunächst ausgeführt, dass es keinen allgemeinen Erfahrungssatz gäbe, dass das Schweigerecht bestimmten Personengruppen wie Vorbestraften ohnehin bekannt sei.[717] Diese Aussage hat der

---

711 *Fezer*, JR 1994, JR 1984, 341, 344; vgl. *Fincke*, NJW 1969, 1014, 1015, der über die Unkenntnis als „ungeschriebenes Tatbestandsmerkmal“ nachdenkt.

712 Zu den weiter gehenden Normzwecken vergleiche unten 4. Teil, 2. Abschnitt, A. III.

713 Und die der BGH ja in BGHSt 38, 214, 224 ausdrückliche betonte, hieran aber nicht die Konsequenz des Verwertungsverbotes knüpfte („Jedoch gilt hier das Verwertungsverbot ausnahmsweise nicht.“).

714 *Schünemann*, MDR 1969, 101, 102.

715 BGHSt 38, 214, 225.

716 Vgl. unten 4. Teil, 2. Abschnitt, A. IV.

717 BGHSt 38, 214, 225.

BGH später in das genaue Gegenteil verkehrt: Er führte aus, die Kenntnis des Beschuldigten von seinem Aussageverweigerungsrecht könne sich auch aus der Tatsache ergeben, dass er mehrfach und teilweise erheblich vorbestraft sei.[718] Faktisch handelt es sich um eine Abkehr von den von BGHSt 38, 214, 224 aufgestellten Grundsätze zu den Folgen eines Verstoßes gegen die Belehrungspflichten für Wiederholungs- und Mehrfachtäter.[719] Die Auswirkungen, die diese Entscheidung mit sich bringt, werden erst deutlich, wenn man sich vergegenwärtigt, dass gerade Vorbestrafte und Wiederholungstäter die Polizei am meisten beschäftigen. Der Fokus der Ermittlungsbehörden richtet sich durchaus nachvollziehbar verstärkt auf die der Polizei bekannten Personen. Für diesen in der Praxis bedeutsamsten Täterkreis wird hiermit die Kenntnis des Schweigerechts vorausgesetzt, was zu einer klaren Benachteiligung dieses Personenkreises in belehrungstechnischer Hinsicht führt. Diese Konsequenz ist zu kritisieren, bedenkt man, dass mit § 136 I 2 eine ausnahmslose Belehrungsvorschrift besteht, gegen die auch schwerlich ein angeblicher Erfahrungshorizont bestimmter Kreise geltend gemacht werden kann.[720] Mit der gleichen Argumentation könnte man sonst auch die Notwendigkeit eines Pflichtverteidigers im Falle des straffällig gewordenen Rechtsanwalts verneinen, was ersichtlich nicht getan wird.[721]

cc) Mangelndes Verständnis des Belehrungsinhalts – ein vergleichbarer Aspekt?

Nicht nur der unbelehrte Angeklagte ist hilflos, sondern auch derjenige, der die Belehrung inhaltlich nicht erfassen kann. Der BGH stellte fest, dass die Aussage eines Beschuldigten, der die Belehrung inhaltlich aufgrund eines geistig-seelischen Defizits nicht verstehen konnte, nur verwertbar ist, wenn der verteidigte Beschuldigte dem zustimmt bzw. nicht widerspricht.[722] Damit folgt der BGH der Einsicht, dass Defizite in den Verteidigungsmöglichkeiten gleichermaßen sowohl bei fehlender Kenntnis als auch bei fehlendem Verständnis gegeben sind.[723] Insofern ist die Konsequenz überraschend: Die gesetzliche Hin-

---

718 BGH StraFo 1996, 121, 121. Vgl. *Dahs*, NJW 1964, 81, 84: „....Rechte, die (...) dem kundigen Ganoven vertraut sind,(....)"; ähnlich Bauer, 95: Wiederholungstäter seien im Vergleich zum Ersttäter im Vorteil.

719 *Haizmann*, StraFo 1996, 121, 122. Die Entscheidung scheint nicht sonderlich bekannt zu sein. *Wollweber*, StV 1999, 355, 357 erwähnt sie jedenfalls nicht, als er auf den von BGHSt 38, 214, 225 aufgestellten Grundsatz verweist, dass es keinen allgemeinen Erfahrungssatz bzgl. der Kenntnis des Vorbestraften gäbe.

720 *Haizmann*, StraFo 1996, 121, 122.

721 *Bauer*, 109.

722 BGHSt 39, 349, 349. Für den unverteidigten Beschuldigten gilt dies natürlich nur, wenn er auf die Widerspruchsmöglichkeit hingewiesen wurde, vgl. BGHSt 38, 214, 214.

723 *Kiehl*, NJW 1994, 1267, 1267; vgl. *Schorn*, JR 1967, 203, 204: „Die Belehrung muss eine gemeinverständliche und der Geistesverfassung des Betroffenen angemessene sein."

weispflicht solle ein *Wissensdefizit* ausräumen, während vorliegend ein *Verständnisdefizit* gegeben sei.[724] Möglicherweise vorliegende Verständnisdefizite hätten aber nicht zur Folge, dass von einer Vernehmung abzusehen sei, da dem Beschuldigten ja gerade Gelegenheit zur Stellungnahme gegeben werden solle[725] und er zur Aussage bereit sei.[726] Die Frage, wie diese Bereitschaft zustande gekommen ist, – immerhin könnte auch hier ein Missverständnis in Form der Annahme eines Zwanges zur Aussage zugrunde liegen – wird nicht weiter beachtet; vielmehr habe der Vernehmungsbeamte den Beschuldigten auch in diesem Fall zu vernehmen, was deshalb unumgänglich sei, weil jenem die Hilfsmittel nicht zur Verfügung stünden, um den Zustand des Beschuldigten richtig beurteilen zu können.[727]

Das bedeutet: Im Zweifel wird nach den hier aufgestellten Grundsätzen zunächst einmal eine Vernehmung durchgeführt und werden Fakten in die Welt gesetzt, die später durch Vernehmung der Verhörsperson und die Methode der formfreien Vorhalte in die Hauptverhandlung eingeführt werden können. Die Verwertbarkeit dieser Angaben hängt dann beim verteidigten Angeklagten von seiner Zustimmung oder unterlassenem Widerspruch bis zum Zeitpunkt des § 257 ab, so dass die Frage der Verwertbarkeit wieder im Mittelpunkt steht.[728]

Man wird die Tatsache, dass ein Angeklagter trotz offensichtlich fehlenden Verständnisses des Belehrungsinhaltes vernommen wird, aber nur dann akzeptieren können, wenn ein Verteidiger[729] anwesend ist, der dieses Defizit kompensieren kann.

c) Notwendige Besinnung auf situativen Kontext

Wenn man die Belehrung als ein den situativen Kontext prägendes Ereignis versteht, werden vorgenannte „Indizien" noch zweifelhafter. Die besonderen Umstände einer Festnahme können auch bei gerichtserfahrenen Personen zu Gemütszuständen wie Angst, Verwirrung und Unsicherheit führen, die ein klares Denken erschweren und dazu führen können, dass der Beschuldigte sich seiner Möglichkeiten in diesem Moment *tatsächlich* nicht bewusst ist.[730] Diese Rechtsprechung bezüglich des vorbestraften Beschuldigten kann schon deshalb nicht

---

724 BGHSt 39, 349, 351.

725 Insoweit zustimmend *Fezer*, JZ 1994, 686, 687, Fn. 5, da der Zweck der Vernehmung auch in der Verteidigung zu sehen sei.

726 BGHSt 39, 349, 351.

727 BGHSt 39, 349, 351.

728 BGHSt 39, 349, 352: „Entscheidend ist daher die Frage der Verwertung."

729 Auf die Rolle des Verteidigers wird noch an unterschiedlichen Stellen zurückzukommen sein.

730 *Haizmann*, StraFo 1996, 121, 122.

überzeugen, weil sie den laienhaften Schluss des Beschuldigten von einem vergangenen Prozess auf den aktuellen voraussetzt. Denn „der situative Kontext des Entstehens der Beschuldigtenrolle stellt sich in jedem Fall anders dar, subjektiv meist überraschend und objektiv immer wieder neuartig".[731] Es ist also kaum möglich, den wiederholten „ersten Kontakt" mit den Strafverfolgungsbehörden in jedem Fall als ähnliche Situation anzusehen, die der Beschuldigte bereits erlebt und schon erfahren hat, „wie die Dinge laufen." Man muss gar nicht so weit gehen und dem Beschuldigten zugute halten, dass zwischendurch eine Gesetzesänderung eingetreten sein kann, deren Folgen sich der Kenntnis des Beschuldigten entziehen.[732] Auch ließe sich durchaus denken, dass der Beschuldigte der Meinung ist, dass nur bestimmte Richter diesen Hinweis erteilen und einem die Schweigemöglichkeit einräumen, während andere ein solches Verhalten nicht akzeptieren. Dieser Schluss ist zwar offensichtlich unsinnig, aber aus Laiensicht durchaus denkbar.

Man kann die Wertung des Gesetzes, dass in der Hauptverhandlung eine Wiederholung der Belehrung über das Schweigerecht erforderlich ist, mit dem Gedanken der veränderten Situation verbinden: Ebenso wie der Vergleich von Ermittlungsverfahren und Hauptverhandlung deutlich macht, dass hier eine wiederholte Belehrung auch und gerade wegen der anderen Umstände[733] (Gerichtssaal im Vergleich zum Polizeibüro, streng formalisierter Ablauf im Vergleich zum rustikalen Umgangston in der polizeilichen Vernehmung) erforderlich ist, läge es nahe, einem Beschuldigten, der zuvor mehrere Male vor dem Amtsgericht stand und nun vor dem Landgericht, mitzuteilen, dass auch in dieser höheren Eingangsinstanz die gleichen Regeln gelten.

„Kennenmüssen" und Fahrlässigkeitserwägungen hinsichtlich der Unkenntnis des Beschuldigten lassen sich mit der Bedeutung des durch die Belehrungsvorschriften abgesicherten Rechts auf Schweigen jedenfalls nicht vereinbaren.[734] Die Zweifel an einer solchen Erwägung werden noch deutlicher, wenn man aus der Tatsache, dass viele Menschen amerikanische Krimis kennen, eine abstrakte Kenntnis des durchschnittlichen Fernsehkonsumenten von seinen Rechten im Prozess ableitet.[735] Es bestünde die Gefahr, dass mit solchen Vermutungskonstruktionen die Kenntnis eines Großteils der Bevölkerung angenommen wird. Deshalb stellt sich die Beweisfrage im Bereich der unterlassenen Belehrungen mit Nachdruck.

---

731 *Kiehl*, NJW 1993, 501, 502.

732 *Hegmann*, NJW 1975, 915, 916.

733 Zu den veränderten Umständen *Bauer*, 137.

734 *Hegmann*, NJW 1975, 915, 916.

735 Vgl. *Ransiek*, StV 1994, 343, 344, wobei allerdings ein 2. gedanklicher Transfer erfolgen müsste in der Weise, dass diese Rechte des amerikanischen Rechtskreises auch in Deutschland Geltung beanspruchen können.

3. Zur Beweisfrage

Der Wert der Regeln für die Vernehmung – insbesondere der Belehrungsvorschriften – ist im starken Maße davon abhängig, ob Regelverletzungen sichtbar gemacht werden können. Bürdet man die Beweislast aber dem Beschuldigten auf, so werden seine Rechte auf ein Minimum reduziert.[736] Im Bereich der potenziellen Kenntnis des Beschuldigten bezüglich seines Schweigerechts ist es allerdings ungenau, von lediglich *einer* Beweisfrage zu sprechen. Prinzipiell sind drei Fragen zu differenzieren:

1. Hatte der Beschuldigte Kenntnis von seinem Schweigerecht?
2. Ging er aufgrund dieser Unkenntnis davon aus, zu einer Aussage verpflichtet zu sein (= Frage der Kausalität)?
3. Ist von den Strafverfolgungsbehörden eine Belehrung ordnungsgemäß erfolgt?

Was Zweifel an der Kenntnis (1. Frage) des Schweigerechts betrifft, ist laut BGH nunmehr von der Grundentscheidung des Gesetzgebers von Unkenntnis des Beschuldigten auszugehen.[737] Wie viel Wert diese damalige Grundannahme aufgrund der neueren Entwicklung ist, wurde oben bereits hinreichend dargelegt.

Die 2. Frage ist für den hier entscheidenden Bereich obsolet geworden ist. Der BGH verzichtete auf die Annahme eines Beweisverwertungsverbots für den Fall der Unterlassung der Belehrung des § 136 I 2 nicht zuletzt deshalb, weil er der Ansicht war, dass ein solches – ähnlich wie bei § 136 a StPO - den Beweis voraussetze, dass der Beschuldigte infolge der fehlenden Belehrung der Ansicht war, zur Aussage verpflichtet zu sein. Ein solcher Beweis sei aber praktisch nicht zu führen.[738] Ein Verzicht auf diesen Kausalzusammenhang habe die systemwidrige Folge, dass das Unterlassen eines Hinweises mit Eingriffen gröbster Art – denen des § 136 a StPO – gleichgesetzt werde.[739] Doch muss man so weit nicht gehen: auch im Falle des § 136 a III 2 muss ein Ursachenzusammenhang zwar bestehen; ein solcher Zusammenhang zwischen Vernehmungsmethode und Aussage und damit ein Beweisverwertungsverbot tritt aber bereits dann ein, wenn er nicht auszuschließen ist,[740] also schon bei einem „non liquet".[741] Ansonsten müsste man dem offensichtlich unzutreffenden Satz zustimmen, dass

---

736 *Müller*, StV 1996, 358, 359.

737 BGHSt 38, 214, 225; auch die hohe Anzahl der Belehrungsvorschriften belegt dies, *E. Schmidt*, NJW 1968, 1209, 1215.

738 BGHSt 31, 395, 400.

739 BGHSt 31, 395, 400.

740 *Meyer*, NStZ 1983, 566, 567; *Amelung*, StV 1991, 454, 456.

741 *Paulus*, NStZ 1990, 294, 293, *ders*. KMR, § 244, Rdnr. 346.

Rechtsfehler, die regelmäßig nicht nachweisbar sind, auch dann unbeachtlich sind, wenn dies „ausnahmsweise" möglich ist.[742] Auf die Schwierigkeiten, die ein solcher Nachweis mit sich bringt, kann und darf es prinzipiell nicht ankommen.[743] Beweisprobleme würden sonst eine Norm gleichsam außer Kraft setzen, indem ihre Verletzung für folgenlos erklärt wird.[744]

Das AG Hameln hat bezüglich dieser Beweisfrage nach Feststellung, dass der BGH in BGHSt 31, 395, 400 den Nachweis der Kausalität fordert und demgegenüber die Literatur erst den Beweis des Gegenteils (keine Auswirkung auf das Aussageverhalten) als ausreichend ansieht, in BGHSt 25, 325 eine vermittelnde Position erblickt, in der darauf abgestellt werde, ob gewichtige Gründe für einen Verfahrensverstoß sprechen.[745] Im dem AG Hameln vorliegenden Fall wurden solche Gründe darin erblickt, dass der bisher aussagebereite Beschuldigte, nachdem ihm die Belehrung übersetzt worden war, nicht mehr zur Aussage bereit war, insbesondere nicht nach Rücksprache mit einem Verteidiger. Hieraus wurde deutlich, dass sich der Beschuldigte bei vorangegangener Information über das Schweigerecht nicht eingelassen hätte.

Den Nachweis der Kausalität fordert der BGH aus den Überlegungen im Bereich des § 136 I 2 StPO folgerichtig nicht mehr, weil hier jeder Fall der Unterlassung einen Verstoß gegen die Belehrungspflicht darstellt und nicht wie im Bereich des § 136 a StPO unbeachtliche Grade der Willensbeeinträchtigung ausgeschieden werden können.[746]

Bezüglich der 3. Frage, ob die Belehrung erfolgte oder nicht, nimmt der BGH ausdrücklich eine Eingrenzung vor: Lasse sich nicht klären, ob der Hinweis gegeben wurde oder nicht, so dürfe der Tatrichter den Inhalt der Vernehmung verwerten.[747] Insofern entscheidet sich ein Verwertungsverbot jedenfalls nicht am schwächsten Punkt der Kette, nämlich der Frage, ob belehrt wurde oder nicht.[748] Zwar kann hierin eine konsequente Umsetzung des Gedankens, dass der Grundsatz in dubio pro reo nicht für Zweifel über das Vorliegen eines Prozessverstoßes gilt, gesehen werden.[749] Jedoch drängt sich die Frage auf, warum Zweifel bezüglich der *Kenntnis* zugunsten des Beschuldigten wirken sollen – nebenbei bemerkt ebenfalls ein prozessualer Umstand – , nicht aber bezüglich der Frage, *ob* überhaupt eine Belehrung stattgefunden hat.[750] Der Beschuldigte

---

742 *Grünwald*, JZ 1983, 716, 719.

743 *Fezer*, JR 1984, 341, 344.

744 *Sieg*, MDR 1984, 725, 726.

745 AG Hameln, NStZ 1990, 293, 294.

746 BGHSt 38, 214, 223, vgl. auch *Schlothauer*, Hauptverhandlung, Rdnr. 58 a.

747 BGHSt 38, 214, 224.

748 *Bohlander*, NStZ 1992, 504, 506.

749 *Roxin*, JZ 1992, 923, 923.

750 *Roxin*, JZ 1992, 923, 924.

muss sich also darauf einstellen, dass dann, wenn Zweifel darüber verbleiben, ob eine Belehrung stattgefunden hat, diese zu seinen Lasten wirken insofern, als dass der Inhalt der Aussage verwertet werden darf.[751] Dies ist deshalb besonders problematisch, weil der Nachweis solcher Verstöße regelmäßig sehr schwer fällt, denn in der Praxis findet sich zwar der Vermerk „belehrt“ in dem Protokoll wieder, welches dann vom Beschuldigten unterschrieben wurde, jedoch gibt dies nicht sicher Aufschluss darüber, ob eine korrekte Belehrung auch *tatsächlich* durchgeführt und nicht etwa nur *behauptet* wurde.[752] Angesichts dieser prinzipiellen Schwierigkeiten ist eine Anwendung des Freibeweisverfahrens bezüglich der Feststellung, ob überhaupt eine Belehrung stattgefunden hat, bedenklich.[753]

Schon hier wird klar, dass Regeln wie die Belehrungspflicht für die Vernehmungssituation dann keine Wirkung entfalten können, wenn Rechtsverletzungen nicht sichtbar gemacht werden. Dies bedeutet, dass von den Rechten des Beschuldigten nicht viel übrig bleibt, wenn man ihm die Beweislast aufbürdet.[754]

Dies verdeutlichen auch Kaufmanns Ausführungen zu dieser Beweisfrage. Nachdem er das Tatgericht (LG Mainz) zitiert –„Die polizeiliche Vernehmung der Angeklagten ist verwertbar. Nach der Aussage des Zeugen M ist davon auszugehen, dass die Angeklagte vor ihrer Vernehmung korrekt belehrt worden ist.“[755]- stellt er fest: „Mehr war dem tatrichterlichen Beschluss nicht zu entnehmen. Allein hierauf stützt der BGH seine Entscheidung über die Unbegründetheit der Verfahrensrüge.“[756]

Festzuhalten bleibt aber: Zweifel müssen nach allgemeinen Grundsätzen zulasten des Beweispflichtigen gehen, welcher im Strafprozess aber nicht der Beschuldigte ist.[757] Die beschriebene Rechtsprechung trägt dem jedoch keine Rechnung.

---

751 *Schlothauer*, Hauptverhandlung, Rdnr. 58 a, Fn. 26.

752 Vgl. *Schlothauer*, Hauptverhandlung, Rdnr. 58, vgl. auch zur erschwerten Zugänglichkeit des Vorverfahrens hinsichtlich einer revisionsgerichtlichen Kontrolle *Ventzke*, StV 1996, 524, 524.

753 Vgl. *Kaufmann*, NStZ 1998, 474, 474, zum Freibeweisverfahren *Fezer*, Fall 12, Rdnr. 3.

754 *Müller*, StV 1996, 358, 359; vgl. zur faktischen Beweislastumkehr auch *Wollweber*, StV 1999, 355, 357. Wegen dieser großen Beweisschwierigkeit ist auch eine Differenzierung nach vorsätzlichen und fahrlässigen Verstößen gegen die Belehrungsvorschriften auch nicht fruchtbar, wie *Kunert*, MDR 1967, 539, 541 / 542 nachweist; vgl. auch *Bauer*, 151 ff.

755 *Müller*, StV 1996, 358, 359.

756 *Kaufmann*, NStZ 1998, 474, 474.

757 *Bernsmann*, StraFo 1998, 73, 74.

III. Aspekte der Belehrungsvorschriften außerhalb der Informationsvermittlung

1. Vermittlung aktueller Kenntnis

Der oben entwickelte Gedanke der notwendigen Besinnung auf den „situativen Kontext“ hat es bereits angedeutet: Die vielfältigen „Kenntnisfiktionen“ lassen das ausschließliche Abstellen auf die reine Wissensvermittlung durch die Belehrung problematisch erscheinen. Das Gesetz will durch die Wiederholung der Belehrung in der Hauptverhandlung verhindern, dass der Beschuldigte in aktueller Unkenntnis seines Schweigerechts aussagt. Dass man aus der erfolgten Belehrung im Ermittlungsverfahren nicht auf die Überflüssigkeit der Belehrung in der Hauptverhandlung schließt, liegt an zwei Faktoren: Zum einen liegt im Vergleich zum Vorverfahren in der Hauptverhandlung eine ganz andere Situation vor, die es erklärungsbedürftig macht, dass auch und gerade vor dem Richter vom Schweigerecht Gebrauch gemacht werden darf.[758] Zum anderen kann auch hier die bereits verstrichene Zeit eine Aktualisierung der Kenntnis nötig machen.[759] Gerade jener Gedanke der veränderten Situation lässt den Aspekt in den Hintergrund treten, dass es nur auf die reine Informationsvermittlung ankäme: Dem Beschuldigten soll verdeutlicht werden, dass er hier und jetzt die Wahl zu schweigen treffen kann. Diese Betonung der gegenwärtigen Möglichkeit macht die Möglichkeit zu schweigen zu mehr als einer hypothetischen Option. Sie verleiht dieser Möglichkeit erst reale Gestalt.

Dass es verfehlt ist, einseitig auf den Aspekt der Informationsvermittlung an den Beschuldigten abzustellen, zeigt Kratsch, indem er auf zwei weitere Funktionen hinweist.[760] Zum einen könne die Belehrung zu einer psychischen Entlastung des Beschuldigten führen: Angesichts der Konfrontation des Bürgers mit der „allmächtigen Strafgewalt des Staates“[761] sei die Gefahr der irrtümlichen Annahme einer Aussagepflicht besonders groß. Stellt man aber lediglich auf einen solchen „Irrtum“ ab, ist man wieder beim Informationsgedanken angelangt. Der Gedanke ist insofern ergänzungsbedürftig: Die Belehrung leistet ein „Mehr“ an Entlastung, indem sie ihm all die Zweifel in der konkreten Situation abnimmt, die oben schon angesprochen wurden. Das Gericht versichert mit der Belehrung: Das Recht besteht in dieser konkreten Verhandlung, in dieser Instanz. Zum anderen wagen es einige Beschuldigte nicht, sich gegenüber der Staatsautorität auf ihr Schweigerecht zu berufen. Hier hat die Belehrung eine

758 Vgl. *E. Schmidt*, NJW 1968, 1209, 1214, der betont, dass der informierte Beschuldigte eine von der vernehmenden Behörde ausgehende Belehrung benötige, damit er nicht aus Furcht vor Nachteilen auf die Wahrnehmung seiner Recht verzichtet.

759 *Dencker*, MDR 1975, 359, 363.

760 *Kratsch*, JA 1984, 179, 179.

761 *Rogall*, 186.

Verstärkungsfunktion: Sie versichert dem Beschuldigten, dass seine Entscheidung akzeptiert wird und erleichtert ihm damit den Gebrauch dieses Rechts.[762]

2. Disziplinierungsaspekt

Eine weitere spezielle Funktion der Belehrungsvorschriften besteht darin, dass die *Vernehmungspersonen* sich selber vor Augen führen sollen, dass es ein Recht des Beschuldigten darstellt, sich nicht einzulassen. Die Rede ist von einer disziplinierenden Wirkung. Dieser Gedanke ist besonders von Amelung heftig bestritten worden. Der aus der Miranda-Entscheidung des amerikanischen Supreme Courts hervorgehende Disziplinierungsaspekt habe bei konsequenter Anwendung die Folge, dass Aussagen eines nicht belehrten Beschuldigten auch bei Kenntnis seiner Rechte nicht verwertet werden dürften.[763] Die Kosten der Disziplinierung der Polizei würden abgewälzt auf die Allgemeinheit, indem bestimmte Informationen unverwertbar würden, die bei rechtmäßigem Vorgehen der Polizei nicht verwertbar gewesen wären. Dafür, dass das Strafprozessrecht eine solche Beschneidung des staatlichen Strafanspruchs herbeiführen wolle, gäbe es keinen Anhaltspunkt.[764]

Die hieraus sprechende Ansicht, dass angesichts der bedrohten Wahrheitsfindung auch über die Verwertung rechtsstaatlich nicht einwandfrei gewonnener Beweise nachgedacht werden muss, ist allerdings nur dann begründbar, wenn man bereit ist, für die Wahrheitsfindung einen hohen Preis zu zahlen,[765] weshalb ihr nicht gefolgt werden kann. Auch darf nicht verkannt werden, dass das OLG Celle mit seinem zu BGHSt 38, 214 führenden Vorlagebeschluss eine Disziplinierungsfunktion gegen „signifikant häufige" Verfahrensverstöße ausdrücklich angestrebt hatte.[766] Die in der Praxis häufig zu findende „Überrumpelungsstrategie" hat ja gerade zum Ziel, den Beschuldigten zu Aussagen zu bewegen, die er mit Belehrung so nicht gemacht hätte.[767] Dies verdeutlicht, dass den Belehrungspflichten von Seiten der Polizei immer noch sehr reserviert gegenüber gestanden wird.[768] Zu wenig wird dabei bedacht, dass Urteile auf Kosten elementa-

---

762 *Kratsch*, JA 1984, 179, 179.

763 *Amelung*, StV 1991, 454, 455.

764 *Amelung*, StV 1991, 454, 455.

765 In Anlehnung an die häufig zitierte Rechtsprechung des BVerfG und BGH welche eine Wahrheitsfindung „um jeden Preis" verbietet: BVerfGE 34, 238, 247; BGHSt 14, 358, 365; 31, 304, 309.

766 *Kiehl*, NJW 1993, 501, 502.

767 *Kiehl*, NJW 1993, 501, 502.

768 Kiehl, NJW 1994, 1267, 1267 spricht davon, dass das Belehrungsniveau eher dem deutscher Krimis als dem amerikanischer Filme entspricht, wofür auch empirische Untersuchungen sprächen.

rer Verfahrensgarantien keine rechtsstaatliche Funktionstüchtigkeit der Rechtspflege bewirken, sondern vielmehr ihr Ende bedeuten.[769]

3. Formalisierungsaspekt / Kommunikationsstruktur

Der BGH ist davon ausgegangen, dass der Hinweis gem. § 136 I 2 StPO unabhängig von der Frage ergehen muss, ob der Beschuldigte seine Rechte kennt oder nicht[770], da das Gesetz keine Ausnahmen von der Hinweispflicht vorsehe.[771] Auch der mit der Rechtslage Vertraute benötige wegen der besonderen Umstände der Vernehmung diese Belehrung, „um klare Gedanken fassen zu können", bei Unterlassen der Belehrung sei aber bezüglich des Wissenden die Verwertung seiner Aussage zulässig.[772]

Übersetzt heißt dies: Auch dem Informierten ist eine Bedenkzeit zu gönnen, in der er seine Entscheidung für oder gegen eine Einlassung fällen soll. Es geht um einen Moment des „Innehaltens, eines kurzen „Ausstiegs" aus einer möglicherweise dynamischen, den Vernommenen in seiner Autonomie erheblich bedrängenden Situation." [773]

Damit wird die bloße Information des Beschuldigten über seine Rechte zu einem Aspekt unter mehreren: Entscheidend geht es um die Kommunikationsstruktur in der Verhandlung, denn die Belehrung dient dazu, dem Beschuldigten zu vermitteln, dass die Regeln der Alltagskommunikation nicht gelten, um dadurch seine kommunikative Kompetenz in der Vernehmung zu stärken.[774] Dies diene dazu, eine symmetrische – ausgewogene – und damit faire Kommunikationsstruktur herzustellen, womit auch der gemeinsame Nenner der meisten Belehrungsvorschriften bezeichnet sei.[775]

Es wird eine psychologische Distanz zwischen Beamten und Beschuldigten geschaffen und damit bestimmten Vernehmungsmethoden[776] ein Riegel vorgeschoben: Sowohl das Schaffen einer verharmlosenden, schulterklopfenden Privatatmosphäre als auch die schockierende Überrumpelung werden dadurch, dass der Beschuldigte von Anbeginn in eine Subjektsrolle versetzt wird, erschwert.[777] Durch die Reduktion des Informationsgefälles wird auch die Gefahr reduziert,

---

769 *Paulus*, JZ 1990, 294, 295.

770 BGHSt 38, 214, 224.

771 *Fincke*, NJW 1969, 1014, 1016.

772 BGHSt 38, 214, 224.

773 *Bernsmann*, StraFo 1998, 73, 76.

774 *Ransiek*, StV 1994, 343, 344; deshalb kommt es auf Kenntnis allein nicht an, vgl. *Fincke*, NJW 1969, 1014, 1016.

775 *Bernsmann*, StraFo 1998, 73, 73.

776 Zu den Vernehmungsmethoden vgl. *Gundlach*, 147 ff.

777 *Fincke*, NJW 1969, 1014, 1016.

dass dem Beschuldigten ausschließlich strategisch begegnet wird.[778] Die Betonung der Subjektsstellung wird immer wichtiger, je weiter das Wissenselement dadurch zurückgedrängt wird, dass Beweise bezüglich des Wissensstandes durch Vermutungen ersetzt werden.

IV. Einbindung der Verteidigung in das „Belehrungskonzept"?

1. Der Verteidiger als Garant für die Belehrung des Angeklagten?

Die Belehrung ist den Ermittlungsbehörden gem. §§ 136 I 2 StPO, bzw. dem Gericht gem. § 243 IV 1 StPO zugewiesen. Doch hat der BGH noch vor der Entwicklung der Widerspruchslösung in BGHSt 38, 214 damit begonnen, auch die Verteidiger in die Pflicht zu nehmen. Dies ist insofern besonders bemerkenswert, als die Belehrungspflicht für Verteidigerprozesse ausdrücklich keine Einschränkung durch das Gesetz erfährt.[779] In einem Urteil hatte der BGH – entgegen der Tatsache, dass eine Belehrung gem. § 243 IV1 StPO nicht stattgefunden hatte – „keinen Zweifel" daran, dass der Beschuldigte über sein Recht zu schweigen im Bilde war. Diese Annahme basierte darauf, dass ein Mandantengespräch mit dem Verteidiger stattgefunden hatte, weil unterstellt wurde, dass die Frage des Prozessverhaltens zu den wichtigsten Fragen zähle, die Inhalt eines solchen Gesprächs seien.[780] Dieser Gedankengang kann einen gefährlichen Automatismus in Gang setzen, denn erstens ist jede Verteidigung in Urteilen, bei denen Revision beim BGH möglich ist, ein Fall notwendiger Verteidigung (§ 140 I Nr. 1 StPO) und zweitens wird jeder verantwortungsbewusste Verteidiger mit dem Beschuldigten auch ohne Hinweise des Gerichts über die Möglichkeit einer Ausübung des Schweigerechts reden. Damit wäre eine Rüge der Verletzung der Belehrungsvorschriften wegen „Kenntnis" des Rechts unbegründet.[781] Dass bei dieser Argumentation eine Vielzahl von Verhandlungen außerhalb § 140 I Nr. 1 StPO nicht erfasst werden, ist offenbar. Indirekt hat sich dieser Gedankengang in der Entwicklung der Widerspruchslösung manifestiert. Denn hierdurch wird dem Beschuldigten bei Anwesenheit eines Verteidigers die Berufung auf eine fehlende Belehrung hinsichtlich der Widerspruchssituation abgeschnitten.[782]

---

778 *Bernsmann*, StraFo 1998, 73, 73.

779 *Dencker*, MDR 1975, 359, 363.

780 BGH NJW 1966, 1719, 1720, vgl. auch schon die Überlegungen im 1. Teil, BGHSt 38, 214, 225 greift diesen Gedanken auf. Zustimmend auch *Rieß*, JR 1993, 334, 334: Beratung, ob Einlassung erfolgen soll, sei eine zentrale Verteidigeraufgabe.

781 *Schmidt-Leichner*, NJW 1966, 1718, 1719.

782 Vgl. hierzu unten 4. Teil, 2. Abschnitt, A. V.

Der Schluss, ein Verteidiger-Mandanten-Gespräch habe immer auch die Frage des Einlassungsverhaltens zum Gegenstand, ist indes nicht zwingend: Ist der Beschuldigte anwaltlich beraten, so ergibt sich aus der Tatsache, dass er aussagt, höchstens der Schluss, dass sein Verteidiger die Einlassung für die richtige Reaktion[783] gehalten hat; auf eine Belehrung seitens des Verteidigers über die verschiedenen Möglichkeiten lässt dies nur bedingt schließen.[784] Zwar kann man die Festlegung der Verhandlungsstrategie durchaus zum Pflichtenkreis des Verteidigers zählen, der über die verschiedenen Möglichkeit mit seinem Mandanten schon deshalb sprechen wird, um sich nicht eventuellen Regressansprüchen ausgesetzt zu sehen.[785] Mangels eines gesicherten Erfahrungswissens über den Inhalt solcher Gespräche ist es aber durchaus denkbar, dass der Verteidiger eine Taktik für die Vernehmungen vorschlägt, über die Möglichkeit der Wahrnehmung des Schweigerechts aber nicht informiert.[786] Einen sicheren Schluss auf die tatsächliche Unterrichtung des Beschuldigten lässt das Indiz der Anwesenheit eines Verteidigers also nicht zu, so dass deutlich wird, dass auch hier die Gefahr besteht, die Gewissheit durch Vermutungen zu ersetzen.[787] Hiergegen spricht schon, dass prozessrechtlich erhebliche Tatsachen konkret festgestellt werden müssen und nicht unterstellt werden dürfen.[788] Worin die „Respektierung“ der Verteidigerrolle[789] liegt, wenn von der Unterrichtung über die Einlassungsmöglichkeiten schon im Mandantengespräch ausgegangen werden soll, ist allerdings ebenso wenig einsichtig wie die Annahme, der Beschuldigte habe seine Wahl bezüglich des Aussageverhaltens schon vor der Verhandlung getroffen.[790] Letztlich bürdet man eine dem Gericht obliegende Pflicht dem Verteidiger auf. [791] Andererseits wird man durchaus sagen können, Aufgabe der Verteidigung sei es, darauf zu achten, dass von Seiten des Gerichts die Hinweise klar und vollständig erfolgen und ggf. falsche Belehrungen zu korrigieren.[792] Nur

---

783 Dies ist dann lediglich das Ergebnis der Verteidigerüberlegungen, das in dem Ratschlag mündet.

784 *Grünwald*, JZ 1968, 752, 753.

785 *Hegmann*, NJW 1975, 915, 916.

786 *Dencker*, MDR 1974, 359, 363.

787 *Hegmann*, NJW 1975, 915, 916.

788 *E. Schmidt*, NJW 1968, 1209, 1212.

789 Diese Idee nimmt der BGH in BGHSt 38, 214, 226 wieder auf mit dem Aspekt der „besonderen Verantwortung des Verteidigers“.

790 Wie BGHSt 25, 325, 332 annimmt.

791 *Dencker*, MDR 1974, 359, 363, der bemängelt, dass die Verteidigerrolle als *zusätzlicher* Schutz für den Beschuldigten gedacht ist, und nicht eine Entbindung des Gerichts von seinen Schutzpflichten bedeutet.

792 *Schmidt-Leichner*, NJW 1966, 1718, 1720, der verhindern will, dass die Belehrung lediglich durch einen Stempel im Protokoll „belehrt gem. § 243 IV 1“ ersetzt wird; *Roxin*,

dies wird der Kontrollfunktion des Verteidigers gerecht. Angesichts dieser Verantwortung, die der Verteidiger für den Informationsstand des Beschuldigten tragen soll, liegt es nahe, die Reaktion der Rechtsprechung auf die Situationen zu überprüfen, in denen ein Verteidiger nicht zur Verfügung stand.

2. BGH-Rechtsprechung zum Verteidigerkonsultationsrecht

a) Entscheidung des 5. Senats

Die besondere Bedeutung der Verteidigeranwesenheit gerade in Bezug auf die Ausübung des Schweigerechts ist auch vom 5. Senat des BGH bestätigt worden, nachdem viele Jahre lang das Verteidigerkonsultationsrecht und die Folgen seiner Verletzung keine so hohe Aufmerksamkeit erfahren hatten.[793] Im zu entscheidenden Fall war dem Beschuldigten gesagt worden, es werde solange weiter geredet „bis endlich Klarheit herrsche."[794] Die Konsultation seines Verteidigers wurde ihm verweigert. Der BGH führte aus, dass dem Beschuldigten „auch und gerade" vor der ersten Vernehmung [795] die Möglichkeit der Besprechung mit einem Verteidiger bewusst gemacht werden müsse. Diese Besprechung solle ihm die Möglichkeit eröffnen, sich mit dem Verteidiger in dieser für seine Verteidigung höchst bedeutsamen Frage – der Ausübung des Schweigerechts – zu beraten.[796] Betont wird in diesem Zusammenhang, dass die Möglichkeit der Inanspruchnahme eines Verteidigerbeistandes zu den wichtigsten Rechten des Beschuldigten gehört, weil hierdurch sichergestellt werde, dass der Beschuldigte nicht nur Objekt des Strafverfahrens sei, sondern auf Fortgang und Resultat des Verfahrens Einfluss nehmen könne.[797] Diese Sicherungsfunktion liegt gedanklich mit der in BGHSt 38, 214 manifestierten Widerspruchslösung [798] insoweit auf einer Linie, als auch hier dem Verteidiger eine besondere Verantwortung für das Verfahren zugewiesen wird.[799]

JZ 1992, 923, 924 hingegen hält die Protokollierung für ein geeignetes Mittel, um Manipulationen auszuschließen. Vgl. zu Dokumentation von Vorgängen und Erklärungen hinsichtlich des Verteidigerkonsultationsrechts auch BGHSt 42, 15, 19.

793 *Roxin*, JZ 1993, 426, 427.

794 BGHSt 38, 372, 372.

795 Vgl. zur Wichtigkeit des Vorverfahrens 4. Teil, 2. Abschnitt, B. I.

796 BGHSt 38, 372, 373, so auch BGHSt 42, 15, 23.

797 BGHSt 38, 372, 374.

798 Vgl. hierzu im Anschluss unter V.

799 Vgl. BGHSt 38, 214, 226; zur Entwicklung der Widerspruchslösung vgl. *Dudel*, 29ff, der aufzeigt, dass die Wurzeln dieser Idee weit früher als in BGHSt. 38, 214 zu finden sind.

Im o.g. Fall war interessanter Weise der Beschuldigte aber nicht etwa nicht über sein Recht belehrt worden, vielmehr hatten die Polizeibeamten die Durchsetzung dieses Rechts vereitelt. Der BGH stellte aber klar, dass auch die Durchsetzung von Seiten der Ermittlungsbeamten sicherzustellen sei.[800] Sonst müsste die Frage gestellt werden, welchen Sinn eine Belehrung noch haben könnte, wenn das hierin angekündigte Recht sich als stumpf erweist.[801] Entscheidend ist also, ob sich der Vernehmende auch in Anbetracht der Asymmetrie der Vernehmungssituation über den Willen des Beschuldigten hinwegsetzt.[802]

BGHSt 38, 372 hat damit nicht nur die wissenschaftliche Aufmerksamkeit bezüglich des Konsultationsrechts geweckt[803], sondern auch die zentrale Bedeutung der Beratungsmöglichkeit mit dem Verteidiger für die Ausübung des Schweigerechts betont.[804] Natürlich hätte im Fall von BGHSt 38, 372 der Beschuldigte weiterhin schweigen können, doch hätte dies die Kompetenz erfordert, erstens auf seinem Schweigerecht zu beharren und zweitens den Widerspruch aufzulösen zwischen der Ankündigung „Sie haben das Recht auf einen Verteidiger" und der Ansage „Es wird verhandelt, bis endlich Klarheit herrscht", mit anderen Worten: es wird sowieso weiterverhandelt.[805] Die Möglichkeit, eine sachgemäße Entscheidung[806], ob er aussagen will, zu treffen, wird dem Beschuldigten erst dadurch möglich, dass er sich mit seinem Verteidiger darüber berät. Der besonderen Bedeutung dieser Erkenntnis wird vom BGH dadurch Rechnung getragen, dass die Fortsetzung einer Vernehmung, nachdem der Beschuldigte einen Verteidiger wünschte, nur dann erlaubt ist, wenn dieser nach erneutem Hinweis auf sein Recht auf Zuziehung eines Verteidigers sich mit der Fortsetzung der Vernehmung einverstanden erklärt.[807] Nur eine Rechtsprechung, die diesen Gedanken der effektiven Wahrnehmung des Schweigerechts ernstnimmt, kann der Gefahr begegnen, dass die Belehrung zur inhaltslosen Pflichtübung ritualisiert wird.[808]

Die vom BGH geforderte aktive Unterstützung des Beschuldigten in seinen Bemühungen, einen Verteidiger zu finden[809], ist deshalb so wichtig, weil der

---

800 BGHSt. 38, 372, 375.

801 *Rieß*, JR 1993, 334, 334.

802 *Rieß*, JR 1993, 334, 335.

803 *Roxin*, JZ 1993, 426, 427, der aufzeigt, dass vor dieser Entscheidung die Frage des Verwertungsverbotes bezüglich des Verteidigerkonsultationsrechts nur vorsichtig in der Literatur behandelt wurde.

804 *Roxin*, JZ 1993, 426, 427.

805 *Ransiek*, StV 1994, 343, 344.

806 BGHSt 42, 15, 23.

807 BGHSt 42, 15, 19.

808 *Hamm*, NJW 1996, 2184, 2184.

809 BGHSt 42, 15, 19.

Hinweis auf das Konsultationsrecht in der konkreten Situation als etwas Theoretisches und Hypothetisches empfunden werden kann: Hat der Beschuldigte Angst vor Sanktionen angesichts des „übermächtigen" Vernehmenden, so kann die Belehrung als das genaue Gegenteil verstanden werden, nämlich als Abraten von der Wahrnehmung dieses Rechts.[810] Deshalb ist es so wichtig, dass dem Beschuldigten die Möglichkeit der Kontrolle des Verfahrens durch die Anwesenheit eines Verteidigers eröffnet wird, weil sonst seine Rechte wertlos werden, wenn ihm keine Chance zu deren Durchsetzung gegeben wird.[811]

b)Relativierung durch den 1. Senat

Die vom 5. Senat in BGHSt 42, 15 entwickelte weitreichende Unterstützungspflicht der vernehmenden Beamten bei der Verteidigersuche ist vom 1. Senat entscheidend relativiert worden.[812] Der Beschuldigte hatte sich dreimal auf sein Recht berufen, Angaben ohne die Hinzuziehung eines Verteidigers zu verweigern. Obwohl es ihm angesichts der Nachtzeit aber nicht möglich war, einen Verteidiger zu erreichen, fand er sich danach doch bereit, Angaben zur Sache zu machen. Der 5. Senat befand, dass diese Angaben verwertet werden dürften. Er ging davon aus, dass „ein im vollen Besitz seiner geistigen Kräfte befindlicher Beschuldigter (...) selbst und frei entscheiden kann und muss, inwieweit er die in der Belehrung eröffneten Rechte für sich in Anspruch nehmen will."[813] Den vom 5. Senat geforderten Hilfsbemühungen vermochte sich der 1. Senat für diesen Fall nicht anzuschließen[814], weil eine Nötigung zur Aussage nicht erkennbar sei, vielmehr der Beschuldigte in Kenntnis seiner Rechte ohne Verteidiger versucht habe, entlastende Angaben abzugeben, welche die Beamten hätten entgegennehmen müssen.[815] Auch hätte der ordnungsgemäß belehrte Beschuldigte seine Rechte aus § 137 I 1 StPO durchsetzen können, wenn er bei seiner Vernehmung weitere Angaben verweigert hätte.[816]

Die beiden Senate des BGHs zeichnen damit ein völlig unterschiedliches Bild von der Vernehmungssituation: Während der 1. Senat die souveräne Freiheit und Unabhängigkeit des Beschuldigten in der konkreten Vernehmungssituation in den Mittelpunkt stellt, hat der 5. Senat den verwirrten, bedrückten und ver-

---

810 *Hamm*, NJW 1996, 2185, 2186.

811 *Müller*, StV 1996, 358, 359.

812 BGHSt 42, 170.

813 BGHSt 42, 170, 171.

814 BGHSt 42, 170, 172.

815 BGHSt 42, 170, 172.

816 BGHSt 42, 170, 174.

ängstigten Beschuldigten im Auge.[817] Die These des 1. Senats von der „vollen Entscheidungsfreiheit“ wird schon der aus §§ 136, 137 StPO hervorgehenden Wertung nicht gerecht, die von der regelmäßig bestehenden Unfähigkeit des Beschuldigten ausgehen, sich seinen Verteidigungsinteressen entsprechend einzulassen.[818] Dem 1. Senat ist demzufolge auch entgegengehalten worden, er zelebriere das „hohe Lied des bürgerlichen Freiheitsbegriffs“ und argumentiere mit hohlem Freiheitspathos, womit dem Beschuldigten eine Kompetenz zugestanden (wohl besser: zugemutet) werde, die selbst der Gesetzgeber nicht ausnahmslos annimmt, was in § 140 StPO besonders deutlich werde.[819] Stellt man den „freiwilligen“ Verzicht des Beschuldigten auf die Verteidigerkonsultation in den Mittelpunkt, so lässt sich erkennen, dass er die Folgen einer Aussage, die ohne Beratung eines Anwalts erfolgte, gar nicht vorhersehen kann.[820]

Denn die Unterscheidung, ob eine Aussage wirklich nur Entlastendes enthält oder hierdurch eventuell Indizien preisgegeben werden, die zur Überführung beitragen können,[821] ist auch und insbesondere in Anbetracht der Teilschweige-Problematik äußerst schwierig zu treffen. Auch ist mehr als fraglich, ob nach der entmutigenden Erfahrung, dass die Polizei auch nach mehrmaliger Bitte um einen Verteidiger und Verweigerung der Einlassung nicht von weiteren Vernehmungsversuchen abließ, der Beschuldigte sich wirklich frei entscheiden konnte, wie er seine Beschuldigtenrechte wahrnehmen könnte.[822] Anknüpfend an diese „freie Aussage“ aber zu behaupten, die Beamten hätten die Versuche des Beschuldigten, sich zu entlasten, „entgegennehmen *müssen*“[823], ist schon deshalb nicht überzeugend, weil eine Abgrenzung von passiver Entgegennahme und Ermittlungstätigkeit der Verhörspersonen nur schwer möglich ist.[824]

---

817 *Hermann*, NStZ 1997, 208, 210, welcher dem 5. Senat Realitätsnähe und dem 1. Senat Idealisierung bez. der Vernehmungssituation bescheinigt („... müsste sich der 1. Senat allerdings fragen lassen, ob es ihm gelungen ist, das Typische einer polizeilichen Vernehmung zutreffend zu erfassen.“).

818 *Roxin*, JZ 1997, 343, 344, vgl. *Hermann*, NStZ 1997, 210, der eine sinnvolle Entscheidung über das Einlassungsverhalten nur nach einem Verteidiger-Beratungsgespräch für möglich hält.

819 *Ventzke*, StV 1996, 524; vgl. auch *Roxin*, JZ 1997, 343, 345, der der Strafprozessordnung eine „sanfte paternalistische Haltung“ attestiert.

820 *Roxin*, JZ 1997, 343, 345, der der Ansicht ist, dass dieser Irrtum über Bedeutung und Wirkung des Verzichts diesen unwirksam macht, so dass man keine Freiwilligkeit annehmen kann.

821 *Roxin*, JZ 1997, 343, 344.

822 *Hermann*, NStZ 1997, 208, 211.

823 BGHSt 42, 170, 173.

824 *Hermann*, NStZ 1997, 209, 210.

Zwar ist dem 1. Senat insofern zuzustimmen, als im *Normalfall* für eine gesteigerte Hilfspflicht kein Bedürfnis besteht, sondern höchstens die technischen Möglichkeiten zur Herstellung des Verteidigerkontaktes zur Verfügung gestellt werden müssen.[825] Wird jedoch eine alsbaldige Vernehmung angestrebt, die von der Polizei häufig im Hinblick auf die Eilbedürftigkeit der Aufklärung oder Dringlichkeit anderer Verfolgungsmaßnahmen gewünscht wird, so ist von einer *gesteigerten Hilfspflicht* der Vernehmungsbeamten auszugehen, wobei anhand von Tatschwere und Unbeholfenheit des Beschuldigten Notwendigkeit und Maß der Unterstützung zu bestimmen sind.[826]

Zusammenfassend kann gesagt werden: Die Bedeutung der Verteidigeranwesenheit ist immens. Doch erst die Verbindung von Verteidigerberatung und schneller Verfügbarkeit macht das Verteidigerkonsultationsrecht zu einer realen Option.[827] Der BGH erkennt die Bedeutung der Verteidigeranwesenheit an und betont dabei deren Wichtigkeit für die Beratung des Beschuldigten hinsichtlich der Ausübung des Schweigerechts. Auf der anderen Seite macht die Kontroverse zwischen dem 1. und 5. Senat deutlich, dass die Lösung der oben aufgeworfenen Belehrungs- und Beratungsprobleme zwischen den Polen „souveräne Entscheidungsfreiheit" (1. Senat) und weitreichender „Hilfsbedürftigkeit" (5. Senat) zu suchen ist.[828]

V. Relativierung durch die Widerspruchslösung

1. Dogmatische Konstruktion und Grundgedanke

Eine Betrachtung der bestehenden Belehrungspflichten wäre unvollständig ohne ein Eingehen auf die Widerspruchslösung. In ihr – das wird der weitere Untersuchungsverlauf zeigen – lassen sich viele Konstruktionen aufspüren, die den Weg zu einem schlüssigen Gesamtkonzept hinsichtlich der Belehrung und Beratung des Beschuldigten führen. Betrachtet wird zunächst die Grundidee: Der Fortschritt der Anerkennung eines Beweisverwertungsverbots bei Verstoß gegen § 136 I 2 StPO wurde nämlich in derselben Entscheidung wieder relativiert:

„Dies gilt nicht, wenn feststeht, daß der Beschuldigte sein Recht zu schweigen ohne Belehrung gekannt hat, oder wenn der verteidigte Angeklagte in der Hauptverhandlung ausdrück-

---

825 *Beulke*, NStZ 1996, 257, 259.

826 Zu diesen verschiedenen Graden der Hilfsbedürftigkeit vgl. mit weiteren Differenzierungen *Beulke*, NStZ 1996, 257, 260.

827 *Müller*, StV 1996, 358, 360.

828 Wobei der 5. Senat aktuell auf eine ähnlich restriktive Linie einschwenkt, indem er einen Hinweis auf die Einrichtung eines Verteidigernotdienstes im gegebenen Fall (20-jährige, schwangere Angeklagte, vorläufige Festnahme, Mordvorwurf) nicht für notwendig hielt, vgl. BGH StV 2002, 180, 180.

lich der Verwertung zugestimmt oder ihr nicht bis zu dem in § 257 genannten Zeitpunkt widersprochen hat.“[829]

Selten hat eine Rechtsprechung so viel Widerspruch erfahren wie diejenige zum Widerspruchserfordernis.[830] Eindringlich wurde kritisiert, dass für die Widerspruchslösung eine dogmatische Begründung fehlt.[831] Dies ist deshalb problematisch, als es sich bei der Widerspruchslösung um eine Begrenzung des Beweisverwertungsverbots handelt, das der BGH gegen seine bisherige Rechtsprechung erst kurz zuvor begründet hat.[832] Gerade weil eine lange umstrittene Rechtsprechung hinsichtlich § 136 I 2 StPO aufgegeben wurde,[833] hätte man für die Einschränkungen eine tragfähige Begründung erwarten können. Diese „Aufwertung des Beweiserhebungsverbots zu einem potenziellen Beweisverwertungsverbot“ ist natürlich einerseits eine Stärkung der Rechte des Beschuldigten[834], die andererseits angesichts der Widerspruchslösung aber nur wenig befriedigt, denn mit dieser Beschränkung wird das zuvor anerkannte Verwertungsverbot so weit reduziert, dass es fraglich ist, ob diese Rechtsprechung irgendeinen Vorteil für den nicht belehrten Beschuldigten bringen wird.[835]

Beim Widerspruchserfordernis handelt es sich nicht um ein neues Phänomen.[836] Der Widerspruch hat sich nach und nach zu einer Tatbestandsvoraussetzung des Beweisverwertungsverbotes entwickelt.[837] Die Widerspruchslösung „beruht auf der Zweistufigkeit der Beweiserhebung vor und in der Hauptverhandlung und dem Hinzutreten eines Verwertungsaktes bei der Urteilsberatung“, wobei in der widerspruchslosen zweiten Beweiserhebung quasi eine Heilung des früheren Rechtsfehlers gesehen wird.[838] Der ehemals herrschende Gedanke der Verwirkung von Verfahrensrechten wurde aber nicht weitergeführt, sondern ein neues Tatbestandsmerkmal entwickelt:[839]

---

829 BGHSt 38, 214, 214.

830 *Meyer-Goßner/Appl*, StraFo 1998, 258, 258.

831 *Fezer*, StV 1997, 57, 58, der auf die Gefahr des Eindrucks eines „ergebnisorientierten Machtanspruchs“ hinweist; *Grünwald*, 150; *Ventzke*, StV 1997, 543, 547; zur dogmatischen Grundlage ausführlich *Dudel*, 65 ff.

832 *Maul/Eschelbach*, StraFo 1996, 66, 67.

833 Vgl. hierzu oben 4. Teil, 2. Abschnitt, A. II. 1.

834 *Meyer-Goßner/Appl*, StraFo 1998, 258, 260.

835 *Beulke*, NStZ 1996, 257, 262; *Heinrich*, ZStW 2000, 398, 399; *Feigen*, Rudolphi-Symposium, 161, 162.

836 *Maul/Eschelbach*, StraFo 1996, 66, 66.

837 Die Entwicklung nachzeichnend *Maul/Eschelbach*, StraFo 1996, 66, 67; *Meyer-Goßner/Appl*, StraFo 1998, 258, 259; *Dudel*, 29 ff.

838 *Maul/Eschelbach*, StraFo 1996, 66, 68.

839 *Meyer-Goßner*, StraFo 1998, 258, 260.

Wird der Verwertung nicht widersprochen, besteht kein Verwertungsverbot. Der nicht verteidigte Angeklagte ist auf die Möglichkeit des Widerspruchs hinzuweisen.[840]

Gegen dieses „Tatbestandsmerkmal“ wurde die Kritik erhoben, dass die Konstruktion eines Verwertungsverbots durch Kombination von verfahrensrechtlichem Verstoß plus Rüge dem Gesetz fremd sei.[841] Dem wurde entgegengehalten, der BGH könne neue Beweisverwertungsverbote schaffen, so dass er auch die tatbestandlichen Voraussetzungen festlegen könne.[842] Hieran wiederum ist von anderer Seite bereits ausreichend Kritik geübt worden.[843] Beleuchtet werden sollen aber einige Aspekte, die hinsichtlich des weiteren Verlaufs der Untersuchung bedeutsam sein werden.

2. Widerspruchslösung als Fixpunkt

„ Ob die Widerspruchslösung der Rechtspflege im Ganzen Vorteile oder nur weitere Belastungen, Verzögerungen und Probleme bringt, ist eine sehr offene Frage.“[844]

Trotz dieser Bedenken muss festgestellt werden: Die Widerspruchslösung erweist sich in der Rechtsprechung als sehr stabile Konstruktion. Immer mehr Bereiche werden von der Widerspruchslösung erfasst, selbst § 136 a StPO, was angesichts § 136 a III 2 StPO eine äußerst bedenkliche Entwicklung darstellt.[845] Nicht umsonst wird empfohlen, auch in anderen Bereichen, in denen ein Beweisverwertungsverbot in Betracht kommt, Widerspruch zu erheben.[846] Es sei eine Tendenz erkennbar, dass der Verteidiger zur Rüge aller erdenklichen Verfahrensfehler verpflichtet sein soll.[847] Es handelt sich mithin um ein stabiles, etabliertes Institut, das Expansionstendenzen aufweist und sich in der Rechtsprechung immer stärker verfestigt. Deshalb muss gesagt werden, dass der Verteidiger die Pflicht zum Widerspruch wird beherzigen müssen.[848] Unabhängig

840 *Widmaier*, NStZ 1992, 519, 521.

841 *Heinrich*, ZStW 2000, 398, 410.

842 *Meyer-Goßner/Appl*, StraFo 1998, 258, 261; *Maul/Eschelbach*, StraFo 1996, 66, 67.

843 Vgl. nochmals zusammenfassend *Dudel*, 65 ff.

844 *Dahs*, StraFo 1998, 253, 258.

845 Kritisch hierzu *Fezer*, StV 1997, 57, 58; ihm zustimmend *Burhoff*, StV 1997, 432, 435. *Ventzke*, StV 2001, 545, 547 spricht von „handstreichartiger Erstreckung“ der Widerspruchslösung auf alte Verwertungsverbote.

846 *Burhoff*, StV 1997, 432, 435, der ein Versäumnis des Widerspruchs in diesen anderen Fällen für einen groben Fehler hält; *Burhoff*, Rdnr. 1166d. Zu den Fallgruppen vgl. *Heinrich*, ZStW 2000, 398, 406 ff.

847 *Roxin*, Hanack-FS, 1, 6; *Widmaier*, NStZ 1992, 519, 591; *Maatz*, NStZ 1992, 513, 513.

848 *Ventzke*, StV 1997, 543, 548; vgl. *Ventzke*, StV 2001, 545, 547/548, „Lamentieren“ sei nutzlos angesichts der Unbeirrbarkeit der Rechtsprechung.

von der berechtigten Kritik an der Widerspruchslösung muss sich der Verteidiger auf die Spielregeln der Widerspruchslösung einstellen.[849] Denn die Widerspruchslösung ist in der Rechtsprechung herrschend, so dass der Verteidiger zum Wohle des Mandanten diesen Vorgaben Rechnung tragen muss.[850]

Eine Änderung der Situation ist erst dann in Sicht, wenn sich die Idee des Arbeitskreises deutscher, österreichischer und schweizerischer Strafrechtslehrer durchsetzen sollte: In ihrem § 159 e I 4 sollen viele Verwertungsverbote auch dann gelten, wenn der Betroffene zustimmt.[851] Bezweckt werden soll hiermit ausdrücklich ein Wegfallen der umstrittenen Widerspruchslösung, die im Übrigen der Aufklärungs- und Fürsorgepflicht der Strafrechtspflegeorgane widerstreite.[852] Man wird abwarten müssen, inwieweit diese Vorschläge Einfluss auf die kommende Reformgesetzgebung haben werden.[853] Letztlich erscheint die dort gegebene Begründung als zu wenig fundiert, um nachhaltig Einfluss auf die Reformdiskussion ausüben zu können. Bezüglich weiterer Überlegungen kann die Widerspruchslösung zurzeit aber als feste Bezugsgröße angesehen werden, so dass sie als Argumentations-Instrument weiterhin tauglich ist. Bei sachgerechter Handhabung relativiert sich auch die an der Widerspruchslösung geäußerte Kritik, wie sich noch zeigen wird.

3. Unterlassen des Widerspruchs als Zustimmung zur Verwertung: Argumentative Parallelen zum Teilschweigen

Die Widerspruchslösung geht deshalb sehr weit, weil sie nicht an positive Erklärungen, sondern an das Unterlassen eines Widerspruchs anknüpft.[854] Naturgemäß bereitet es Schwierigkeiten, an ein bloßes Unterlassen Rechtsfolgen anzuknüpfen. Dies gilt ebenso für den Bereich der Widerspruchslösung. Wenn die Verteidigungsrechte im Interesse des Beschuldigten geschaffen worden sind und die Respektierung der Subjektsstellung das Verfahren als ein rechtsstaatliches kennzeichnet, dann ist doch fraglich, ob einem bloßen Schweigen eine derartige Bedeutung zukommen kann.[855] Ist nicht klar, ob der Beschuldigte die Bedeutung seines Schweigens kennt, wird man das Schweigen nicht als Zustimmung wer-

---

849 Bockemühl/Groß-Bölting/*Kamps*, Teil B, Kapitel 4, Rdnr. 139.

850 *Burhoff*, StV 1997, 432, 435.

851 *Alternativ-Entwurf Reform des Ermittlungsverfahrens*, 67.

852 *Alternativ-Entwurf Reform des Ermittlungsverfahrens*, 70.

853 Wie dies vom Arbeitskreis erwartet wird, vgl. *Alternativ-Entwurf Reform des Ermittlungsverfahrens*, Vorwort VII.

854 *Maul/Eschelbach*, StraFo 1996, 66, 68; *Maatz*, NStZ 1992, 513, 515 attestiert auch dem Unterlassen ein „dysfunktionales Element“.

855 *Ventzke*, StV 1997, 543, 547.

ten dürfen[856], denn eine aktive Mitwirkungspflicht besteht weder für den Beschuldigten noch für seinen Verteidiger, wenn eine solche nicht ausdrücklich durch das Gesetz begründet wird.[857] Dem bloßen Unterlassen kann ein solcher Erklärungswert jedenfalls nicht entnommen werden.[858]

Diese Argumentation liegt in einer Linie mit der oben entworfenen Konzeption hinsichtlich des Teilschweigens: Auch dort wird man von einer bewussten „Bereitstellung als Beweismittel" nur dann reden können, wenn sich der Beschuldigte sowohl über die Möglichkeit der Verwertung als auch über das Vorliegen der Situation des Teilschweigens bewusst ist.[859] Das Unterlassen des Widerspruchs könnte nur dann eine Vertrauensgrundlage für das weitere Verfahren schaffen in dem Sinne, dass sich der Angeklagte mit der Verwertung einverstanden erklärt, wenn ein ausdrücklicher gerichtlicher Hinweis ergangen wäre, auf den hin der Angeklagte keinen Widerspruch geleistet hätte.[860] Deshalb wird als Lösung vorgeschlagen, die Belehrungspflicht des Richters auch auf den verteidigten Angeklagten zu erstrecken, weil nur dann ein unterbliebener Widerspruch als Zustimmung gewertet werden könne.[861]

Dieser Ansatz, dass das Gericht dem Unverteidigten einen Hinweis auf die „Widerspruchssituation" geben muss, ist zu begrüßen. Überträgt man diese Ansicht auch auf den verteidigten Beschuldigten, ist man bereits auf dem Weg zu einem schlüssigen Gesamtkonzept. Dies kann so aussehen, dass das Gericht auf die einzuordnende Situation hinweist und die konkrete Einordnung und Beratung dem Verteidiger obliegt. Hierbei ist die Frage des Vorliegens einer Widerspruchssituation mit der Frage vergleichbar, ob bereits eine Einlassung vorliegt oder eine Aussage als solche des Angeklagten oder des Verteidigers angesehen wird. Dieser Gedanke der Arbeitsteilung zwischen Gericht und Verteidigung wird im Verlauf der Untersuchung weiter verfolgt werden.

VI. Zusammenfassung zu den „bestehende Belehrungspflichten"

1. Bei der Einführung einer Belehrungsvorschrift in die RStPO dominierte noch Vorsicht, obwohl weitergehende Belehrungsvorschriften als Vorbilder vorhanden waren. Der Gesetzgeber war sich damals durchaus darüber im Klaren, dass die Belehrung unklar formuliert war. Dies war das Ergebnis der Angst, den Beschuldigten durch zu genaue Information über sein Schweigerecht zu sehr zum

---

856 *Burhoff*, Rdnr. 1166c; *Fezer*, JR 1992, 385, 386; *Lesch*, JA 1995, 157, 162.

857 *Heinrich*, ZStW 2000, 398, 426.

858 *Fezer*, JR 1992, 385, 386.

859 Vgl. zu dieser Argumentation oben 2. Teil, 1. Abschnitt, A. II. 3. d).

860 *Fezer*, StV 1997, 57, 58; *Heinrich*, ZStW 2000, 359, 414.

861 *Fezer*, JR 1992, 385, 387; *Gillmeister*, StraFo 1997, 8, 12; *Lesch*, JA 1995, 157, 162; *Burhoff*, Rdnr. 1166c.

Schweigen zu ermuntern. Diese Angst bestimmte auch die Diskussion um die Neufassung des § 136 I 2 StPO, die zur heutigen Fassung führte. Es wurde befürchtet, der Richter könnte so an der Verhinderung der Überführung mitwirken, die Polizeiarbeit werde zu sehr eingeschränkt. Jedoch sprach schon aus damaliger Sicht Einiges dafür, dass der gut informierte Beschuldigte sogar eher zur Aussage bereit sein könnte, weil er die günstigste Verhaltensweise bewusster wählen kann bei entsprechendem Informationsstand. Angesichts dieser Bedenken ist es erstaunlich, dass schon damals die Idee vorgebracht wurde, den Beschuldigten zu warnen, dass alles, was er sagt, zu seinem Nachteil verwendet werden kann.

2. Diese Furcht vor der Verhinderung von Aussagen lebte aber auch nach Einführung des aktuellen § 136 I 2 StPO weiter in Form der Diskussion um den Begriff der Ordnungsvorschrift. Zwar ist auch diese Phase überwunden und ein Verwertungsverbot für den Fall der unterlassenen Belehrung nunmehr anerkannt, weshalb kein Reformgesetzgeber mehr befürchten muss, dass eine neue Belehrungsvorschrift als Ordnungsvorschrift abqualifiziert wird. Dieser Fortschritt wird aber stark relativiert durch die Idee, ein „Wissender" müsse zwar belehrt werden, doch entstehe kein Verwertungsverbot, wenn dies unterlassen würde. Dies führt in Kombination mit „Wissensvermutungen" hinsichtlich des verteidigten bzw. vorbestraften Beschuldigten dazu, dass die Belehrung „ungeahndet" unterbleiben kann. Die Beweislast für den Umstand, dass keine Belehrung erfolgte, liegt dann auch noch – zu Unrecht – beim Beschuldigten.

3. Man kann dieser Rechtsprechung bezüglich des Wissens des Beschuldigten um seine Rechte nur dann folgen, wenn man den einzigen Zweck der Belehrungsvorschriften in seiner Information sieht. Es hat sich aber gezeigt, dass ein anderes Verständnis der Belehrungsvorschriften angezeigt ist: Zusätzliche Funktionen sind die Vermittlung aktueller Kenntnis im Sinne eines Bewusstseins in der aktuellen Situation, die (notwendige) Disziplinierung der Strafverfolgungsorgane, der Aspekt der Formalisierung und der Verdeutlichung der andersartigen Kommunikationsstruktur im Prozess im Gegensatz zum Alltag, so dass der Aspekt der Information einer unter ganz vielen unterschiedlichen ist. Um diese Funktionen voll zur Geltung zu bringen, muss sichergestellt werden, dass der Beschuldigte unabhängig von seiner Kenntnis des Belehrungsinhalts belehrt wird.

4. Der sich in diesem Zusammenhang ergebende Aspekt der „Bedenkzeit" für den Beschuldigten ist ein Ansatz für die Lösung der Teilschweigeproblematik: Überschreitet dieser die Grenze zur Aussage, wäre auch eine solche Unterbrechung angezeigt, in der er sich entscheiden könnte, ob er sein Verhalten als Aussagen gewertet haben möchte. Hierauf wird zurückzukommen sein.

5. Die Wichtigkeit der Verteidigerkonsultation[862] zwecks Beratung über das Aussageverhalten wird auch von der Rechtsprechung anerkannt. Bei der Frage, inwieweit ihm Unterstützung bei der Realisierung dieser Konsultationsmöglichkeit gewährt werden muss, schwankt der BGH zwischen sehr weitgehenden Hilfspflichten und starker Betonung der Souveränität des Beschuldigten. Zwischen diesen beiden Polen wird sich das Gesamtkonzept hinsichtlich des Belehrungs- und Beratungsbedarfs des Beschuldigten bewegen müssen.

6. Die Widerspruchslösung wird für die weitere Untersuchung nicht nur deshalb von Bedeutung sein, weil sie die Folgen einer Anerkennung eines Beweisverbotes bei Unterlassen der Belehrung gem. § 136 I 2 StPO relativiert, sondern auch aus anderen Überlegungen heraus: Die Widerspruchslösung weist ähnliche Fiktionen auf wie die Teilschweigeproblematik. Wird bei der Widerspruchslösung der Wille zur Zustimmung der Verwertung bei Verteidigeranwesenheit fingiert, so ist dies bei der Teilschweigeproblematik der Wille, sich selbst zum Beweismittel zu machen. Beides ist nur dann vertretbar, wenn das Gericht einen Hinweis unabhängig von der Kenntnis dieser Rechtsprechung auf Beschuldigtenseite und unabhängig von der Verteidigeranwesenheit gibt, dass diese Rechtsfolgen so eintreten werden. Für die weitere Argumentation kann die Widerspruchslösung für diese Untersuchung deshalb eine so bedeutende Rolle spielen, weil sie sich als stabiles Institut in der Rechtsprechung etabliert hat und gerade in der praktischen Durchführung ähnliche Fragen aufwirft, die schon der 2. Teil der Untersuchung aufgeworfen hat. Hinzu kommt, dass der Aspekt der „Arbeitsteilung“ zwischen Verteidigung und Gericht bei der Widerspruchslösung eine besondere Rolle spielt.

B. Zusätzliche, ungeschriebene Belehrungen / Beratungen

I. Einleitung

Die gesetzlich vorgeschriebenen Belehrungspflichten sind, wie gesehen, gemessen an den Ergebnissen des 2. Teils, lückenhaft. Dies ist angesichts der Tatsache, dass der Staat dazu verpflichtet ist, aktive Vorkehrungen zu treffen, damit der Beschuldigte nicht aus Unwissenheit seine Selbstbestimmungs-Chancen verfehlt[863], zu beanstanden. Hinzu kommt, dass Beschuldigung und Verdachtsgründe bei gleichen Anklagepunkten einem ständigen Wechsel unterliegen können und der Beschuldigte mit seinen diesbezüglichen Rechten stets vertraut gemacht werden muss.[864] Der Beratungsbedarf des Beschuldigten ist hierbei permanent zu beobachten, weil er veränderlich ist im Verhältnis zur Prozesssituation.

---

[862] Zur Rolle des Verteidigers vgl. ausführlich 6. Teil.

[863] *Bernsmann*, StraFo 1998, 73, 75.

[864] *Bauer*, 136.

Ob man gewillt ist, diesem Rechnung zu tragen, ist aber zweifelhaft, denn es wird gerne gefragt, ob nicht bereits derjenige freiwillig handelt im Sinne einer gut abgewogenen Entscheidung für oder gegen eine Aussage, der gem. § 136 I 2 StPO ordnungsgemäß belehrt und vernommen wurde, und sich deshalb „an seinem Wort festhalten lassen" muss.[865] Und verbleibt nicht auch ein bestimmtes Maß an Verantwortung für die Zweckmäßigkeit der Verteidigung des Beschuldigten bei diesem?[866] Wie weit kann und muss eine Belehrung und Beratung durch das Gericht gehen? Die überkommenen Belehrungsvorschriften haben, wie gezeigt, einen beschränkten Anwendungsbereich. Damit ist die Frage nach der Möglichkeit der Erweiterung der Belehrungsformel des § 136 I 2 StPO und auch des § 265 StPO angesprochen. Bevor man jedoch über neue Belehrungen nachdenkt, muss eine Bestandsaufnahme dessen erfolgen, was über die bestehenden Belehrungen hinaus in Literatur und Rechtsprechung diskutiert wird.

Man kann bereits am Wortlaut der bestehenden Belehrungspflichten beginnen, denn schon die gesetzlich vorgeschriebenen Belehrungsformeln werfen Fragen auf, da der eigentliche Sinn der Belehrungen erst dann richtig deutlich wird, wenn sich der Richter nicht nur auf standardisierte Formeln zurückzieht, sondern nähere Erläuterungen anbringt.[867] Schon hierin liegt eine nicht unbedeutende Erweiterung. Doch welche Hilfestellung darf der Angeklagte konkret von seinem Richter erwarten, um sich umfassend verteidigen zu können?[868] Oder geht die Rücksicht auf den Einzelnen nicht schon fast zu weit bei derartigen Überlegungen?[869] Schon E. Schmidt meinte, das Gericht müsse nicht jede Fehlvorstellung des Angeklagten durch Belehrung aufklären, aber bestimmte Irrtümer müssten vom Gericht ausgeräumt werden, selbst wenn sie im Angeklagten selbst entstanden seien, wie etwa der Irrtum, dass eine Aussagepflicht bestehe.[870]

Die Begründung zum Regierungsentwurf von 1962[871] enthielt bezüglich des Sinnes der Aufklärung des Beschuldigten über seine Aussagefreiheit unter anderem den Aspekt, dass der Beschuldigte erkennen müsse, „dass es für seine Verteidigung besser sein kann, wenn er zur Sache aussagt und damit Verdachtsgründe entkräftet."[872] Schmidt hatte hierzu bemerkt, dass dann aber die Belehrung anders hätte lauten müssen: „Es steht dem Beschuldigten frei, sich zu der Beschuldigung zu äußern oder nicht auszusagen; er solle aber bedenken, ob eine

---

865 *Gössel*, GA 2001, 193, 194 gegen *Bosch*, 182.

866 *Maiwald*, Lange-FS, 745, 763.

867 *Bauer*, 115.

868 *Gillmeister*, StraFo 1997, 8, 8.

869 *E. Schmidt*, NJW 1968, 1209, 1219.

870 *E. Schmidt*, NJW 1962, 664, 665.

871 Drucks. IV/178, S. 32, bei *E. Schmidt* a.a.O. zitiert.

872 *Schlothauer*, StV 1986, 213, 223.

Aussage für seine Verteidigung nicht doch besser sei."[873] Wenn man dann noch über § 136 StPO bzw. § 265 StPO hinaus[874] fordert, dass der Beschuldigte über neu entstandene Verdachtsgründe informiert werden müsse, kann man sich leicht vorstellen, dass der Beschuldigte hierdurch zu einer Aussage veranlasst werden könnte. Hinweise von Richterseite sind also nicht unproblematisch.

Zunächst soll ein Blick auf den § 136 I 2 StPO in der Praxis und auf die Ansichten hinsichtlich eines „Rats zu einem bestimmten Aussageverhalten" geworfen werden (II.), so schließt sich dem ein Blick auf weitere von Rspr. und Literatur entwickelte Belehrungen (III.) an, um abschließend die Erweiterung des § 265 und entsprechende Gegentendenzen (IV.) darzustellen. Hierbei werden sich viele wichtige „Bausteine" für die Entwicklung von Belehrungsvorschriften ergeben und weitere zu berücksichtigende Aspekte, damit die angestrebten Veränderungen eine Chance auf Akzeptanz in der Praxis haben.

II. § 136 I 2 StPO in der Praxis und Rat zu einem Aussageverhalten

1. Erweiterungspotenzial: Sprachliche Ausgestaltung der Belehrung gem. § 136 I 2 StPO in der Praxis

Das Gesetz schreibt eine bestimmte Form oder eine feste Formel der Belehrung nicht vor, und selbst die RiStBV enthalten in Nr. 45 I und 65 S. 1 lediglich den Hinweis, dass die Belehrung „aktenkundig" zu machen sei.[875] Bis auf die Tatsache, dass die Belehrung – selbstverständlich – nicht mehr nach der bis zum StPÄG 1964 geltenden Formel erfolgen darf, ist ein bestimmter Wortlaut nicht vorgeschrieben.[876] Dies ist deshalb besonders auffällig, weil Nr. 45 II RiStBV großen Wert darauf legt, dass die Aussagen des Beschuldigten, insbesondere sein Geständnis, genau protokolliert werden. Ausgerechnet für den wichtigen Bereich der konkreten Ausgestaltung der Belehrung fehlen aber jegliche Hinweise[877], die hier umso nötiger wären, als mit der alleinigen Wiedergabe des Gesetzeswortlauts nicht viel gewonnen ist.

Doch wie können weitergehende Hinweise aussehen? Nach E. Schmidt können diese nur zur Unterstreichung der Verhaltensalternativität dienen: Der genaue Wortlaut der Belehrung könne vom Wortlaut des Gesetzes zwar abweichen, der vernehmende Beamte oder Richter solle aber zur klaren Verdeutlichung der beiden Handlungsmöglichkeiten – Aussage oder Schweigen – ver-

---

873 *E. Schmidt*, NJW 1968, 1209, 1214.

874 Vgl. hierzu unten 4. Teil, 2. Abschnitt, B. IV. 2. b).

875 *Geppert*, Meyer-GS, 92, 100.

876 KK/*Boujong*, § 136 Rdnr. 12.

877 Auch *Artkämper*, Krim 1996, 471, 472 bemerkt diesen Mangel an Hinweise hinsichtlich der konkreten Umsetzung.

pflichtet sein.[878] Mehr als eine Klarstellung dessen, was § 136 I 2 StPO aussagt, ist dies aber nicht. Zudem liegt diesem die bereits oben als verfehlt erkannte Prämisse zugrunde, dass eine einfache Trennung des Einlassungsverhaltens des Beschuldigten in zwei Möglichkeiten erfolgen kann.[879]

In der Literatur findet sich die Idee, die Belehrung um den Hinweis zu ergänzen, dass der Beschuldigte auch Antworten auf einzelne Fragen verweigern dürfe.[880] Gerade diese Erweiterung zeigt aber, dass bestimmte Hinweise zwangsläufig andere nach sich ziehen müssen: Die Möglichkeit, auch auf einzelne Fragen nicht zu antworten, besteht zwar, ist aber mit den Gefahren der Verwertung des Teilschweigens[881] verbunden. Eine weitere Gefahr witterte der DRB im Zuge der Diskussion um das StPÄG 1964, was als – allerdings nicht sehr schlagkräftiges – Argument gegen jedwede Ergänzung des gesetzlichen Belehrungsinhalts herangezogen werden könnte: Durch „unkontrollierbare Nuancen" der Belehrungen werde die Gefahr von Missverständnissen auf Seiten des Beschuldigten geschaffen.[882] Die Empfehlung einer genaueren „Belehrungsrichtlinie" kann aber erst gegen Ende der Arbeit erfolgen.[883]

Ein Minimum[884] dessen, was vom Richter erwartet werden kann, ist aber jetzt schon festzuhalten: Zu vermeiden ist auf jeden Fall ein bloßes Verlesen der Belehrung in der Art eines blinden „Belehrungsformalismus`". Denn weder der für juristische Laien unverständliche Normtext noch die möglichen Begleitumstände wie monotones, gelangweiltes „Herunterleiern" der Belehrungsformel sind zur Vermittlung von Kenntnis und Verständnis geeignet.[885] Ausgangspunkt müssen die speziellen Fertigkeiten des Beschuldigten sein. Eine Orientierung an dem Ausdrucksvermögen des Beschuldigten und dessen Verständnishorizont ist deshalb vonnöten, weil die Wahrnehmung eines derart persönlichen Rechts wie die Verweigerung der Aussage eine individuelle, auf die Bedürfnisse des Beschuldigten zugeschnittene Belehrung erfordert.[886] Es ist auch eine Frage des Respekts gegenüber der Subjektsqualität des Beschuldigten, diesen nicht mit abstrakter Rechtssprache und für den Laien leblosen Gesetzesformulierungen zu überschütten, sondern ihm individuelle Verdeutlichungen angedeihen zu lassen,

---

878 *E. Schmidt*, NJW 1968, 1209, 1216: klares „Entweder-oder".

879 Vgl. oben „Beratungsbedarf", 2. Teil, 1. Abschnitt, wo dem Dualismus „Reden – Schweigen" eine Vielzahl von Möglichkeiten (Teilaussage, Teilschweigen etc.) entgegen gesetzt wurde.

880 KK/*Treier*, § 243 Rdnr. 37.

881 Vgl. schon oben zur Teilschweigeproblematik, 2. Teil, 1. Abschnitt, A. II. 3.

882 Bei *E. Schmidt*, NJW 1968, 1209, 1214.

883 Vgl. unten, 8. Teil.

884 Vgl. *Bauer*, 105: „Minimalanforderung".

885 *Artkämper*, Krim 1996, 471, 472.

886 *Geppert*, Meyer-GS, 92, 100.

damit er das Für und Wider seiner Aussagebereitschaft abwägen kann.[887] Stellt der Richter mithin fest, dass schon ein einfacher Satz wie „Sie wissen, dass sie hier nichts sagen müssen“ auf Unverständnis stößt, sei dies nun verbal oder nonverbal ausgedrückt, so muss er dem Beschuldigten seine Rolle im deutschen Strafprozess näher erläutern.[888]

Schon beim Erteilen der „normalen“ Belehrungen hat der Richter mithin gewisse Spielräume, die er aktiv im Sinne des Beschuldigten auszufüllen gefordert ist. Der Versuch, der normierten Belehrungsformel des § 136 I 2 gerecht zu werden, erfordert kein schablonenhaftes, sondern ein individuelles Eingehen auf den Beschuldigten.

2. Stellungnahmen in der Literatur zum Thema „Hinweis auf Vorteile der Aussage in dieser Situation“

Ausgangspunkt dieser Betrachtung muss sein, dass die Strafverfolgungsbehörden im Hinblick auf die Aufdeckung der materiellen Wahrheit an der Aussage des Beschuldigten ein großes Interesse haben.[889] Es stellt sich aber nicht lediglich die Frage, „welche Schritte von Seiten des Vernehmenden erlaubtermaßen unternommen werden dürfen, um den Beschuldigten „zum Sprechen“ zu bringen.“[890] Wie sich noch zeigen wird, ist hiermit auch die Frage verbunden, inwiefern dem Beschuldigten eine Einschätzung seiner Situation – und insbesondere der beweisrechtlichen – erleichtert werden muss. Doch zunächst soll die Frage betrachtet werden, in welcher Art dem Beschuldigten eine generelle Einlassung zum Anklagevorwurf nahe gelegt werden darf.[891] Hierzu finden sich unterschiedliche Auffassungen in der Literatur.

a) Erläuterung der Verfahrenslage

Dass eine direkte Aufforderung zur Aussage mit dem nemo tenetur-Grundsatz nicht vereinbar ist, bedarf keiner weiteren Begründung. Allerdings findet sich in der Literatur die Idee, man werde dem Vernehmenden gestatten müssen, mit größter Behutsamkeit und Zurückhaltung dem Beschuldigten den Entschluss zur Mitwirkung an der Wahrheitsfindung dadurch zu erleichtern, dass ihm Beweise und Verdachtsmomente erläutert werden.[892] Belehrungen, die dazu geeignet

---

887 *Geppert*, Meyer-GS, 92, 100.

888 *Artkämper*, Krim 1996, 471, 472.

889 *Walder*, 133.

890 *Walder*, 133.

891 Zum „spezielleren Fall“, dem Geständnis, vgl. direkt im Anschluss 4. Teil, 2. Abschnitt, B. II. 3.

892 *Bauer*, 59, BGHSt 14, 189, 191.

sind, dem Beschuldigten die „korrekte Einschätzung" seiner gegenwärtigen Situation und der Rechtslage zu erleichtern, sollen nicht unzulässig sein.[893] Der vernehmende Richter sei auch nicht daran gehindert, den Beschuldigten darauf hinzuweisen, dass ihm eine Aussageverweigerung Nachteile bringen könnte, insbesondere, wenn entlastende Umstände möglich erscheinen, die nur der Beschuldigte selber kennen kann.[894] Belehrungen seien dabei nicht als Beeinträchtigung der Entschlussfreiheit zu verstehen, vielmehr sei es erlaubt, dem Beschuldigten zu verdeutlichen, in welcher Lage er sich befinde, und ihm dabei aufzuzeigen, welche Indizien für seine Schuld sprechen und ihm die potenziellen Folgen, die sein Verhalten haben kann, vor Augen zu führen.[895]

b) Ansatz Hanacks

Doch Vorsicht dominiert das Bild. Dies wird besonders an der äußerst ambivalenten Äußerung Hanacks[896] deutlich: Die Zweischneidigkeit des Schweigens dürfe der Vernehmende dem Beschuldigten „schon"[897] vor Augen führen, auch könne die unverhüllte Empfehlung zur Sachäußerung – auch gegen die Ansicht des Verteidigers – durch die Fürsorgepflicht geboten sein,[898] allerdings sei äußerste Zurückhaltung zu empfehlen. Ein Hinweis auf die Nachteile des Schweigens sei dann angebracht, wenn der Beschuldigte „ersichtlich nicht begriffen habe", dass die Vernehmung in wesentlichem Maße seiner Verteidigung dienen solle. [899] Hierbei stellt sich aber das Problem der richterlichen Prognose des Vernehmungsverlaufs: In der Situation der Vernehmung lässt sich nämlich meist noch nicht sagen, ob der Beschuldigte sich durch seine Angaben belasten oder entlasten wird.[900] Dies ist aber ein Grundproblem jeder Beratung, vor dem auch der Verteidiger steht, der seinen Mandanten auf die Hauptverhandlung vorbereitet.

---

893 *Bauer*, 59 m.w.N., BGHSt 1, 387, 388.

894 LR/*Hanack*, § 136 Rdnr. 24; KK/*Boujong*, § 136 Rdnr. 12.

895 BGHSt 1, 387, 388 enthält mit der Idee, dem Beschuldigten „die Einschätzung seiner Lage zu erleichtern" aber auch schon prognostische Elemente; s. hierzu 5. Teil.

896 LR/*Hanack*, § 136 Rdnr. 24.

897 Die Wortwahl „schon" verdeutlicht hier die Verunsicherung. Das Wort „schon" ist hier ebenso überflüssig wie ein gleichbedeutendes „durchaus": Entweder darf dies der Vernehmende oder nicht. Dies bedarf dann keiner Relativierung.

898 Der Gedanke geht auf *Kleinknecht*, JZ 1965, 153, 156 zurück: „ Der Vernehmende ist nicht verpflichtet, eine rasch und anscheinend nicht genügend überlegte negative Erklärung einfach hinzunehmen."

899 LR/*Hanack*, § 136 Rdnr. 24.

900 *Bauer*, 168.

c) Ansatz Boschs

Bosch setzt sich zumindest für die Situation der Hauptverhandlung dafür ein, dass der Richter aus seiner dominierenden Stellung heraus einen Ausgleich für die mangelnde Handlungskompetenz des Beschuldigten herbeiführt.[901] Aufgrund der im Prozessrecht nur mangelhaft verwirklichten `Waffengleichheit` und der Tatsache, dass der Beschuldigte lediglich in den Fällen des § 140 StPO Anspruch auf einen Verteidiger[902] hat, nimmt er einen gewissen Widerspruch zur Unparteilichkeit des Richters in Kauf, um eine genügende Handlungskompetenz auch des unverteidigten Beschuldigten herzustellen.[903] Jedoch will Bosch die Belehrungen auf „offensichtliche Fehlvorstellungen über die Folgen einer Aussageverweigerung" begrenzen.[904] Denn man dürfe nicht zu der Wertung gelangen, dass der Beschuldigte nicht in der Lage sei, eigenverantwortlich über die Wahrnehmung seiner Rechte zu entscheiden, weshalb eine Reduktion auf die Mitteilung von Tatsachen, rechtlichen Hinweisen und Belehrungen zu erfolgen habe.[905]

d) Prozesssubjektsstellung und Eigenverantwortung als Maßstab?

Angesprochen wird hierdurch die sich aus der Prozesssubjektsstellung[906] des Beschuldigten ergebende Verantwortung dafür, seine Verteidigung zweckmäßig zu führen. Mit der Befugnis zu schweigen sei auch die Pflicht verbunden, die Verantwortung dafür zu tragen, dass dieses Verhalten sich günstig für den Beschuldigten auswirkt.[907] Sofern nämlich der Hinweis auf die zweckmäßige Verteidigung zu einem Freispruch entgegen der Wahrheit führt, tritt ein Konflikt mit der Pflicht auf, ein materiell richtiges Urteil zu fällen.[908] Deshalb ist es nicht unproblematisch zu fordern, der Richter solle dem Beschuldigten dessen Lage verdeutlichen, ihm die gegen ihn sprechenden Beweiszeichen erläutern und ihm die Konsequenzen vor Augen führen, die sein Verhalten haben kann.[909] Dies würde dazu führen, dass der Beschuldigte einerseits auf sein Schweigerecht hingewiesen werden müsste, andererseits aber gefordert würde, ihn bei für ihn ungünsti-

901 *Bosch*, 136.

902 Vgl. hierzu oben 4. Teil, 1. Abschnitt, A.

903 *Bosch*, 136.

904 *Bosch*, 137.

905 *Bosch*, 136.

906 Vgl. zu diesem Aspekt unten, 7. Teil.

907 *Maiwald*, Lange-FS, 745, 762.

908 *Maiwald*, Lange-FS, 745, 763, der den Konflikt zwischen Überwachung der Wahrnehmung von Verteidigungsrechten und der Wahrheitsfindung für nicht auflösbar hält.

909 *Schorn*, MDR 19666, 639, 640.

ger Beweislage vom Gebrauchmachen dieses Rechts abzuraten; er müsste also immer „zu seinem Besten“ beraten werden.[910]

Dieser Gegensatz gibt Anlass zu der Warnung, dass mit einem derartigen Vorgehen letztlich doch wieder nur Belehrungen provoziert werden, die den Beschuldigten zu einer Aussage drängen und somit unzulässig seine autonome Entscheidung beeinträchtigen. Kritisch bemerkt wird in diesem Zusammenhang, der Beschuldigte müsse selbst entscheiden, was das Beste für ihn wäre, eine Einmischung in die Verteidigungsmöglichkeiten sei nicht gewünscht, sondern lediglich eine Information über Rechte und Möglichkeiten.[911] Die prinzipielle Art, wie sich der Beschuldigte verteidigt, dürfe nicht der Beurteilung des Gerichts unterworfen sein, da dies dem Grundsatz eigenverantwortlicher, selbstständiger und unabhängiger Verteidigung widerspreche, welcher es dem Beschuldigten ermöglichen solle, sich so zu verteidigen, wie er es für geboten und zweckmäßig halte.[912]

Hierfür streitet auch die Befürchtung, der Richter werde sehr schnell zu der Annahme kommen, dass eine Aussage besser für den Angeklagten wäre, weil dies ihm die Sachaufklärung sehr erleichtert.[913] Diese Argumentationslinie führt dazu, dass der Richter lediglich auf die Verhaltensalternative Reden oder Schweigen hinweisen darf und in keiner Form für befugt gehalten wird, die Wahl des Beschuldigten positiv oder negativ zu bewerten.[914] Zusammenfassend könnte man diese Ansicht auf die Kurzformel: „Ausschließlich Belehrung, aber keine Beratung“ bringen. Dies erinnert an Ausführungen des BGH, die Belehrung beziehe sich nur auf die Freiheit, nicht aussagen zu müssen, nicht jedoch auf sonstige zu befürchtende Nachteile.[915] Ähnlich formuliert Ransiek: Geschützt durch das Selbstbezichtigungsprivileg sei lediglich die Selbstbestimmtheit der Entscheidung des Beschuldigten über seine Selbstbelastung, nicht aber die Chance, durch möglichst umfassende Informationen die günstigste Verteidigungsstrategie auswählen zu können.[916]

Schon die strikte Grenzziehung zwischen Belehrung und Beratung erweckt jedoch Bedenken und ist als Abgrenzungskriterium[917] eine zu unsichere Basis, an der sich die Hinweise des Gerichts orientieren könnten. Denn kann man wirklich so weit gehen und sagen, dass unter dem Deckmantel fürsorglicher

---

910 *Hübner*, 145.

911 *Hübner*, 145.

912 *Niemöller*, 40.

913 *Hübner*, 146, die feststellt, dass der Richter zur Aussage mit Sicherheit eher raten würde als ein Verteidiger in vergleichbarer Verfahrenssituation.

914 *Hübner*, 146, 147; ähnlich *Bosch*, 136 / 137.

915 BGHSt 20, 281, 283.

916 *Ransiek*, 69.

917 Vgl. oben, 3. Teil, 1. Abschnitt A.

Belehrungen bzw. Beratungen doch nur versucht wird, den Beschuldigten zum Reden zu bringen und deshalb jegliche Hinweise des Vernehmenden nach Ausübung des Schweigerechts zu einer besseren Verteidigungsstrategie ablehnen?[918]

Dieser Ansatz erscheint zu weitgehend, denn immerhin kann es so sein, dass der Beschuldigte erst durch den Hinweis des Gerichts erkennt, dass seine Einlassung zur Entdeckung von Tatsachen und Beweismitteln mit entlastender Wirkung führen können, denn auch zur Ermittlung entlastender Momente sind Polizei, Staatsanwaltschaft und Gericht schließlich verpflichtet.[919] Nicht übersehen werden darf allerdings, dass eine „auf alle Eventualitäten eingehende, umfassende, vielschichtige Belehrung auf Unverständnis beim Beschuldigten" stoßen kann.[920]

3. Hinweis auf die strafmildernde Wirkung des Geständnisses, Problem der „Sanktionenschere"

Die strafmildernde Wirkung des Geständnisses war bereits im 2. Teil Gegenstand eingehender Betrachtungen[921] und soll jetzt hier weiter verfolgt werden. Gibt der Richter den Hinweis, dass ein Geständnis diese Wirkung haben kann, so begibt er sich in den schwer abgrenzbaren Bereich zwischen Belehrung und Beratung. Denn dieser Hinweis ist aus Sicht des Beschuldigten doppeldeutig: Er kann ihn so verstehen, dass Geständnisse *grundsätzlich* mildernde Wirkung haben; er kann diesen Hinweis aber auch so interpretieren, dass *in seinem Fall* eine Strafmilderung in Aussicht steht. Die Übergänge zwischen abstrakter Information und konkreter Empfehlung sind fließend.[922] Es kann auch nicht ausreichen, dass der Hinweis des Gerichts „vor allem als Rechtsbelehrung" verstanden werden kann.[923] Der Beschuldigte wird rechtliche Auskünfte nämlich fast immer auf seinen Fall beziehen, so dass Informationen als Empfehlung wirken können.[924] Deutlich macht dies BGHSt 14, 189, wo der Richter darauf hingewiesen hatte, dass nach dem Akteninhalt allein ein Geständnis Anlass für die Zubilligung mildernder Umstände sein könne.[925] Der Verteidiger riet dem Angeklagten daraufhin zu einem Geständnis, er habe die Wahl zwischen Zuchthaus und Gefängnis in seiner Hand. Offensichtlich ist, dass der Verteidiger die Aussagen des Ge-

---

918 *Bosch*, 140.

919 *Gössel*, GA 2001, 192, 193.

920 *Artkämper*, Krim 1996, 393, 397.

921 Vgl. oben 2. Teil, 2. Abschnitt, D.

922 Vgl. hierzu für das Mandanten-Verteidiger-Gespräch *Krekeler*, Friebertshäuser-FG, 53, 54. Zur konkreten Empfehlung einer Aussage vgl. oben 4. Teil, 2. Abschnitt, B. II. 2.

923 *Schmidt-Hieber*, StV 1986, 355, 356.

924 Vgl. *Krekeler*, Friebertshäuser-FG, 53, 54; *Schmidt-Hieber*, Wassermann-FS, 995, 1001.

925 BGHSt 14, 189, 190.

richts als offene Empfehlung interpretierte.[926] Umso merkwürdiger mutet es dann an, wenn es vom BGH lediglich für bedenklich gehalten wurde, wenn das Gericht eine Erklärung abgegeben hätte, die als bindende Zusage aufgefasst werden könne.[927] Denn gerade dies war ja aus Sicht der Verteidigung der Fall, was auch in der Berufung der Revision auf § 136 a StPO deutlich wurde, denn die Verteidigung war vom Ausbleiben der Berücksichtigung mildernder Wirkung offensichtlich überrascht. Es ist also mehr als zweifelhaft, ob eine neutrale, vom Verfahren unabhängige Belehrung überhaupt möglich ist[928]; denn der Beschuldigte wird derartige gerichtliche Hinweise als Aufforderung zum Geständnis verstehen.[929]

Ein Hinweis des Gerichts auf die strafmildernde Wirkung enthält also auch eine Bestandsaufnahme hinsichtlich der Sach- und Rechtslage; es handelt sich um eine mehr oder weniger konkrete Mitteilung darüber, welche Auswirkungen ein Geständnis *in dem konkreten* Fall haben könnte.[930] Dies kann nur dadurch verhindert werden, dass mit der Darlegung der gerichtlichen Auffassung zur Beweislage zusätzlich deutlich gemacht wird, dass die endgültige Würdigung erst nach Abschluss der mündlichen Verhandlung möglich ist und erfolgt.[931] Zusätzlich müsste dem Beschuldigten deutlich gemacht werden, dass die aus seinem Geständnis erkennbar werdenden schulderschwerenden Gesichtspunkte natürlich berücksichtigt werden dürften.[932] Derjenige Beschuldigte, der wegen der ungünstigen Beweislage eine Verurteilung fürchtet und der durch eine eventuell unrichtige Selbstbezichtigung hofft, wenigstens in den Genuss der angekündigten Strafmilderung zu gelangen[933], würde nämlich von einer Verurteilung ohne Milderung überrascht.

---

926 Der BGH erklärt in BGHSt 14, 189, 192 lapidar, dass das Gericht „darauf, was der Verteidiger dem Angeklagten außerhalb der Hauptverhandlung erkläre", keinen Einfluss habe. Ein derart entstandener Irrtum rechtfertige die Anwendung von § 136 a StPO aber nicht.

927 BGHSt 14, 189, 191.

928 Die Abgrenzungsschwierigkeiten verdeutlicht BGH StV 2002, 115, 115, wo der Vorsitzende ausführte, „das Fehlen einer Einsicht könne beim Strafmaß Berücksichtigung finden", wo „unter Berücksichtigung der Erklärungssituation" (116) ein abstrakter Hinweis abgelehnt wurde.

929 *Schmidt-Hieber*, Wassermann-FS, 995, 1000.

930 *Schmidt-Hieber*, Wassermann-FS, 995, 1001.

931 *Schmidt-Hieber*, Wassermann-FS, 995, 1002, der vom Gericht immer den eindeutigen Vorbehalt fordert, dass der Verlauf der Hauptverhandlung zu anderen Ergebnissen führen könne.

932 *Jerouschek*, ZStW 102, 793, 807 mit dem Beispiel eines Angeklagten, der die angeklagte Tat (Totschlag) durch die Schilderung seiner finanziell bedrängten Lage zu erklären versucht.

933 *Schmidt-Hieber*, Wassermann-FS, 995, 1004.

Die Formel, der Richter dürfe eine Strafmilderung zwar nicht versprechen, aber es sei auch nicht verboten, „den Angeklagten über diese Möglichkeit beredt, wenn nicht vielsagend, zu instruieren", kaschiert den Widerspruch, der sich aus der gefährlichen Nähe zu § 136 a StPO (gesetzlich nicht vorgesehener Vorteil) ergibt, mehr, als dass sie ihn ausräumt.[934] Gerade im existenziellen Bereich des Geständnisses müssen starke Zweifel an der Idee einer „stimulationsneutralen Information"[935] geltend gemacht werden.

Wenn das Gericht den Angeklagten durch Inaussichtstellen von Straferleichterungen und einer milden Verurteilung drängt, kann man durchaus von einer Verletzung des fair-trial-Prinzips sprechen.[936] Die Entschließungsfreiheit des Angeklagten hinsichtlich seines Verteidigungsverhaltens wird stark beeinträchtigt.[937]

Die Drohung mit der Sanktionenschere ist ein nach wie vor aktuelles und kontrovers diskutiertes Thema: Ein Antrag beim 63. Deutschen Juristentag lautete, ob es dem Gericht zu verbieten sei, dem nichtgeständigen Beschuldigten den Unterschied einer Strafe bei Geständnis oder ohne Geständnis nach streitiger Verhandlung vor Augen zu führen.[938] Dies wurde aber mehrheitlich abgelehnt. Derartige Hinweise können als Drohung bezeichnet werden und der dem Geständnis zugrunde liegende Konsens als erzwungen.[939] Zumindest ist es äußerst bedenklich, den Angeklagten vor die Alternative „bei Geständnis Geldstrafe – ohne Geständnis Freiheitsstrafe" zu stellen, obgleich man hierin keinen gesetzlich nicht vorgesehenen Vorteil i.S.d. § 136 a StPO erblicken mag.[940] Das Aufzeigen einer solchen „Sanktionenschere" sei zwar das probateste Mittel zur Förderung der Geständnisbereitschaft, auf der anderen Seite würden Formen und Abläufe geschaffen, die „einem orientalischen Teppichhandel nicht unähnlich" seien.[941] Angesichts des schmalen Grades zwischen Angebot einer Strafmilde-

---

934 *Jerouscheck*, ZStW 102, 793, 807.

935 Der Begriff geht auf *Roxin*, Hanack-FS, 1, 13 zurück.

936 *Eser*, ZStW 102, 361, 373; Hamm, ZRP 1990, 337, 339; *Schünemann*, 58. DJT, B 115.

937 *Hamm*, ZRP 1990, 337, 339; zustimmend *Küpper/Bode*, Jura 1999, 351, 357.

938 Nr. VII 6, Ergebnis 48:26:8.

939 *Salditt*, StraFo 2001, 311, 313 m.w.N., der darauf hinweist, dass in England Lord Chief Justice es seinen Richtern ausdrücklich verboten haben, die Angeklagten derart zu intimidieren.

Auch *Däubler-Gmelin*, StV 2001, 359, 362 hält die Drohung hiermit für „nicht durchgehend rechtsstaatlich akzeptabel". Wie aber „die Einschaltung des Gerichts und die Einhaltung der rechtsstaatlichen Mindeststandards" Abhilfe schaffen sollen, lässt sie offen.

940 *Meyer-Goßner*, StraFo 2001, 73, 74.

941 *Hamm*, Meyer-Goßner-FS, 33, 38.

rung und Drohung mit einer Strafverschärfung wird man wohl sagen müssen, dass es sich um zwei Seiten derselben Medaille handelt.[942]

Dass insbesondere im Rahmen von Abspracheverhandlungen ein besonderer Druck auf dem Beschuldigten lastet, haben Wagner/ Rönnau zum Anlass genommen, eine Ergänzung des § 136 a StPO vorzunehmen, wonach „die durch das einvernehmliche Verfahren möglichen Beeinträchtigungen im Bereich der Willensentschließung hinzunehmen seien."[943] Wegen der Vorteile des einvernehmlichen Verfahrens für alle Beteiligten seien diese Beeinträchtigungen der Aussagefreiheit hinzunehmen, da der Beschuldigte sie mit der Wahl dieser Verfahrensform zumindest konkludent akzeptiert habe.[944]

Man muss diese Argumentation nur umkehren, um ein weiteres Argument gegen das Hantieren mit der Sanktionenschere zu erlangen: Der Angeklagte, der sich nicht auf einen Handel mit dem Gericht einlassen möchte, hat gerade nicht auf einen Teil der schützenden Formen des Verfahrensrechts verzichtet. Deshalb besteht Anlass, ihn vor Beeinträchtigungen seiner Entscheidungsfreiheit zu schützen. Man kann sich nur Küpper/Bode anschließen, die dazu aufrufen, jeden Anschein zu vermeiden, dass ein „ungeduldiges" Gericht den bereits durch seine Anwesenheit in der Hauptverhandlung psychisch belasteten Angeklagten zur Abgabe einer Erklärung drängt.[945] Schon der Vorschlag, eine Beeinträchtigung der Willensfreiheit im Rahmen von Verständigungen akzeptieren zu wollen, zeigt deutlich, dass die Willensfreiheit des Beschuldigten beim Hantieren mit der Sanktionsschere bedroht ist. Zusammenfassend lässt sich sagen, dass ein globaler Hinweis auf die strafmildernde Wirkung des Geständnisses geeignet ist, den Beschuldigten in die Irre zu führen.[946]

4. Fazit zu II.

Im Hinblick auf die sprachliche Ausgestaltung des § 136 I 2 StPO in der Praxis und angesichts gerichtlicher Empfehlungen zu einem bestimmten Verhalten lässt sich Folgendes als Ergebnis festhalten:

---

942 *Weigend*, BGH-FG, 1011, 1031; vgl. aber auch v. Gallen/Wattenberg, ZRP 2001, 445, 450, die darauf hinweisen, dass auch vorläufige Bewertungen von Rechtsfragen diese intimidierende Wirkung entfalten kann.

943 *Wagner/Rönnau*, GA 1990, 387, 395.

944 *Wagner/Rönnau*, GA 1990, 387, 395 mit dem Hinweis darauf, dass ein engagierter Verteidiger den Beschuldigten vor allzu großer Beeinträchtigung seiner Prozesssubjektsstellung bewahren kann.

945 *Küpper/Bode*, Jura 1999, 393, 400.

946 *Dencker*, ZStW 102, 51, 78, der ausführt, dass solche globalen Hinweise faktisch den Weg zum „Deal" ebneten. Bedenken hinsichtlich des Drucks im Vorverfahren geltend machend *Hamm*, Meyer-Goßner-FS, 33, 40.

a) Über die Art und Weise, wie § 136 I 2 StPO in der Praxis umgesetzt werden soll, gibt es kaum konkrete Aussagen. Zusätzliche Hinweise über den Wortlaut hinaus führen meist zur Notwendigkeit weiterer Hinweise, wie z.B. der Hinweis auf die Möglichkeit einer Teilaussage eine Belehrung über die Konsequenzen des Teilschweigens erfordert. Für neu zu schaffende Belehrungspflichten bedeutet dies, dass zwischen den Polen „zu starker Belehrungsformalismus" und „unkontrollierbare Nuancen" ein Ausgleich bei der Auslegung der Vorschrift zu finden ist. Im Ergebnis ist eine maßvolle gesetzliche Regelung, die den Richter ausreichend bindet, aber auch genug „Handlungsspielraum" lässt, vorzuziehen. Geschehen kann dies durch zwingende und fakultative Belehrungs-Elemente, deren Inhalt hinreichend konkret beschrieben ist.

b) Hinweisen im Sinne eines Rats zur Aussage in dieser Situation wird vorsichtig gegenübergestanden: Meist wird nur eine Erläuterung der Verdachtsmomente oder ein Eingreifen des Gerichts zugelassen, wenn der Beschuldigte die „Verteidigungsabsicht ersichtlich nicht begriffen" habe oder „offensichtliche Fehlvorstellungen über die Folgen der Aussageverweigerung" vorlägen. Vieles spricht dafür, die Verantwortung für die Wahl des Aussageverhaltens dem Beschuldigten zuzuweisen: Die Lösung dieser Fragen wird berücksichtigen müssen, dass eine Beratung immer „zum Besten" des Angeklagten nicht mit der Pflicht zur Sachaufklärung des Gerichts vereinbar ist, andererseits das Gericht auch sehr schnell eben aus dieser Aufgabe heraus zu der Ansicht gelangen wird, dass eine Aussage sinnvoll ist. Vieles spricht dafür, lediglich die Rahmenbedingungen zu liefern, auf deren Grundlage der Angeklagte eine eigene Entscheidung treffen kann. Hierauf wird unter dem Gesichtspunkt der Wahrung der Subjektsstellung im 7. Teil zurückzukommen sein.

c) Die Untersuchung des Hinweises des Gerichts auf die strafmildernde Wirkung des Geständnisses zeigt zweierlei: Zum einen kann die Entscheidungsfreiheit durch derartige gerichtliche Hinweise massiv gefährdet werden. Zum anderen gibt es keine „stimulationsneutrale Belehrung" in diesem Bereich. Es spricht also vieles dafür, solche aus Gründen des „Schutzes vor dem ungeduldigen Gericht" nicht zu akzeptieren.

III. Weitere von Rechtsprechung und Literatur entwickelte Belehrungspflichten

In Rechtsprechung und Literatur sind verschiedene zusätzliche Belehrungen entweder bereits anerkannt oder werden noch gefordert. Die hierbei deutlich werdenden Probleme sowie die Vor- und Nachteile der einzelnen Belehrungen liefern wertvolle Erkenntnisse auf dem Weg zu einem den Ergebnissen des 2. Teils gerecht werdenden Belehrungs- und Beratungskonzept.

1. Die sog. „qualifizierte Belehrung"

a) Ziel und Inhalt

Die sog. qualifizierte Belehrung stellt einen interessanten Fall einer von der Rechtsprechung entwickelten, aber nicht voll anerkannten Belehrung dar, weil sie in enger Verbindung zur geschriebenen Belehrungspflicht des § 136 I 2 StPO steht. Ist die „normale" Belehrung gem. § 136 I 2 StPO unterblieben, stellt sich die Frage, ob das bloße Nachholen der versäumten Belehrung dazu führt, dass alle weiteren nachfolgenden Aussagen verwertet werden dürfen[947], denn – so könnte man argumentieren – eine Heilung des bisherigen Verfahrensverstoßes könnte das Gericht auch dadurch herbeiführen, dass es nach vorschriftsmäßiger Belehrung die ganze Vernehmung wiederholt.[948] Denn grundsätzlich genügt es, dass ein fehlerhaft durchgeführter Vorgang in fehlerfreier Form wiederholt wird.[949] Indes wird eine Erweiterung, eine sog. „Qualifizierung" der Belehrungsformel, gefordert. Diese Qualifikation der Belehrung besteht darin, dass dem Beschuldigten erklärt werden muss, dass seine vorhergehenden Aussagen, die zeitlich vor der nun folgenden Belehrung erfolgten, nicht verwertet werden dürfen und er völlig unabhängig von früheren Aussagen über sein Aussageverhalten entscheiden kann.[950] Mit anderen Worten: Seine bisherige Einlassung wird als nicht existent betrachtet und nicht verwertet.[951] Hierdurch soll dem Eindruck beim rechtsunkundigen Beschuldigten vorgebeugt werden, dass er die bereits gemachte Aussage ohnehin nicht mehr aus der Welt schaffen könne, denn ein Fehlglauben in diesem Bereich verhindert, dass der Beschuldigte von einer realen, „echten" Alternative hinsichtlich seines Aussageverhalten ausgeht, was zu einer empfindlichen Beschneidung der Entschließungsfrage hinsichtlich des „Ob" und des Umfangs der Aussage führen kann.[952] Man kann nämlich gerade nicht sagen, es entstehe das psychologisch kaum zu lösende Problem, wie sich der Richter von dem unter das Belehrungsverbot fallende Wissen trennen soll. Es gehe um eine „Ansteckung" des Richters durch die Vergiftung der Beweisführung schlechthin[953], denn es ist prozessrechtlich eine durchaus nicht unge-

---

947 So noch BGHSt 22, 129 136.

948 *E. Schmidt*, NJW 1968, 1209, 1217.

949 BGHSt 30, 74, 76.

950 *Bosch*, 336; *Grünwald*, JZ 1968, 752, 753; *Schünemann*, MDR 1969, 101, 103; *Geppert*, Meyer-GS, 92 ff; *Neuhaus*, NStZ 1997, 313, 315.

951 *Bauer*, 179; *Artkämper*, Krim 1996, 393, 398: Die Erkenntnisse hätten sich zwar nicht praktisch, aber rechtlich in Luft aufgelöst.

952 *Bosch*, 337; *Geppert*, Meyer-GS, 92, 95 spricht von „resignierendem Fehlglauben".

953 So aber *Neuhaus*, NStZ 1997, 312, 316.

wöhnliche Situation, dass das Gericht ein bestimmtes Wissen bei seinen Entscheidungen unbeachtet lassen muss.[954]

b) Entstehung des Gedankens der qualifizierten Belehrung

Die Diskussion um die qualifizierte Belehrung beginnt bei BGHSt 22, 129. Ein Beschuldigter, der nicht belehrt worden war, hatte ein Geständnis nach einer einfachen, nachgeholten Belehrung wiederholt. Dies sollte nach Ansicht des BGH verwertbar sein, auch wenn der Beschuldigte vorher an eine Aussagepflicht geglaubt haben sollte.[955] Gerade weil dieses 2. Geständnis von einer anderen Person entgegengenommen wurde, von der Kenntnis des ersten Geständnisses (durch das Protokoll) zu erwarten war, stellt sich die Frage, ob der Beschuldigte „nicht in dem Irrtum befangen war, er könne sein Geständnis doch nicht mehr aus der Welt schaffen."[956] Der BGH war jedoch der Ansicht, derart allgemein könne ein fortwirkender Zwang nicht anerkannt werden[957], da für eine Fortwirkung des psychologischen Zwangs wie im Bereich des § 136 a „besondere Umstände" erforderlich seien.[958] Die Unverwertbarkeit trotz „korrekter" Belehrung sei eine absonderliche Folge[959] und das Gericht durchaus in der Lage, den Wahrheitsgehalt „unter Beachtung der psychologischen Situation" zutreffend zu bewerten.[960]

Der BGH ist heftig für diese Sichtweise kritisiert worden, weil die Sorge offenkundig war, dass durch die qualifizierte Belehrung wichtige Beweisquellen versiegen könnten.[961] Der Gedanke der Fortwirkung, der für § 136 a StPO herangezogen werde, könne auch auf den Fall der unterlassenen Belehrung übertragen werden, denn wer am Vormittag bereits ein protokolliertes Geständnis ohne vorherige Belehrung abgelegt habe, dem müsse die einfache Belehrung wie eine leere Floskel erscheinen.[962] Nach einem Verstoß gegen § 136 StPO erwachse dem Staat aus Ingerenz die Pflicht, den Beschuldigten bei der nächsten Vernehmung über die Rechtslage voll aufzuklären.[963] Man darf hierbei allerdings nicht vergessen, dass diese BGH-Entscheidung noch aus einer Zeit

[954] *E. Schmidt*, NJW 1968, 1209, 1218 mit dem Hinweis, dass ein solches „Abschalten" aber immer eine ungute Sache sei.

[955] BGHSt 22, 129, 134.

[956] *Geppert*, Meyer-GS, 92, 103.

[957] BGHSt 22, 129, 134.

[958] BGHSt 22, 129, 134.

[959] BGHSt 22, 129, 135.

[960] BGHSt 22, 129, 135, 136.

[961] *Geppert*, Meyer-GS, 92, 103.

[962] *Schünemann*, MDR 1969, 101, 102.

[963] *Schünemann*, MDR 1969, 101, 103.

stammt, zu der der BGH an den Verstoß gegen eine Belehrung in der Hauptverhandlung kein Beweisverwertungsverbot knüpfte. Insofern stellte sich die Frage nach einer qualifizierten Belehrung nicht.[964] Unter diesen gewandelten Bedingungen erweist sich die Entscheidung BGHSt 22, 129 unter heutigem Blickwinkel als Quelle ohne Wert.[965]

Eine wichtige Erkenntnis kann die Entscheidung aber dennoch vermitteln: Aus ihr lässt sich ableiten, dass die reservierte Haltung der Praxis gegenüber den Belehrungspflichten bei deren Einführung und bei deren Erweiterung durch das StPÄG 1964 sich hier auf anderer Ebene fortsetzt: Die Ablehnung qualifizierter Belehrung ist ein Mittel, um die gesetzgeberische Entscheidung, insbesondere die aus dem Jahre 1964, für eine umfassende Belehrung des Beschuldigten auf Umwegen wieder wirkungslos zu machen.[966]

Ein gutes Beispiel, wie sich die Einstellung zum Institut der qualifizierten Belehrung nach BGHSt 38, 214 in der amtsgerichtlichen Rechtsprechung entwickelt hat, zeigt ein Urteil des AG Hann. Münden[967]: Ein Beschuldigter, der weit entfernt von seinem verunfallten Fahrzeug in betrunkenem Zustand gefunden wurde, „faselte“ sehr undeutlich etwas von „Auto und Unfall“ und wurde daraufhin belehrt, dass er nichts weiter zu sagen brauchte, wobei sich der vernehmende Beamte unsicher war, ob der Beschuldigte dies aufgrund seines Blutalkohols von mindestens 1,76 Promille verstanden hatte. Bei seiner zweiten Vernehmung wurde er nochmals über sein Schweigerecht belehrt. Das AG Hann. Münden beanstandete, dass angesichts der vorhandenen Zweifel bezüglich der Tatsache, ob der Beschuldigte die erste Belehrung verstanden hatte, dies zu einer qualifizierten Belehrung bei der zweiten Vernehmung hätte führen müssen dergestalt, dass diesem hätte gesagt werden müssen, dass „im Falle des Schweigens das, was er bisher gesagt hatte, nicht verwertbar sei.“[968] Es hätte nach Meinung des Gerichts ausgeschlossen werden müssen, „dass der Angeklagte seine weiteren Angaben nur deshalb gemacht hatte, weil er der Meinung war, ja schon zuvor etwas zugegeben zu haben und deshalb von dieser Aussage sowieso nicht mehr herunterkommen könne.“[969]

---

964 *Geppert*, Meyer-GS, 101, 106.

965 *Neuhaus*, NStZ 1997, 313, 314.

966 *Geppert*, Meyer-GS, 101, 119, welcher von „unverkennbaren Nachhutgefechten“ spricht.

967 AG Hann. Münden, StraFo 1997, 273, 273; weiteres Beispiel beim AG München, StV 2001, 501, 501.

968 AG Hann. Münden, StraFo 1997, 273, 273, wiederum mit dem Argument, dass eine vermeintliche Bindung an das zuvor Gesagte ausgeschlossen werden müsse. Wenn man das erste Ansprechen als „informatorische“ Befragung einordnet, was angesichts des einordnenden Charakters des 1. Ansprechens durchaus möglich wäre, hätte man es mit der Problematik der „qual. Belehrung nach informatorischer Befragung“ zu tun, s. unten 4. Teil, 2. Abschnitt, B. III. 1. d).

969 AG Hann. Münden, StraFo 1997, 273.

Der Gedanke der vorzeitigen „Bindung“ an zuvor gemachte Aussagen wiederholt sich damit immer wieder. Er ist deshalb so wichtig, weil es gerade für einen juristischen Laien sehr schwer ist, sich vorzustellen, dass eine Vernehmungsperson Beweismittel auch dann nicht wird verwerten dürfen, selbst wenn das „Vernehmungsprotokoll fein säuberlich in den auf dem Tisch liegenden Ermittlungsakten abgeheftet ist.“[970] Der Gedanke der qualifizierten Belehrung findet sich auch in anderen Fallgruppen wieder.

c) Erweiterung auf Fälle des § 136 a StPO

Im Falle des Vorliegens eines Beweisverwertungsverbots gem. § 136 a StPO wurde von der Rechtsprechung ebenfalls die Notwendigkeit einer qualifizierten Belehrung angenommen. Das LG Dortmund hatte über einen Fall zu befinden, in dem der Beschuldigte trotz seiner Vernehmungsunfähigkeit infolge erheblichen Alkoholkonsums und später einsetzendem „Entzugsdelir“ mehrfach verhört worden war.[971] Das Gericht stellte einen Verstoß gegen § 136 a StPO fest, da hier ein Zustand freier Willensentschließung nicht gegeben gewesen sei.[972] Ob man die Vernehmungsunfähigkeit als Unterfall des § 136 a StPO bezeichnen kann und ob dies auch für selbst herbeigeführte Zustände gilt[973], soll hier nicht weiter betrachtet werden. Von Interesse ist lediglich der Verfahrensablauf: In der richterlichen Vernehmung, bei der der Zustand der Vernehmungsfähigkeit wieder hergestellt war, wurde er nicht über die Unverwertbarkeit der zuvor abgelegten Geständnisse belehrt. Der Beschuldigte berief sich darauf, bei Kenntnis der Unverwertbarkeit der Geständnisse keine weiteren Angaben gemacht zu haben. Das Gericht gab ihm Recht: Die Unverwertbarkeit der Geständnisse als solche und die Konsequenzen einer solchen Unverwertbarkeit habe der Beschuldigte nicht erahnen können, so dass eine Belehrung diesbezüglich hätte erfolgen müssen.[974]

---

970 *Geppert*, Meyer-GS, 92, 118.

971 LG Dortmund, NStZ 1997, 356 f.

972 LG Dortmund, NStZ 1997, 356, 357.

973 Diese Problemkreise ausführlich analysierend *Neuhaus*, NStZ 1997, 312, 313.

974 LG Dortmund, NStZ 1997, 356, 357. Die hier zu findenden Erwägungen, der Angeklagte sei juristisch ungebildet , „intellektuell eher einfach strukturiert“ und seit Jahren Alkoholiker, erscheinen überflüssig und geradezu unsachlich: Hier entsteht leicht der Eindruck, nur dumme Menschen benötigten eine besondere Belehrung durch das Gericht. Dass dies auch für intelligente, gebildete Beschuldigte zutrifft, ist oben, 4. Teil, 2. Abschnitt, A. III. schon dargestellt worden.

aa) Fortwirkung des Verstoßes als Orientierungspunkt

Keine Rolle spielt in diesem Zusammenhang der Gedanke der Fernwirkung, der danach fragt, ob aus einer unverwertbaren Aussage resultierende weitere Beweismittel ebenfalls unverwertbar sind.[975] Das Beweismittel ist nach wie vor die Aussage des Beschuldigten, so dass es hier um die *Fortwirkung* des Verstoßes geht.[976] Ist eine solche Fortwirkung nicht gegeben, so kommt es für die Verwertbarkeit weiterer Aussagen darauf an, dass der Beschuldigte sich bewusst ist, dass er rechtlich erstmalig vernommen wird und nicht an Angaben aus vorangegangenen Vernehmungen gebunden ist.[977]

bb) verstrichene Zeit als Kriterium ?

Als Kriterium für das Vorliegen einer solchen Fortwirkung wird gerne inzwischen verstrichene Zeit herangezogen. So auch im Fall, den das LG Bad Kreuznach zu entscheiden hatte: Der Beschuldigte war in der U-Haft über den Umfang des Tatverdachts derart getäuscht worden, dass ein Fall des § 136 a StPO gegeben war. Später wurde er zu dieser vorherigen Vernehmung „ergänzend[978] befragt“[979], nicht aber über seine Rechte belehrt.[980] Das Gericht trat den Darstellungen der StA entgegen, eine Fortwirkung des Verstoßes habe schon aufgrund des Zeitablaufs zwischen den unterschiedlichen Vernehmungen nicht bestanden. Eine Wiederherstellung der von § 136 a geschützten Willensfreiheit wäre nur möglich gewesen durch Verzicht auf eine Bezugnahme auf die frühere Vernehmung und den Hinweis auf die Unverwertbarkeit der früheren Angaben.[981] Der Zeitablauf zwischen den Vernehmungen habe an der Fortwirkung des Belehrungsverbots nichts geändert, da die Angaben der 2. Vernehmung eine Ergänzung der ersten darstellten.

---

975 Vgl. hierzu ausführlich *Eisenberg*, Rdnr 714; vgl. auch *Joerden*, JuS 1993, 927, 931.

976 Etwas ungenau *Neuhaus*, NStZ 1997, 312, 314, der von Fortwirkung des *Verbotes* spricht. Nicht aber das Verbot wirkt fort, sondern der Verstoß, der eventuell zu einem weiteren Verwertungsverbot bei weiteren Vernehmungen führen kann. Vgl. auch Geppert, Oehler-FS, 323, 339.

977 *Eisenberg*, Rdnr. 711; *Neuhaus*, NStZ 1997, 312, 314.

978 Vgl. die Ausführungen zum Vernehmungszusammenhang bei BGHSt 38, 372 (375), auf die das LG Bad Kreuznach, StV 1994, 293, 295 verweist.

979 Zumindest stellte sich die Befragung aus Sicht des Beschuldigten und des Verteidigers nicht als eine förmliche Vernehmung dar, LG Bad Kreuznach, StV 1994, 293, 294.

980 Vgl. LG Bad Kreuznach, StV 1994, 293, 293.

981 LG Bad Kreuznach, StV 1994, 293, 294; ähnliche Erwägungen bei BGH NStZ 1988, 143, 143.

Der Aspekt des Zeitablaufs an sich dürfte damit eines der schwächsten Argumente gegen eine Fortwirkung des Zwanges sein[982], insbesondere dann, wenn es zu definieren gilt, wann „eine längere Zeit" verstrichen sein soll.[983] Auch bleibt die Frage unbeantwortet, warum der bloße Zeitablauf überhaupt irgendeine Auswirkung auf die Wiederherstellung der Freiheit des Beschuldigten haben soll, wenn beispielsweise die Umstände der Folgevernehmung örtlich und personell denen der unverwertbaren Vernehmung völlig gleichen und lediglich z.B. keine weiteren Täuschungen mehr begangen werden. Schon psychologisch dürfte sich hier erneut eine Zwangssituation feststellen lassen, unabhängig davon, dass die Verstöße gegen § 136 a StPO zeitlich zurückliegen.

Das Gericht stellte überdies fest, dass die objektive Erforderlichkeit einer qualifizierten Belehrung nicht deshalb entfiele, weil die Beamten aus ihrer Sicht keinen Anlass hierzu sahen, auch wenn sie die Situation aus ihrer Sicht richtig beurteilt hätten, denn es sei unerheblich, aus welchem Grunde die Vernehmungsbeamten die Vernehmung unterlassen hätten.[984] Dieser objektive Maßstab fordert natürlich den Einwand geradezu heraus, der Vernehmungsbeamte müsse qualifiziert belehren, obwohl er keine Kenntnis von diesem Erfordernis habe. Letztlich dürfen subjektive Verschuldensfragen auf Seiten der Vernehmungsbeamten aber keine Rolle spielen, will man nicht systemwidrig den Beschuldigtenschutz aushebeln.[985]

Angesichts der Untauglichkeit des Kriteriums des zeitlichen Abstands wird einerseits empfohlen, die neue Belehrung solle den Hinweis auf die Unverwertbarkeit enthalten, [986] andererseits mache das Fehlen einer solchen Belehrung die neue Aussage jedoch nicht schlechthin unverwertbar.[987] Dessen ungeachtet geht der BGH weiterhin davon aus, dass eine Fortwirkung umso weniger in Betracht komme, je länger die unverwertbare frühere Aussage zurückliege, stellt aber zur Fortwirkungsfeststellung auch darauf ab, ob der Beschuldigte seine früheren Aussagen bestätigt oder auf sie Bezug nimmt.[988]

---

982 Döring, NStZ 1988, 143, 143.

983 Dieser unbestimmte Terminus findet sich bei BGHSt 27, 355, 358.

984 LG Bad Kreuznach, StV 1994, 293, 295.

985 *Artkämper*, Krim 1996, 393, 398.

986 Vgl. *Neuhaus*, NStZ 1997, 312, 314.

987 *Geppert*, Meyer-GS, 93, 119; ebenso Kleinknecht/*Meyer-Goßner*, § 136, Rdnr. 9.

988 Vgl. BGH NStZ 1995, 462, 462, mit Bezugnahme auf BGHSt 35, 328, 332 hinsichtlich des vom Beschuldigten durch seine Aussage hergestellten Zusammenhangs zwischen zwei Vernehmungen.

cc) Anforderungen an Revisionsbegründung

Der BGH hat die Frage, ob eine qualifizierte Belehrung erforderlich sei, in einem Beschluss offen gelassen, bei dem es um den Verstoß gegen § 136 a StPO in einer vier Wochen zurückliegenden Vernehmung ging: Zwar sei eine qualifizierte Belehrung unterblieben, gleichwohl verstehe sich die Fortwirkung des Verstoßes „nicht von selbst."[989] Der BGH stellt nämlich sehr hohe Anforderungen an die Revisionsbegründung, indem „nähere Mitteilungen über den Inhalt der einzelnen Beschuldigtenvernehmungen (...) und über die ihm dabei erteilten Belehrungen" gefordert werden. Die Art und Weise der Kenntniserlangung bezüglich der Täuschung und die Vorstellungen des Beschuldigten über die Verwertbarkeit vorangegangener Aussagen müssten genau dargelegt werden wie auch der Einfluss des Wissensmangels auf das weitere Aussageverhalten.[990] Der BGH umgeht in diesem Beschluss nicht nur die Frage der Notwendigkeit der qualifizierten Belehrung, sondern überlegt sogar, ob derjenige, der sich auf eine derart weitgehende Fortwirkung des § 136 a StPO beruft, nicht „entsprechend den Grundsätzen von BGHSt 38, 214, 225 zu widersprechen gehalten ist.[991] Gerade letztere Erwägung ist wenig überzeugend. Letztlich wird nämlich derjenige, der beklagt, er hätte bzgl. des Vorliegens eines Verstoßes gegen § 136 a StPO und dessen Konsequenzen qualifiziert belehrt werden müssen, darauf verwiesen, dass er *selbst* hätte widersprechen müssen. Dies scheint deshalb widersprüchlich, weil er im Hinblick auf das Beweisverwertungsverbot nicht im Bilde war. Ganz so verhält es sich aber nicht: Der unverteidigte Beschuldigte ist nach der BGH-Rechtsprechung immerhin auf das Vorliegen einer Widerspruchsmöglichkeit hinzuweisen.[992] Dennoch zeigt schon das Zusammentreffen der Schlagworte „qualifizierte Belehrung" und „Widerspruch" in einer Entscheidung, in der eine Stellungnahme zur qualifizierten Belehrung umgangen und ein Nachdenken über eine Widerspruchspflicht nahe gelegt wird, dass der BGH wohl für letztere Möglichkeit größere Sympathien hegt.[993] Auch von Seiten des Gerichts wird eine genaue Prüfung verlangt, inwieweit sich das „rechtswidrige Vorverhalten" auf das Vorstellungsbild des Beschuldigten ausgewirkt hat. Eine solche Prüfung mahnte der BGH in einem Fall an, in welchem dem Beschuldigten rechtswidrig gewonnene Ergebnisse einer Telefonüberwachung vorgehalten wurden,[994] an die

---

989 BGH StV 1994, 360, 360.

990 BGH StV 1994, 360, 360.

991 BGH StV 1994, 360, 360.

992 S.o. zur Belehrung über die Widerspruchsmöglichkeit.

993 Vgl. zur Widerspruchslösung oben 4. Teil, 2. Abschnitt, A. V. und unten 5. Teil, 1. Abschnitt.

994 Dass es sich hierbei um einen Fall der *Fernwirkung* und nicht der Fortwirkung handelt, kann hier außer Betracht bleiben. Auch *Döring*, NStZ 1988, 143, 143 spricht in seiner Anmerkung zu dieser Entscheidung von einer *Fortwirkung* des unzulässigen Vorhalts.

sich in einer späteren Vernehmung ein Geständnis anschloss. Der BGH stellte fest, dass es zwar möglich sei, dass beim Beschuldigten ein Irrtum über die Rechtmäßigkeit vorgelegen habe, andererseits sei es aber auch denkbar, dass er unbeeinflusst davon ein Geständnis habe ablegen wollen, der unzulässige Vorhalt mithin keine Wirkung mehr entfaltet habe.[995] Ob man dies allerdings darauf stützen kann, dass der Beschuldigte „erkennbar ein inneres Bedürfnis (....) (hatte) , sich die Taten `von der Seele zu reden`"[996], muss ebenso bezweifelt werden wie die Annahme, bei Vorliegen eines solchen Bedürfnisses werde die Kausalkette durch eigenverantwortliches Handeln durchbrochen.[997] Es ist nämlich ein Unterschied, auf der einen Seite selbstverantwortlich im natürlichen Sinne und auf der anderen Seite auch rechtlich frei zu handeln.[998]Auch dass die Auswirkungen des unzulässigen Vorhalts dann, wenn der Beschuldigte zuvor über sein Schweigerecht (wohlgemerkt nur einfach) belehrt worden ist, geringer sein sollen [999], kann so nicht stehen bleiben: Der Fortwirkung des unzulässigen Vorhalts kann wirksam nur durch eine Belehrung über dessen Unverwertbarkeit entgegengetreten werden.[1000] Die Belehrung über das Schweigerecht betrifft lediglich die Einlassungsmöglichkeiten, nicht aber die Verwertbarkeit vorangegangener Belehrungen.

Mit Nachdruck muss hier also festgestellt werden, dass eine längere Zeitspanne zwischen zwei Vernehmungen zur Aufhebung des unmittelbaren Zusammenhangs auch dann nicht geeignet ist, wenn der Beschuldigte – erneut nur – über sein Schweigerecht und nicht auch über das Verwertungsverbot belehrt wurde.[1001]

dd) Keine Anerkennung der qualifizierten Belehrung wegen Übertragung der Rechtsprechung zu § 136 a StPO?

Angesichts der hohen Anforderungen, die der BGH an die Fortwirkung eines Verstoßes stellt, ist von Bosch die Befürchtung geäußert worden, dass der BGH

Maßgeblich bei den folgenden Betrachtungen die Entwicklung des Vorstellungsbildes des Beschuldigten angesichts der Tatsache, dass ein prozessualer Verstoß seitens der Ermittlungsbehörden vorliegt.

[995] BGH NStZ 1988, 142, 142. Beachte auch die nicht zweifelsfreie Unterscheidung zwischen auf dem Verstoß mittelbar und unmittelbar beruhenden Beweisergebnissen a.a.O. , 143.

[996] BGH NStZ 1988, 142, 142.

[997] *Döring*, NStZ 1988, 142, 142.

[998] *Wolter*, NStZ 1984, 276, 277.

[999] So in der Tat BGH NStZ 1988, 142, 143; zustimmend *Dörig*, NStZ 1988, 143, 143.

[1000] *Döring*, NStZ 1988, 143, 143.

[1001] *Wolter*, NStZ 1984, 276, 277.

auch in Zukunft keine allgemeine Pflicht zur qualifizierten Belehrung statuieren werde, sondern in Analogie zu seiner Rechtsprechung zu § 136 a StPO auch im Falle der unterlassenen Belehrung eine Einzelfallprüfung im Hinblick auf die „Fortwirkung“ dieses Verstoßes vornehmen wird.[1002] Er weist darauf hin, dass sich aus BGH NStZ 1988, 85, 85 ein gewisses Indiz für eine Übertragbarkeit des Fortwirkungsgedankens gewinnen lassen könnte.[1003] Dort hatte der Vorsitzende den Beschuldigten zur Kommentierung des Anklagesatzes durch Nicken und Kopfschütteln[1004] aufgefordert und erst nach dessen Verlesung, die der Beschuldigte wie gefordert kommentierte, diesen belehrt. Der Senat „vermochte nicht auszuschließen, dass der Angeklagte an eine Aussagepflicht geglaubt hat und sich (...) nicht geäußert hätte, wenn er schon vor den von ihm verlangten konkludenten Einlassungen ordnungsgemäß belehrt worden wäre.“[1005] Diese Situation – erst unverwertbare „Einlassung“ , dann Belehrung mit nachfolgender zweiter Einlassung – ist an sich die Grundsituation, für die die qualifizierte Belehrung in der Literatur entwickelt wurde. Zwar findet sich hier auch der Gedanke, dass der Beschuldigte sein Schweigerecht zunächst nicht kannte und sich eventuell nach erfolgter Belehrung anders eingelassen hätte, wenn er sich nicht bereits vorher festgelegt hätte[1006], d.h.: wenn er nicht der Ansicht gewesen wäre, sich schon durch die erste Einlassung festzulegen. Doch lässt sich diese Entscheidung schwerlich als Hinweis auf eine versteckte Zustimmung des BGH zur qualifizierten Belehrung heranziehen. Bosch selbst räumt ein, dass in diesem Urteil eine Fortwirkung der unterlassenen Belehrung nur deshalb angenommen wurde, weil beide Teile der Aussage ohne Zäsur und in unmittelbarer zeitlicher Nähe erfolgten, womit wiederum das Zeitkriterium angesprochen ist.[1007] Was aber die Übertragung dieser Grundsätze der Fortwirkung angeht, stellt er fest, dass dies schon daran scheitert, dass sich kaum jemals nachweisen lassen wird, dass eine Fehlvorstellung über eine vermeintliche Aussagepflicht fortbestand,[1008] während in den Fällen des § 136 a StPO anhand der angewandten Methoden und der äußeren Umstände auf eine Fortwirkung geschlossen werden kann.[1009] Eine eindeutige Stellungnahme des BGH zur qualifizierten Belehrung steht damit noch aus.

[1002] *Bosch*, 339.

[1003] *Bosch*, 339.

[1004] Vgl. zu den nonverbalen Signalen 2. Teil, 1. Abschnitt, A. III. 2.

[1005] BGH NStZ 1988, 85, 85.

[1006] BGH NStZ 1988, 85, 85.

[1007] *Bosch*, 339.

[1008] *Bosch*, 339.

[1009] *Bosch*, 340.

d) Anwendbarkeit auch bei informatorischen Befragungen?

Weitaus kontroverser wird die Frage beurteilt, ob eine qualifizierte Belehrung auch nach einer sog. „informatorischen Befragung“ erfolgen muss. Das AG Tiergarten war der Ansicht, dass nach der Durchführung einer solchen Befragung, bei der der Beschuldigte „angetrunken und etwas übermüdet“ wirkte, bei Durchführung der ersten verantwortlichen Vernehmung der Hinweis gem. § 136 I 2 StPO alleine nicht genüge; vielmehr hätte ihm mitgeteilt werden müssen, „dass er erstmalig ohne jede Rücksicht auf die informatorische Befragung und das dort Gesagte nunmehr sich zur Sache äußern könnte, gegebenenfalls auch in ganz anderer Weise als in der informatorischen Befragung.“[1010] Das AG Tiergarten geht damit über die bekannte qualifizierte Belehrung insofern ein Stück hinaus, als es sogar den Hinweis auf ein nunmehr mögliches *abweichendes* Aussageverhalten für nötig hält. Der Gedankenschritt: „ Ich bin nicht mehr an die vorherige Aussage gebunden, *also* kann ich mich jetzt auch anders einlassen oder auch nicht“ wird dem Beschuldigten dadurch abgenommen. Solche graduellen Unterschiede können erheblichen Einfluss auf das Verhalten des Beschuldigten haben.

Die Beurteilung der Notwendigkeit einer solchen Belehrung hängt maßgeblich von der Position ab, die man im Hinblick auf die informatorische Befragung einnimmt. Akzeptiert man diese Figur als Mittel, um sich „ein grobes Bild darüber zu verschaffen, ob wirklich der Verdacht einer Straftat besteht und wer als Beschuldigter oder als Zeuge in Betracht kommt“, und man zu dem Schluss kommt, dass hierdurch gerade keine Zuweisung der Beschuldigtenrolle vorgenommen wird, so kann man nach der Gleichung: keine Beschuldigteneigenschaft = keine Belehrungspflicht, für diese Fallgruppe einer qualifizierten Belehrung ablehnend gegenüberstehen.[1011] Ausgehend von der vollen beweisrechtlichen Verwertbarkeit dieser Situation der informatorischen Befragung liegt es dann nahe, eine qualifizierte Belehrung nur dort für angebracht zu halten, wo ein Beweisverwertungsverbot im Raume steht.[1012]

Wenn man eine Verwertung der Aussagen aus der informatorischen Befragung heraus allerdings für unzulässig hält[1013], kommt man nicht umhin, hier auch eine Hinweispflicht des vernehmenden Beamten in der Art der qualifizier-

---

[1010] AG Tiergarten, StV 1983, 277, 278.

[1011] *Geppert*, Meyer-GS, 101, 109 a.E. fragt, welche Belehrungspflicht denn vorliegen sollte, wenn schon keine Beschuldigteneigenschaft vorliege.

[1012] Vgl. *Geppert*, Meyer-GS, 101, 110: Die qualifizierte Belehrung wäre nur dort angebracht, „wo der Inhalt der informatorischen Befragung einem Beweisverwertungsverbot unterliegt.“ *Geppert*, Oehler-FS, 323, 340 kritisiert dann auch, dass das AG Tiergarten in seiner Entscheidung die Existenz eines solchen Beweisverwertungsverbotes wie selbstverständlich voraussetzt.

[1013] Ausführlichst *Bosch*, 260.

ten Belehrung zu fordern. Es ergäbe für den Beschuldigten keinen Unterschied, ob er sich unbelehrt in förmlicher oder in informatorischer Vernehmung geäußert habe.[1014] Gerade der Übergang von der informatorischen Befragung hin zur Belehrung und zur Vernehmung durch den gleichen Vernehmungsbeamten sei geeignet, das Gefühl der Bindung an das zuvor Gesagte zu erzeugen.[1015] Selbst Gegner einer solchen Hinweispflicht nach erfolgter informatorischer Befragung stimmen Letzterem zu: Es ergäbe psychologisch keinen Unterschied, ob die Belehrung bei einer förmlichen Vernehmung oder bei einer informatorischen Befragung unterblieben sei. Der Druck der vermeintlichen „Bindungswirkung" der bereits erfolgten Einlassung sei vergleichbar.[1016] Und eben weil die Beeinträchtigung des subjektiven Aussagewillens in beiden Konstellationen ähnlich ist, muss die qualifizierte Belehrung zum Prinzip erhoben und bei Missachtung mit einem Verwertungsverbot sanktioniert werden.[1017] Dass der BGH sich in dieser Konstellation bisher nicht für eine derartige Belehrung entschieden hat, hierüber noch nicht einmal nachdenkt[1018], mag die kriminalpolitische Brisanz verdeutlichen, die einer derart dezidierten Sicherung der Beschuldigtenrechte entgegenzustehen scheint.[1019] Die Anerkennung einer weitgehenden Pflicht zur qualifizierten Belehrung scheint damit im Hinblick auf die Akzeptanz in der BGH-Rechtsprechung das gleiche Schicksal zu teilen wie die Anerkennung eines Beweisverwertungsverbots bei einem Verstoß gegen § 136 I 2 StPO.[1020] Die Entwicklung in diesem Bereich ist als hartnäckig langsam zu bezeichnen.

e) Vorsorgliche Belehrung und Dominoeffekt

Dass der Gedanke der qualifizierten Belehrung zu sehr weitgehenden Überlegungen führen kann, insbesondere, wenn man das objektive Vorliegen eines Verstoßes genügen lässt, zeigen die Überlegungen Artkämpers: Er reflektiert darüber, ob man nicht fordern müsse, den Beschuldigten bei jeder Folgevernehmung quasi prophylaktisch qualifiziert zu belehren. Der Beschuldigte müsste

---

[1014] *ter Veen*, StV 1983, 293, 296.

[1015] *Bosch*, 341.

[1016] *Geppert*, Meyer-GS, 101, 109.

[1017] *ter Veen*, StV 1983, 293, 296.

[1018] Was *ter Veen*, StV 1983, 293, kritisiert mit Hinweis auf BGH StV 1983, 265, 265, wo sich der Gedanke der qualifizierten Belehrung nicht in Ansätzen wieder findet.

[1019] *ter Veen*, StV 1983, 293, 296, der deshalb einen Innovationsprozess anmahnt, der von den Untergerichten in Gang gesetzt und von der Literatur unterstützt werden müsse. Man mag sich hier an das Beispiel des AG Hameln, NStZ 1990, 293, 293 erinnert fühlen, dass im Bereich der unterlassenen Belehrung im Vorverfahren Pionierarbeit leistete, die später zu BGHSt 38, 214 führte.

[1020] Vgl. hierzu oben 2. Abschnitt, A. II. 1.

dann dahin gehend belehrt werden, dass Äußerungen aus vorherigen Vernehmungen unverwertbar sind, wenn diese Vernehmung rechtlich Defizite aufwies, welche zu einem Beweisverwertungsverbot führen könnten.[1021] Er räumt dabei ein, dass eine hypothetische Belehrung ohne tatsächliche Anhaltspunkte eher geeignet ist, den Beschuldigten zu irritieren, als ihm zu nützen. Ob der vom ihm empfohlene Kompromiss, dass der Vernehmende dann qualifiziert – auch hypothetisch – belehren solle, wenn er den Verdacht hege, dass eine vorangegangene Vernehmung von einem Verwertungsverbot betroffen ist[1022], aber trägt, muss stark bezweifelt werden: Angesichts einer Belehrung, dass möglicherweise – aber eben nicht sicher – vorherige Angaben nicht verwertbar sind, drängt sich die Frage auf, wie der Beschuldigte sein Verhalten einrichten soll.

Ein weiterer Aspekt, der dazu führen mag, dass der BGH in Sachen qualifizierter Belehrung immer noch sehr zurückhaltend ist, ist der sog. „Dominoeffekt“: Wird eine Vernehmung in einer längeren Kette als unverwertbar „enttarnt“, so würden die Folgevernehmungen wie eine Reihe von Dominosteinen umfallen.[1023] Damit hätte es die Verteidigung in der Hand, eine ganze Reihe von Vernehmungen einem Verwertungsverbot zu unterwerfen.[1024] Auch deshalb verlangt die Rechtsprechung den Widerspruch desjenigen, der sich auf ein Beweisverwertungsverbot beruft.[1025]

2. Zusätzliche Hinweise zum Verteidigerkonsultationsrecht

Auch im Bereich des Hinweises auf das Verteidigerkonsultationsrecht gibt es einen vom BGH entwickelten, über den Gesetzestext des § 136 I 2 StPO hinausgehenden Hinweis.[1026] Im zu entscheidenden Fall war der Beschuldigte zunächst auf sein Recht auf einen Verteidiger hingewiesen worden, und ihm wurde dann ein Branchenbuch zur Verfügung gestellt, aber keine „weitergehende Hilfe“ geleistet, bevor die Vernehmung einfach fortgesetzt wurde.[1027] Der BGH stellte fest, dass ohne vorherigen Verteidigerkontakt eine Fortsetzung der Vernehmung nur zulässig sei, wenn der Beschuldigte *erneut* auf sein Recht auf Zuziehung eines Verteidigers hingewiesen worden wäre und sich mit der Fortsetzung der

---

1021 *Artkämper*, Krim 1996, 471, 474.

1022 *Artkämper*, Krim 1996, 471, 474 bringt hier das Beispiel, dass „ein zwischenzeitlich eingegangenes Behördengutachten belegt, dass der Beschuldigte zur Zeit der früheren Vernehmung(en) unter dem Einfluss von Betäubungsmitteln stand.“

1023 *Artkämper*, Krim 1996, 393, 393.

1024 *Neuhaus*, NStZ 1997, 312, 315.

1025 *Neuhaus*, NStZ 1997, 312, 315.

1026 BGHSt 42, 15, 15.

1027 BGHSt 42, 15, 18.

Vernehmung einverstanden erklärt hätte.[1028] Ist man allerdings wie der 1. Senat der Ansicht, die Durchsetzung des Verteidigerkonsultationsrechts sei leicht durch das weitere Verweigern der Aussage möglich[1029], kann auch der nochmalige Hinweis auf die Möglichkeit der Verteidigerbefragung nicht mehr genügen. Vielmehr müsse in „qualifizierter Form“ eine Belehrung erfolgen durch den zusätzlichen Hinweis, die Beamten würden die Vernehmung auch dann fortsetzen, wenn der Beschuldigte ohne Verteidiger sich nicht einlassen wolle, und dass er auch angesichts einer solchen beharrlichen Befragung weiterhin das Recht habe, sich standhaft zu weigern, eine Aussage zu machen.[1030] Diese Art der Belehrung ist natürlich nur als absurd zu bezeichnen, denn selbst nach so einer Belehrung wird man nicht mehr sagen können, der Beschuldigte konnte sein Verhalten frei wählen, nachdem er erleben musste, das auch nach wiederholtem Wunsch nach einem Verteidiger die Vernehmung fortgesetzt wurde.[1031] Allerdings muss man feststellen, dass hier im Verhältnis zum ersten Hinweis auf das Verteidigerkonsultationsrecht durchaus eine neue zusätzliche Information gegeben wird, nämlich die, dass auch nach vergeblicher Kontaktaufnahme das Recht auf einen Verteidiger nicht verwirkt ist.[1032] So kann man eine Parallele ziehen zwischen dem Beschuldigten, der ohne Belehrung vernommen wurde und glaubt, an seine bisherige Einlassung gebunden zu sein,[1033] und dem, der glaubt, nach missglücktem Kontaktaufnahmeversuch keine weiteren Forderungen bezüglich eines Verteidigers stellen zu dürfen.[1034] Die zweite Belehrung hat damit die Funktion, dem Beschuldigten mitzuteilen, dass er nach wie vor auf einem Verteidiger bestehen kann[1035] , wie der Beschuldigte im Falle der qualifizierten Belehrung erfährt, dass er weiterhin unbeeinflusst von seinen vorhergehenden Aussagen die Einlassung verweigern kann, ohne beweisrechtliche Konsequenzen befürchten zu müssen. In der zweiten Belehrung ist also eine eigene Warnfunktion zu erblicken, sich nicht ohne anwaltlichen Rat der elementaren Beschuldigtenrechte zu begeben.[1036]

1028 BGHSt 42, 15, 18.

1029 BGHSt 42, 170, 174.

1030 *Hermann*, NStZ 1997, 209, 211.

1031 *Hermann*, NStZ 1997, 209, 211.

1032 *Beulke*, NStZ 1996, 257, 261, der damit widerlegt, dass es bei der 2. Belehrung allein um die Kenntnis des Rechts auf einen Verteidiger geht.

1033 S.o. den „Grundfall“ der qualifizierten Belehrung, 4. Teil, 2. Abschnitt, B. III.

1034 *Beulke*, NStZ 1996, 257, 261.

1035 *Beulke*, NStZ 1996, 257, 261.

1036 *Beulke*, NStZ 1996, 257, 261. Vielleicht etwas zu weitgehend seine Formulierung, das Verlangen eines erneuten Hinweises trage „der Subjektsstellung des Beschuldigten in geradezu mustergültiger Weise“ Rechnung.

3. Hinweis auf das Widerspruchsrecht (Widerspruchslösung)

a) Begrenzter richterlicher Hinweis

Auch im Bereich der sog. Widerspruchslösung hat der BGH eine Belehrungspflicht für das Gericht entwickelt: Habe der Beschuldigte keinen Verteidiger, müsse der Angeklagte vom Vorsitzenden darüber belehrt werden, dass er der Verwertung seiner bei der Polizei gemachten Aussagen widersprechen könne:

> *„Denn es muss mit der Möglichkeit gerechnet werden, daß der Angeklagte trotz erfolgter Belehrung nach § 243 IV StPO annimmt, er sei bei der Polizei zur Aussage verpflichtet gewesen, und deswegen oder aus allgemeiner Unbeholfenheit den Verstoß gegen § 136 I 2 StPO nicht zur Sprache bringt."*[1037]

Gerade diese Unbeholfenheit wurde zum Anlass genommen festzustellen, dass es lebensfremd sei zu glauben, eine Belehrung könne eine Balance in der Hauptverhandlung wieder herstellen, da es den wenigsten Angeklagten gelänge, aus den oft mannigfaltigen Belehrungen des Gerichts die richtigen und ihnen günstigen Schlüsse zu ziehen.[1038] Deshalb ist es durchaus zweifelhaft, ob mit dieser Belehrung eine Gleichstellung des vom Vorsitzenden belehrten Angeklagten und dem verteidigten Angeklagten angenommen werden darf: Der Verteidiger wird prüfen, ob ein Widerspruch dem Angeklagten mehr nützt als die Verwertung des Beweismittels und ob ggf. eine Rücknahme des Widerspruchs erfolgt. Das Gericht aber wird regelmäßig, da jede beweisantizipierende Wirkung die Unbefangenheit des Gerichts in Frage stellen könnte,[1039] über die Zweckmäßigkeit des Widerspruchs nicht beraten, sondern nur auf die Möglichkeit hinweisen, schon um seine Neutralität nicht zu gefährden.[1040] Nicht zu übersehen ist dabei, dass dem unverteidigten Beschuldigten die Beratungsmöglichkeit über eine kompetente Prozessstrategie entzogen wird.[1041]

Interessant ist in diesem Zusammenhang die Anmerkung Kiehls, der feststellt, dass sich der Umfang der Belehrungspflicht des Tatrichters bei Angeklagten ohne Verteidiger *analog* erweitert habe.[1042] Ausgesprochen wird hiermit, dass im Zusammenhang mit neuen rechtlichen Entwicklungen „analog" hierzu neue Belehrungspflichten entwickelt werden, da neue Rechtsprobleme neue Informati-

---

[1037] BGHSt 38, 214, 226.

[1038] *Bohlander*, NStZ 1992, 504, 506, der hier Parallelen zum § 265 sieht, der auch in den seltensten Fällen in seiner Tragweite vom unverteidigten Angeklagten erkannt werde. Zu § 265 vgl. unten, 4. Teil, 2. Abschnitt, B. IV.

[1039] *Maul/Eschelbach*, StraFo 1996, 66, 69.

[1040] *Maul/Eschelbach*, StraFo 1996, 66, 70.

[1041] *Ventzke*, StV 1997, 543, 547, der dies nicht mit § 140 II vereinbar hält.

[1042] *Kiehl*, NJW 1993, 501, 502.

onsbedürfnisse schaffen. Dass auch im Falle der Widerspruchslösung eine evidente Diskrepanz zwischen Hinweis des Gerichts („Sie haben die Möglichkeit, gegen die Verwertung dieses Beweismittels Widerspruch zu erheben“) und den sich dahinter verbergenden Möglichkeiten besteht, zeigt die folgende Übersicht über die „Folgeprobleme“ der Widerspruchslösung.

b) Folgeprobleme der Widerspruchslösung

aa) Widerspruch und Rücknahme

Viele Möglichkeiten der Ausübung des Widerspruchs sind denkbar, deren Zulässigkeit aber noch nicht abschließend geklärt ist; diese reichen von der Verwertung des Beweismittels unter einer Bedingung, nur eines Teils des Beweismittels bis hin zum Widerspruch gegenüber bestimmten richterlichen Entscheidungen.[1043]Schwierige Probleme ergeben sich auch, wenn mehrere Beschuldigte widersprechen könnten.[1044] Möglich ist es zunächst, einen Widerspruch vorsorglich zu erheben, der zurückgenommen werden kann, um die Aussage später doch noch verwertbar zu machen[1045], was man als „Präventivwiderspruch mit Rücknahmeoption“ bezeichnen kann.[1046] Die Möglichkeit von Widerspruch und dessen Rücknahme[1047] kann dazu führen, dass der Angeklagte Entscheidungen des Gerichts (sofern bereits getroffen) gegenstandslos macht und den Tatrichter in ernste Verlegenheit bringen kann. Deshalb bieten Widersprüche bzw. deren Unterlassung eine neue Verhandlungsmasse für Absprachen.[1048] Diese Möglichkeiten werden von der Belehrungsformel des BGH nicht abgedeckt. Im Bereich der Widerspruchslösung liegt es nahe, dass diese „Lücke“ bewusst in Kauf genommen wurde, denn Widerspruch und dessen Rücknahme tragen Unsicherheiten in die Hauptverhandlung, die durch die Widerspruchslösung gerade vermie-

---

1043 *Nack*, StraFo 1998, 366, 367, der bei der Beschreibung der sich durch die Widerspruchslösung ergebenden neuen Probleme von einem „Schreckensszenario“ zumindest für Richter spricht und die Frage stellt: „Hält unser Strafprozeß das aus? Soll man unser ohnehin schon zu kompliziertes Strafverfahrensrecht noch komplizierter machen?“

1044 Zu den denkbaren Konstellationen *Nack*, StraFo 1998, 366, 372.

1045 BGHSt 39, 349, 352.

1046 Terminologie nach *Meyer-Goßner/Appl*, StraFo 1998, 258, 262; *Feigen*, Rudolphi-Symposium, 161, 163.

1047 Vgl. BGHSt 42, 15: „.... als dieser seinen Widerspruch bis zum Ende der Beweisaufnahme zurücknehmen und dadurch die Verwertung seiner Aussage freigeben kann.“

1048 *Dahs*, StraFo 1998, 253, 256, hier werde etwas in die Dispositionsmöglichkeit des Verteidigers gestellt, das in den Kernbereich der Überzeugungsgrundlagen eingreift.

den werden sollten.[1049] Obwohl diese Möglichkeiten anerkannt sind, dürften hier Informationsdefizite auf Seiten der Verteidigung durchaus erwünscht sein. Dieses Bedürfnis nach Vermeidung von Unsicherheiten bezüglich der Geltendmachung wird auch hinsichtlich des Zeitpunktes des Widerspruchs deutlich: Im Interesse der Sicherheit bedürfe es einer greifbaren und eindeutigen Fixierung wie dem Zeitpunkt des § 257 StPO, da ein anderes Kriterium wie z.B. „bis zum Abschluss der für das Verwertungsverbot einschlägigen Beweiserhebung" lediglich Verteidigungsbedürfnissen entspreche, aber nicht rechtlich stringent sei.[1050]

bb) Beratungsaspekt „Rosinentheorie"

Ein sehr großer Beratungsbedarf besteht hinsichtlich der taktischen Möglichkeiten, die die Widerspruchslösung mit sich bringt. Dies liegt unter anderem daran, dass hier viele Einzelheiten noch nicht abschließend geklärt sind. Der folgende ausführliche Blick auf die umstrittenen Einzelheiten der Dispositionsmöglichkeiten lassen die Notwendigkeit einer Verteidigerberatung einmal mehr deutlich werden:

Bei der Widerspruchslösung handelt es sich um eine Abweichung von dem Grundsatz, dass Beweisverwertungsverbote in jeder Lage des Verfahrens von Amts wegen zu prüfen sind.[1051] Die Entscheidungsfreiheit, ob er die Wirkung des Aussageinhalts gegen sich gelten lassen wolle, dürfe dem Berechtigten nicht dadurch genommen werden, dass das Gericht zu einer Berücksichtigung verpflichtet sei.[1052] Diese Wirkung hat die Berücksichtigung von Amts wegen jedoch nicht ohne weiteres, denn sie sagt nichts über die Dispositionsberechtigung des Angeklagten aus. Man kann auch argumentieren, das Verwertungsverbot solle die Auskunftsperson in die Lage versetzten, so über die Verwertung der Aussage zu entscheiden, wie sie es nach korrekter Belehrung gekonnt hätte.[1053] Dann bedeute die Widerspruchslösung lediglich eine Verlagerung der „Handlungslast" .[1054] Indem der Beschuldigte wenigstens noch über die Verwertung selbst bestimmen kann, wird sein Informationsbeherrschungsanspruch verwirk-

---

[1049] *Maul/Eschelbach*, StraFo 1996, 66, 69. Das die Rechtsprechung nicht gerade zur Klarheit beiträgt, etwas mit der Forderung, Widersprüche zu bescheiden, ist an anderer Stelle zu erörtern, vgl. unten 5. Teil, 1. Abschnitt.

[1050] *Dahs*, StraFo 1998, 253, 256.

[1051] *Maul/Eschelbach*, StraFo 1996, 66, 69; kritisch *Fezer*, JR 1992, 385, 386; *Hartwig*, JR 1998, 359, 361; *Bohlander*, NStZ 1992, 504, 505; ausführlich *Dudel*, 124.

[1052] *Hamm*, NJW 1996, 2185, 2187.

[1053] *Hartwig*, JR 1998, 359, 361.

[1054] *Hartwig*, JR 1998, 359, 361.

licht, wohingegen ein absolutes Verwertungsverbot einer Bevormundung gleich käme.[1055]

Die Widerspruchslösung ermöglicht dem Beschuldigten also in weitem Rahmen, über die Verwertung von Beweismitteln zu befinden, deren Gewinnung Verstöße gegen verzichtbare Verfahrensnormen vorausgingen. Ihm diese Möglichkeit einzuräumen, kann als Ausdruck der Achtung seiner Autonomie als Prozesssubjekt verstanden werden.[1056] Der Beschuldigte kann also „reinen Tisch" machen, wenn er die Verwertung des Beweisergebnisses zulässt.[1057] Hier werden ähnliche Erwägungen wie bei der Entscheidung, ob eine Einlassung oder Schweigen sinnvoll ist, eine Rolle spielen.[1058]

Doch wie weit geht die Möglichkeit, über rechtswidrig erhobene Informationen zu disponieren? Muss der Beschuldigte „zum Schutze seiner Menschenwürde" hinter Gitter?[1059] Zu fragen ist, ob der Beschuldigte sich „die Rosinen rauspicken"[1060] kann in dem Sinne, dass er seine Zustimmung zur Verwertung unter die Bedingung stellen darf, dass hieraus nur ihm günstige Schlüsse gezogen werden dürfen[1061]. Die Betrachtung dieser schwierigen Frage macht die Diskrepanz zwischen Belehrungsinhalt („Sie können der Verwertung widersprechen.") und der sich dahinter verbergenden Probleme deutlich:

Selbst über eine teleologische Reduktion des § 136 a III StPO wurde nachgedacht, um die gewonnenen Informationen zu Gunsten des Beschuldigten verwerten zu können.[1062] Eine Berücksichtigung nur der günstigen Umstände ist deshalb problematisch, da hier „der Zuständigkeitsbereich der freien Beweiswürdigung des Tatrichters" betroffen ist.[1063] Denn müsste der Tatrichter die Kenntnisnahme von Beweismitteln von seiner späteren Bewertung abhängig machen, so wäre das Ergänzungsverhältnis zwischen Amtsaufklärungspflicht, Beweisantragsrecht, Beweiswürdigung und Beweisverwertungsverbot durchbrochen, so dass eine solche Möglichkeit nicht mit dem Beweisrecht der StPO vereinbar wäre.[1064] Einer derart weitgehenden Dispositionsbefugnis ist auch die Bedingungsfeindlichkeit von Prozesshandlung entgegengehalten worden; im

---

[1055] *Hamm*, StraFo 1998, 361, 364, sich der Terminologie Amelungs bedienend.

[1056] *Dudel*, 51.

[1057] *Dudel*, 52.

[1058] Vgl. hierzu oben 3. Teil, 1. Abschnitt, C.

[1059] Derart zugespitzt *Nack*, StraFo 1998, 366, 369.

[1060] *Amelung*, StraFo 1999, 181, 181.

[1061] Zweifelnd *Burhoff*, Rdnr. 1166g, „zumindest fraglich".

[1062] *Amelung*, StraFo 1999, 181, 182.

[1063] *Hamm*, StraFo 1998, 361, 364.

[1064] *Hamm*, StraFo 1998, 351, 364 mit dem Hinweis, dass dies nicht einmal dem Tatrichter bei der Wahrunterstellung zugemutet oder erlaubt werde.

Prozess müsse Klarheit herrschen.[1065] Allerdings ist zu bedenken, dass bei Anerkennung einer solchen Bedingung Angeklagte eher geneigt sein könnten, „der wahrheitsfördernden Verwertung von Informationen zuzustimmen“, ohne Nachteile fürchten zu müssen.[1066] Andererseits würde die Berücksichtigung lediglich entlastender Passagen zu einer Verfälschung des Beweisergebnisses führen, weil sich der Beweisgehalt eines Beweismittels nur einheitlich beantworten lässt, was dazu führen könnte, dass Entlastendes unangemessen entlastend und Belastendes unangemessen belastend wirke.[1067] Auch sei die Aufteilung in günstige und nachteilige Elemente „meist verstandesmäßig und psychologisch nicht durchführbar“[1068], eine zuverlässige Überprüfung des Beweismittels könne nur erfolgen, wenn es vollständig vom Gericht überprüft werde.[1069] Diese Argumentation ist schon von der Teilschweigeproblematik her geläufig.

Zum gegenteiligen Ergebnis kommt man durch die Betonung des Disziplinierungsgedankens: Das Beweisverwertungsverbot entfalte dann keine Strafwirkung mehr, wenn es die Verwertung auch entlastender Umstände verhindere, weil dies ein Anreiz für die Strafverfolgungsorgane sein könne, sich in ähnlichen Fällen wieder so zu verhalten, damit entlastende Informationen aus dem Prozess herausgehalten werden können.[1070]

Gerade wenn die an sich nicht verwertbare Aussage wesentliche entlastende Gesichtspunkte enthält, wird zu überlegen sein, ob ein Widerspruch unterbleibt, um nicht auf die entlastende Wirkung verzichten zu müssen.[1071] Unproblematisch ist diese Dispositionsmöglichkeit auf jeden Fall dort, wo es um eine Verletzung der Regeln bezüglich des rechtlichen Gehörs geht, da diese Regeln nur die Gewährung verlangen, wovon der Betroffene ja keinen Gebrauch machen muss.[1072] Immer muss aus der Sicht des Beschuldigten und des Verteidigers eine Bewertung darüber stattfinden, ob die Geltendmachung von prozessualen Rechten – hier die Wahrnehmung der Widerspruchsmöglichkeit – für das Verteidigungsziel sinnvoll ist.[1073] Dies ist die logische Folge daraus, dass man dem

---

[1065] *Nack*, StraFo 1998, 366, 370.

[1066] *Amelung*, StraFo 1999, 181, 183.

[1067] *Amelung*, StraFo 1999, 181, 183, der deshalb auch eine Beschränkung des Verwertung eines Beweismittels auf einzelne Teile des Urteils ablehnt.

[1068] *Kleinknecht*, NJW 1966, 1537, 1543.

[1069] *Nack*, StraFo 1998, 366, 371.

[1070] *Amelung*, StraFo 1999, 181, 182.

[1071] *Widmaier*, NStZ 1992, 519, 521; *Meyer-Goßner*, StraFo 1998, 258, 262; *Hamm*, NJW 1996, 2185, 2187.

[1072] *Amelung*, StraFo 1999, 181, 183, der aber Einschränkungen bei Verletzungen der Regeln des Urkundsbeweises macht. Zum Aspekt der Disponibilität vgl. zusammenfassend *Heinrich*, ZStW 2000, 398, 416 f.

[1073] *Widmaier*, NStZ 1992, 519, 521.

Beschuldigten das Recht zubilligt, selbstbestimmt über die Verwertung seiner früheren Einlassung befinden zu können.[1074] Dem Wesen der Selbstbestimmung entspreche es auch, dass der Rechtsinhaber darüber entscheiden müsse, ob eine Information ihm nützt oder eher schadet und wie er die Chancen sehe, dass das Gericht seiner Bewertung folgt.[1075]

Auch der „Arbeitskreis deutscher, österreichischer und schweizerischer Strafrechtslehrer“ sieht in seinem Entwurf in § 150 e I 1 AE-EV[1076] zwar bei bestimmten Beweisverwertungsverboten eine Verwertung lediglich zulasten des Betroffenen nicht vor. Die Frage einer etwaigen Verwertung zu seinen Gunsten (auch ohne seine Einwilligung) wird nicht beantwortet, sondern der Rechtsprechung und Wissenschaft zugewiesen. Immerhin wird die Leitlinie formuliert, „dass illegal erworbene Erkenntnisse zum Freispruch eines im Ergebnis irrtümlich Beschuldigten verwendet werden dürfen.“[1077]

c) Fazit

Zwei Erkenntnisse können damit festgehalten werden: Zum einen sind bei der Entscheidung über die Ausübung der Widerspruchsmöglichkeit die Maßstäbe dieselben, die auch bei einer Entscheidung bezüglich des Schweigerechts maßgeblich sind. Will man die Widerspruchslösung gerade dadurch begründen, dass dem Angeklagten hiermit eine Dispositionsmöglichkeit hinsichtlich unrechtmäßig erlangter Beweismittel gegeben wird, bedarf es zum anderen erheblich mehr als der dünnen Belehrung, er habe die Möglichkeit zum Widerspruch. Angesichts der verworrenen Situation hinsichtlich der „Begrenzung“ des Widerspruchs auf nur entlastende Tatsachen ist in diesem Bereich die Beratung durch einen Verteidiger ein Muss.[1078]

1074 *Bernsmann*, StraFo 1998, 73, 76.

1075 *Hamm*, StraFo 1998, 351, 364.

1076 *Alternativ-Entwurf Reform des Ermittlungsverfahrens* (AE-EV), 67.

1077 *Alternativ-Entwurf Reform des Ermittlungsverfahrens* (AE-EV), 69.

1078 Zu weit geht es aber wohl, der Verteidiger könne seinen Mandanten sogar besser beraten, ob der Inhalt der Aussage verwertet werden soll, als wenn er bei der in Rede stehenden Vernehmung anwesend gewesen wäre, denn dann sei ja ein Verwertungsverbot wegen mangelnder Belehrung ausgeschlossen; *Meyer-Goßner/Appl*, StraFo 1998, 258, 262 sprechen von „neuen Handlungsspielräumen“. Angesichts der Vorwirkung solcher Ereignisse im Vorverfahren ist dies aber zweifelhaft.

4. Zusammenfassung zu III.

Aus der Betrachtung einiger[1079] weiterer über § 136 I 2 StPO hinausgehender und von Rechtsprechung und Literatur entwickelter Belehrungspflichten lassen sich zusammenfassend folgende Grundgedanken festhalten:

a) Der Gedanke der „qualifizierten Belehrung" formuliert ausdrücklich die Notwendigkeit, nicht nur eine unterlassene Belehrung nachzuholen, sondern die Beschuldigten darauf aufmerksam zu machen, dass die vorherige Aussage nicht verwertet werden darf. Damit ist auch der Gedanke der „Bedenkzeit" formuliert, indem dem Beschuldigten die Möglichkeit gegeben wird, sein Aussageverhalten neu zu überdenken, und zwar ohne die Gefahr der Verwertung der zuvor gemachten Äußerungen. Zwar ist diese „qualifizierte Belehrung" vom BGH nicht ausdrücklich anerkannt[1080], was bereits als Überrest der alten Abneigung gegen ein Verwertungsverbot bei unterlassener Belehrung gekennzeichnet wurde. Doch zum einen besteht angesichts BGHSt 38, 214 und der in der untergerichtlichen Rechtsprechung verbreiteten Sympathie für dieses Institut die Chance einer Kurskorrektur des BGH. Zum anderen weist diese Idee Parallelen auf zum vom BGH geforderten zusätzlichen Hinweis, nach missglückter Kontaktaufnahme sei das Verteidigerkonsultationsrecht nicht verwirkt. Der verbindende Gedanke besteht darin, dass in beiden Fällen darauf hingewiesen wird, dass das Recht *weiterhin* besteht, auch wenn es – wenn auch nicht bewusst – bisher nicht ausgeübt wurde.

Der Eindruck der vorzeitigen Bindung, der durch die qualifizierte Belehrung vermieden werden soll, spielt auch beim Teilschweigen eine Rolle: Für den Beschuldigten ist es wichtig zu erfahren, ab welchem Zeitpunkt das Gericht von einer Einlassung ausgeht, er also nicht mehr ohne Konsequenzen zu einzelnen Fragen schweigen kann. Verbunden mit dem Gedanken der „Bedenkzeit" kann dies zu einer sachgerechten Lösung führen.

Die Frage der Übertragung der qualifizierten Belehrung auf Fälle des § 136 a StPO wird mit dem Gedanken der Fortwirkung gerne umgangen. Die hohen Anforderungen an die Revisionsbegründung und die genaue Darlegung des Vorstellungsbildes des Angeklagten zeigen die enormen Beweisschwierigkeiten auf, die dem Angeklagten aufgebürdet werden. Diese Kritik ist bereits hinsichtlich der Frage erhoben worden, ob eine Belehrung iSd § 136 I 2 StPO überhaupt erfolgt ist. Auch ist die Idee zweifelhaft, dass durch bloßen Zeitablauf die Entschließungsfreiheit wiederhergestellt werden könnte. Auf der anderen Seite verdient die Idee, eine qualifizierte Belehrung auch nach einer informatorischen

[1079] Die hier erfolgte Betrachtung erhebt natürlich keinen Anspruch auf Vollständigkeit.

[1080] Dass andere Gerichte diesem Institut aufgeschlossener gegenüberstehen, wurde oben 4. Teil, 2. Abschnitt, B. III 1. bereits gezeigt.

Befragung anzubringen, aufgrund des Gedankens, das Gefühl einer vorzeitigen Bindung auszuschließen, volle Zustimmung.

Der Gedanke der vorsorglichen Belehrung bei der qualifizierten Belehrung ohne aktuellen Anlass zeigt aber auch, wie leicht man mit neuen Belehrungen über das Ziel hinausschießen kann: Die Mitteilung, dass möglicherweise eine Aussage nicht verwertbar ist, ist geeignet, den Beschuldigten eher zu verwirren. Dies spricht für die Einführung teilweise zwingender und teilweise fakultativer Belehrungen.[1081] Die Bereitschaft, im Bereich der Beweisverwertungsverbote für Klarheit zu sorgen, wird im Rahmen der weiteren Überlegungen zur Widerspruchslösung noch begutachtet werden müssen.

b) Der zusätzliche Hinweis auf das Verteidigerkonsultationsrecht soll zum einen den Eindruck der „Verwirkung“ des Rechts verhindern, auf der anderen Seite zeigt der fast absurde Hinweis, das Recht bestehe weiter, obwohl dessen Wahrnehmung mehrfach gescheitert ist, dass es nicht allein um die bloße Information geht, sondern dass dieser Hinweis eine eigene Warnkomponente enthält, nämlich darüber nachzudenken, ob nicht eine Aussage nur mit Verteidigerbeistand empfehlenswert ist. Gerade dieser problematische Hinweis – Weiterbestehen des Rechts trotz „faktischer Undurchsetzbarkeit“ – macht deutlich, dass viele Hinweise ihrerseits erläuterungsbedürftig sind, was im besonderen Maße auch für die Widerspruchslösung (hierzu sogleich) gilt. Hier wird der Verteidiger[1082] einzubeziehen sein.

c) Bezüglich der zur Widerspruchslösung entwickelten Belehrung sind vorerst folgende Ergebnisse festzuhalten: Der Hinweis auf die bloße Möglichkeit des Widerspruchs ist nicht ausreichend. Der Blick auf die Folgeprobleme der Widerspruchslösung hat gezeigt, dass ein weitaus größerer Belehrungsbedarf besteht z.B. hinsichtlich der Möglichkeit eines vorläufigen Widerspruchs. Beratung darüber, ob das Erheben des Widerspruchs sinnvoll ist, ist nicht vorgesehen bzw. nicht von der Rechtsprechung formuliert. Hier werden sich wieder ähnliche Fragen stellen wie bei der Ausübung des Schweigerechts, die insbesondere die Einschätzung der Beweislage betreffen. In diesem Bereich tritt wiederum die Diskrepanz zwischen Belehrungsinhalt und sich dahinter verbergender Dogmatik zu Tage, die schon hinsichtlich des Schweigerechts kritisiert worden ist. Gerade die Problematik, ob eine Begrenzung der Verwertung nur auf dem Beschuldigten günstige Aspekte möglich ist, zeigt die Schwierigkeit, in diesem Bereich Belehrungsvorschriften zu entwickeln, weil viele Details so sehr im Fluss sind, dass die weitere Entwicklung abgewartet werden müsste, bis ein verlässlicher Stand erreicht ist, über den dann belehrt werden könnte. Auch dies ist ein

---

1081 Vgl. oben, 4. Teil, 2. Abschnitt, B II. 4 a).

1082 Diese weitere Erläuterung kann beim zusätzlichen Hinweis auf das Verteidigerkonsultationsrecht naturgemäß nicht zum tragen kommen. Wäre ein Verteidiger vorhanden, stellte sich das Problem ja gar nicht.

Argument für die stärkere Einbeziehung des Verteidigers, der flexibler reagieren könnte.

IV. Erweiterung des § 265 StPO und Gegentendenzen

Für den Beschuldigten hängt die Entscheidung für das eine oder andere Aussageverhalten insbesondere davon ab, wie das Gericht die Beweislage beurteilt bzw. welchen Sachverhalt es als Urteilsgrundlage annimmt[1083]. Die Bereitschaft des Gerichts, seinen Erkenntnisstand mitzuteilen, wird zunächst anhand der Auslegung des § 265 StPO aufgezeigt (1.), um dann entgegenstehende restriktive Tendenzen (2.) zu untersuchen, welche dem Beschuldigten eher wenig Information zukommen lassen wollen

1. Hinweis bei Veränderung des Lebenssachverhalts bei § 265?

Mit der Reichweite des § 265 sind Literatur und die Rechtsprechung nicht zufrieden und plädieren für eine Auslegung über den Wortlaut hinaus. § 265 StPO sieht in Abs. I zwar einen Hinweis auf Veränderung der rechtlichen Gesichtspunkte und in Abs. II auf besondere vom Strafgesetz bestehende Umstände, die die Strafbarkeit erhöhen, vor. Die bloße Veränderung der Sachlage, mit der keine Änderung rechtlicher Gesichtspunkte verbunden ist, wird aber vom Wortlaut der Abs. I und II nicht erfasst.[1084]

a) Notwendigkeit der erweiterten Belehrung

Die Verteidigung kann bei Verschiebung des Tatbildes genauso beeinträchtigt sein wie bei der Annahme eines anderen Straftatbestandes.[1085] Denn sowohl bei Veränderungen rechtlicher Aspekte als auch bei tatsächlichen Fragen kann es notwendig sein, von der ursprünglichen Verteidigungskonzeption abzuweichen.[1086] Wenn man bedenkt, dass eine unrichtige Rechtsanwendung in der Revision noch ausgeglichen werden kann, während das Revisionsgericht aber an die im Urteil festgestellten Tatsachen gebunden ist, dann erscheint die Belehrung über eine Veränderung der Sachlage fast noch wichtiger als die über recht-

---

1083 Vgl. hierzu die Beratung des Verteidigers hinsichtlich des Aussageverhaltens „Reden“ und „Schweigen“, oben 3. Teil, 1. Abschnitt, C., welche maßgeblich von der Einschätzung der Beweislage abhängig ist.

1084 LR/*Gollwitzer*, § 265, Rdnr. 79; SK/*Scblüchter*, § 265, Rdnr. 32; Kleinknecht/*Meyer-Goßner*, § 265, Rdnr. 23; *Meyer*, GA 1964, 257, 257; *Dünnebier*, JR 1964, 66, 66; *Niemöller*, 13: „dem Wortlaut nach unanwendbar.“

1085 *Gillmeister*, StraFo 1997, 8, 8.

1086 *Schlothauer*, StV 1986, 213. 216.

liche Veränderungen.[1087] Abweichungen in tatsächlicher Hinsicht müssen dem Angeklagten deshalb noch in der Hauptverhandlung bewusst gemacht werden, weil er sonst keine Chance mehr auf eine angemessene Reaktion hat.[1088]

Schon an dieser Stelle ist aber die Beratungsverpflichtung des Gerichts zu reduzieren: Nicht erwartet werden kann, dass wirklich jede Veränderung in tatsächlicher Hinsicht einen Hinweis des Gerichts nach sich ziehen müsste, da dies zu einer Hemmung des Verfahrens führen könnte und gewisse Abweichungen sich im Rahmen des Erwartungshorizontes der Verfahrensbeteiligten bewegen.[1089] Die Veränderungen müssen von einer gewissen Erheblichkeit sein, wobei in Fällen der Tatzeitänderung, des Tatbeteiligtenwechsels, des Tatopferaustauschs und der Änderung der Tathandlung gesprochen werden kann.[1090] Denn in diesen Fällen passt es nicht ins Bild eines rechtsstaatlichen Strafverfahrens, wenn es zu ganz erheblichen Abweichungen von der Anklageschrift kommt und der Angeklagte ohne einen Hinweis hierauf verurteilt wird.[1091] Ob man allerdings so weit gehen kann und einen Hinweis nur bei Veränderung solcher Tatumstände für geboten hält, die für den gesetzlichen Tatbestand relevant und für den Schuldspruch „von ausschlaggebender Bedeutung" sind[1092], ist zweifelhaft: Diese Orientierung an der Tatbestandsrelevanz führt dazu, dass die Chancen und Nachteile, die sich für die Verteidigung ergeben, aus dem Blickfeld geraten, denn jedem Tatbestandsmerkmal kommt für den Schuldspruch eine Bedeutung zu.[1093] Eher als entbehrlich kann man Hinweise auf Veränderungen bzgl. Begleitumstände, wie z.B. verschiedene Varianten hinsichtlich der Vorbereitungsphase und das Nachtatverhalten, ansehen, da diese den Anklagesatz nicht betreffen.[1094]

Will man den Angeklagten zu einer eigenverantwortlichen und effizienten Verteidigung befähigen, so verlangt dessen Subjektsstellung u.a. nach Aufklärung, Information, Unterrichtung und Hinweisen.[1095] Dieser Eigenverantwortung kann der Beschuldigte aber nur dann gerecht werden, wenn „das Feld der auf die Entscheidung hin angelegten Interaktion" hinreichend begrenzt bzw. fixiert

---

1087 *Meyer*, GA 1964, 257, 258.

1088 *Schlothauer*, StV 1986, 213, 213: „Die dadurch vermittelten Erkenntnisse kämen jedoch – zumindest für die durch das Urteil abgeschlossene Distanz – zu spät."

1089 *Niemöller*, 15.

1090 Ausführlich mit Rechtsprechungsnachweisen zu den einzelnen Fallgruppen *Niemöller*, 16 ff; vgl. auch SK/*Schlüchter*, § 265, Rdnr. 35.

1091 *Meyer*, GA 1964, 257, 258.

1092 Mit dieser Tendenz BGH NStZ 1981, 190, 190; BGH StV 1988, 472, 473; BGH NJW 1991, 1900, 1900.

1093 *Gillmeister*, StraFo 1997, 8, 10.

1094 *Gillmeister*, StraFo 1997, 8, 10.

1095 *Schlothauer*, StV 1986, 213, 214.

ist.[1096] § 265 StPO ist als Ergänzung zu den §§ 200 I, 201 I, 215, 243 III StPO zu verstehen, denn durch letztere soll dem Beschuldigten Gewissheit darüber gegeben werden, worauf er sein Verteidigungsvorbringen einzurichten hat.[1097] Dem liegt der an sich selbstverständliche Gedanke zugrunde, dass nur derjenige Gelegenheit zur Verteidigung hat, wer die „Art des Angriffs" kennt, also die Beschaffenheit der Beschuldigung in rechtlicher und eben auch tatsächlicher Hinsicht.[1098] Die Zuordnungsfunktion der Anklageschrift ist jedenfalls dann nicht erfüllt, wenn dem Beschuldigten von vornherein die vorgesehene Subsumtion des Sachverhalts unter den Tatbestand vorenthalten wird, aber auch, wenn der Beschuldigte nichts davon weiß, dass der Richter eine tatsächliche andere Zuordnung als die Anklage vornimmt.[1099]

Die Befürwortung einer Belehrung über § 265 StPO hinaus überrascht deshalb, weil es für sie keine dogmatisch tragfähige Grundlage gibt. Die Betrachtung der in Frage kommenden Anknüpfungspunkte ergibt außerdem, dass diese auch nicht herangezogen werden.

b) Anwendung des § 265 StPO über Wortlaut hinaus - ohne dogmatische Grundlage?

aa) Auslegung des § 265 StPO

Sowohl die Rechtsprechung und als auch die Literatur haben eine Lösung des Problems im Wege der Auslegung des § 265 StPO versucht. Der BGH war in Anschluss an die RG-Rechtsprechung[1100]der Auffassung, dass Fälle der sachlichen Veränderung zwar nur durch § 265 IV StPO erfasst würden und dessen Rechtsfolge ersichtlich nur die Aussetzung sei, diese schließe aber notwendig die Unterrichtung über die veränderte Sachlage mit ein und bleibe als „das Mindere" übrig, wenn eine Aussetzung nicht geboten sei.[1101] Ist Letzteres der Fall, kann ein Hinweis gleiche oder bessere Dienste leisten als eine Aussetzung.[1102] Damit wurde der über § 265 StPO hinausgehende Hinweis auf den Grundgedanken dieser Norm gestützt. Der BGH betont zwar, dass § 265 eine „Art General-

---

[1096] *Niemöller*, 11.

[1097] Zu diesem „ineinandergreifenden Regelungssystem" *Schlothauer*, StV 1986, 213, 216; vgl. auch *Scheffler*, JR 1989, 232, 233.

[1098] *Niemöller*, 21.

[1099] *Niemöller*, 50/51, der das Zuordnungsgebot des § 200 aber als auf die Anklage beschränkt ansieht und eine Fortwirkung in die Hauptverhandlung ablehnt, um diese Lücke durch Art. 6 III a MRK schließen zu wollen.

[1100] Einen vollständigen Überblick gibt *Niemöller*, 23 ff.

[1101] BGHSt 19, 141, 142; ablehnend zu dieser Argumentation *Niemöller*, 37.

[1102] *Dünnebier*, JR 1964, 66, 66.

klausel zum Schutze des Angeklagten vor jeglichen Überraschungen“ nicht abgibt.[1103] Dennoch ist immer wieder der Weg über Abs. IV bzw. Abs. I analog versucht worden.[1104] Methodisch ist beides angreifbar. Abs. I enthält zwar die richtige Rechtsfolge, aber nur Abs. IV die richtigen Tatbestandsvoraussetzungen.[1105] Wie findet dies zusammen? Dünnebier hat seinen methodischen Ansatz wie folgt dargelegt: Auch er begreift den Hinweis als notwendige Vorstufe zur Aussetzung, weist aber darauf hin, dass eine ausnahmslose Hinweispflicht bei jedweder sachlichen Veränderung nicht nur lästig, sondern auch sinnlos sei angesichts des sich in der Hauptverhandlung dynamisch entwickelnden Tatbildes.[1106] Vielmehr sei in den Fällen des Abs. I ein Hinweis nur dann zu geben, wenn auch die Aussetzung der Hauptverhandlung angezeigt erscheine.[1107] Dünnebier setzt damit der Hinweispflicht bei Veränderung der tatsächlichen Gesichtspunkte durch die Voraussetzungen des Abs. 4, die damit als Maßstab für einen Hinweis im Falle des Abs. I bilden, ihre Grenzen, weil nur dann die tatsächliche Veränderung so schwer wiege wie die rechtliche.[1108] Dass man einen solch engen Zusammenhang zwischen Hinweis- und Aussetzungspflicht konstruieren kann, ist allerdings zweifelhaft: Eine Aussetzung könne auch dort geboten sein, wo der Beschuldigte über dic Veränderung bereits im Bilde sei, dennoch aber Zeit zur Vorbereitung benötige. Andererseits könne eine Aussetzung überflüssig sein, wenn bereits ein gerichtlicher Hinweis auf die veränderte Sachlage ergangen sei, was dazu führt, dass man die eine nicht aus der anderen ableiten könne.[1109] Dieser Argumentation kann man aber nur dann folgen, wenn man sich nicht daran stört, dass in ihr eine Belehrung des Gerichts auftaucht, deren Ursprung nicht erläutert wird.[1110]

Diese Kontroverse um eine Ableitung aus dem Normtext führt zu der wichtigen Frage, ob die Hinweispflicht in § 265 StPO nicht aus gutem Grund beschränkt worden ist. Der historische Gesetzgeber war jedenfalls der Ansicht, dass ein Hinweis auf neue Tatsachen nicht erforderlich sei, weil deren Kenntnis durch die ununterbrochene Anwesenheit in der Verhandlung und durch die

---

1103 BGHSt 29, 274, 278.

1104 *Schlothauer*, StV 1986, 213, 214.

1105 *Niemöller*, 35, der diese scharfe Unterscheidung für das entscheidende Argument gegen eine analoge Anwendung des § 265 hält.

1106 *Dünnebier*, JR 1964, 66, 67.

1107 *Dünnebier*, JR 1964, 66, 67.

1108 *Dünnebier*, JR 1964, 66, 67.

1109 *Niemöller*, 37; ähnlich *Schlothauer*, StV 1986, 213, 223: „.... es gibt auch Fälle, in denen eine Veränderung der der Sachlage nicht zu einer Verfahrensaussetzung nötigt, gleichwohl das Verteidigungsinteresse des Angeklagten einen Hinweis erfordert.“

1110 I.E. stimmt *Niemöller* ja auch einer Belehrungspflicht durch das Gericht zu, was er aber auf Art. 6 III 1 MRK stützt, vgl. *Niemöller*, 51 ff.

Möglichkeit, Zeugen zu befragen, gesichert sei.[1111] Für eine Erweiterung der Belehrungspflichten lässt sich § 265 StPO damit aber nur bedingt heranziehen; schon der historische Gesetzgeber hat ihm einen bewusst begrenzten Anwendungsbereich zugewiesen. Deshalb sind weitere mögliche dogmatische Verankerungen einer Hinweispflicht bei Veränderung der Sachlage diskutiert worden.

bb) § 136 II, 243 III StPO als Argumentationsgrundlage?

Hierzu wurde die Ansicht geäußert, eine Beschränkung der Verteidigungsrechte sei bei Fragen tatsächlicher Art nicht ohne Verletzung der §§ 136 II, 243 III StPO möglich, so dass ein Hinweis bei Veränderungen hinsichtlich Rechtsfragen nur deshalb erforderlich sei, weil diese vom Gericht nicht erörtert werden müssen. Warum nach dieser Ansicht allerdings der schweigende Angeklagte auf Veränderungen, die nicht klar erkennbar sind, hingewiesen werden soll, weil er nicht in vollem Umfang auf seine Verteidigung verzichte - immerhin könne er ja noch Beweisanträge stellen[1112] – ist nicht ganz nachvollziehbar. Die Tatsache, dass ein Angeklagter schweigt, dürfte seine Fähigkeit, Veränderungen tatsächlicher Art in der Hauptverhandlung zu bemerken, nicht beeinflussen. Eher liegt die gegenteilige Annahme nahe, der Beschuldigte sei gerade wegen seiner Aussageverweigerung besonders aufmerksam – dies allerdings auch nur, wenn seinem Schweigen nicht eine „Totalverweigerung“ zugrunde liegt.

Die §§ 136 II i.V.m. § 243 III StPO sind aber ein geeigneter argumentativer Anknüpfungspunkt, denn wenn dem Beschuldigten Gelegenheit zur Stellungnahme gegen die gegen ihn vorliegenden Verdachtsgründe gegeben werden muss, dann müssen diese ihm auch bekanntgegeben werden, damit er sie beseitigen kann.[1113] Bei näherer Betrachtung erweist sich aber die Sache, zu der der Beschuldigte vernommen werden muss, als die Anklage selbst, denn diese ist der Bezugspunkt der Vernehmung nach Anklagesatzverlesung gem. § 243 II StPO und kennzeichnet den Tatvorwurf. Insofern kann § 136 II i.V.m. § 243 III StPO keinen Aufschluss darüber geben, in welcher Art das Gericht auf Veränderungen in tatsächlicher Hinsicht zu reagieren hat.[1114]

cc) Anspruch auf Gewährung rechtlichen Gehörs, Art. 103 I GG?

Als normative Grundlage für gerichtliche Hinweispflichten wird gerne der Grundsatz des rechtlichen Gehörs herangezogen, was bei der Zielrichtung des Rechts, den Beschuldigten vor Überraschungen und Überrumpelung zu schüt-

---

[1111] *Hahn* I, 209.

[1112] *Meyer*, GA 1964, 257, 263.

[1113] *Meyer*, GA 1964, 257, 260.

[1114] *Niemöller*, 42, spricht deshalb von einer „petitio principii“.

zen, durchaus nahe liegt. Eine substanzielle Begründung für eine solche Ableitung lässt sich aber nicht finden.[1115] Eine extensive Interpretation des Art. 103 I GG hat angesichts der maßgebenden und zurückhaltenden Auffassung des BVerfG kaum eine Durchsetzungschance, da hier nur die Möglichkeit zur Antragstellung und Stellungnahme betont wird.[1116] Deshalb wird vertreten, dass Art. 103 I GG grundsätzlich keine Hinweis- und Aufklärungspflichten für das Gericht enthalte, da dieser nur ein Minimum an rechtlichem Gehör gewährleiste.[1117] Zwar ist es nachvollziehbar, wenn die Information des Beschuldigten als erste Verwirklichungsstufe des Grundsatzes des rechtlichen Gehörs bezeichnet wird.[1118] Dass diese Informationen aber vom Gericht geliefert werden müssen, ist damit noch nicht gesagt. Daher werde es in der Regel genügen, wenn der Angeklagte Gelegenheit zur Stellungnahme erhalte, indem die neuen Tatsachen in seiner Gegenwart erörtert werden; nur wenn der Vorwurf in eine völlig neue Richtung gehe oder von gesteigertem Gewicht sei, müsse ein Hinweis zum Schutz des Angeklagten vor Überraschungen erfolgen.[1119] Hinsichtlich dieses Maßstabes kann man natürlich Bedenken anmelden. Doch das Argument, nur durch Information durch das Gericht erhalte der Beschuldigte Gelegenheit zur Stellungnahme hinsichtlich aller einschlägigen Tat- und Rechtsfragen[1120], ist untauglich zur Beantwortung der Frage, ob richterliche Hinweise nicht dann entbehrlich sind, wenn der Beschuldigte selbst die Situation richtig einschätzen konnte.

c) Aspekt der Erkennbarkeit?

Es wird auch behauptet, entbehrlich sei dieser Hinweis dann, wenn der Beschuldigte die Veränderung aus dem Gang der Verhandlung erkennen konnte.[1121] Doch „meistens“ dürfe sich das Gericht auf die Erkennbarkeit solcher Veränderungen nicht verlassen, sondern müsse einen entsprechenden Hinweis verbunden mit der Aufforderung zur Stellungnahme geben.[1122] Denn in der mündlichen Verhandlung kann dermaßen viel Tatsachenstoff erörtert werden, dass gerade bei schwierigen Sachverhalten schwer zu erkennen ist, was für die Urteilsfindung von Bedeutung sein wird, wobei der Beschuldigte nicht alleine dasteht: Auch das Gericht wird sich möglicher Veränderungen nicht immer sofort be-

[1115] *Niemöller*, 43.

[1116] *Niemöller*, 44, m.w.N.

[1117] Maunz/Dürig/*Schmidt-Assmann*, Art. 103, Rdnr. 71: Minimal- oder Basisgewährleistung.

[1118] AK-GG/*Wassermann*, Art. 103 Rdnr. 24.

[1119] LR/*Gollwitzer*, § 265, Rdnr. 80.

[1120] So mit Nachdruck *Schlothauer*, StV 1986, 213, 215.

[1121] BGHSt 28, 196, 198; SK/*Schlüchter*, § 265, Rdnr. 33.

[1122] *Dünnebier*, JR 1964, 66, 66.

wusst sein, so dass eklatante Abweichungen erst bei den Beratungen offenbar werden.[1123]

Der formfreie Hinweis auf die Veränderung der Sachlage soll auch in konkludenter Form möglich sein.[1124] Richtig hieran ist, dass man durchaus auf einen förmlichen Hinweis, wie ihn § 265 I, II StPO vorsehen, verzichten kann, wenn deutlich zu erkennen gegeben wird, auf welche Tatsachen das Gericht Wert legt, so dass sich der Angeklagte entsprechend verteidigen kann.[1125] Das Gericht wird sich aber nicht darauf verlassen dürfen, dass der Angeklagte über seine Tat besser Bescheid weiß als das Gericht und im Allgemeinen schon erkennen werde, worauf es ankommt.[1126] Die Erwartung, der Angeklagte werde in der Verhandlung alles strafrechtlich Relevante entdecken und sich entsprechend verteidigen, ist deshalb überzogen, weil sie dem Beschuldigten eine nicht leistbare „Rundumverteidigung" zumutet.[1127] Auf seine Sicht kann es letztlich nicht entscheidend ankommen, denn maßgeblich für den Angeklagten ist es, welche tatsächlichen Umstände das Gericht für erheblich ansieht, weil er auf dessen Überzeugungsbildung einwirken will.[1128] Anhand von Indizien in der Hauptverhandlung wie bestimmte Fragen und Vorhalte des Gerichts lässt sich dies nur ungenau bestimmen, letztlich kann über die Einstellung des Gerichts lediglich gemutmaßt werden.

2. Gegentendenzen zur weiten Auslegung des § 265 StPO auf anderen Gebieten

a) Bekanntgabe des Ergebnisses der Beweisaufnahme?

Wie soeben in Bezug auf § 265 und schon oben im 2. Teil festgestellt, ist die Einschätzung, wie das Gericht einzelne Beweiserhebungen und die Beweislage insgesamt beurteilt, von enormer Wichtigkeit für die Wahl des entsprechenden Aussageverhaltens. Beschuldigter und Verteidiger fragen sich also nicht grundlos, ob das Beweisergebnis der Hauptverhandlung, so wie sie es eingeschätzt haben, der Einschätzung des Gerichts entspricht[1129], und sind nicht selten dar-

---

1123 *Meyer*, GA 1964, 257, 259: „Selbst wenn das Gericht schon in der Hauptverhandlung Klarheit darüber gewinnt, daß ein bisher unbeachtet gebliebener tatsächlicher Umstand Bedeutung erhält, muß dessen Erörterung nicht notwendig den Angeklagten und seinen Verteidiger hierauf aufmerksam werden lassen."

1124 *Niemöller*, 75.

1125 *Meyer*, GA 1964, 257, 261, der fordert, dass der Beschuldigte *erneut* vernommen werden muss, wenn sich Tatsachen erstmalig in der Beweisaufnahme als relevant herausstellen bzw. sich ihre Bedeutung erst in der Beratung ergibt.

1126 *Meyer*, GA 1964, 257, 260.

1127 *Gillmeister*, StraFo 1997, 8, 8.

1128 *Schlothauer*, StV 1986, 213, 223.

1129 Vgl. *Herdegen*, JZ 1998, 54, 55.

über überrascht, auf welchen Beweisergebnissen die Entscheidung basiert.[1130] Die Situation wird dadurch zusätzlich erschwert, dass die Bereitschaft des Gerichts, von sich aus Hinweise gemäß § 265 StPO zu geben, eingeschränkt wird durch die „Erkennbarkeit" für den Angeklagten. Doch was hat der Angeklagte zu erwarten, der hieraus die Konsequenz zieht und sich selbst aktiv an das Gericht wendet mit einer Anfrage zur Sach- und Rechtslage? Das Ergebnis ernüchtert: Die Rechtsprechung ist wenig gewillt, dem Richter aufzugeben, seine Auffassung der Dinge mitzuteilen.[1131] In BGHSt 43, 212 hatte die Verteidigung eine Erklärung in schriftlicher Form abgegeben, die die Aussage einer Zeugin wiedergab, und mit folgendem Antrag verbunden:

„Sollte die vorstehende Wiedergabe der Aussage in einem wesentlichen Punkt unzutreffend sein, bittet die Verteidigung um einen tatsächlichen Hinweis, damit sie bei der Beurteilung des Sachverhalts nicht von einem Irrtum ausgeht."[1132]

Mit der Revision wurde erfolglos geltend gemacht, dass ein solcher Hinweis in der Hauptverhandlung nicht erfolgt sei. Eine Verpflichtung zu einem derartigen Hinweis ergibt sich nach Auffassung des BGH auch nicht aus dem Rechtsgedanken des § 265 StPO[1133], da „eine wesentliche Abweichung in der Beurteilung tatsächlicher Verhältnisse zwischen Anklage und Hauptverhandlung" nicht vorgelegen hätte.[1134] Die gegenteilige Auffassung laufe darauf hinaus, dass der Verteidiger ein Zwischenverfahren veranlassen könne, in dem der Tatrichter zu erklären hätte, wie er das Ergebnis der Beweismittel-Verwendung verstanden habe. Dies wiederum laufe dem Grundsatz zuwider, dass der Tatrichter erst in der Urteilsberatung darüber zu befinden habe, wie er die Beweismittel einschätze.[1135] Es bleibe kein Raum – etwa aus dem Gesichtspunkt des fairen Verfahrens – Anträgen dieser Art durch einen tatsächlichen Hinweis Rechnung zu tragen.[1136]Somit lässt sich diese Ansicht damit zusammenfassen, dass das Gericht nur in jenem Bereich zum Dialog gezwungen sei, wo es vom Gesetz her dazu verpflichtet werde, nämlich in dem Bereich, in dem das Prinzip der Antragsbescheidung – wie z.B. bei § 244 VI StPO bzw. § 238 II StPO – gelte. Ansonsten

---

1130 *König*, StV 1998, 113, 113, gegen diese Überraschungen sein kein „revisionsrechtliches Kraut" gewachsen, was auch *Herdegen*, JZ 1998, 54, 55 zugesteht.

1131 *Verrel*, 42, spricht vom „Risiko einer zutreffenden Einschätzung der Beweislage".

1132 BGHSt 43, 212, 213.

1133 Vgl. zu § 265 oben, 4. Teil, 2. Abschnitt, B. IV.

1134 BGHSt 43, 212, 214, die Ausführungen zu § 261 können in diesem Zusammenhang außer Betracht bleiben.

1135 BGHSt 43, 212, 215, dass der BGH hier aber dennoch die „Möglichkeit eines offenen Rechtsgesprächs" für gegeben sieht, macht den Beschuldigten umso mehr von der Kommunikationsbereitschaft des Tatrichters abhängig.

1136 BGHSt 43, 212, 216.

sei es nicht verpflichtet, seine abweichende Auffassung von abgegebenen Erklärungen darzulegen.[1137]

Wie zu erwarten, ist die Entscheidung unterschiedlich aufgenommen worden. Unter dem Gesichtspunkt der „Ordnung des Verfahrens“ hat sie Zustimmung erfahren. Hiermit sei es nicht vereinbar, dass Teile der Urteilsberatung und Urteilsbegründung „vorberaten“ würden und dieses Beratungsergebnis zur Diskussion gestellt würde; für „Einlagen dieser Art“ sei kein Raum.[1138] Missbräuchlicher Argumentation und missbräuchlich genutzter Antragsbefugnis werde ein weites Feld eröffnet, wenn Urteilselemente vorweg zur Diskussion gestellt würden, was in erster Linie ein Zugewinn für unseriöse Verteidigung darstelle. Wird hiermit die Gefahr einer unnötigen Verfahrensverlängerung in den Mittelpunkt gestellt, so ist dem zu entgegnen, dass gerade das Vorenthalten gerichtlicher Hinweise auf den Stand der Dinge diesen Effekt hat: Beschuldigter und Verteidiger sind gezwungen, die Meinung des Gerichts durch das Stellen geschickt formulierter Beweisanträge[1139] zu erforschen mit dem Ergebnis langwieriger und aufwendiger Beweiserhebungen.[1140]

Insgesamt ist es wenig überzeugend, „den Kognitionen derjenigen, die die Relevanz der fundierenden Tatsachen zu bestimmen und mit vom Gesetz zuerkanntem Geltungsanspruch den relevanten Beweisstoff zu würdigen haben“, grundsätzlichen Vorrang einzuräumen und sich dabei auf eine nicht angreifbare Auffassungs- und Darlegungskompetenz des Tatrichters für das von ihm selbst Wahrgenommene zurückzuziehen.[1141] Dieses auf Dezision und nicht auf Kommunikation aufbauende Prozessverständnis[1142] ist zu kritisieren. Denn gerade durch den Dialog mit Beschuldigtem und Verteidiger kann die Gefahr von Wahrnehmungsfehlern deutlich reduziert werden.[1143] Dies gilt umso mehr, als die Einschätzung von Beweiserhebungen kein „anfallartiges“ Ereignis darstellt, das sich erst in der Urteilsberatung einstellt, vielmehr handelt es sich um einen Prozess, bei dem die richterlichen Überzeugungen immer wieder modifiziert werden.[1144] Dass der Tatrichter erst in der Urteilsberatung über die Einschätzung

---

1137 *König*, StV 1998, 113, 113.

1138 *Herdegen*, JZ 1998, 54, 55.

1139 Etwa mit der Formulierung, man werde für den Fall, dass das Gericht nicht von einer bestimmten Tatsache ausgehe, einen Beweisantrag stellen, vgl. *König*, Friebertshäuser-FG, 211, 217. *Ignor/Matt*, StV 2002, 102, 104 erblicken in diesem „Ausloten der Sach- und Rechtslage mittels der Beweisaufnahme“ ein großes Konfliktpotenzial.

1140 *König*, StV 1998, 113, 113; vgl. auch *König*, Friebertshäuser-FG, 211, 217: „Sagen sie mir, wovon Sie ausgehen, und ich werde ihnen sagen, ob ich noch Anträge stellen will.“

1141 *Herdegen*, JZ 1998, 54, 55.

1142 *König*, Friebertshäuser-FG, 211, 212 spricht von „absonderlicher Geheimniskrämerei“.

1143 *König*, StV 1998, 112, 114.

1144 *König*, StV 1998, 112, 112.

der Beweismittel zu befinden habe[1145], ist nicht nur aus dem Gesichtspunkt der schrittweisen Entstehung der richterlichen Überzeugung abzulehnen. Vielmehr ist der Richter geradezu gezwungen, innerlich vorläufige Einschätzungen festzulegen, um z.B. weitere Beweisanträge seitens der Verteidigung sachgerecht bescheiden zu können. Vorläufige Einschätzungen der Beweislage sind auch z.B. beim Erlass eines Haftbefehls, im Haftprüfungs- und Beschwerdeverfahren und beim Eröffnungsbeschluss erforderlich, dem Verfahren also keineswegs fremd.[1146]

Wenn eine Pflicht des Gerichts zur Stellungnahme selbst bei Anfrage seitens der Verteidigung abgelehnt wird, sind Situationen möglich, in denen sich ein Beschuldigter gegen Tatsachen verteidigt, die aus Sicht des Gerichts gar nicht im Raume stehen und umgekehrt sich gegen solche nicht verteidigt, die nach Meinung des Gerichts festgestellt worden sind.[1147] Zumindest dort, wo wesentliche Differenzen zwischen Auffassung des Gerichts und der Verteidigung dadurch deutlich werden, dass die Verteidigung ihre Interpretation artikuliert und beim Gericht explizit nachfragt[1148], kann davon gesprochen werden, dass prozessuales Vertrauen vom Gericht durch sein Schweigen geschaffen wird.[1149]

Im Übrigen ist der Gedanke des § 265 StPO nicht – wie der BGH meint – deshalb unanwendbar, weil eine wesentliche Abweichung in der Beurteilung tatsächlicher Verhältnisse zwischen Anklage und Hauptverhandlung nicht vorliege.[1150] In diesem Fall wurde eine Hinweispflicht ja gerade aus dem Grundgedanken des § 265 – gegen den eindeutigen Gesetzeswortlaut – entwickelt.[1151] Hierzu passt es nicht, einen Unterschied zwischen Beurteilung der Beweislage und Beurteilung tatsächlicher Verhältnisse in der Hauptverhandlung in Abweichung von der Anklage zu konstruieren: Auf beide Konstellationen passt der Aspekt „Warnung vor Überraschungen" gleichermaßen.[1152]

Verständlich wird diese Zurückhaltung bei Betrachtung einer Entscheidung des BGH, in der das erkennende Gericht die Zusage gegeben hatte, bestimmte in der Hauptverhandlung erörterte Vorkommnisse bei der Beweiswürdigung nicht

1145 Vgl. nochmals BGHSt 43, 212, 215.

1146 *König*, Friebertshäuser-FG, 211, 215.

1147 *König*, StV 1998, 113, 115 bezeichnet diese Vorstellung zu Recht als „unerträglich" bzw. als „absurdes Theater" (a.a.O., 114).

1148 *Herdegen*, JZ 1998, 54, 55 will dem Beschuldigten kein Gehör zubilligen in diesen Fällen, „gleichgültig, wie er es „einfädelt", womit dem Umstand der Initiative der Verteidigung keine Bedeutung beigemessen wird.

1149 *König*, StV 1998, 113, 115.

1150 BGHSt 43, 212, 214.

1151 Vgl. oben zu § 265.

1152 *König*, StV 1998, 113, 113 hält die Argumente des BGHs deshalb auch nur für „eine feinsinnigere Variante" des „Wo kämen wir denn da hin?".

zum Nachteil des Angeklagten zu verwerten.[1153] Das Gericht hatte auf Anfrage versichert, vor der angeklagten Tat liegende Misshandlungen nicht zum Nachteil der Angeklagten zu berücksichtigen. Die dennoch erfolgende Verwertung dieser Vorkommnisse habe nur nach Hinweis gem. § 265 StPO erfolgen dürfen.[1154] Der Richter war nach Ansicht des BGH in Anlehnung an BGHSt 43, 212 zwar nicht ohne weiteres gehalten, vor der Urteilsberatung derartige Hinweise zu geben. Wenn er dies aber täte, sei er an die damit verbundene Zusage gebunden.[1155]

b) § 136 I 1 StPO: Mitteilung der Verdachtsgründe

Die Tendenz, dass dem Beschuldigten die Einschätzung seines Falles durch die staatlichen Organe vorenthalten wird, lässt sich bereits im Vorverfahren bei der Mitteilung der Verdachtsgründe gem. § 136 I 1 StPO festmachen. Einerseits soll eine schlagwortartige Bezeichnung des Tatbestandes nicht genügen, sondern es wird eine Darstellung des Sachverhaltes in groben Zügen verlangt, wobei dem Beschuldigten die Zielrichtung des Vorwurfs so erläutert werden muss, dass er sich sachgerecht verteidigen könne[1156] Andererseits trifft man aber verbreitet auf die Ansicht, dem Beschuldigten müsse nicht das ganze Ergebnis der Ermittlungen bekannt gegeben werden; vielmehr könne die Mitteilung der Verdachtsgründe bis zum Ermittlungsabschluss in dem Maße unterbleiben, dass der Untersuchungszweck nicht gefährdet werde.[1157] Dem Beschuldigten müssten deshalb nicht alle Einzelheiten der Tat bekanntgegeben werden, da zu befürchten sei, der Beschuldigte könnte die Schwachstellen der Beweisführung aufspüren und gezielt Ausreden erfinden; zum anderen solle die Überprüfung eines Geständnisses nur möglich sein, wenn es Einzelheiten enthalte, die nur dem Täter bekannt sein können,[1158] im Interesse einer sachgemäßen Aufklärung müsse er sich vor einer solchen Mitteilung sogar „hüten".[1159]

Teilweise wird nach Verfahrensstadien unterschieden: Im Ermittlungsverfahren wäre es verfehlt, den Beschuldigten sofort von sämtlichen Verdachtsgründen

[1153] BGH StV 2001, 387, 387.

[1154] BGH StV 2001, 387, 387.

[1155] BGH StV 2001, 387, 388.

[1156] KK/*Boujon*, § 136, Rdnr. 8; KMR/*Müller*, § 136, Rdnr. 4.

[1157] Kleinknecht/*Meyer-Goßner*, § 136, Rdnr. 13; LR/*Hanack*, § 136, Rdnr. 34; AK/*Gundlach*, § 136, Rdnr. 14. Die Ansicht *Henkels*, 223, man könne ein Ermittlungsverfahren auch ohne jede Information des Beschuldigten durchführen, ist wohl nicht mehr zeitgemäß.

[1158] *Walder*, 190, der von einem „allfälligen" (?) Geständnis spricht; AK/*Gundlach*, § 136, Rdnr. 14.

[1159] LR/*Hanack*, § 136, Rdnr. 17.

zu unterrichten und ihm damit Gelegenheit zur „Beseitigung“ – gemeint ist wohl: Vernichtung von Beweisen – zu geben. Im Gegensatz hierzu dürfe dem Angeklagten in der Hauptverhandlung nichts verschwiegen werden, da hier die letzte Gelegenheit zur Verteidigung bestehe.[1160] Zwar ist letzterem im Hinblick auf die Hauptverhandlung zuzustimmen, jedoch ist vor einer isolierte Betrachtung der Eröffnung des Tatvorwurfs zu warnen. Eine solche wäre verfehlt, denn die Eröffnung habe im Zusammenhang mit der Belehrung über das Schweigerecht die Funktion, eine sinnvolle Entscheidung bezüglich des Aussageverhaltens erst zu ermöglichen.[1161] Deshalb macht die Ankündigung, die Aussage zu verweigern, die Eröffnung auch nicht überflüssig, weil weiterhin die Möglichkeit besteht, dass der Beschuldigte hiernach zur Aussage bereit ist.[1162]

Soll dem Beschuldigten nach Maßgabe des § 136 II StPO Gelegenheit zur Stellungnahme gegeben werden, ist es aber als unzulässig anzusehen, die Vernehmung nur zu Untersuchungszwecken zu führen.[1163] Will man den Beschuldigten durch die Sicherstellung eines gewissen Informationsstandes in die Lage versetzen, eine eigenverantwortliche Entscheidung bezüglich des weiteren Prozessverhaltens zu treffen[1164], ist es nicht einzusehen, die Mitteilung der Beweistatsachen nur auf solche zu beschränken, die ohne Gefährdung des weiteren Ermittlungsverfahrens mitgeteilt werden können.[1165] Konsequent müsste verlangt werden, „dem Beschuldigten auch gerade diejenigen Beweismittel mitzuteilen, deren Offenbarung den Tatnachweis verhindern oder nur gefährden würden.[1166] Will man so weit nicht gehen, kann man zumindest sagen: Wenn sich Anspruch auf rechtliches Gehör und Sachaufklärungsinteresse nicht miteinander vereinbaren lassen, dann müsse eben bis zum Abschluss der Ermittlungen auf eine Vernehmung verzichtet werden.[1167] Jedenfalls kann es nicht befriedigen, den Beschuldigten darauf zu verweisen, er könne sich umso glaubwürdiger verteidigen, je weniger er wisse[1168] und dass rechtliches Gehör ausreichend auch dann gewährt werde, wenn der Beschuldigte „erst im Verlaufe der Vernehmung über die einzelnen Punkte informiert werde und dazu Stellung nehmen könne.“[1169]

1160 *Meyer*, GA 1964, 257, 262.

1161 *Weßlau*, ZStW 110, 1, 12, die darauf hinweist, dass auch die Belehrung über das Verteidigerkonsultationsrecht in diese Richtung zu deuten ist.

1162 Kleinknecht/*Meyer-Goßner*, § 136, Rdnr. 13.

1163 Vgl. *Lesch*, ZStW 111, 624, 625ff; *Grünwald*, Beweisrecht, 59.

1164 *Bosch*, 145.

1165 So aber *Bosch*, 146.

1166 So die Kritik *Gössels*, GA 2001, 192, 193 an Bosch, der Bosch in der Sache – nur begrenzte Information – folgen will, die Inkonsequenz des Gedankenganges aber kritisiert.

1167 *Lesch*, ZStW 111, 624, 642.

1168 *Fincke*, ZStW 95, 918, 957.

1169 *Bosch*, 145.

Die Geringschätzung dieser Vorschrift geht noch weiter, wenn man sie als bloße Sollvorschrift[1170] ansieht.[1171] Dies ist deshalb verfehlt, weil es sich nicht um eine weiche „Absichtserklärung“ des Gesetzgebers handelt, sondern deutlich die Funktion der Vernehmung als Gelegenheit zur Stellungnahme kennzeichnet.[1172]

Gestützt werden soll eine derart zurückhaltende„Informationspolitik“ durch einen Schluss aus § 147 II StPO: Würden dem Beschuldigten bereits vor Ermittlungsabschluss alle Verdachtsgründe mitgeteilt, wäre es sinnlos, diese bei Gefährdung des Untersuchungszwecks dem Verteidiger vorzuenthalten.[1173] Wenn Untersuchungshandlungen wie Durchsuchungen oder Verhaftungen anstehen, ist es zwar durchaus einsichtig, dass dem Beschuldigten wie auch dem Verteidiger keine Informationen gegeben zu werden brauchen, sollen die Untersuchungen nicht scheitern bzw. von vornherein keinen Erfolg versprechen.[1174] Allerdings ist zu fordern, dass diese Zurückhaltung wirklich nur bezüglich konkret geplanter Untersuchungen an den Tag gelegt wird. Nur dann kann diese begrenzte Weitergabe von Informationen akzeptiert werden, denn eine darüber hinausgehende Verheimlichung von Verdachtsgründen wird aus dem Gedanken der Gefährdung weiterer Untersuchungen nicht gerechtfertigt.[1175] § 147 II StPO kann damit als Maßstab und Grenze für die Nichtbekanntgabe weiterer Verdachtsgründe verstanden werden.

Zurückhaltung bei der Information des Beschuldigten ist auch im Bereich der Bekanntgabe der Strafvorschriften zu verzeichnen, einem „merkwürdig ungeklärten“ Bereich.[1176] Hier soll eine Verdeutlichung der rechtlichen Richtung des Vorwurfs genügen, eine Belehrung über eventuell umstrittene Einzelheiten der rechtlichen Einordnung sei nicht nötig; allein wenn der Beschuldigte mit dem Vorwurf aufgrund seines Bildungsgrades oder nach Art des Tatbestandes mit der Vorschrift nichts anzufangen wisse, müsse eine nur umrisshafte Erläuterung des Gesetzestextes erfolgen.[1177] Übereinstimmung besteht darüber, dass bei Änderung der rechtlichen Gesichtspunkte der Beschuldigte darauf hinzuweisen ist.[1178]

[1170] Vgl. die oben angesprochene Problematik des Begriffs „Ordnungsvorschrift“ 4. Teil, 2. Abschnitt, A. II.

[1171] LR/*Hanack*, § 136, Rdnr. 34.

[1172] *Grünwald*, Beweisrecht, 63, der den zwingenden Charakter aus der sprachlichen Entwicklung des § 115 III („ist hinzuweisen“) aus dem § 136 II heraus nachweist.

[1173] LR/*Hanack*, § 136, Rdnr. 34; SK/*Rogall*, § 136, Rdnr. 42.

[1174] *Grünwald*, Beweisrecht, 63.

[1175] *Grünwald*, Beweisrecht, 63.

[1176] LR/*Hanack*, § 136, Rdnr. 20.

[1177] LR/*Hanack*, § 136, Rdnr. 20.

[1178] Kleinknecht/*Meyer-Goßner*, § 136, Rdnr. 6; KK/*Boujong*, § 136, Rdnr. 9; LR/*Hanack*, § 136, Rdnr. 20; SK/*Rogall*, § 136, Rdnr. 20 hält dies für eine aus dem Fairness-Gebot entspringende Pflicht und die Frage für irrelevant, ob hier eine entsprechende Anwendung

Die Qualität, die diese Änderung haben muss, wird wiederum unterschiedlich beurteilt: Einerseits wird ein Hinweis nur dann für angezeigt erachtet, wenn mit der Veränderung eine höhere Strafdrohung in Betracht kommt[1179], andererseits wird ein Hinweis auch dann gefordert, wenn zwar eine Würdigung mit gleicher Schwere in Betracht kommt, der Beschuldigte mit seiner Verteidigung gegen den einen Vorwurf Details verrät, die den Tatbestand einer anderen Vorschrift erfüllen, was der Beschuldigte nicht im Blick hat, was für den Vernehmenden aber offenkundig ist.[1180]

3. Zusammenfassung zu IV.

a) So gut es auch erscheinen mag, dass § 265 StPO auch auf tatsächliche Veränderungen ausgedehnt und der Gedanke betont wird, dass der Beschuldigte nur eine Chance auf eine angemessene „Reaktion auf den Angriff" hat, wenn er diesen genau kennt: Der Aspekt der Erkennbarkeit dieser Veränderung und die teilweise propagierte „Erheblichkeitsschwelle" sind doch enorme Hürden, die die Erweiterung des § 265 StPO wieder stark relativieren. Gerade wenn man auch konkludente Hinweise genügen lässt, mutet man dem Beschuldigten letztlich doch zu, dass er alles für seine Verteidigung Relevante selbst entdeckt.

b) Diesen o.g. Trend bestätigt BGHSt 43, 314 mit der Furcht, durch Bekanntgabe der eigenen Einschätzung der beweisrechtlichen Situation ein Einfallstor für unseriöse Verteidigung zu liefern. Die Tatsache, dass der BGH bei Hinweisen eine weitreichende Bindung attestiert, mag Grund für die Zurückhaltung sein, dem Beschuldigten die Möglichkeit zur Herbeiführung einer solchen Einschätzung zu gewähren. Letztlich ist der Angeklagte doch wieder auf das Erforschen der Gerichtsansicht durch Eventualbeweisanträge angewiesen. Hiermit manifestiert sich ein auf Dezision und nicht auf Kommunikation angelegter Verfahrenstyp. Bestätigt wird dieser Trend bereits im Vorverfahren, wo die Verdachtsgründe nur äußerst zögerlich bekanntgegeben werden, um „die Aussage besser überprüfen" zu können.

Insgesamt bleibt festzustellen, dass angesichts dieser Verhältnisse die Kommunikationsstruktur in der Hauptverhandlung Gegenstand eingehender Betrachtungen sein muss.

---

des § 265 vorliegt. Vgl. auch die weitgehende Einigkeit bei Änderungen in tatsächlicher Hinsicht und die Hinweise hierauf, 4. Teil, 2. Abschnitt, B. IV.

[1179] LR/*Hanack*, § 136, Rdnr. 20.

[1180] AK/*Gundlach*, § 136, Rdnr. 15.

3. Abschnitt: Ertrag des 4. Teils und Ausblick auf die nächsten Untersuchungsschritte

A. Ertrag des 4. Teils

I. Staatsanwaltschaft und Polizei haben sich als ungeeignet für die Beratung des Beschuldigten erwiesen. Für die konkrete Ausgestaltung neuer Belehrungsvorschriften hingegen ist im Einzelfall zu prüfen, inwieweit eine Übernahme des Verweisungsmechanismus des § 163 a StPO sinnvoll erscheint. Grundsätzlich kommt den Belehrungen aber gerade im Vorverfahren eine besonders wichtige Rolle zu.[1181]

II. Die Befürchtung, durch zu genaue Belehrungen den Beschuldigten von einer Aussage abzuhalten, war schon bei der Entwicklung der bestehenden Belehrungsvorschriften vorhanden. Auch bei neuen Vorschriften wird dies nicht anders sein, so dass immer die Gefahr der Umgehung besteht. Nach Abkehr vom Gedanken der „Ordnungsvorschrift" hat sich jedoch die Verwertungsproblematik nach unterlassener Belehrung weitgehend in den Bereich der Widerspruchslösung verlagert, so dass deren konkrete Ausgestaltung ein vordringliches Anliegen ist.

III. Als besonders problematisch hat sich das Vorgehen der Rechtsprechung erwiesen, ein Verwertungsverbot bei Kenntnis des Belehrungsinhalts nicht anzunehmen. Hand in Hand hiermit gehen diverse „Kenntnisvermutungen" wie im Falle der Verteidigeranwesenheit und vorhandener Vorstrafen, die allesamt abzulehnen sind. Den Belehrungsvorschriften kommen über die bloße Wissensvermittlung weitere Funktionen wie die Formalisierung der Kommunikation zu. Deshalb kann man für neue Belehrungsvorschriften festhalten, dass diese ausdrücklich Belehrungen unabhängig von Kenntnis und Verteidigeranwesenheit anordnen müssen.

IV. Für den Begriff der hier sogenannte „Bedenkzeit" lässt sich als Vorbild die sog. „qualifizierte Belehrung" hinsichtlich der Verwertungsebene heranziehen. Die Idee, dass dem Eindruck der Bindung an ein Aussageverhalten bei Vorliegen eines Beweisverwertungsverbots durch einen Hinweis entgegengewirkt werden muss, kann als ein grundsätzliches Prinzip in einer neuen Belehrungsvorschrift verankert werden. Überlegungen wie diejenigen zum „prophylaktischen Hinweis" haben aber auch gezeigt, wie leicht man über das Ziel hinausschießen kann und Belehrungen fordert, die der Beschuldigte gar nicht einordnen kann. Dieser Gefahr ist bei den Vorschlägen am Ende dieser Untersuchung Rechnung zu tragen durch eine vorsichtige Dosierung des Belehrungsumfangs.

[1181] Vgl. zum Ganzen oben, 4. Teil, 1. Abschnitt.

V. Auch die zusätzlichen Hinweise hinsichtlich des Verteidigerkonsultationsrechts zeigen, wie man versuchen kann, dem Eindruck der Verwirkung eines Rechts durch Belehrungen zu begegnen. Dass der Hinweis „das Recht auf einen Verteidiger besteht weiterhin“ nach faktischer Undurchsetzbarkeit in der speziellen Situation absurd erscheint, deutet die Problematik an, dass viele Hinweise ihrerseits erläuterungsbedürftig sind. Dies deutet bereits darauf hin, dass diese Einordnung des Hinweises am besten von einem Verteidiger vorgenommen wird.

VI. Ähnliches gilt auch für die Widerspruchslösung. Hier ist sehr viel größerer Belehrungs- und Beratungsbedarf vorhanden, also durch den bloßen Hinweis auf die Widerspruchsmöglichkeit abgedeckt werden kann. Die Widerspruchslösung deutet damit die Grenzen an, die für Belehrungspflichten gelten. Diese dürfen nicht zu ausführlich sein, um nicht Verwirrung zu stiften. Es liegt nahe, dass hier der Verteidiger verstärkt eingebunden werden muss. Die Wichtigkeit der Verteidigerberatung hinsichtlich des Einlassungsverhaltens ist in der Rechtsprechung anerkannt. Bei der zu beantwortenden Frage der Ausgestaltung dieser Konsultationsmöglichkeiten wird zu berücksichtigen sein, dass auch der BGH bei der Unterstützung des Beschuldigten bei der Wahrnehmung dieses Rechts zwischen starker Hilfsbedürftigkeit und Betonung der Souveränität des Beschuldigten schwankt. Dies muss bei einer eventuellen Ausweitung der Verteidigermitwirkung berücksichtigt werden.

VII. Die Einbeziehung des Verteidigers ist deshalb so wichtig, weil es sich als problematisch erwiesen hat, den Rat zu einem bestimmten Aussageverhalten dem Gericht zuzuweisen. Das Gericht wird aufgrund seiner Sachaufklärungspflicht schnell der Ansicht sein, dass eine Aussage sinnvoll ist. Zudem sind Hinweise auf die strafmildernde Wirkung schon deshalb abzulehnen, weil sie nicht stimulationsneutral sind.

VIII. Die Bereitschaft der Gerichte, weitergehende Hinweise zu erteilen ist insgesamt eingeschränkt. Die sog. „qualifizierte Belehrung“ ist bislang nicht vom BGH ausdrücklich anerkannt, eine Stellungnahme zu dieser Figur wurde bislang durch den Rückgriff auf den Gedanken der „Fortwirkung“ in vielen Bereichen umgangen. Auch die über den Wortlaut des § 265 StPO hinausgehende Auslegung wird stark relativiert durch Restriktionen in Gestalt einer „Erheblichkeitsschwelle“ und der Möglichkeit konkludenter Hinweise. Zudem kann der Beschuldigte auch durch konkrete Anfrage vom Gericht keine Auskünfte über dessen Sicht der Sach- und Rechtslage herbeiführen, wenn dieses nicht von sich aus zu Auskünften bereit ist. Insbesondere letzteres Problem muss einer Lösung zugeführt werden.

B. Ausblick auf den weiteren Gang der Untersuchung

Belehrung und Beratung stellen ein Kommunikationsproblem dar. Immer geht es um die Frage, auf welche Weise Umstände, die für die Entscheidung für oder gegen ein bestimmtes Aussageverhalten von Bedeutung sind, thematisiert werden können. Hierzu sind insbesondere für die Belehrungsebene schon einige wichtige Elemente wie z.B. die Idee der Bedenkzeit erarbeitet worden. Auf der anderen Seite haben sich Probleme ergeben, Informationen über die Sach- und Rechtslage aus Sicht des Gerichts zu erhalten, welche die Grundlage einer Beratung sind.

Auf dem Weg zu einem Gesamtkonzept bietet es sich an, die Kommunikationsstrukturen dort aufzuspüren, wo zwangsläufig Gespräche mit dem Angeklagten stattfinden. Deshalb sollen die Widerspruchslösung, die Absprachepraxis und die Idee des partizipatorischen Prozesses bzw. des Rechtsgesprächs auf Strukturen untersucht werden, die als Vorbild für eine Lösung der Belehrungs- und Beratungsprobleme dienen können. Selbst wenn man hier nicht auf verwertbare Grundlagen stößt, können zu Tage tretende Defizite in diesen Bereichen den Weg zu konstruktiven Veränderungsverschlägen weisen. Schon bei dieser Untersuchung lässt sich die Rolle des Verteidigers im Verhältnis zu Beschuldigtem und Gericht weiter konkretisieren.

5. Teil: Kommunikative Strukturen und Prognoseprobleme

„Die Verwirklichung des Strafrechts, das tief in Menschenleben einschneidet, setzt mehr als in jedem anderen Bereich des Rechts voraus, dass seine Anwendung in allen Einzelheiten des Sachverhalts und in jeder Variante der rechtlichen Entscheidungsmöglichkeit vorhersehbar ist.“[1182]

Mehrfach wurde schon betont, dass der Angeklagte die Einschätzung der Sach- und Rechtslage durch das Gericht kennen muss, um sich sachgerecht verteidigen zu können.[1183] Auch wurde festgestellt, dass die Bereitschaft des Gerichts zur Bekanntgabe (vorläufiger) Ergebnisse der Beweisaufnahme gering ist.[1184] Am Ende der Untersuchung sollen Vorschläge stehen, mit denen diese Probleme gelöst werden können. Notwendig ist es hierfür, Anschauung in den Bereichen zu nehmen, in denen sich die Frage nach der Einschätzung der Sach- und Rechtslage durch das Gericht ebenso stellt: Bei der Widerspruchslösung und der Absprachenpraxis. Es wird sich zeigen, dass es auch in diesen Bereichen an Lösungsvorschlägen mangelt. Auch die Betrachtung der Idee des partizipatorischen Prozesses wird zeigen, dass bislang keine für das „normale“ Verfahren adaptierbaren kommunikativen Strukturen erarbeitet wurden. Die in diesem Teil deutlich werdenden Defizite weisen aber den Weg zu notwendigen Veränderungen und zu einem in sich geschlossenen Belehrungs- und Beratungskonzept.

1. Abschnitt: Kommunikation bei der Widerspruchslösung

„Welche Konsequenzen hat es, wenn der Tatrichter sich nach einem Widerspruch totstellt und die Verwertungsfrage der Urteilsberatung und -verkündung vorbehält? Führt ein vorsorgliches Eingehen auf die Vernehmung etwa in einer abschließenden schriftlichen Einlassung des Angeklagten zu einer konkludenten Rücknahme des Widerspruchs? Verschafft hier wirklich die (...) Verpflichtung des Tatrichters zur sofortigen Reaktion auf den Widerspruch Abhilfe ?“[1185]

In der praktischen Umsetzung der Widerspruchslösung existiert ein Problem, das geeignet ist, die Wahl des Aussageverhaltens des Beschuldigten nicht uner-

[1182] *DRB/DAV*, DRiZ 1997, 491, 492; diese Aussage ist im strafprozessualen Sinne zu verstehen, nicht lediglich als Ausfluss des Bestimmtheits- und Rückwirkungsverbots.

[1183] Vgl. oben, 3. Teil, bei der Beratung durch den Verteidiger.

[1184] Vgl. oben, 4. Teil, 2. Abschnitt, B. IV., zur Erweiterung des § 265 und den „Gegententendenzen“.

[1185] *Ventzke*, StV 1997, 543, 548.

heblich zu erschweren.[1186] Zu Recht wird nämlich kritisiert, dass für das Gericht keine Verpflichtung statuiert wurde, über den Widerspruch entweder vor der Beweiserhebung oder direkt danach zu entscheiden.[1187] Dies sei aber deshalb notwendig, weil nur so verhindert werden könne, dass unbequeme Entscheidungen auf das Ende der Verhandlung verlagert würden und das Beweisverwertungsverbot so lange ungeklärt bliebe.[1188] Das Gericht müsse auf Grund seiner Verantwortung für ein justizförmiges Verfahren klarstellen, wo ein Verwertungsverbot beginne.[1189] Immerhin müsse das Gericht ein Interesse daran haben, Rechtsmängel, die durch Funktionsträger der Justiz erzeugt worden sind, zu eliminieren.[1190] Wird die Entscheidung über den Widerspruch nicht gefällt oder bleibt sie offen, so stellt sich konsequent die Frage, ob nicht auch gegen die Befragungen der Beweisperson oder andere Vorhalte ebenfalls Widerspruch erhoben werden muss, was sich im Hinblick auf das Verhandlungsklima ungünstig auswirken kann.[1191]

Hiermit gehen schwierige Folgeprobleme einher, wenn sich die Auffassung des Gerichts ändern sollte: Ein zunächst angenommenes Verwertungsverbot ist deshalb unproblematisch, weil die Beweisaufnahme nachgeholt werden kann. Kommt das Gericht aber später zu der Erkenntnis, dass ein Verwertungsverbot doch vorgelegen habe, so müsse es diese Änderung seiner Auffassung mitteilen und Gelegenheit zur Stellungnahme und Nachfragen geben.[1192] Es drängt sich geradezu auf, dass der Angeklagte hierzu nur fähig ist, wenn er durch einen Verteidiger kompetent beraten wird.[1193] Dessen Anwesenheit wird stillschweigend vorausgesetzt, wenn ausgeführt wird, der Verteidiger müsse darauf drängen, dass die Frage des Beweisverwertungsverbots vorrangig geklärt werde[1194], diese Klarstellung müsse durch begründeten Beschluss geschehen, damit sich der Beschuldigte auf die Auffassung des Gerichts einstellen könne.[1195] Wegen

---

1186 Die Frage, ob ein Beweismittel verwertet werden darf oder nicht, hat ja unmittelbaren Einfluss auf die Beweislage und damit auf die Wahl des Aussageverhaltens.

1187 *Dahs*, StraFo 1998, 253, 254.

1188 *Dahs*, StraFo 1998, 253, 254.

1189 *Roxin*, Hanack-FS, 1, 23.

1190 *Dahs*, StraFo 1998, 253, 254.

1191 *Dahs*, StraFo 1998, 253, 255 weist auf die Gefahr hin, dass dies als „dysfunktionales Verhalten“ vom Gericht aufgefasst werden könnte.

1192 *Dahs*, StraFo 1998, 252, 254 mit Hinweis auf S. 255 auf das nachfolgende Problem der Fernwirkung. Hierzu kritisch *Hamm*, StraFo 1998, 361, 362.

1193 Hierbei handelt es sich natürlich auch wieder um eines der „Folgeprobleme“ der Widerspruchslösung, die nicht von der Belehrungsformel des BGH erfasst werden, vgl. oben. 4. Teil, 2. Abschnitt, B. III. 3. b).

1194 *Burhoff*, Rdnr. 1166f.

1195 *Burhoff*, Rdnr. 1166h a.E.

der erörterten Unklarheiten besteht die Gefahr, dass die „Formen des Strafverfahrens sich in undurchschaubaren Nebel mit der Widerspruchslösung" auflösen.[1196]

Die Widerspruchslösung leidet mithin an dem gleichen Mangel wie der allgemeine Wunsch nach Bekanntgabe der Sach- und Rechtslage: Auskünfte sind vom Gericht nicht zu erhalten. Wegen der unklaren Verwertungsfrage kann der Angeklagte sein Verteidigungsverhalten nicht sachgerecht einrichten, die Einstellung des Gerichts zur Verwertungsfrage muss erraten werden.[1197]

2. Abschnitt: Absprachenpraxis

Vorhersehbarkeits- und Kommunikationsprobleme stellen sich auch im Bereich der sog. Absprachen. Als Absprache, Verständigung oder Deal kann man allgemein die Kommunikation zwischen den Verfahrensbeteiligten mit dem Ziel, Einigkeit über die Art und Weise der Verfahrensgestaltung oder -beendigung herzustellen, bezeichnen.[1198] Längst ist es kein Thema mehr, ob die Verständigung grundsätzlich zulässig ist[1199], sondern wie diese rechtsstaatlich erträglich auszusehen hat.[1200] Problematisch ist hieran, dass es immer um ein „do ut des"-Geschäft der Beteiligten geht.[1201] In der Regel ist die Grundsituation die, dass ein Geständnis auf Seiten des Angeklagten erfolgt, während das Gericht dies mit Strafnachlass honoriert.[1202] Dass dies einer zwangfreien Kommunikation abträg-

1196 *Ventzke*, StV 1997, 543, 549.

1197 Erinnert sei daran, dass ja gerade die Beweissituation Grundlage für die Einrichtung des Aussageverhaltens ist, vgl. oben, 3. Teil, Beratung durch den Verteidiger.

1198 *Beulke*, Rdnr. 395; Bockemühl/*Satzger*, Teil H Rdnr. 2; Fezer, Fall 21, Rdnr. 4.

1199 Laut *Meurer*, NJW 2000, 2936, 2944 hat in diesem Punkt die Verfahrenswirklichkeit „die klassische und ausschließlich an den Text der Strafprozessordnung gebundene „reine Lehre" unumkehrbar überholt."; *Meyer-Goßner*, StraFo 2001, 73, 74: „Eine Entwicklung, die seit 20 Jahren im Gange ist, lässt sich nicht mehr zurückdrehen."; vgl. auch *Gallandi*, wistra 1991, 47, 48. Angesichts der „Vielgestaltigkeit des Phänomens der Urteilsabsprachen" lasse sich eine Antwort auf die Frage nach der Zulässigkeit kaum finden, so *Weigend*, BGH-FG, 1011, 1017.

1200 *Meyer-Goßner*, StraFo 2001, 73, 73; *Däubler-Gmelin*, StV 2001, 359, 362 betont die Tatsache, dass BGHSt 43, 195 nicht unumstritten ist und dass der Gesetzgeber (gerade deswegen?) tätig werden muss. *Sinner*, StV 2000, 289, 292 sieht den BGH nicht am Ende der Entwicklung auf diesem Gebiet.

1201 *Braun*, 4; Ranft, Rdnr. 1226; *Niemöller*, StV 1990, 34, 35; *Küpper/Bode*, Jura 1999, 351, 352: kaufmännischer Hintergrund.

1202 Zum „Normalfall" der Absprachen vgl. *Küpper/Bode*, Jura 1999, 351, 352; *Rönnau*, wistra 1998, 49, 49 bezeichnet diese Konstellation als „Prototypen".

lich ist, wurde bereits hinreichend kritisiert.[1203] Doch der Gesichtspunkt der Kommunikation wird durch einen weiteren Aspekt belastet.

A. Hypothek des kommunikativen Elements: starke Betonung der Abkürzung des Verfahrens

Bei der Betrachtung aller Modelle, die zur Verständigung entwickelt wurden, steht die Abkürzung der Beweisaufnahme und die Verfahrensbeschleunigung als wichtigstes Motiv im Vordergrund.[1204] Gerade die das Vorfeld der Hauptverhandlung betreffenden Vorschläge zur Lösung[1205] der Absprachеproblematik wie ein Anhörungstermin im Zwischenverfahren haben das Ziel, die Hauptverhandlung auf die entscheidungserheblichen Fragen zu konzentrieren und den Verfahrensaufwand zu minimieren.[1206] Dieser Gedanke gilt auch für andere Vorschläge: Ein Rechtsgespräch im Sinne des § 139 ZPO würde den Angeklagten nicht nur in die Lage versetzen, seine jeweilige Situation zu bewerten, sondern wäre darüber hinaus auch nützlich, um überflüssigen Verfahrensaufwand zu vermeiden und damit den Verfahrensstoff auf das Wesentliche zu konzentrieren.[1207] Wenn ausgeführt wird, dass nur eine Entlastung der Strafgerichte zur Eindämmung der Absprachen führen würde und dabei *zugleich* dem Wunsch der Strafprozessbeteiligte nach mehr Kooperation entsprochen werden solle[1208], so besteht die Gefahr, dass der für die Subjektsstellung des Angeklagten förderliche Kooperationsgedanke an Bedeutung verliert.[1209] Damit muss verstärkt darauf geachtet werden, dass dem Beschuldigten in diesem Rechtsgespräch die Möglichkeit gegeben wird, seine Verteidigung nach freier Entscheidung einzu-

---

1203 Vgl. oben 4. Teil, 2. Abschnitt, B. II. 3. die kritischen Anmerkungen zur „Sanktionenschere".

1204 *Meurer*, NJW 2000, 2936, 2944; *Eckpunkte*, StV 2001, 314, 316; *Braun*, StraFo 2001, 77, 78; *Cramer*, Rebmann-FS, 145, 153; *Siolek*, DRiZ 1993, 422, 428; *Schäfer*, DRiZ 1989, 294, 295; *Lilie*, 63. Deutscher Juristentag, D 100; *Kuckein/Pfister*, BGH-FS, 642, 656; *Landau/Eschelbach*, NJW 1999, 321, 321; *Weigend*, ZStW 113, 271, 273: Unterwerfen unter ein „möglichst unkompliziertes Procedere".

1205 Weitere Lösungsvorschläge werden im Verlauf dieses Abschnitts betrachtet.

1206 *Eckpunkte*, StV 2001, 314, 316.

1207 *StPO-Kommission des DRB*, DRiZ 1987, 244, 244; ähnlich *Eckpunkte*, StV 2001, 314, 315; *DRB/DAV*, DRiZ 1997, 491, 492.

1208 *Küpper/Bode*, Jura 1999, 393, 400.

1209 Vgl. *v.Galen/Wittenberg*, ZRP 2001, 445, 448 sprechen von zwei zu trennenden Punkten: „Die Erörterung des jeweiligen Verfahrensstandes zwischen Gericht und Verfahrensbeteiligten einerseits, andererseits die verfahrensbeendende Verständigung über die Rechtsfolgen."

richten,[1210] und er nicht einseitig in Richtung Absprache gedrängt wird. Ob der Gesetzgeber dieser Gefahr Herr werden kann durch eine Normierung der Absprachen, ist jedoch deshalb zweifelhaft, weil das Motiv der Arbeitsentlastung so dominierend sein kann, dass es den im Informellen erfahrenen Praktikern eventuell völlig gleich ist, was der Gesetzgeber in diesem Bereich regelt.[1211] Insofern besteht die Gefahr, dass der Abkürzungsgesichtspunkt sich negativ auf den kommunikativen Prozess auswirkt.

B. Prognosecharakter der Absprachen und Frage der Bindung

„Die StPO setzt bei allen Prozeßbeteiligten die Fähigkeit zur Prognose voraus. Sie zwingt aber nicht in allen Fällen zur Offenbarung ihrer Prognose."[1212]

Auch wenn die Diskussion um die Zulässigkeit von Verständigungen mit BGHSt 43, 195 ein vorläufiges Ende gefunden hat,[1213] wird darüber, was bei dieser Absprachepraxis im Einzelnen zulässig sein soll, noch lebhaft gestritten. Von besonderem Interesse ist im vorliegenden Zusammenhang das Prognoseelement der Absprachen. Vorteile soll die Absprachepraxis nämlich für die Berechenbarkeit[1214] des Verfahrensausgangs aus Angeklagtensicht bieten: Gerade komplexe Verfahren würden es ihm unmöglich machen, das Verfahrensergebnis abzuschätzen; deshalb sei ein Absprache insofern ein Gewinn, als sie es dem Angeklagten ermögliche, sich frühzeitig auf eine abgesprochene Strafe einzustellen.[1215] Das Prognoseelement ist der StPO nicht fremd: Schon der Anklageerhebung und dem Eröffnungsbeschluss liegen vorläufige Prognosen zugrunde.[1216] Prognosen sind dann unbedenklich, wenn es sich um eine auf den derzeitigen Stand der Dinge begrenzte Einschätzung handelt, die unter dem Vorbehalt der Korrektur bei Änderung der Sachlage steht.[1217] Bei der Abspracheproblematik besteht aber zusätzlich das besondere Problem der Vorleistung des Geständ-

[1210] Dies mahnte auch die Arbeitsgruppe 6 „Reform des Strafprozesses" beim *25. Strafverteidigertag* an, StV 2001, 483, 486.

[1211] So schon damals die Befürchtung *Gallandis*, wistra 1991, 47, 50.

[1212] *Bode*, DRiZ 1988, 281, 283.

[1213] *Kuckein/Pfister*, BGH-FS, 641, 644; zusammenfassend *Kölbel*, NStZ 2002, 74 ff.

[1214] Vgl. *Kölbel*, NStZ 2002, 75, 77: „Maximalbelastungsgarantie".

[1215] *Dencker/Hamm*, 124.

[1216] *Schmidt-Hieber*, DRiZ 1990, 321, 322, ebenso Dauer der Terminierung, Zeugenladungen, Haftbefehl etc.

[1217] *Bockemühl/Satzger*, Teil H, Rdnr. 42.

nisses nach erfolgter Absprache,[1218] was die Frage nach der Verbindlichkeit der vom Gericht geäußerten Einschätzung provoziert.

Einigkeit besteht weitgehend darüber, dass Verständigungen, die ein bindendes Ergebnis der Hauptverhandlung zum Gegenstand haben, mit der Strafprozessordnung unvereinbar sind.[1219] Eine Absprache über den Schuldspruch sei ausgeschlossen, denn Grundlage des Schuldspruchs sei immer die Überzeugung des Gerichts hinsichtlich eines tatsächlich gegebenen Sachverhalts, dessen Bewertung einer Vereinbarung nicht zugänglich sei.[1220] Selbst die Befürworter der Absprachenpraxis lehnen eine Bindungswirkung im Sinne des (zivilrechtlichen) Grundsatzes „pacta sunt servanda" ab.[1221] Der BGH hält nur die Verständigung über eine „Strafobergrenze" für vertretbar.[1222] Doch müssten hiervon Abweichungen möglich sein, denn für den Fall einer Verständigung begibt sich das Gericht gerade nicht der Freiheit, „aufgrund besserer Einsicht die maßgeblichen Umstände anders zu gewichten und zu einer von der mitgeteilten Vorstellung abweichenden Entscheidung zu gelangen".[1223] Ein Interesse an einer möglichst konkreten Zusage wird damit als zwar verständlich, aber rechtlich nicht möglich eingestuft.[1224]

Der BGH hat diese Bindung an Strafrahmenzusagen wie folgt beschrieben: Sei die Verständigung unter Einbeziehung aller Beteiligten zustande gekommen, so sei das Gericht hieran gebunden. Würden sich aber schwerwiegende neue Umstände ergeben, die dem Gericht bisher unbekannt gewesen wären und die Einfluss auf das Urteil haben könnten, so könne das Gericht von der Absprache abweichen, müsse aber unter Darlegung der Umstände auf diese Möglichkeit entsprechend § 265 I 2 StPO hinweisen.[1225] Dies solle der Fall sein, wenn sich ein Vergehen nachträglich als Verbrechen herausstellt oder gravierende Vorstrafen des Angeklagten nachträglich ans Licht kommen.[1226] Damit rückt der BGH die Voraussetzungen einer Abweichung von Absprachen in die Nähe der Gründe

1218 *Hamm*, ZRP 1990, 337, 339; *Hermann*, JuS 1999, 1163, 1166; *Eschelbach*, JA 1999, 694, 698.

1219 *Siolek*, DRiZ 1993, 422, 425; *Bode*, DRiZ 1988, 281, 284;*Kremer*, 353, 358: Eingriff in die autonome Strafzumessungskompetenz des Gerichts; *Landau/Eschelbach*, NJW 1999, 321, 324; jüngst *Sinner*, StV 2000, 289, 290: keine „fest vereinbarten Leistungen und Gegenleistungen".

1220 So ausdrücklich BGHSt 43, 195, 204.

1221 Bockemühl/*Satzger*, Teil H, Rdnr. 38 m.w.N.

1222 BGHSt 43, 195, 206.

1223 BGHSt 38, 102, 105.

1224 *Schlothauer*, Rdnr. 142; *Eschelbach*, JA 1999, 694, 699.

1225 BGHSt 43, 195, 210; vgl. schon BGHSt 36, 210, 216.

1226 BGHSt 43, 195, 210.

für die Wiederaufnahme von abgeschlossenen Verfahren.[1227] Dies entspricht ungefähr der Idee, Abweichung von Absprachen dürften nur daran geknüpft werden, dass die ursprüngliche Bewertung sich nachträglich als grob rechtswidrig herausstellt oder mit neueren Erkenntnissen nicht mehr zu vereinbaren ist.[1228] Dies bedeutet aber, dass der BGH das Gericht auch dann an seiner Zusage festhält, wenn sich zwar eine veränderte Sachlage herausstellt, diese aber nicht durch *schwer*wiegende neue Umstände gekennzeichnet ist, so dass man dieses Konzept als eine „rechtliche Bindungswirkung unter Vorbehalt des Eintritts schwerwiegender neuer Umstände" verstehen kann.[1229] Eine rechtliche Grundlage für diese angenommene Verbindlichkeit hat der BGH dabei aber nicht genannt.[1230]

Schon der 58. Deutsche Juristentag war der Ansicht, dass von einer Absprache nicht ohne triftigen Grund und ohne vorherigen diesbezüglichen Hinweis abgewichen werden dürfe.[1231] Dies sei schon deshalb erforderlich, damit der Beschuldigte die Möglichkeit erhalte, seine Verteidigungsstrategie umzustellen.[1232] Die nur vorläufige Verlässlichkeit der Prognose[1233] müsse außer Zweifel stehen, das Gericht dürfe, komme es zu einem anderen Verfahrensergebnis, nicht vor der Alternative „Wortbruch oder Rechtsbeugung" stehen[1234], da es seiner Überzeugung, nicht einer Absprache folgen müsse.[1235] Zwar bleibe die Festsetzung der konkreten Strafe der Urteilsberatung vorbehalten, andererseits sei es nicht unbillig, wenn der Angeklagte die Bewertung des Geständnisses durch das Gericht erfahren möchte, weil er seine Verteidigungsmöglichkeiten durch ein Geständnis auf ein Minimum einschränkt.[1236]

In neueren Ansätzen zur Abspracheproblematik wird die Frage der Bindungswirkung unterschiedlich beurteilt. Der Arbeitskreis deutscher, österreichischer und schweizerischer Strafrechtslehrer spricht in seinem § 169 e III 2 AE-EV dem Schlussgespräch keine bindende Wirkung zu. Dies hat den einfachen Grund, dass nach seinem Entwurf das Gericht gem. § 169 c II AE-EV hieran

---

1227 *Hermann*, JuS 1997, 1163, 1166.

1228 *Siolek*, DRiZ 1993, 422, 430.

1229 Bockemühl/*Satzger*, Teil H, Rdnr. 39, der darauf hinweist, dass der BGH der Sache nach Neuland mit der Bindung an die Zusage betrete und dies scharf kritisiert.

1230 Um diese Einordnung bemüht sich *Ioakimidis*, 109 ff.

1231 *58. Deutscher Juristentag*, L 211; vgl. auch *Lüderssen*, StV 1990, 415, 420 („Prinzip des fairen Verfahrens"); *Böttcher*, Meyer-Goßner-FS, 49, 54.

1232 *DRB/DAV*, DRiZ 1997, 491, 492; *Meyer-Goßner*, StraFo 2001, 73, 76.

1233 Vgl. *Dahs*, 58. DJT, L 35, „ (...) eine Prognose, die aufgrund ihrer Gewissenhaftigkeit und inneren Ausgewogenheit verlässlich, keinesfalls aber verbindlich sein kann."

1234 *Niemöller*, StV 1990, 34, 38.

1235 *Dahs*, 58. DJT, L 36.

1236 *Meyer-Goßner*, StraFo 2001, 73, 75.

nicht beteiligt ist und damit natürlich auch nicht gebunden sein kann.[1237] Anders äußert sich Braun, der eine Bindung an das Absprachеergebnis dann befürwortet, wenn ein Richter an der Verständigung beteiligt gewesen ist.[1238] Eine Bindung an die Absprache – selbstverständlich unter dem Vorbehalt neuer, sich in der Hauptverhandlung ergebender belastender Umstände – sei deshalb erforderlich, weil dem Angeklagte nur unter diesen Umständen zugemutet werden könne, die Tat einzugestehen.[1239]

Mag man einer rechtlichen Bindung auch skeptisch gegenüberstehen, so wird dennoch weitgehend anerkannt, dass im Falle einer unveränderten Beweislage aber zumindest eine faktische Bindungswirkung besteht,[1240] und zwar auch dann, wenn das Gericht lediglich eine labile Absichtserklärung abgibt,[1241] denn schon im Hinblick auf das gemeinsame Interesse an der Verfahrenserledigung vertrauen alle Beteiligten darauf, dass so prozediert wird wie abgesprochen. In der Praxis kommt es deshalb selten zu Abweichungen; diese hohe faktische Stabilität gerichtlicher Prognosen beruhe darauf, dass bei guter Vorbereitung selten etwas Neues an Erkenntnissen hinzukommt, was eine Abweichung rechtfertigen könnte.[1242]

Diese verschiedenen Ansätze machen deutlich, dass man sich nicht so leicht darauf zurückziehen kann, dass eine faktische Bindungswirkung dann nicht existiere, solange das Gericht auf die Vorläufigkeit seiner Prognose explizit hinweist.[1243] Auch in einem solchen Falle werde beim Angeklagten zumindest der Anschein der Verbindlichkeit erweckt, denn letztlich gehe es bei der Bezeichnung als „vorläufig" nur um einen Kunstgriff, um die Absprache insgesamt nicht rechtswidrig erscheinen zu lassen, was man auch als „falsa demonstratio" bezeichnen könne.[1244] Der besondere Charakter der Absprachensituation („Vergleichsverhandlungen") mache jede deutliche Zusage des Gerichts zu einem Versprechen, unabhängig „von floskelhaften pro-forma-Hinweisen hinsichtlich

1237 *Alternativ-Entwurf Reform des Ermittlungsverfahrens*, 138.

1238 *Braun*, StraFo 2001, 77, 79 stellt klar, dass eine Bindung dann nicht in Betracht kommt, wenn die Verständigung lediglich zwischen Staatsanwaltschaft und Verteidigung statt fand. Insofern ist die Bindungswirkung, die sich aus seinem „§ 190 I 2" ergibt, etwas missverständlich.

1239 *Meyer-Goßner*, StraFo 2001, 73, 76; vgl. auch *DRB/DAV*, DRiZ 1997, 491, 492 „Vorbehalt besserer Erkenntnisse".

1240 *Siolek*, DRiZ 1993, 422, 425; *Küpper/Bode*, 1999, 351, 354; *Weigend*, JZ 1990, 774, 778.

1241 *Fezer*, Fall 21, Rdnr. 18; *Eschelbach*, JA 1999, 694, 698.

1242 *Böttcher*, 58. DJT, L 19; *Siolek*, 173 weist darauf hin, dass diese unausgesprochen Verbindlichkeit unverzichtbar für das Funktionieren der Absprachen ist; vgl. auch *Dahs*, NStZ 1988, 157, 158.

1243 So aber *Schmidt-Hieber*, DRiZ 1990, 321, 322, der mit einem Hinweis auf das „mögliche Risiko eines abweichenden Verfahrensergebnisses" das Problem gelöst sieht.

1244 *Siolek*, DRiZ 1989, 321, 322.

einer angeblichen Unverbindlichkeit."[1245] Hieran ändere sich auch nichts durch die Angabe einer „Ca.-Strafe" oder Angabe eines Strafrahmens[1246], auch wenn der BGH der Ansicht ist, dass hiermit „die Entscheidung des Gerichts noch nicht vorweg genommen" werde.[1247]

Die Angabe eines Strafrahmens kann man als konkreteste Äußerung des Gerichts im Hinblick auf die Rechtslage bezeichnen. Ob hiervon Abweichungen möglich sein können oder müssen, wenn sich nachträglich neue Umstände herausstellen, soll nicht abschließend beurteilt werden. Für die hier interessierende Frage jedoch, ob und unter welchen Umständen man vom Gericht die Kundgabe einer vorläufigen Einschätzung der Sach- und Rechtslage verlangen kann[1248], muss angesichts neuer Erkenntnisse die Möglichkeit der Abweichung aber bestehen, worauf auch hinzuweisen sein wird. Dies ist deshalb unproblematisch, weil nach einer solchen Information durch das Gericht der Angeklagte ja nicht zu irgendeiner Reaktion verpflichtet ist[1249], sondern diese vorläufige gerichtliche Einschätzung lediglich als Grundlage für die Wahl seines Aussageverhaltens dient. Eine solche Einschätzung kann sich auch ändern, weil ja lediglich zu einem „Zwischenstand" Stellung bezogen, jedoch kein Endergebnis formuliert wird, das faktische Bindungswirkung erzeugen könnte. Und wenn man schon die Angabe eines Strafrahmens im Rahmen der Absprachen für zulässig hält, so dürfte man – a maiore ad minus – hinsichtlich der Formulierung einer vorläufigen Einschätzung seitens des Gerichts erst recht keine Bedenken haben.

C. Zwischenfazit

Bei der Absprachenpraxis steht die wohl speziellste Frage nach der Einschätzung der Sach- und Rechtslage im Mittelpunkt, nämlich die Frage nach dem zu erwartenden Strafrahmen. Hierbei wird eine Bindungswirkung an die Zusage des Gerichts „vorbehaltlich bedeutender anderer Erkenntnisse" angenommen. Angesichts dieser Tatsache überzeugt es nicht, die Kundgabe eines bloßen „Zwischenstandes" zu verweigern, denn diesem wohnt schon begrifflich die Vorläufigkeit inne und ist deshalb weniger problematisch. Diesen Widerspruch gilt es aufzulösen durch Schaffung von Vorschriften, die Anfragen an das Ge-

---

1245 *Küpper/Bode*, Jura 1999, 351, 359.

1246 So wohl aber *Kintzi*, 1998, 249, 250.

1247 BGHSt 43, 195, 207.

1248 Die Probleme der faktischen Bindung reduzieren sich deshalb, weil mit dieser Einschätzung ja keine konkreten Zusagen verbunden sind, vielmehr der Aspekt der Verfahrensstoffeingrenzung und -konkretisierung im Vordergrund steht.

1249 Im Gegensatz hierzu ist bei der typischen Absprachensituation das Ablegen eines Geständnisses ja obligatorisch.

richt ermöglichen und in bestimmtem Umfang zu einer Kundgabe der momentanen Einschätzung verpflichten.

Welchen äußeren Rahmen eine solche Anfrage haben kann, ist damit aber noch nicht geklärt. Nahe liegend ist es, Anschauung in den Bereichen zu nehmen, die versuchen, der Absprachepraxis eine äußere Form zu geben: Bei den verschiedenen Modellen des partizipatorischen Prozesses und dem Gedanken des Rechtsgesprächs.

3. Abschnitt: Partizipatorischer Prozess

A. Verschiedene Modelle

„Wäre es von Anfang an um ein offenes, in der Hauptverhandlung gezeigtes und dokumentiertes Verfahren gegangen, wären wir heute sicherlich dogmatisch schon sehr viel weiter".[1250]

Im Folgenden sollen verschiedene Ansätzen betrachtet werden, der Absprachepraxis äußere Formen zu verleihen. Die Frage, ob man im Bereich der Absprachen eine gesetzliche Regelung benötigt[1251] oder nicht[1252], wird dabei unterschiedlich beurteilt. Einerseits sei nicht normierbares Vertrauen der Ausgangspunkt einer Verständigung, die auch ohne Gerüst eines formellen Verfahrens auskommen müsse.[1253] Denn eine gesetzliche Regelung würde diese Vertrauensbildung , die die Absprache trage[1254], überflüssig machen. Andere wünschen sich ein Verfahren, das formlos, aber doch institutionalisiert sei.[1255] Unabhängig von der Notwendigkeit einer Normierung ist der Blick auf die angebotenen Modelle deshalb von Interesse, weil man hier Hinweise auf die Ausgestaltung des kommunikativen Prozesses vermuten könnte. Um es vorwegzunehmen: Das Ergebnis ist enttäuschend.

1250 *Meyer-Goßner*, StraFo 2001, 73, 73, der die Entwicklung aus einem „Mauschelverfahren" heraus als Geburtsfehler der Verständigung im Strafprozess bezeichnet.

1251 Dafür sprechen sich z.B. aus: *Siolek*, DRiZ 1993, 422, 427; *Küpper/Bode*, Jura 1999, 393, 400; *Weigend*, NStZ 1999, 57, 63; *Klug*, ZRP 1999, 288, 289; *Schmidt-Hieber*, DRiZ 1990, 321, 325.

1252 Eher ablehnend *Hanack*, StV 1987, 500, 504; *Kintzi*, JR 1990, 309, 316; *Böttcher/Dahs/Widmaier*, NStZ 1993, 375, 377. *Böttcher*, Meyer-Goßner-FS, 49, 51 bezweifelt, ob eine Regelung vom Gesetzgeber derzeit ernsthaft beabsichtigt ist. Zum Dilemma des BGH bzgl. seiner teilweisen Unfähigkeit zur Rechtssetzung in diesem Bereich vgl. *Weigend*, BGH-FG, 1011, 1016. Etwas widersprüchlich *Kremer*, 353, der eine nur eingeschränkte Regelung befürwortet, damit nicht de Eindruck entstehe, der Gesetzgeber begrüße die Absprachepraxis.

1253 *Gallandi*, MDR 1987, 801, 803.

1254 *Gallandi*, MDR 1987, 801, 804.

1255 *Eckpunkte*, StV 2001, 314, 315.

I. Strafbefehlsidee: Tendenz zur bloßen Abkürzung des Verfahrens

In der Literatur werden zur Bewältigung der Absprachenproblematik verschiedene Vorschläge unterbreitet, denen die Strafbefehlsidee zugrunde liegt. Das Strafbefehlsverfahren wird dabei als „eine Art eines konsensualen Verfahrens" bezeichnet.[1256] Von Interesse sind hier nicht so sehr die vielen unterschiedlichen Detailregelungen[1257], sondern die gemeinsame Grundtendenz. So schlägt Bode in seinem Modell vor, die Staatsanwaltschaft müsse berechtigt sein, beim Gericht „auf der Grundlage einer Verständigung" die Festsetzung von Rechtsfolgen zu beantragen, woraufhin das Gericht diesem Antrag durch einen „Strafbescheid" entsprechen oder analog § 408 StPO den ganzen Prozessstoff zur Verhandlung bringen könnte.[1258] Der Beschuldigte könne hiergegen Einspruch einlegen, der zur Erörterung des gesamten Prozessstoffs in der Hauptverhandlung führen würde, oder aber den „Strafbescheid" akzeptieren. Ähnlich soll auch in der Hauptverhandlung auf Antrag der Staatsanwaltschaft verfahren werden.[1259]

An diesem Vorschlag ist manches als nicht stimmig kritisiert worden: Unklar ist hierbei insbesondere, ob das Gericht an der Absprache beteiligt werden soll oder nicht.[1260] Auch muss die Tatsache, dass hier die Initiativbefugnis einseitig von der Staatsanwaltschaft ausgeht, kritisiert werden. Entscheidend ist, dass dieses Modell keine Ideen enthält, wie die Abspracheverhandlungen konzeptionell aussehen könnten und sich einseitig der „Festschreibung" des Ergebnisses dieser Verhandlungen widmet[1261], dabei aber nichts zur Ausgestaltung des kommunikativen Prozesses beiträgt. Wenn man die Initiativbefugnis zu solchen Gesprächen der Staatsanwaltschaft überlässt und die Möglichkeit vorsieht, dass der vom Gericht ergangene „Strafbescheid" einfach akzeptiert werden kann, liegt der Verdacht nahe, dass das von der Staatsanwaltschaft mit dem Beschuldigten kurzatmig ausgehandelte Ergebnis möglichst schnell in eine Entscheidung umgesetzt werden soll, indem sich der Beschuldigte gegen diese Festsetzungen nicht wehrt. Diesem Vorschlag scheint der Wunsch nach geringer Kommunikation zugrunde zu liegen, anstatt nach einem wirklichen Ausbau kommunikativer Strukturen zu streben. Lässt man es nämlich zu, dass die Staatsanwaltschaft – wenn auch auf der Grundlage eines Rechtsgesprächs – die Festsetzung von

---

[1256] *Landau/Eschelbach*, NJW 1999, 321, 324.

[1257] Vgl. hierzu ausführlich *Braun*, 224 ff.

[1258] *Bode*, DRiZ 1988, 281, 287.

[1259] Zu den Details des Gesamtmodells vgl. *Bode*, DRiZ 1988, 281, 287.

[1260] *Braun*, 225.

[1261] *Bode*, DRiZ 1988, 281, 287 sieht als Vorzug seines Vorschlags dann auch die Tatsache an, dass seine Regelung zur klaren Beschreibung der *Ergebnisse* der Verständigung zwingen würden.

Rechtsfolgen beim Gericht beantragen kann[1262], bedeutet dies, dass ein Gespräch mit dem Gericht gerade nicht mehr stattfindet, wenn der Beschuldigte akzeptiert.

Auch Schünemann favorisiert ein ähnliches „Strafbescheidsmodell", bei dem der Strafbescheid kostenfrei sein soll, während der Beschuldigte bei einem Einspruch hiergegen die Verfahrenskosten zu tragen habe, womit sichergestellt werden solle, dass nur das Interesse an der Vermeidung einer Hauptverhandlung bestimmend ist für das Akzeptieren des Bescheides und nicht „der Köder der sonst nicht zu erlangenden Strafmilderung".[1263]

Auch dem Modell Meyer-Goßners, das eine Strafrahmenhalbierung[1264] vorsieht, liegt das Bedürfnis nach weniger Kommunikation zugrunde: Anbahnungsgespräche außerhalb der Hauptverhandlung würden hierdurch überflüssig.[1265] Gerade der Entstehungsprozess, das entscheidende kommunikative Element, bliebe aber bei einer derartige Lösung weiterhin ungeregelt[1266] bzw. würde umgangen. Allen Vorschlägen ist damit gemeinsam, dass sie nicht darauf abzielen, dem Kommunikationsprozess zwischen Angeklagtem, Verteidiger Staatsanwaltschaft und Gericht in irgendeiner Weise Konturen zu verleihen.

II. Zwei getrennte Verfahren?

„Für die Reform des Strafprozesses ist zu registrieren, dass von vornherein zwischen kooperativen und kontradiktorischen Verfahren zu unterscheiden ist."[1267]

Der Versuch, aus der Analyse der Absprachenpraxis Verfahrensstrukturen abzuleiten, die sich auf ein schlüssiges Belehrungs- und Beratungskonzept anwenden ließen, muss scheitern. Während dieses Konzept Gültigkeit für jeden „durchschnittlichen" Strafprozess beanspruchen soll, werden für den Bereich der Absprachen immer häufiger Konzepte angeboten, die sich bewusst vom Strafprozess der hergebrachten Form distanzieren und eigene Regeln aufstellen. Zu befürchten ist hierbei, dass es zu einer Zweiteilung des Strafprozesses insgesamt kommt: zu Verfahren mit oder ohne Verständigung[1268], je nachdem, ob das „hard law" der StPO oder das „soft law" der Absprachen zur Anwendung

---

[1262] Vgl. *Siolek*, 284, „§ 2 I".

[1263] *Schünemann*, 58. DJT, B 162.

[1264] *Meyer-Goßner*, NStZ 1992, 167, 168.

[1265] *Kuckein/Pfister*, BGH-FS, 641, 646., die allerdings bezweifeln, ob so noch schuldangemessene Sanktionen insbesondere im Bereich von Gewaltkriminalität möglich wären.

[1266] *Kuckein/Pfister*, BGH-FS, 641, 646.

[1267] *Wolter*, Strafprozessreform bis 2007, 20.

[1268] *Kintzi*, Hanack-FS, 177, 189; *Kuckein/Pfister*, BGH-FS, 641, 646, halten diesen Zustand schon für Verfahrensrealität. *Weigend*, ZStW 113, 271, 274, spricht explizit von einem „Zwei-Klassen-System".

kommt.[1269] Schon wird berichtet, dass sog. „Absprachenverurteilte" großen Wert darauf legen, dass es sich um ein „ausgedealtes" Urteil und damit eigentlich um keine „richtige" Strafe handele.[1270]

Diese Trennung wird in Zukunft forciert werden, wenn sich immer mehr die Erkenntnis durchsetzen sollte, dass eine Einbettung der Absprachenpraxis in das bestehende Strafprozesssystem eine Quadratur des Kreises bedeutet und deshalb die Schaffung einer „zweiten Strafprozessordnung" erforderlich ist.[1271] Insbesondere im Hinblick auf BGHSt 43, 195 ist die Befürchtung geäußert worden, dass hierdurch ein konsensualer Verfahrensgang vorgezeichnet werde und „der Zweiteilung des Strafverfahrens mit vielen schädlichen Konsequenzen Vorschub" geleistet würde.[1272] Schon lange vor dieser Entscheidung wollten Wagner/Rönnau in ihrem Gesetzesvorschlag den Angeklagten durch den Richter darauf hinweisen lassen, dass es neben dem förmlichen Verfahren eine *weitere* Form der Prozesserledigung gäbe, damit er sich frühzeitig entscheiden könne, ob der die Tat bestreiten oder mit den Strafverfolgungsbehörden zusammenarbeiten wolle.[1273] Gerade dieses „Entweder-Oder-Prinzip" macht Übertragungen aus der Absprachepraxis auf den „normalen" Prozess so schwierig.

Auch Braun geht in seinem jüngsten Vorschlag zur Reglung der Absprachenproblematik von einem vom gewöhnlichen Verfahren getrennten Verfahrensabschnitt aus: Als Grundproblem der derzeitigen Diskussion um die Absprachen bezeichnet er die Tatsache, dass die Absprachen innerhalb des formalisierten Verfahrens stattfinden, was auf der einen Seite für den Beschuldigten die Gefahr einer „Reise ohne Wiederkehr" bedeute, auf der anderen Seite aber auch das Problem einer eventuellen Befangenheit des Gerichts bei Scheitern der Absprachen aufwirft.[1274] Dies mache die Möglichkeit erforderlich, in jedem Verfahrensabschnitt in das gesonderte Abspracheverfahren überzugehen und bei Scheitern in das formalisierte „normale" Verfahren zurückzukehren.[1275] Allgemein verständliche Signale für das Nichteinhalten einer Absprache müssten

---

1269 Begriffe nach *Eschelbach*, JA 1999, 694, 695.

1270 Hamm, *Meyer-Goßner-FS*, 33, 43; zweifelnd bezüglich der Unterscheidung zwischen einem durch Konsens herbeigeführten und einem durch prozessordnungsgemäße Wahrheitsermittlung gefundenen Ergebnis als „aliud" *Weigend*, BGH-FG 1011, 1024, Fn. 56.

1271 *Weigend*, NStZ 1999, 57, 63 und 57: im Kern neuer Verfahrenstyp.

1272 *Kintzi*, JR 1998, 249, 250.

1273 *Wagner/Rönnau*, GA 1990, 387, 394 / 389, deren „§ 136 I 4 StPO" einen Hinweis auf die Möglichkeit und die Auswirkungen einer einverständlichen Verfahrenserledigung vorsieht.

1274 *Braun*, StraFo 2001, 77, 78.

1275 *Braun*, StraFo 2001, 77, 82 will in seinem „§ 184 I 2" die Möglichkeit einer Rückkehr ins normale Verfahren verankern, falls der Beschuldigte zu einer Verständigung nicht bereit sei; vgl. auch *Siolek*, DRiZ 1992, 245, 248.

entwickelt werden; hierfür böte sich beispielsweise der Wiedereintritt in die Beweisaufnahme an. [1276]

Damit ist die Gefahr einer Teilung in ein förmliches Verfahren einerseits und einen vereinfachten kooperativen Prozess andererseits angesprochen[1277], indem das Absprachеverfahren als echte Alternative zum formalisierten Strafverfahren verstanden wird.[1278] Nur: Aus der Diskussion um ein Alternativ-Verfahren, das nur Absprachen zum Inhalt hat, lassen sich kaum Anhaltspunkte für den kommunikativen Prozess im „normalen" Verfahren gewinnen, weil ja gerade der Sondercharakter der Situation betont wird, für den dann auch spezielle kommunikative Regeln gelten müssten.

Gleiches gilt für Modelle, die sich ausdrücklich auf das Vorverfahren beziehen. Der 58. Deutsche Juristentag stellte sich eine Regelung vor, die es erlaubt, dass auf Antrag das Gericht schon vor der Hauptverhandlung die Sach- und Rechtslage erörtert.[1279] Auch der Arbeitskreis deutscher, österreichischer und schweizerischer Strafrechtlehrer sieht in seinem „Schlussgespräch" gem. § 169 b I AE-EV eine Regelung vor, die als Abschluss des Vorverfahrens gedacht ist, mithin das Hauptverfahren nicht betrifft.[1280] Konkrete Hinweise zur Ausgestaltung sucht man auch hier vergeblich.

Gerade im Vorverfahren wird aber eine Regelung von Gesprächen teilweise abgelehnt: Das Rechtsgespräch sei im Vorverfahren bereits zufriedenstellend in den §§ 136, 163 a StPO geregelt: Eine Einführung in den Sach- und Streitstand werde dadurch vorgenommen, dass gem. § 136 I 1 StPO der Tatvorwurf und dessen rechtliche Würdigung eröffnet werde und der Beschuldigte dann gem. § 136 II StPO Gelegenheit zur Stellungnahme habe.[1281] Diese Auslegung des § 136 StPO erinnert stark an die Überlegungen, den Beschuldigten im Rahmen des § 136 StPO weitergehend zu instruieren, als bloß über den dort vorgesehenen Inhalt.[1282] Es sei die Regel, dass hierbei eine Erörterung der Sach- und Rechtslage stattfinde, eine ausdrückliche Klarstellung sei lediglich „gesetzgeberisch wünschenswert."[1283]

1276 *Gallandi*, MDR 1987, 801, 803.

1277 *Kintzi*, JR 1997, 78, 79.

1278 *Gallandi*, MDR 1987, 801, 804.

1279 *58. Deutscher Juristentag*, L 214.

1280 *Alternativ-Entwurf Reform des Ermittlungsverfahrens*, 134.

1281 *Bode*, DRiZ 1988, 281, 287.

1282 Vgl. oben bei den sog. „erweiterten Belehrungspflichten", 4. Teil, 2. Abschnitt, B.

1283 *Bode*, DRiZ 1988, 281, 287.

III. Das Rechtsgespräch: obligatorisch oder optional ?

Bei der Suche nach adaptierbaren Kommunikationsstrukturen bietet sich die Betrachtung der Idee des Rechtsgesprächs an. Hier sollte man konkretere Hinweise vermuten, wie der Kommunikationsprozess zwischen den Prozessbeteiligten aussehen könnte. Ausgangspunkt ist die Erkenntnis, dass sich der Dialog zwischen Gericht, Staatsanwaltschaft, Beschuldigten und Verteidigern in letzter Zeit generell offener gestaltet habe.[1284] Mit der Fortentwicklung der Absprachepraxis geht die Entwicklung der Auffassung einher, dass das Strafrecht nicht nur zur Durchsetzung des materiellen Strafanspruchs existiere, sondern dass die Strafjustiz zum Instrument sozialer Probleme geworden sei und sie der Gerechtigkeit diene, weil die erzielten Ergebnisse von den Prozessbeteiligten akzeptiert würden.[1285] Das Zurückdrängen obrigkeitsstaatlicher Macht entspräche dem Bemühen um einen modernen Rechtsstaat.[1286]

Der Gedanke des Rechtsgesprächs ist in der Absprachendiskussion in mehreren Varianten aufgetaucht. Er ist deshalb hier von verstärktem Interesse, weil die Erörterung der Sach- und Rechtslage bzw. die Bekanntgabe einer vorläufigen Einschätzung des Gerichts immer Gegenstand dieses Gesprächs sein soll[1287], womit verhindert werden kann, dass der Angeklagte und sein Verteidiger die Verteidigung „ins Blaue hinein“ führen, obwohl andere Punkte für das Gericht von entscheidender Bedeutung sind. Auf eine solche (vorläufige) Einschätzung besteht, wie oben gezeigt, nach der Rechtsprechung des BGH jedoch kein Anspruch.[1288] Weil kooperative Verfahren die Möglichkeit bieten, Einfluss auf das Verfahren zu nehmen[1289], soll hier ein Blick auf die verschiedenen Rechtsgesprächsmodelle geworfen werden. Diese unterscheiden sich aber ausschließlich hinsichtlich der auch im vorliegenden Zusammenhang bedeutsamen Frage, ob das Rechtsgespräch obligatorisch oder optional sein soll.

[1284] *Kuckein/Pfister*, BGH-FS, 641, 644; *Schünemann*, 58. DJT, B. 18, Fn. 22 zeigt auf, dass die Verständigungsbereitschaft bei über 50-jährigen Richtern abnimmt. Ein „grundsätzliches Bedürfnis der Verfahrensbeteiligten nach ungezwungenem Austausch von Informationen“ erblicken *Wagner/Rönnau*, GA 1990, 387, 392.

[1285] *Hermann*, JuS 1999, 1163, 1167, der auf S. 1166 von einer grundlegenden Neubestimmung des Staat-Bürger-Verhältnisses durch die Absprachen-Praxis ausgeht.

[1286] *Klug*, ZRP 1999, 288, 291.

[1287] Vgl. *Baumann*, NStZ 1987, 157, 161; *Schmidt-Hieber*, DRiZ 1990, 321, 326; *Salditt*, StV 2001, 311, 312; *Däubler-Gmelin*, StV 2001, 359. 361; *Eckpunkte*, StV 2001, 314, 315; *DRB/DAV*, DRiZ 1997, 491, 492.

[1288] Vgl. oben, 4. Teil, 2. Abschnitt, B. IV. 2. a).

[1289] *Schmidt-Hieber*, DRiZ 1990, 321, 323 warnt aber bei dieser Möglichkeit der Mitgestaltung vor einer „Privilegierung des Wohlstandstäters“.

1. Optionales Rechtsgespräch und Initiativmöglichkeit

Schmidt-Hieber z.B. will das Rechtsgespräch nicht zur Pflicht machen. Er will einen neuen § 265 I mit folgendem Wortlaut schaffen:

> „Auf Antrag des Angeklagten oder seines Verteidigers soll das Gericht die Sach- und Rechtslage mit den Beteiligten erörtern. Der Angeklagte ist auf diese Möglichkeit hinzuweisen."[1290]

Er hält die Tatsache, dass das Gespräch nicht verpflichtend stattfinden soll, deshalb für nötig, weil dieses in einer von Anfang an vergifteten Verfahrensatmosphäre mehr schaden als nützen würde.[1291] Seiner Ansicht nach kann nur ein optionales Rechtsgespräch dem Eindruck entgegen wirken, dass Absprachen zwingend erforderlich seien, andererseits könne durch die Antragsmöglichkeit der Gefahr entgegengewirkt werden, dass diese Gespräche nur denjenigen zugute kommen, die solche Gespräche geschickt einfädeln, was auf eine Privilegierung von handlungskompetenten Wohlstandstätern hinausliefe.[1292] Fehlt nämlich eine Initiativmöglichkeit des Angeklagten bzw. seines Verteidigers, besteht die Gefahr, dass er von der Bereitschaft des Gerichts zur Kommunikation abhängig ist.[1293] Der Vorschlag, einer Verständigung „könne" eine Erörterung über Stand und Aussicht des Verfahrens vorausgehen[1294], ist dann unvollständig, wenn ungeklärt ist, wer dieses Gespräch initiieren kann.[1295] Der Umstand, dass der Angeklagte keine Möglichkeit zur Herbeiführung einer Absprache hat, wenn sich das Gericht nicht darauf einlassen will, ist ein noch ungelöstes Problem der Absprachen-Dogmatik.[1296] Rechtliche Mittel zur Erzwingung einer Verständigung – an sich schon begrifflich ein Widerspruch – gibt es nicht; dies resultiere insbesondere nicht aus Art. 3 GG.[1297]

Das Problem der Initiativbefugnis stellt sich ebenso beim Modell des „Schlussgesprächs" in der Form, wie es der AK anstrebt: Gem. § 169 b I AE soll die Staatsanwaltschaft ein solches Gespräch „in geeigneten" Fällen anberau-

---

1290 *Schmidt-Hieber*, DRiZ 1990, 321, 326.

1291 *Schmidt-Hieber*, NJW 1990, 1884, 1887; vgl. auch *Siolek*, 283 in seinem „§ 1 Abs. I S. 2": „Eine Teilnahme ist den Verfahrensbeteiligten freigestellt."

1292 Vgl. *Schmidt-Hieber*, DRiZ 1990, 321, 325 / 326; *Eschelbach*, JA 1999, 694, 695.

1293 *Baumann*, NStZ 1987, 157, 159.

1294 *Kremer*, 353.

1295 So lautete dann auch die Kritik *Brauns*, 241 an dem Vorschlag Kremers, der Kremer vorwirft, zu sehr um eine Einengung der Absprachenpraxis bemüht zu sein.

1296 *Eschelbach*, JA 1999, 694, 695, welcher auf die oben (4. Teil, 2. Abschnitt, B. IV. 2. a)) besprochene Rspr. des BGH in BGHSt 43, 212 verweist (a.a.O., Fn. 24).

1297 *Landau/Eschelbach*, NJW 1999, 321, 323; zur Problematik des Art. 3 GG vgl. *Küpper/Bode*, Jura 1999, 351, 357.

men.[1298] Zwar könne ein Schlussgespräch nicht durch Anträge des Beschuldigten oder seines Verteidigers erzwungen werden, jedoch könnten solche Anträge den Entscheidungsspielraum der Staatsanwaltschaft einengen.[1299] Statt sich auf die sachgerechte Ausübung dieses Ermessens zu verlassen, ist es demgegenüber vorzugswürdig, mit Braun auch dem Beschuldigten und seinem Verteidiger eine Initiativbefugnis hinsichtlich des Verständigungsverfahrens zu eröffnen.[1300]

2. Verpflichtendes Rechtsgespräch

Am weitesten geht in diesem Bereich der Vorschlag Baumanns, an § 265 StPO anknüpfend ein Rechtsgespräch im Prozess[1301] nicht nur zu erlauben, sondern vorzuschreiben.[1302] Durch eine Ansiedlung bei § 265 StPO würde besonders deutlich, dass es um die Verhinderung von Überraschungsentscheidungen geht, ein Hauptanliegen dieser Norm.[1303] Hierdurch werde auch einer Vielzahl von Eventualbeweisanträgen vorgebeugt, die sich aus dem „Stochern im Dunkeln" des Verteidigers ergäben und das Verfahren unnötig belasteten.[1304]

Gerade die Kritik an diesem Ansatz zeigt auf, wie gleichwohl brauchbar diese Idee ist: Das Rechtsgespräch könne nur das Vorfeld einer Verständigung ebnen, diese aber nicht selber betreffen.[1305] Eine Identität zwischen Rechtsgespräch und Verständigung (i. S. einer Absprache) sei nicht gegeben.[1306] Zwar hat Baumann mit seinem Vorschlag durchaus eine Lösung der Abspracheproblematik im Sinn, doch gerade weil dieser Vorschlag nicht so recht auf die Absprachenproblematik passt, geht er weiter als andere Vorschläge bzw. ist universeller und kann deshalb im 8. Teil aufgegriffen werden.

1298 *Alternativ-Entwurf Reform des Ermittlungsverfahrens*, 134; ähnlich *Siolek*, 283, der lediglich der Staatsanwaltschaft die Initiativmöglichkeit zu einem solchen Gespräch eröffnen will.

1299 *Alternativ-Entwurf Reform des Ermittlungsverfahrens*, 135; vgl. auch *Böttcher*, 58. DJT, L 20: rechtlich gebundenes Ermessen.

1300 *Braun*, StraFo 2001, 77, 82, der in seinem „§ 183 II" auch dem Beschuldigten die Möglichkeit eröffnen will, ein solches Verfahren „anzuregen". Verpflichtend ist diese Anregung wohl nicht, was dem notwendigen freiwilligen Charakter auf beiden Seiten Rechnung trägt.

1301 Wobei *Baumann*, NStZ 1987, 157, 162 sich auch Auswirkungen eines ergänzten § 265 auf das Vor- und Zwischenverfahren erhofft.

1302 *Baumann*, NStZ 1987, 157, 161; vgl. hierzu Böttcher, 58. DJT, L 23, der gegen starre Reglungen votiert.

1303 *Baumann*, NStZ 1987, 157, 161; vgl. zu § 265 oben 4. Teil, 2. Abschnitt, B. IV.

1304 *Baumann*, NStZ 1987, 157, 160.

1305 *Braun*, 221.

1306 *Siolek*, 250.

In die gleiche Richtung, ebenfalls mit verpflichtendem Charakter, geht der Vorschlag Bodes, in § 243 StPO eine dem § 278 I 1 ZPO entsprechende Bestimmung einzuführen, nach der das Gericht in den Sach- und Streitstand einführt, ergänzt um eine Erweiterung des § 258 StPO mit einer dem § 278 II 2 ZPO entsprechenden Regelung, wonach im Anschluss an die Beweisaufnahme der Sach- und Streitstand erneut mit den Prozessbeteiligten zu erörtern sei.[1307] Insofern wurde diesem Ansatz auch attestiert, einen wichtigen Beitrag zur Verbesserung der Kommunikation im Verfahren insgesamt zu liefern,[1308] denn diese schließt zwar den Bereich der Absprachen mit ein, ist aber nicht auf diese beschränkt.[1309]

Gerade weil die Vorschläge, die ein Rechtsgespräch vorsehen, nicht zur Regelung der Abspracheproblematik insgesamt geeignet sind und nur als Teil einer umfassenderen Regelung dieser Problematik verstanden werden können,[1310] sind sie als Ansatzpunkt besonders geeignet für eine noch zu entwickelnde Gesamtkonzeption. Nur ein Rechtsgespräch, das nicht die Absprache als alleiniges Ziel hat, kann zu einem Austausch aller Standpunkte führen, ohne den Druck, mit einem derartigen Gespräch lediglich Schlimmeres zu verhindern.[1311] Ein Rechtsgespräch unter *diesen* Prämissen wäre gut geeignet, dem Angeklagten Klarheit über den Stand der Sach- und Rechtslage aus Sicht des Gerichts zu verschaffen und daraufhin sein Einlassungsverhalten einzustellen.

3. Normierung des Rechtsgesprächs oder Verbleib im Informellen?

Ob eine Normierung eines solchen Rechtsgesprächs allerdings erforderlich ist, wird bestritten, wohl auch angesichts der Behauptung, dass es im Strafprozess mehr Freiräume für eine offene Diskussion gäbe, als sich die Betroffenen klarmachen würden[1312]: Die Erörterung der Sach- und Rechtslage sei auch nach jetziger Gesetzeslage möglich, eine Normierung berge die Gefahr, dass dieser Verpflichtung durch mehr oder weniger inhaltsleere Hinweise genügt würde[1313], weil die Parteien die von ihnen angestellten Erwägungen bei einer Absprache

---

1307 *Bode*, DRiZ 1988, 281, 286, welcher mit seinen Vorschlägen von einem Verhandlungsstil abkommen möchte, der einseitig von der „Achtung vor der Würde staatlicher Autorität" geprägt ist. Ähnlich, ebenfalls an § 243 StPO anknüpfend *Kintzi*, DRiZ 1992, 245, 248, nach dem das Gericht den Stand und die Aussichten der Verhandlung aber lediglich erörtern *kann*.

1308 *Braun*, 222.

1309 *Kremer*, 356.

1310 *Braun*, 224.

1311 Vgl. *Gallandi*, MDR 1987, 801, 803, der in diesem Zusammenhang von „Angstdeal" spricht.

1312 *Ostendorf*, DRiZ 1999, 63, 63.

1313 *Cramer*, Rebmann-FS, 145, 152; vgl. auch *Schäfer*, DRiZ 1989, 294, 294.

nicht artikulieren würden. Hieran könnte auch ein vorgeschriebenes Rechtsgespräch nichts ändern.[1314] Hier schwingt deutlich die Angst vor der Unfähigkeit des Juristen zur Kommunikation und Interaktion[1315], aber vor allem vor dessen Unwillen mit. Doch in der Tat kann ein obligatorisches Rechtsgespräch dann zu einer unangemessenen Pflichtübung verkommen, wenn eine Verständigung aufgrund der Besonderheiten des Falles nicht in Betracht kommt.[1316]

Vor diesem Hintergrund wird sogar der jetzige Zustand bevorzugt: Während die alten „Flurkontakte"[1317] eine zweiseitige Kommunikation darstellen würden, bei der das Ergebnis ein gemeinsames Gelingen oder Scheitern sei, weil „miteinander gesprochen und nicht nur mitgeteilt" werde, würde es im Falle einer Formalisierung zu einer Zwischen- oder Teilbeurteilung durch das Gericht kommen, „deren Anfechtung in der kontradiktorischen Fortsetzung der Hauptverhandlung bestehe."[1318] Auch könne der Verteidiger seine Verteidigungsstrategie viel besser zur Wirkung bringen, wenn in einem unverbindlichen Vorstadium nicht „jedes Wort auf die Goldwaage" gelegt werden müsse.[1319] Gerne werden die Vorteile des „Informellen" betont: Bei schriftlicher Fixierung einer Absprache seien die Beteiligten nur an das Protokoll gebunden, während bei nur mündlicher Absprache sich „jeder auch an das gebunden fühlen müsse, was er auch als good-will-Zusage versprochen haben", um nicht in Verruf zu geraten und als Absprachepartner nicht mehr akzeptiert zu werden.[1320] Würde es nämlich in der Praxis laufend zu Abweichungen von der Zusage kommen, würde das Institut der Absprache bald der Vergangenheit angehören.[1321]

Wenn kritisiert wird, das Rechtsgespräch allein führe nicht zu der angestrebten Entlastung der Strafjustiz[1322], wird deutlich, dass sich die Einwände gegen eine solches Institut hauptsächlich daraus ergeben, dass es alleine nicht in der Lage wäre, die Absprachenproblematik *insgesamt* zu regeln.[1323] Dies kann und muss im vorliegenden Zusammenhang aber auch gar nicht geleistet werden. Auch der AK betont dass seine „Schlussgesprächs"-Regelung nur eine be-

---

1314 *Cramer*, Rebmann-FS, 145, 152, der anmerkt, dass es ein Merkmal der Absprache sei, den „Gegner" über Art und Umfang der eigenen Absicht im Unklaren zu lassen.

1315 Vgl. *Ostendorf*, DRiZ 1999, 63, 66.

1316 *Kintzi*, 58. DJT, L 159.

1317 Kritisch hierzu *Däubler-Gmelin*, StV 2001, 359, 362.

1318 *Salditt*, StV 2001, 311, mit dem Hinweis, dass dies nicht nur die gesetzliche „Deal-Lizensierung" sei, sondern qualitativ etwas ganz anderes.

1319 *Kintzi*, DRiZ 1992, 245, 247.

1320 *Cramer*, Rebmann-FS, 145, 154.

1321 *Siolek*, DRiZ 1989, 321; auch *Hanack*, StV 1987, 500, 504 schätzt deshalb die Gefahr, dass der Angeklagte von der Justiz „hintergangen" wird, als gering ein.

1322 *Küpper/Bode*, Jura 1999, 393, 400.

1323 So zusammenfassend *Braun*, 224.

schränkte Zielsetzung habe und sich nicht als abschließende Regelung der Absprachenproblematik verstehe.[1324]

Allerdings: Eine Veränderung der Prozesskultur in Richtung Rechtsgespräch, bei dem man sich offen über die Fragen der Sach- und Rechtslage des Falles austauscht, könnte dazu führen, dass viele Bedenken bezüglich der Absprachen im Hinblick auf den Schutz des Beschuldigten ausgeräumt würden.[1325] Auch bräuchte man sich nicht zu sorgen, dass durch das Rechtsgespräch der Strafprozess zu einem „gemütlichen Plauderstündchen" degenerieren könnte, denn durch ein Rechtsgespräch wird der Konflikt – verkörpert durch das streitige Verfahren – nicht beseitigt, sondern auf das Wesentliche reduziert.[1326] Machten alle Beteiligten besser erkennbar, wie sie den Stand der Verhandlung und die weitere Verfahrensentwicklung beurteilen, könnte unter Umständen auf die „andere Art des Verhandelns" verzichtet werden, weil die Bereitschaft zu freimütiger Artikulation steigen würde und alle Beteiligten deutlich machen würden, worauf es ihnen ankommt.[1327] Der Verfahrensverlauf könnte dann darauf beschränkt werden, nur noch die bestehenden Meinungsverschiedenheiten und Interessengegensätze auszutragen.[1328] Es gehe gar nicht darum, in diesem Gespräch das konkrete Ergebnis auszuhandeln. Hilfreich wäre es schon, wenn die Beteiligten einschätzen könnten, innerhalb welchen Rahmens die andere Seite das Ergebnis zu suchen gedenkt.[1329] Wenn der Beschuldigte ein solches Informationsbedürfnis hat, dann muss dieses von ihm durch ein Initiativrecht auch herbeigeführt werden können.[1330]

IV. Zwischenfazit

1. Bei der Betrachtung der Idee des partizipatorischen Prozesses, insbesondere der Strafbefehlsidee, stößt man durchgehend auf den Trend, Kommunikation und Auseinandersetzung eher zu vermeiden, als für sie Formen zu entwickeln.

[1324] *Alternativ-Entwurf Reform des Ermittlungsverfahrens*, 134.

[1325] *Rönnau*, wistra 1998, 49, 51.

[1326] *König*, AnwBl 1997, 541, 544, der darauf hinweist, dass der Konflikt so in einer dem demokratischen Rechtsstaat angemessenen Weise ausgetragen würde; vgl. auch *Schmidt-Hieber*, StV 1986, 355, 357.

[1327] *Niemöller*, StV 1990, 34, 38 favorisiert deshalb ein „Gegenübertreten mit offenem Visier".

[1328] *Schmidt-Hieber*, StV 1986, 355, 357.

[1329] *Niemöller*, StV 1990, 34, 38.

[1330] Skeptisch gegenüber kommunikative Elementen *der DRB*, www.drb.de/stelllung/steckpunkte.html, welcher dem Beschuldigten keinen Anspruch auf irgendwelche Gespräche zugestehen will.

2. Konsequent führt dies in der Literatur dazu, zwei verschiedene Verfahren – mit oder ohne Verständigung – zu fordern. Erkenntnisse für den "normalen" Prozess sind daraus natürlich nicht ableitbar, da gerade die Verschiedenheit der beiden Varianten betont wird.

3. Auch der Gedanke des Rechtsgesprächs bringt inhaltlich keine Präzisierung, führt aber zu der wichtigen Erkenntnis, dass eine Initiativmöglichkeit für den Beschuldigten erforderlich ist.[1331]

4. Bedenken gegen eine Normierung des Rechtsgesprächs haben sich vielfach daraus ergeben, dass dieser Gedanke nicht in der Lage ist, die Abspracheproblematik insgesamt adäquat zu erfassen. Interpretiert man die Idee des Rechtsgespräch als "Teilhabe am richterlichen Erkenntnisprozess" in einem noch zu bestimmenden Umfang, so spielen diese Bedenken nur noch eine untergeordnete Rolle.[1332]

5. Will man das Gericht zu Hinweisen hinsichtlich der Sach- und Rechtslage verpflichten, dann kommt man nicht an der Frage vorbei, wie man der Gefahr von Befangenheitsanträgen, die ihre Grundlage gerade in diesen Hinweisen haben, begegnen kann, weshalb dieses Problem im Folgenden betrachtet werden soll.

B. Notwendigkeit einer Befangenheitsklausel?

„Muss heute nicht jeder Richter, der sich auf Gespräche eingelassen hat, fürchten, demnächst mit Ablehnungsanträgen überschüttet zu werden?“[1333]

Naturgemäß ist im Bereich des partizipatorischen Prozesses und der Absprachen ein Blick auf die Problematik der Befangenheit des Richters notwendig. Man kann sich auf den Standpunkt stellen, dass Hinweise im Rahmen der Absprachen schon wegen ihres vorläufigen Inhalts nicht den Anschein der Befangenheit erweckten;[1334] gefordert wird dann lediglich, dass das Gericht diesen Umstand der Vorläufigkeit auch deutlich macht.[1335] Aber auch wenn das „offene Wort“ des Richters grundsätzlich keinen Anlass zur Befangenheitsablehnung liefern sollte,

---

[1331] Ebenso *v.Galen/Wattenberg*, ZRP 2001, 445, 449: „Erforderlich ist eine Regelung, durch die das Gericht verpflichtet wird, auf Antrag der Verfahrensbeteiligten sein Verständnis von dem bisherigen Ergebnis der Beweisaufnahme mitzuteilen.“

[1332] Vgl. *Freund*, GA 2002, 82, 92: „Ein Rechtsgespräch unter allen Verfahrensbeteiligten mit dem Charakter einer gegenseitigen Information über die Einschätzung der Sach- und Rechtslage ist nicht nur unbedenklich, sondern sogar grundsätzlich zu begrüßen.“

[1333] *Baumann*, NStZ 1987, 157, 160.

[1334] *DRB/DAV*, DRiZ 1997, 491, 492; ebenso *Böttcher/Dahs/Widmaier*, NStZ 1993, 375, 376, „sofern es sich um eine faire, ausgewogene und offene Verständigung handelt.“ so schon BGH GA 1962, 282, 282.

[1335] *Sinner*, StV 2000, 289, 290.

so muss eine Überprüfung des richterlichen Verhaltens anhand der §§ 24 ff StPO weiter möglich sein.[1336] Zwar bereitet letztlich auch das Nebeneinander von Ablehnungsvorschriften im Zivilprozess (§§ 42 ff ZPO) neben dem § 139 I 2 ZPO keine Probleme.[1337] Die ausdrückliche Regelung einer Gesprächsmöglichkeit könne jedoch die aus Sicht des Gerichts bestehende Möglichkeit, bei Äußerungen hinsichtlich der Sach- und Rechtslage als befangen betrachtet zu werden, deutlich reduzieren.[1338] Denn an ein einvernehmliches Verfahren können nicht die gleichen Anforderungen an Neutralität und Distanz des Richters gestellt werden wie im streitigen Verfahren.[1339]

Ähnlich beurteilen dies die „Eckpunkte" der Regierungskoalition: Eine gesetzliche Regelung solle die grundsätzliche Billigung einer Verständigung feststellen, damit Äußerungen des Gerichts hinsichtlich der vorläufigen Beurteilung der Sach- und Rechtslage den Vorwurf der Befangenheit nicht begründen.[1340] Die Gefahr besteht allerdings, dass bei einer Entbindung des Gerichts von der Besorgnis der Befangenheit dieses Hinweise zur Einflussnahme auf das Prozessverhalten des Angeklagten erteilt.[1341]

Die Befangenheitsproblematik gerade nach gescheiterten Absprachen lässt Braun gar zu dem Schluss kommen, dass es erforderlich sei, dass der am kooperativen Verfahren beteiligte Richter zwingend eine andere Person ist als der Richter, der für den Fall des Misserfolgs der Absprachenbemühungen den Fall im normalen Verfahren entscheidet.[1342] Dass das Problem der Befangenheit des Gerichts auch weiterhin seine Bedeutung haben wird, zeigt eine neuere BGH-Entscheidung, in der festgestellt wurde, dass sich die Besorgnis der Befangenheit daraus ergeben könne, dass das Gericht bei der Ankündigung einer Strafobergrenze im Falle eines Geständnisses den Eindruck erwecke, sich endgültig und vorbehaltlos hinsichtlich des weiteren Verlaufs der Hauptverhandlung fest-

---

1336 *BRAK*, These Nr. 42.

1337 *Baumann*, NStZ 1987, 157, 161, der darauf hinweist, dass ein obligatorisches Rechtsgespräch die Befangenheitsablehnung erheblich erschwert.

1338 *StPO-Kommission des DRB*, DRiZ 1987, 244, 244.

1339 *Wagner/Rönnau*, GA 1990, 387, 394, der Richter müsse sich sonst zu große Zurückhaltung auferlegen.

1340 *Eckpunkte*, StV 2001, 314, 316. Nach *Zschockelt*, NStZ 1996, 449, 449 wäre dies die gebotene gesetzliche Klarstellung einer Selbstverständlichkeit; *Siolek*, 285, erklärt in seinem „§ 4" den § 24 StPO für nicht anwendbar auf die Beteiligten eines Rechtsgesprächs. *Freund*, GA 2002, 82, 90 hält ein förmlich vorgesehenes Verfahren für geeignet, die Angst vor dem Vorwurf der Befangenheit bei Gesprächsbereitschaft zu beseitigen.

1341 *Salditt*, StraFo 2001, 311, 313.

1342 *Braun*, StraFo 2001, 77, 79, für den Fall, dass die Absprach schon vor der regulären Hauptverhandlung statt findet; *Weigend*, ZStW 104, 487, 510 hält Personenverschiedenheit ebenfalls für den „Idealfall".

gelegt zu haben.[1343] Insgesamt ist deshalb die Regelung sinnvoll, dass die *Tatsache*, dass das Gericht sich zum Stand der Dinge offen äußert, nicht den Verdacht der Befangenheit begründet, jedoch die §§ 24 ff StPO *im Übrigen* natürlich anwendbar bleiben, damit auf einen eventuellen Missbrauch reagiert werden kann.

4. Abschnitt: Zusammenfassung und Ergebnis des 5. Teils

Im Hinblick auf ein im 8. Teil zu formulierendes Belehrungs- und Beratungskonzept lassen sich folgende Erkenntnisse als Ergebnis des 5. Teils festhalten:

1. Bei der Handhabung der Widerspruchslösung in der Praxis wäre eine Verpflichtung des Gerichts zur Bescheidung des Widerspruchs deshalb vonnöten, weil der Beschuldigte ein Interesse daran hat zu erfahren, ob bestimmte Beweismittel verwertet werden dürfen oder nicht. Dies hat unmittelbaren Einfluss auf die Wahl seines Aussageverhaltens, weil dies die gegenwärtige Beweislage direkt betrifft.[1344] Der Angeklagte benötigt damit in der Hauptverhandlung hinsichtlich der Widerspruchslösung zweierlei:

a) einen Hinweis, dass ein Beweisverwertungsverbot im Raum steht und er die Möglichkeit zum Widerspruch hat (= „Hinweis auf die Widerspruchssituation“),

b) eine Bescheidung seines Widerspruch, in der das Gericht deutlich ausspricht, ob es von einem Beweisverwertungsverbot im speziellen Falle ausgeht (= „Bescheidung des Widerspruchs“).

Während der zweite Punkt derzeit keine Berücksichtigung im Konzept der Rechtsprechung findet, ist der Hinweis auf die Widerspruchssituation lediglich beim unverteidigten Beschuldigten vorgesehen.[1345] Dies wird bei der Betrachtung der Stellung des Verteidigers im Spiegel der neueren Entwicklungen zu begutachten sein (vgl. 6. Teil im Anschluss).

2. In der Diskussion um die Absprachepraxis spielt das Problem der Bindung an die wohl konkreteste Einschätzung des Gerichts hinsichtlich der Rechtslage – der Frage des Strafrahmens – die größte Rolle. In diesem besonders bedeutsamen Bereich wird eine eingeschränkte Bindung unter dem Vorbehalt neuer, gravierender Erkenntnisse befürwortet, wobei eine Abweichung nur nach ausdrücklichem Hinweis möglich ist. Angesichts des Problems der auch faktischen Bindung erscheint es unverständlich, dass man mit Äußerungen des Gerichts zum Strafrahmen und auch einer späteren eventuellen Abweichung offensichtlich gut leben kann, während beim „kleineren“ Problem die Mitteilung einer Verfahrensstandseinschätzung in rechtlicher und tatsächlicher Lage rigoros ab-

---

[1343] BGHSt 45, 312, 312.

[1344] Es ist bereits oben, 3. Teil, hinreichend dargelegt worden, dass von der Beweislage maßgeblich die Wahl zwischen Schweigen und Einlassung abhängt.

[1345] BGHSt 38, 214, 224.

gelehnt wird, obwohl hier eine Abweichung von den geäußerten vorläufigen Einschätzungen weit weniger dramatisch für den Angeklagten wäre als im Fall der klassischen Absprachesituation. Dieser Wertungswiderspruch ist aufzulösen, indem dem Angeklagten eine Möglichkeit eröffnet wird, den Verfahrensstand zu erfragen.

3. Sowohl die Diskussion um die Absprache an sich als auch um die Umsetzung in einen „partizipatorischen Prozess" ist stark durch den Gesichtspunkt der Abkürzung des Verfahrens belastet. Insbesondere die Strafbefehlsidee strebt eine schnelle Festschreibung des Verfahrensergebnisses an, ohne den kommunikativen Prozess zu präzisieren. Konsequent wird deshalb vielfach für ein separates Verfahren mit eigenen Regeln plädiert, aus dem sich aber keine Richtlinien für das „normale" Verfahren ableiten lassen, weil auch hier der Ablauf des Gesprächs nicht beschrieben wird. Bei der Frage, ob dieses Rechtsgespräch optional sein soll, hat sich gezeigt, wie wichtig eine Initiativmöglichkeit seitens des Angeklagten ist, der das Gericht dann auch zu folgen verpflichtet ist. Letzteres ist aber noch nicht einmal bei der momentanen Praxis der Absprachen der Fall. Das Argument, dass eine vertrauensvolle Übereinkunft bei vergifteter Atmosphäre nicht möglich ist, greift aber bei der bloßen Mitteilung der vorläufigen Einschätzung des Verfahrensstandes nicht, weil solche Hinweise immer möglich sind. Entscheidend ist, dass man erkennt, dass eine Loslösung des Rechtsgesprächsgedankens vom Ziel der Absprache notwendig und auch möglich ist. Dieser Gedanke hat sehr unter der Vereinnahmung durch die Absprachendiskussion gelitten.

Die Bedenken gegen Regelungen in Richtung des Rechtsgesprächs und die damit verbundene „Preisung des Informellen" können nicht darüber hinwegtäuschen, dass das Element des Rechtsgesprächs gut geeignet ist, zu einer Konzentrierung des Stoffs und zu einer Fixierung der zu klärenden Fragen beizutragen.

Es bietet sich überdies die ausdrückliche Regelung an, dass die bloße Bereitschaft zur Bekanntgabe von vorläufigen Einschätzungen nicht den Vorwurf der Befangenheit begründet, jedoch die Bestimmungen der §§ 24 ff StPO grundsätzlich anwendbar bleiben.

4. Sind damit in diesem und den vorangegangenen Teilen die möglichen Forderungen in Bezug auf die Hinweise, die vom Gericht benötigt werden, weitgehend formuliert[1346], so muss im Hinblick auf ein Belehrungs- und Beratungsgesamtkonzept die Rolle des Verteidiger noch weiter untersucht werden. Diese Notwendigkeit ergibt sich daraus, dass – wie bereits gesehen[1347] – eine Übertragung der Beratungsaspekte, die ein Verteidiger zugrunde legen würde, nicht in vollem Umfang auf das Gericht möglich ist.

[1346] Eine nochmaligen Überblick gibt der 8. Teil vor der Darstellung des Gesamtkonzepts.

[1347] Vgl. oben, 3. Teil, 1. Abschnitt, E. I. und 2. Abschnitt, B. I.

6. Teil: Rolle des Verteidigers

Die Bedeutung der Mitwirkung eines Verteidigers hat sich bereits im 3. Teil gezeigt mit dem Befund, dass viele Beratungsaspekte nicht auf das Gericht übertragbar sind.[1348] Ein Verteidiger, der kompensierend wirken könnte, ist aber nur in eingeschränktem Maße zwingend erforderlich.[1349] Im Gegensatz hierzu steht die Art und Weise, wie der BGH den Verteidiger in sein "Belehrungskonzept" einbindet.[1350] Ausgangspunkt der folgenden Überlegungen ist das bereits gewonnene Ergebnis , dass der Verteidiger hinsichtlich der Beratung eine Position hat, die weder der Richter noch der Beschuldigte ausfüllen kann: Der Richter kann es nicht, weil seine Stellung eine parteiliche Interessenwahrnehmung ausschließt, der Beschuldigte hingegen kann es nicht, weil ihm die juristischen Kenntnisse und Erfahrungen wie auch die tatsächlichen Möglichkeiten fehlen, sich sachgerecht zu verteidigen aufgrund verschiedener Autonomiedefizite.[1351]

In einem schlüssigen Belehrungs- und Beratungskonzept muss die Mitwirkung des Verteidigers deshalb umfassend berücksichtigt werden. Dabei wird in zwei Schritten vorgegangen: Zunächst soll die gestiegene Verantwortung des Verteidigers und seine funktionelle Einbindung anhand dreier markanter Themenschwerpunkte in der Rechtsprechung verdeutlicht werden: der Widerspruchslösung, der sog. "Missbrauchsrechtsprechung" und der Absprachenproblematik (1. Abschnitt). Danach wird untersucht, wie diese gesteigerte Verantwortung im Verhältnis zu seinen Anwesenheitsrechten – insbesondere im Ermittlungsverfahren – steht (2. Abschnitt).

1. Abschnitt: Veränderung der Rolle des Verteidigers in der Rechtsprechung

A. Die Rolle des Verteidigers bei der Widerspruchslösung

I. Neubestimmung der Verteidigeraufgaben

In der Widerspruchslösung lässt sich der Ansatz einer neuen Qualität der Beziehungen zwischen Gericht und Verteidiger erkennen, bei dem der Verteidiger ebenso wie das Gericht für die materielle Wahrheitsfindung in einem prozessual ordnungsgemäßen Prozess verantwortlich ist.[1352] Zwar ist an dieser Entwicklung bedenklich, dass hier Fehler des Anwalts, der das Vorliegen einer Wider-

---

[1348] Vgl. oben, 3. Teil, 1. Abschnitt, E. I. und 2. Abschnitt, B. I.

[1349] Vgl. oben, 4. Teil, 1. Abschnitt, A.

[1350] Vgl. oben, 4. Teil, 2. Abschnitt, A. IV.

[1351] *Roxin*, Hanack-FS, 1, 10.

[1352] *Bohlander*, StV 1999, 562, 562.

spruchssituation verkennt, dem Beschuldigten zugerechnet werden.[1353] Ungewöhnlich ist dies aber nicht: Der Beschuldigte habe für eine Reihe von Fehlern gerade zu stehen, die dem Verteidiger unterlaufen und welche sich aus mangelnder Rechts- und Rechtsprechungskenntnis bzw. mangelnder Prozessvorbereitung ergeben können.[1354] Immer dann, wenn die Möglichkeit der Berufung auf einen Verfahrensfehler verneint werde, liege die implizite Feststellung eigener oder zurechenbarer Verantwortung des Verteidigers für diesen Verfahrensverstoß zugrunde.[1355] Diese starke Abhängigkeit vom Können des Verteidigers erkenne man auch daran, dass nach Ablauf des Zeitpunktes des § 257 StPO dem Beschuldigten selbst vehementer Widerspruch nichts mehr nütze, nachdem er die Unfähigkeit seines Anwalts erkannt habe.[1356]

Die Anwesenheit eines Verteidigers soll also auch nachteilig wirken können: Ein Angeklagter werde eventuell aufgrund des Verteidigerversagens verurteilt, während der unverteidigte auf das Widerspruchsrecht hingewiesen werde und deshalb besser stünde als der verteidigte Beschuldigte.[1357] Dem ist zwar entgegnet worden, immerhin könne der Angeklagte den von seinem Verteidiger erklärten Widerspruch ja auch widerrufen, so dass auch nicht von einer Schlechterstellung des verteidigten Angeklagten gesprochen werden könne.[1358] Dieser Ansicht liegt aber wiederum eine verfehlte Vorstellung von der Handlungskompetenz des Beschuldigten zugrunde: Wann wird ein Beschuldigter das Verteidigerhandeln aus einer „besseren Erkenntnis“ heraus korrigieren, gerade angesichts der komplizierten Folgeprobleme[1359] der Widerspruchslösung? Vielmehr kann aus einem anderen Grund kaum von einer Besserstellung des unverteidigten Beschuldigten gesprochen werden: Es ist zu bedenken, wie viele Details bei der sachgerechten Umsetzung der Widerspruchslösung zu beachten sind und wie dünn der Hinweis des Gerichts ausfällt. Dieser besteht ja nur darin, auf die Möglichkeit des Widerspruchs hinzuweisen,[1360] also die „Widerspruchssituation“ anzuzeigen. Diese Lücken können durch einen Verteidiger gefüllt werden.

Im Hinblick auf die Verteidigeraufgaben ist an der Widerspruchslösung kritisiert worden, sie stehe im Gegensatz zur sonstigen gesetzgeberischen Konzepti-

---

1353 *Bohlander*, StV 1999, 562, 567. Zum Problem der Zurechnung vgl. bereits oben 2. Teil, 1. Abschnitt, A. IV. 2.; die Rechtsprechung ausführlich zusammenfassend *Dudel*, 29 ff, 49 ff.

1354 Vgl. *Feigen*, Rudolphi-Symposium, 161, 161.

1355 *Maatz*, NStZ 1992, 513, 514.

1356 *Feigen*, Rudolphi-Symposium, 161, 164.

1357 *Roxin*, Hanack-FS, 1, 22.

1358 *Heinrich*, ZStW 2000, 398, 427.

1359 Dass diese wiederum neuen „Belehrungs- und Beratungsbedarf“ erzeugen, wurde oben 4. Teil, 2. Abschnitt, B. III. 3. b) schon erwähnt.

1360 Vgl. oben, erweiterte Belehrungspflichten, 4. Teil, 2. Abschnitt, B.

on; es sei davon auszugehen, dass das Gesetz abschließend die an eine Frist gekoppelten Rügemöglichkeiten aufzählt. Hierin sei eine Abschichtung der Verantwortungsbereiche zu erkennen, welche durch zusätzliche Rügepflichten untergraben würde.[1361] Dieser Gedanke führt zu der Frage, in welcher Art die Zuständigkeit hinsichtlich der Widerspruchslösung zwischen Gericht und Verteidiger aufzuteilen sind. Kann man wirklich davon ausgehen, dass ausschließlich der Verteidiger für die Wahrung der Rechtsposition des Beschuldigten im Rahmen der Widerspruchslösung verantwortlich ist ?

II. Hinweis auch gegenüber dem verteidigten Angeklagten?

Die aufgeworfene Frage wäre zu verneinen, wenn auch gegenüber dem verteidigten Angeklagten ein Hinweis auf die Widerspruchsmöglichkeit vorgesehen wäre. Dann wäre die Aufgabe, eine Widerspruchssituation zu erkennen und zu benennen, dem Gericht zugewiesen. Dies soll aber nicht der Fall sein: Die Verneinung eines zwingenden Hinweiserfordernisses seitens des Gerichts auf die Widerspruchssituation ergebe sich daraus, dass der Verteidiger nicht als „minder rechtskundiger Belehrungsempfänger“ angesehen werden könne; auch sei die gerichtliche Fürsorgepflicht gegenüber einem verteidigten Beschuldigten reduziert.[1362] Gerade der erste Gedanke erweckt den Anschein, dass nicht in den Zuständigkeitsbereich der Verteidigung eingegriffen werden soll. Dies ist aber schon deshalb nicht der Fall, weil die Verantwortung bezüglich der Entscheidung für oder gegen den Widerspruch auch dann erhalten bleibt, wenn das Gericht den Verfahrenverstoß aufdeckt und auf die Entscheidungsmöglichkeiten hinweist.[1363] Speziell in diesem Bereich liegt die Hauptaufgabe des Verteidigers: Beratung über die verschiedenen Optionen des Verhaltens im Prozess.

Die Gleichsetzung des verteidigten Angeklagten mit dem vom Vorsitzenden belehrten unverteidigten Angeklagten ist deshalb schon bedenklich, weil einerseits die Kommunikation zwischen Angeklagtem und Gericht häufig mangelhaft ist[1364] und andererseits ein Verteidiger die voraussichtlichen Folgen eines Widerspruchs prüfen könnte. Im Hinblick auf seine Neutralitätspflicht könne der Vorsitzende nämlich nicht über die Zweckmäßigkeit eines Widerspruchs beraten, sondern könne nur auf die Möglichkeit als solche hinweisen.[1365] Dies zeigt, dass der Verteidiger in diesem Bereich nicht überflüssig würde, sondern seine

---

1361 *Widmaier*, NStZ 1992, 519, 520; *Dornach*, NStZ 1995, 57, 62.

1362 *Meyer-Goßner/Appl*, StraFo 1998, 258, 261, mit dem Hinweis, nur der unverteidigte Angeklagte sei vom Gericht über sein Antragsrecht gem. § 265 III StPO zu belehren.

1363 *Roxin*, Hanack-FS, 1, 22.

1364 Vgl. nur oben die eingeschränkte Bereitschaft zu weiteren Hinweisen, 4. Teil, 2. Abschnitt, B. hier insbesondere IV. 2.

1365 Bockemühl/Groß-Böling/*Kaps*, Teil B, Kapitel 4, Rdnr. 158.

Hauptaufgabe wahrnimmt: Beratung über die Wahrnehmung prozessualer Optionen.

Damit spricht einiges dafür, dass auch der verteidigte Beschuldigte auf die Widerspruchsmöglichkeit hingewiesen werden muss, denn dann erst lässt sich auch aus dem Schweigen folgern, der Verteidiger habe gegen die Verwertung nichts einzuwenden.[1366] Das Ergebnis des 1. Teils dieser Untersuchung, dass das (Teil)-Schweigen des Beschuldigten nur dann gegen ihn verwendet werden kann, wenn er über dessen Konsequenzen informiert ist[1367], kehrt hier in anderem Gewande wieder: Das Ableiten von rechtlichen Konsequenzen aus „beredtem Schweigen" setzt eine vorherige Information über dessen Folgen voraus. Damit ist insgesamt der in der Literatur verbreiteten Ansicht zu folgen, dass eine Pflicht des Verteidigers, der Verwertung eines einem Verwertungsverbot unterliegenden Beweises zu widersprechen, sich aus der Stellung und der Aufgabe des Verteidigers gerade nicht herleiten lässt.[1368]

III. Aspekte der Aufgabenverteilung Verteidiger – Gericht

Dieses vorläufige Ergebnis muss sich aber an Stimmen messen lassen, die die Position des Verteidigers strenger definieren. So wird behauptet, der Verteidiger nehme eine zentrale Kontroll- und Wächterposition selbst in Anspruch, wenn in der Verteidigerliteratur ausgeführt wird, der Verteidiger müsse einerseits für eine sachgerechte Verteidigung sorgen, andererseits im Rahmen dieser Aufgabe über die Gesetzlichkeit des Verfahrens wachen.[1369] Diese Verantwortung entspreche auch dem institutionell in sie gesetzten Vertrauen, das „durch die Zulassung zur Anwaltschaft" erworben worden sei und auf das auch der Mandant setze.[1370] Die Zurechnung des Verteidigerverhaltens unterstreiche damit lediglich die hohe Verantwortung der Verteidigung, was mit der Anerkennung prozessualer Gestaltungsmöglichkeiten korreliere.[1371] Andererseits zeigt aber z.B. die Möglichkeit der Ablehnung von Beweisanträgen wegen Verschleppungsabsicht gem. § 244 III 3 StPO, dass lediglich eine aktive Prozessverschleppung verboten ist, hingegen eine Pflicht zur aktiven Mitwirkung nicht besteht.[1372] Eine problematische Inpflichtnahme beginne dort, wo der Verteidiger zu aktiven Handlungen verpflichtet werde, die nur dem Gericht und der Verfahrensabwicklung nüt-

---

1366 *Fezer*, JR 1992, 385, 386.

1367 Vgl. oben 2. Teil, 1. Abschnitt, A. II. 3. insbesondere f).

1368 *Fezer*, StV 1997, 57, 58; zustimmend *Heinrich*, ZStW 2000, 398, 422; *Dudel*, 131, 187.

1369 *Dahs*, Rdnr. 3.

1370 *Maatz*, NStZ 1992, 513, 517.

1371 Ders., 518.

1372 *Heinrich*, ZStW 2000, 398, 423.

zen, nicht aber dem Verteidigungsinteresse des Beschuldigten; dies sei bei der Verpflichtung zum Hinweis auf alle möglichen Verfahrensfehler der Fall.[1373]

Zur Begründung einer gesteigerten Verpflichtung des Verteidigers wird daneben auf die eingeschränkte Fürsorge- und Aufklärungspflicht des Gerichts verwiesen: Diese würden nur den „standardisierten Bereich dessen Abdecken, was das Gericht ohnehin zu tun habe und wofür es „eigentlich" keines Verteidigers bedürfe."[1374] Es liege daher in der Natur der Sache, dass das Gericht nicht die Aufgaben der Verteidigung übernehmen könne, da nur die Verteilung der Aufgaben des Anklagens, des Verteidigens und des Urteilens auf verschiedene Personen eine dialektische Ausgestaltung des Wahrheitsfindungsprozesses ermögliche.[1375] Es handele sich um zwei getrennte Aufgabenbereiche: Weder wirke die Fürsorgepflicht des Gerichts in den Verantwortungsbereich des Verteidigers hinein, noch könne das Gericht umgekehrt eine Fürsorge des Verteidigers in Anspruch nehmen.[1376] Die These, allein das Gericht trage die Verantwortung für die fehlerfreie Verfahrensdurchführung, werde sich nicht aufrechterhalten lassen; der BGH werde die Überwachungsaufgabe des Verteidigers stärker in den Vordergrund rücken.[1377]

Die Annahme eines reinen Antagonismus` zwischen Gericht und Verteidigung ist aber verfehlt. Sicher ist es eine originäre Aufgabe des Verteidigers, mit Ideenreichtum über das Mindestmaß an Sachaufklärungsbemühungen, das durch § 244 II StPO sichergestellt werde, hinauszugehen.[1378] Auf der anderen Seite besteht die gerichtliche Fürsorgepflicht aber auch bei einem verteidigten Angeklagten fort. [1379] Dem wird entgegengehalten, es werde vorausgesetzt, dass der Verteidiger z.B. § 136 I 2 StPO kennt und seinen Mandanten hierüber berät, was zu der oben erwähnten Rechtsprechung führe, dass die Aussagen eines verteidigten Beschuldigten niemals wegen unterlassener Belehrung unverwertbar wären.[1380] Auch bei § 265 III StPO gehe das Gesetz davon aus, dass der Verteidiger diese Rechtsposition kennt, so dass in diesem Bereich das Können und die Verantwortung des Verteidigers einsetzten.[1381] Mag diesem Gedanken im Hinblick auf § 265 III eventuell noch gefolgt werden, so ist der Hinweis auf § 136 I 2

[1373] *Roxin*, Hanack-FS, 1, 14.

[1374] *Widmaier*, NStZ 1992, 519, 521, der deshalb eine auch eine Überwachung des Verteidigers durch das Gericht ablehnt.

[1375] *Widmaier*, NStZ 1992, 519, 523.

[1376] *Widmaier*, NStZ 1992, 519, 523.

[1377] *Maatz*, NStZ 1992, 513, 517.

[1378] *Widmaier*, NStZ 1992, 519, 519.

[1379] *Dudel*, 175.

[1380] *Meyer-Goßner/Appl*, StraFo 1998, 258, 260.

[1381] *Widmaier*, NStZ 1992, 519, 520, der darauf hinweist, dass diesbezüglich eine Belehrung nicht vorgesehen ist.

StPO insofern ungenau, als daran zu erinnern ist, dass ja gerade die Pflicht zur Belehrung auch bei Anwesenheit eines Verteidigers bestehen bleibt und lediglich ein Verwertungsverbot entfällt.[1382] Hier ist also eine „doppelte Absicherung“ vorgesehen, ebenso muss aber ein Hinweis auf das Vorliegen einer Widerspruchssituation auch dann ergehen, wenn ein Verteidiger anwesend ist.

Dieser „Kenntniseinwand“ – der Verteidiger habe den Fehler erkannt, aber nichts unternommen – offenbart zudem eine problematische Haltung gegenüber der Verteidigung und ist auch aus praktischen Erwägungen abzulehnen. Zunächst wird die Kenntnis schwer zu beweisen sein: Es erscheint paradox, dass ein Verteidiger alleine besser in der Lage sein sollte, diese Fehler aufzudecken, als drei Berufsrichter und ein Staatsanwalt.[1383] Der BGH führte selbst einst aus, dass dann, wenn ein Verteidiger eine Vorschrift übersehe, die auch ein Kollegialgericht übersehen hätte, dies nicht zulasten des Angeklagten gehen dürfe.[1384] Der Hauptanwendungsbereich der Widerspruchslösung wird sich auch in Zukunft gerade nicht im Bereich der eindeutigen Fälle bewegen, wo der Verstoß auf der Hand liegt, sondern „im Grenzbereich von Orientierungsfragen, Entgegennahme von Spontanäußerungen und belehrungspflichtiger Vernehmung“.[1385] Hier ist eine Zusammenarbeit von Gericht und Verteidigung angezeigt.

Realitätsfern ist es ebenfalls, davon auszugehen, der Verteidiger werde Fehler im Hinblick auf eine Revision geschehen lassen. Das Gegenteil wird meist der Fall sein: Der Verteidiger werde sich selten „klammheimlich“ über einen Fehler des Gerichts freuen, vielmehr werde er unverzüglich reagieren und sich einer eventuellen Beweisaufnahme widersetzen anstatt durch „vorsorgliche Sammlung von Revisionsgründen“[1386] auf die minimalen Chancen im Revisionsverfahren zu hoffen. In diesem Zusammenhang werde dem Verteidiger zu empfehlen sein, eine Beweisaufnahme zu verhindern und die Konzentration auf die Frage zu richten, ob ein Beweisverwertungsverbot vorgelegen habe, um die erheblichen suggestiven Auswirkungen des eventuell unverwertbaren Beweismittels zu vermeiden.[1387]

[1382] Man kommt zu diesem Ergebnis nur durch *zwei Schritte*: Die Verteidigeranwesenheit ist ein wesentliches Indiz für die Kenntnis des Schweigerechts , vgl. oben, 4. Teil, 2. Abschnitt, A. II. 2. b) aa). Auch bei Kenntnis muss aber dennoch belehrt werden, lediglich ein Verwertungsverbot entfällt, vgl. oben, 4. Teil, 2. Abschnitt, A II. 2.

[1383] *Widmaier*, NStZ 1992, 519, 520, mit der Hinweis, dass für den Justizdienst immerhin zwei Prädikatsexamina erforderlich seien, für den Anwaltsberuf aber nicht.

[1384] BGHSt 22, 83, 85 a.E.

[1385] *Roxin*, Hanack-FS, 1, 123.

[1386] *Ventzke*, StV 1997, 543, 545.

[1387] *Burhoff*, Rdnr. 1166f.

IV. Störung der Kommunikation zwischen Verteidiger und Gericht durch die Widerspruchslösung

Der Verdacht, dass Verteidiger sich auf das Revisionsverfahren durch „Geschehenlassen“ von Fehlern zurückziehen könnten und deshalb in die Pflicht zu nehmen seien, ist auch für die kommunikative Beziehung zwischen Verteidigung und Gericht schädlich. Durch die Annahme einer solchen Pflicht besteht die Gefahr, dass die Verantwortung an das Gericht dadurch zurückgereicht wird, dass vorsorglich Widersprüche erklärt werden, so dass im Zweifel ein noch größerer Begründungs- und Beratungsaufwand entsteht.[1388] Problematisch erscheint an der Notwendigkeit der Widerspruchserhebung auch, dass hierdurch eventuell der Unwillen des Gerichts erregt wird, welches den Widerspruch als Störung der Hauptverhandlung empfindet. Es ist alarmierend, wenn aus diesem Grunde empfohlen wird, der Verteidiger solle darauf hinweisen, dass es „nicht darum gehe, die Hauptverhandlung zu stören“[1389], denn dies ist bei der Wahrnehmung selbstverständlicher Verfahrensrechte überflüssig. Damit trägt die Widerspruchslösung in ihrer jetzigen Ausgestaltung mit dazu bei, die kommunikative Beziehung zwischen Verteidigung und Gericht zu belasten.

V. Kompetenzprobleme des Verteidigers und Behebung durch gerichtliche Hinweise

Die Kritik an der Widerspruchslösung setzt auch an der Annahme an, dass alle Verteidiger als gleich kompetent angesehen werden. Eine Übertragung der Verpflichtungen zur Aufdeckung des Verfahrensmangels und zur Erhebung des Widerspruchs ist deshalb problematisch, weil man es im strafprozessuale Alltag eben nicht durchweg mit zahlungskräftigen Angeklagten zu tun habe, die sich kompetente Verteidigung leisten können.[1390] Andererseits wird behauptet, dass die Widerspruchslösung von einem versierten und professionell agierenden Strafverteidiger zu bewältigen sei.[1391] Doch man kann es durchaus als „eine strafprozessuale Lebenslüge über die Antipoden des Richters“ bezeichnen, dass man alle Verteidiger für gleich kompetent hält.[1392] Andererseits ist zu bezwei-

---

[1388] *Maul/Eschelbach*, StraFo 1996, 66, 69, die bezweifeln, dass hierdurch eine sofortige Klärung nach dem Bestehen eines Beweisverwertungsverbot erfolgt.

[1389] *Burhoff*, Rdnr. 1166c. Dieser Gedanke der „konfliktfreien Verhandlungsatmosphäre“ findet sich auch bei *Heinrich*, ZStW 2000, 398, 424.

[1390] *Ventzke*, StV 1997, 543, 548.

[1391] *Dahs*, StraFo 1998, 253, 254; zu Niveau der Strafverteidigung auch *Bohlander*, StV 1999, 562, 567; *Widmaier*, NStZ 1992, 519, 521, 523. Dem hält *Roxin*, Hanack-FS, 1, 22 entgegen, dass das Recht neben den „Wachen“ auch für die „Schwachen“ da sei. Zweifelnd und auf spezialisierte Verteidiger einschränkend *Bohlander*, NStZ 1992, 504, 505.

[1392] *Dahs*, StraFo 1998, 253, 257.

feln, ob eine Qualitätssteigerung der Verteidigung durch Fortbildung und Fachanwaltslehrgänge geeignet ist, die Verteidiger in die Lage zu versetzen, den immer höher werdenden Anforderungen gerecht zu werden.[1393] Die Steigerung der Fachkompetenz durch solche Maßnahmen erfolgt angesichts immer schnellerer Rechtsentwicklung notwendig zeitverzögert. Dies zeigt sich schon daran, dass das Widerspruchserfordernis für solche Fälle begründet wurde, bei denen zuvor ein solches nicht bestand, der Verteidiger von einem solchen Erfordernis also gar nichts wissen konnte.[1394]

Jedenfalls wird deutlich, dass der Beschuldigte stark abhängig wird von der Qualität des Verteidiger und dessen „extensiver Kenntnis der obergerichtlichen Rechtsprechung".[1395] Allerdings wären die durch einen unfähigen Verteidiger entstehenden Nachteile durch einen Hinweis mühelos vermeidbar.[1396] Die Widerspruchssituation kann durch das Gericht aufgedeckt werden, so dass dann die Pflicht des Verteidigers zur Beratung des Angeklagten einsetzt. Ist der Verteidiger jetzt unsicher, kann er dem Rechtsgedanken des § 265 StPO folgend eine Unterbrechung der Hauptverhandlung beantragen, in der er eigene Defizite beheben kann. Das heißt, selbst der mit der Widerspruchslösung nicht vertraute Verteidiger kann sich informieren. Diese Befähigung ist jedem Verteidiger zuzutrauen und zuzumuten. Damit dient der Hinweis auf die Widerspruchsmöglichkeit nicht nur der Kommunikation zwischen Verteidigung und Gericht, sondern kann auch dafür sorgen, dass dem Angeklagten eine „Gelegenheitsverteidigung" nicht zum Verhängnis wird. Letztlich ist dies auch eine gute Methode für das Gericht, der sich aus dem Amtsaufklärungsgrundsatz ergebenden Verpflichtung gerecht zu werden, behebbare Verwertungshindernisse zu beseitigen[1397], statt nur zu hoffen, dass sie unentdeckt bleiben. Derartiges „listiges Hoffen" ist mit der Würde des Gerichts unvereinbar. Man muss deshalb nicht wie Ventzke[1398] in „strafprozessualen Kulturpessimismus" verfallen und beklagen, Strafrichter seien nicht willens oder befähigt, Verfahrensvorschriften einzuhalten, die die Subjektsstellung des Angeklagten berühren, und andererseits könnten Verteidiger „aus Dummheit oder Arglist" nicht kompensatorisch wirken.

1393 *Feigen*, Rudolphi-Symposium, 161, 168, der deshalb starke Zweifel anmeldet, ob der Gedanke, „das Recht sei für die Wachen da", in diesem Zusammenhang gelten kann.

1394 BGHSt 38, 214 hat ja die vorher ablehnende Rechsprechung hinsichtlich eines Verwertungsverbotes aufgegeben und im gleichen Atemzug ein Widerspruchserfordernis installiert.

1395 *Bohlander*, StV 1999, 562.

1396 *Roxin*, Hanack-FS, 1, 22.

1397 *Fezer*, StV 1997, 57, 59, der auf die Vorwirkung des Verwertungsverbots als Beweiserhebungsverbot hinweist.

1398 *Ventzke*, StV 1997, 543, 549.

Vielmehr weist der von Burhoff formulierte Gedanke des Zusammenspiels der am Strafprozess Beteiligten in die richtige Richtung:

> „Für mich waren und sind Gericht und Verteidiger gemeinsam Beteiligte in einem Verfahren, in dem es um das Schicksal des Angeklagten geht."[1399]

Die alte Erkenntnis, die Mitwirkung des Verteidigers sei kein entbehrlicher Luxus, sondern ein echtes Erfordernis wirklicher Rechtspflege,[1400] beansprucht hier einmal mehr Geltung. Sie ist lediglich zu ergänzen um den Gedanken der Zusammenarbeit.

VI. Fazit

1. Die Widerspruchslösung nimmt den Verteidiger stark in die Verantwortung. In dem derzeit gegebenen Umfang kann dies jedoch nicht überzeugen. Angezeigt ist vielmehr eine Verteilung der Aufgaben in der Weise, dass das Gericht auf das Vorliegen einer Widerspruchssituation hinweist und der Verteidiger über die Wahrnehmung dieser Option den Beschuldigten berät.

2. Eine derartige Aufgabenverteilung wird sich insgesamt positiv auf die Kommunikation zwischen Verteidigung und Gericht auswirken, weil vorsorgliche Widersprüche überflüssig werden, da das Gericht selbst auf die Widerspruchsmöglichkeit hinweist. Es muss als gemeinsame Aufgabe von Gericht und Verteidigung verstanden werden, die Urteilsgrundlage vor Erkenntnissen zu bewahren, die durch die Art und Weise ihrer Entstehung bemakelt sind.

3. Ein Hinweis des Richters auf das Vorliegen einer Widerspruchsmöglichkeit ist zudem geeignet, mangelnde Kompetenz eines Verteidigers beim Erkennen solcher Situationen zu kompensieren.

4. Ergänzt um die Erkenntnis, dass eine Verpflichtung des Gerichts zur Bescheidung des Widerspruchs notwendig ist[1401], sind hiermit die notwendigen Regelungen für eine sachgerechte Handhabung der Widerspruchslösung umschrieben. Der Mechanismus, dass das Gericht eine Situation anzeigt und die Verteidigung hierüber berät, lässt sich auch leicht auf die Problematik des Teilschweigens übertragen: Hier kann der Richter das Verlassen des Bereiches des „pauschalen Bestreitens" anzeigen und der Verteidiger einen konkreten Verhaltensvorschlag unterbreiten.

[1399] *Burhoff*, StV 1997, 432, 432. Dazu passt es aber nicht, wenn der Verteidiger als „Helfer von Straftätern nur mit Geringschätzigkeit toleriert" werde, vgl. *Roxin*, Hanack-FS, 1, 1.

[1400] *Widmaier*, NStZ 1992, 519, 523, welcher auf den Ausspruch *Sarstedts*, 107, 108 verweist.

[1401] Vgl. oben, 5. Teil, 1. Abschnitt.

5. Die Notwendigkeit der Verteidigermitwirkung ist bei der Widerspruchslösung besonders deutlich geworden. Diese wird sich auch bei der Betrachtung der folgenden Bereiche ergeben.

B. Rechtsprechung zum Missbrauch des Beweisantragsrechts

Die Instrumentalisierung des Verteidigers für Verfahrenszwecke ist auch in einer weiteren bekannt gewordenen BGH-Entscheidung zu beobachten: BGHSt 38, 111 hatte es mit einer wahrhaft denkwürdigen Konstellationen zu tun, in der der Angeklagte ca. 8.500 Beweisanträge stellte.[1402] Das Landgericht Dortmund hatte es aus dem Aspekt des Missbrauchs des Beweisantragsrechts heraus abgelehnt, weitere als die bisher 103 geprüften Anträge zu bescheiden.[1403] Diese Entscheidung hat in der Literatur[1404] eine große Diskussion über das vom BGH festgestellte „allgemeine Missbrauchsverbot"[1405] hervorgerufen, die hier nicht im Einzelnen nachgezeichnet werden soll. Von Interesse ist vielmehr die Art der Reaktion des LG Dortmund auf die Flut der Anträge. Es hatte dem Angeklagten das Stellen von Beweisanträgen nicht generell verboten, sondern vielmehr verlangt, dass dieser seine Anträge über seinen Verteidiger stellt.[1406] Damit wurde dem Problem begegnet, dass an sich jeder Antrag gem. § 244 Abs. III und VI StPO wegen Prozessverschleppungsabsicht hätte abgelehnt werden müssen.[1407] Der BGH hat dem zugestimmt; die Strafprozessordnung gehe davon aus, „dass es in gewissen Fällen sachdienlich sein kann, Recht des Beschuldigten über den Verteidiger ausüben zu lassen.[1408] Der Verteidiger dürfe den Angeklagten nicht nach Belieben „schalten und walten" lassen, sondern habe auch für ein Verfahren in prozessual geordneten Bahnen zu sorgen.[1409]

Aus dieser Entscheidung wird die Tendenz deutlich, den Verteidiger für allgemeine Zwecke in die Pflicht zu nehmen, die über die reine Verteidigung hi-

---

1402 Diese Entscheidung wird oft im Zusammenhang mit BGHSt 38, 214 besprochen, vgl. *Hamm*, NJW 1993, 289, 291; *Roxin*, Hanack-FS, 1, 19. *Grüner*, 176, hält diese Entscheidung für eine der spektakulärsten Entscheidungen der letzten Jahre.

1403 Vgl. BGHSt 38, 111, 112.

1404 *Scheffler*, JR 1993, 169, 170 f; *Niemöller*, StV 1996, 501 ff; jüngstens *Hassemer*, Meyer-Goßner-FS, 127 ff.

1405 BGHSt 38, 111, 113.

1406 Vgl. BGHSt 38, 111, 114; *Hassemer*, Meyer-Goßner-FS, 127, 136, Fn. 46 bezeichnet dies als Reißleine zur Rettung der Verfahrensherrschaft des Gerichts.

1407 Worauf *Scheffler*, JR 1993, 169, 172 eindringlich hinweist, obwohl auch er den „Missbrauchsgedanken" befürwortet.

1408 BGHSt 38, 111, 114 nennt hier die Beispiele der §§ 147, 239, 240 II 2 und 345 II StPO.

1409 B GHSt 38, 111, 115, der auch darin keinen Widerspruch sieht, dass der Verteidiger einseitig die Interessen des Angeklagten wahrzunehmen hat.

nausgehen.[1410] In der Literatur wurde dies zum Anlass genommen festzustellen, dass diese Entscheidung die Rolle der Verteidigung stark beeinflussen oder gar völlig neu definieren könnte.[1411] Andererseits wurde behauptet, dass es die mildeste Form der Missbrauchsabwehr sei, das Antragsrecht in die Hände des Verteidigers zu legen, anstatt es gänzlich zu entziehen.[1412] Dies führt aber nicht an der Erkenntnis vorbei, dass gleichwohl ein partieller Entzug des Beweisantragsrechts vorliegt: „Filtert" der Verteidiger die Anträge, wie das LG Dortmund sich wohl vorgestellt hat, werden alle Anträge verhindert, die dieser Filter eben nicht durchlässt, so dass sich die Frage nach der Rechtfertigung dieses Eingriffs stellt.[1413] Damit wird der Eindruck erweckt, dass neben einer Überwachungsfunktion sogar eine Art Vormundschaft befürwortet wird.[1414] Auch wenn der BGH dies nicht ausspricht, wird diese Aufgabe aus der Stellung des Verteidigers als einem Organ der Rechtspflege abgeleitet. Dies ist aber deshalb problematisch, weil sich die Wahrnehmung nicht nur privater, sondern auch öffentlicher Interessen aus der unstreitigen Beistandsfunktion des § 137 StPO nicht ableiten lässt.[1415]

Ob die Ausübung des Antragsrechts des Angeklagten durch den Verteidiger aber wirklich den erhofften Entlastungseffekt in Exzessfällen hat, wird bereits bezweifelt: Nehme der Verteidiger seine Vorprüfungspflicht ernst, so müsse mit einer Flut von Unterbrechungs- oder Aussetzungsanträgen gerechnet werden, was wiederum Verzögerungen zur Folge hätte.[1416] Die Lösung des BGH führt auch zu einer merkwürdigen Konsequenz: Dem unverteidigten Beschuldigten müsste ein Verteidiger bestellt werden, da sonst niemand vorhanden wäre, der für ihn das Antragsrecht ausüben könnte.[1417] Daher ist an dieser Entscheidung bereits hinreichend Kritik geübt worden.[1418] Der Umstand, dass die Anwesenheit eines Verteidigers Voraussetzung ist für die vom BGH entworfene Lösung, wirft die Frage auf, ob überhaupt eine Grundlage für diese Konstruktion besteht. Denn ein Verteidiger wirkt, wie bereits gesehen, in vielen Verhandlungen nicht

---

1410 *Roxin*, Hanack-FS, 1, 19.

1411 *Dornach*, 20; vgl. auch Grüner, 176 f.

1412 *Roxin*, Hanack-FS, 1, 19.

1413 *Niemöller*, StV 1996, 501, 506, der über „prozessuale Notstandsrechte" reflektiert. Auch Grüner, 177,179, geht davon aus, dass das Antragsrecht in den Exzessfällen „ganz" dem Beschuldigten genommen wird und bemängelt das Fehlen einer Eingriffsnorm.

1414 *Hamm*, NJW 1993, 289, 291.

1415 *Dornach*, 58.

1416 *Grüner*, 180, befürchtet gar, dass es aus haftungsrechtlichen Überlegungen heraus zu Mandatsniederlegungen kommen könnte bis hin zur Ablehnung der Bestellung zum Pflichtverteidiger.

1417 *Grüner*, 180/181.

1418 Zusammenfassend *Dornach*, 176 ff, *Grüner*, 160 ff.

mit. Wenn man aber dogmatische Konstruktionen entwickelt, die dessen Mitwirkung voraussetzen, muss man auch dafür sorgen, dass den Angeklagten in weitem Umfang ein Verteidiger zur Seite steht.

Obwohl über diese Frage erst im 2. Abschnitt reflektiert werden soll, so kann man hier bereits feststellen, dass sich das gleiche Problem schon bei der Widerspruchslösung stellte und sich besonders deutlich in der Absprachenpraxis wiederfindet.

C. Der Verteidiger in der Absprachenpraxis bzw. beim Rechtsgespräch

In der Absprachenpraxis ist der Verteidiger auf verschiedenen Ebenen stark gefordert: Auf der einen Seite wird ihm durch die Absprachenpraxis eine wichtige, das Verfahren mitgestaltende Macht gegeben.[1419] Auf der anderen Seite garantiert der Verteidiger aus Sicht der Strafjustiz die Richtigkeit des Geständnisses, während er aus Perspektive des Mandanten einen optimalen Ausgang des Verfahrens erzielen soll.[1420] Der Verteidiger habe dabei die Aufgabe, den Angeklagten in den „Vergleich" zu integrieren und ihm zu vermitteln, dass es nicht um Kungelei gehe, sondern um einen „Prozess wechselseitigen Vertrauens hin zu einem gerechten Urteil".[1421]

Zur sachgerechten Durchführung eines Rechtsgesprächs wird das Aufstellen konkreter Regeln bezüglich einer Pflichtverteidigerbestellung bei schwierigen Fällen für notwendig erachtet.[1422] Nicht umsonst ist Siolek in seinem Gesetzesvorschlag zur Regelung der Absprachenpraxis davon ausgegangen, dass die Durchführung eines Rechtsgesprächs *immer* die Voraussetzungen des § 140 II StPO erfüllt.[1423] Der Verteidiger sei ein wesentliches Element zur Stärkung von Kommunikation und Interaktion auf Seiten des Angeklagten, sofern er sachkundig und vorbereitet ist.[1424] Etwas im Gegensatz hierzu steht die Erkenntnis, dass nur 4% der Anwälte ihre Mandanten über das Absprachenergebnis unterrichten, während die Hälfte selbstständig über die Aufnahme von Verständigungsgesprächen entscheidet und ein Drittel den Mandanten vorher nicht klar informiert.[1425] Dieses Problem wollen Wagner/Rönnau vermeiden, indem sie den Verteidiger in ihrem Konzept als einen Informationsübermittler einsetzen: In ihrem „§ 245 a III" weisen sie ihm die Aufgabe zu, den Angeklagten über die Übereinkunft mit

---

1419 *Roxin*, Hanack-FS, 1, 7.

1420 *Salditt*, StV 2001, 311, 311.

1421 *Gallandi*, MDR 1987, 801, 803.

1422 *Schmidt-Hieber*, DRiZ 1990, 321, 326.

1423 *Siolek*, 293, vgl. seinen „§ 1 Abs. 4".

1424 *Ostendorf*, DRiZ 1999, 63, 6 räumt ein, dass dies nicht immer die Praxis sei, „aber nicht nur auf dieser Seite."

1425 *Schünemann*, 58. DJT, B 43.

dem Gericht zu informieren.[1426] Als „natürlichem“ Verbündeten des Angeklagten obliege es ihm notwendigerweise, den Beschuldigten zu unterrichten.[1427] Es ist anzunehmen, dass die Verteidiger nach BGHSt 43, 195 dieser Aufgabe weit besser nachkommen, als dies noch im Jahre 1990 der Fall gewesen sein mag. Die Zahl von 4% zeigt aber, dass der Verteidigerbeistand allein nicht immer Garant für eine umfassende Information und Beratung des Angeklagten ist.

Der Arbeitskreis deutscher, österreichischer und schweizerischer Strafrechtslehrer äußert sich bezüglich der Beteiligten des von ihm angedachten „Schlussgesprächs“ ambivalent: Zwar sieht § 169 c I 2 AE-EV die Beteiligung des Beschuldigten und seines Verteidigers vor, jedoch findet gem. § 169 c II 2 das Schlussgespräch nur statt, wenn der Beschuldigte *oder* sein Verteidiger erscheint.[1428] Letztere Bestimmung normiere, dass ein Schluss-Gespräch ohne (vertretenen) Beschuldigten sinnlos und auch bedenklich sei.[1429] Der Gesetzesentwurf ist insofern nicht stimmig, als er in § 169 c I 2 AE-EV die Anwesenheit des Verteidigers als obligatorisch umschreibt, dieses aber in § 169 c II 2 AE-EV wieder relativiert, indem er das Schlussgespräch lediglich von der Anwesenheit des Beschuldigten *oder* des Verteidigers abhängig macht. Dass die Möglichkeit eines „Schlussgesprächs“ auch ohne Verteidigerbeistand gewollt ist, zeigt der Verweis auf § 140 in § 169 d I 2 AE-EV, demzufolge ein Verteidiger bestellt werden soll für den Fall, dass eine Freiheitsstrafe in Betracht kommt oder ein Fall des § 140 StPO gegeben ist.[1430] Mit dem Ziel, durch Verrechtlichung einer Benachteiligung insbesondere des Beschuldigten ohne Verteidiger entgegenzuwirken[1431], ist dies auf den ersten Blick nur schwer vereinbar. Andererseits kann auch in der notwendigen Verteidigung ein Eingriff in die Autonomie des Beschuldigten gesehen werden, was später zu erörtern sein wird.[1432]Aber auch Braun hält es in seinem jüngsten Vorschlag für zweckmäßig, für die Absprachesituation eine notwendige Verteidigung vorzusehen. Allerdings hält er eine Be-

---

1426 *Wagner/Rönnau*, GA 1990, 387, 390; vgl. äußerst skeptisch *Braun*, 236.

1427 *Wagner/Rönnau*, GA 1990, 387, 399.

1428 *Alternativ-Entwurf Reform des Ermittlungsverfahrens*, 136.

1429 *Alternativ-Entwurf Reform des Ermittlungsverfahrens*, 136.

1430 *Alternativ-Entwurf Reform des Ermittlungsverfahrens*, 137. Der AK a.a.O. knüpft hier ausdrücklich an § 407 II 2 StPO an.

1431 So das ausdrückliche Ziel des AK, Alternativ-Entwurf Reform des Ermittlungsverfahrens, 135.

1432 Zur Subjektstellung des Angeklagten und der Autonomie seiner Entscheidungen vgl. ausführlich unten 7. Teil.

schränkung auf Delikte „mit bestimmten Strafrahmen" für notwendig, um die „ganz leichten Delikte" auszunehmen.[1433]

Grundsätzlich ist die Mitwirkung eines Verteidigers als Vertreter des Mandanten in einem solchen Kommunikationsprozess als obligatorisch anzusehen,[1434] für Kommunikationsmodelle ist eine aktive professionelle Verteidigung eine Grundvoraussetzung.[1435] Sollte es nämlich zutreffen, dass Verständigungen nur mit engagierten Verteidigern getroffen werden, von denen sonst eine zeitaufwendige Verfahrenstaktik zu erwarten ist[1436], so ebnet erst die Anwesenheit eines Verteidigers dem Mandanten den Zugang zu dieser informellen Ebene. Nur der Verteidiger ist in der Lage, eine Prüfung der Sach- und Rechtslage für den Angeklagten vorzunehmen im Hinblick auf das Risiko der Preisgabe besserer Verteidigungsmöglichkeiten und im Hinblick auf die Zusagen unter dem Vorbehalt der Bewertungsveränderung.[1437] Versteht man den Verteidiger zunehmend als gleichberechtigten Partner, der gemeinsam mit Richter und Staatsanwaltschaft Lösungsstrategien entwickelt[1438] und gesteht man zu, dass Entscheidungen der Richter und Staatsanwälte immer häufiger ergehen, nachdem diese im Zusammenwirken mit Verteidiger und Angeklagten besprochen worden sind[1439], wird die Anwesenheit des Verteidigers unverzichtbar. Gefahren durch die Teilnahme des Verteidigers an den Gesprächen drohen dem Angeklagten nur insofern, als der Verteidiger auch für eine Einhaltung der Vereinbarung – pacta sunt servanda – sorgen muss, um seinen Ruf der Verlässlichkeit bei Gericht nicht aufs Spiel zu setzen.[1440] Gänzlich unverzichtbar wird der Verteidiger, wenn man das Ziel, zu mehr Offenheit in der Verhandlungsführung zu gelangen, durch ein sog. „Opening statement" des Verteidigers zu erreichen versucht: Nach Anklagesatzverlesung und Angeklagtenbelehrung solle dem Verteidiger die Möglichkeit gegeben werden, seine Zielvorstellungen darzulegen.[1441]

Auch der BGH betont die Wichtigkeit der Verteidigerberatung im Bereich der Absprachen. Im zu entscheidenden Fall kam es bei dem Versuch, eine Absprache herbeizuführen, zu einem Dissens zwischen Gericht und Staatsanwaltschaft hinsichtlich der Reichweite des „Angebots" der Staatsanwaltschaft. In dieser

---

1433 *Braun*, StraFo 2001, 77, 79, sein „§ 181 II 1" legt sich mit der Formulierung „bei schweren Delikten" insofern nicht fest, sondern schlägt lediglich eine Festlegung eines noch offenen Strafrahmens vor.

1434 *Gatzweiler*, NJW 1989, 1903, 1904.

1435 *Weigend*, ZStW 104, 487 , 511 denkt deshalb über öffentliche Verteidigerbüros nach.

1436 *Gatzweiler*, NJW 1989, 1903, 1906.

1437 *BRAK*, These 39; *Eschelbach*, JuS 1999, 694, 696.

1438 *Hermann*, JuS 1999, 1163, 1166.

1439 *Hermann*, JuS 1999, 1163, 1166.

1440 *Klug*, ZRP 1999, 288, 291.

1441 *DRB/DAV*, DRiZ 1997, 491, 492.

verworrenen Situation habe der Angeklagte die Möglichkeiten seiner Entscheidung nur schwer durchschauen können und sei daher auf die Konsultation eines Verteidigers angewiesen gewesen.[1442] Es habe nicht ausgereicht, dem Angeklagten Risiken und Tragweite des Rechtsmittelverzichts (nur) aus richterlicher Sicht zu verdeutlichen. Diese habe die Beratung durch die Verteidigung nicht ersetzen können und dürfen.[1443] Der BGH betont hiermit sehr deutlich den eigenständigen Wert der Verteidigerberatung, welche nicht durch das Gericht ersetzt werden kann.

D. Zusammenfassung des 1. Abschnitts

1. Dass dem Verteidiger immer mehr neue Aufgabe durch die Rechtsprechung zugewiesen werden, hat sich in allen drei betrachteten Bereichen gezeigt. Gerade die Betrachtung der Widerspruchslösung hat verdeutlicht, dass sich Zurechnungs- und Kompetenzprobleme im Hinblick auf den Verteidiger durch eine klare Aufgabenverteilung lösen lassen: Das Gericht zeigt die Widerspruchssituation an, der Verteidiger berät hinsichtlich der Ausübung dieses Rechts. Auch die unter IV. angesprochenen kommunikativen Störpotenziale lassen sich so vermeiden. Tritt nun noch eine Bescheidung des Widerspruchs des Gerichts hinzu, so werden deutliche Fortschritte im Hinblick auf die Kommunikation zwischen allen Beteiligten erzielt.

2. Die Rechtsprechung zum Missbrauch des Beweisantragsrechts nimmt den Verteidiger nicht nur besonders stark in die Pflicht, ohne seine Anwesenheit fehlt ihr die tatsächliche Grundlage. Man mag es kritisch betrachten, dass hierbei dem Verteidiger eine Rolle irgendwo zwischen „Filter" und „Vormund" zugedacht wird: Die Konsequenz, über eine verstärkte Verteidigeranwesenheit nachdenken zu müssen, ist für den hier entwickelten Gedankengang durchaus willkommen.

3. Regelrecht unentbehrlich ist die Anwesenheit eines Verteidigers in der Absprachenpraxis. Nicht nur muss der Verteidiger angesichts der weitreichenden Entscheidungen, die hierbei zu treffen sind, beratend und belehrend tätig werden; vielmehr wird häufig erst durch seine Anwesenheit der Zugang zu Abspracheverhandlungen eröffnet.

4. Insgesamt kann damit festgehalten werden, dass in allen drei untersuchten Bereichen die Mitwirkung eines Verteidigers dringend erforderlich ist. Für das zu entwickelnde Belehrungs- und Beratungskonzept bedeutet dies, dass der Verteidiger in großem, noch näher zu bestimmendem Umfang einbezogen wer-

[1442] BGHSt 45, 51, 56, die Wahlverteidigerin hatte ihre Teilnahme am Haftprüfungstermin abgesagt.

[1443] BGHSt 45, 51, 57, wo der BGH dies auf die prozessuale Fürsorgepflicht stützt und auf das rechtsstaatliche Gebot, dem Beschuldigten jederzeit die Möglichkeit zu einer geordneten und effektiven Verteidigung zu geben.

den muss. Zunächst soll jedoch ein Blick auf die vorhandenen Anwesenheitsrechte des Verteidigers insbesondere im wichtigen Ermittlungsverfahren geworfen werden.

2. Abschnitt: Angezeigte Konsequenzen aus der veränderten Verteidigerposition

Es liegt nahe, aus dieser Fülle von zusätzlichen Aufgaben Forderungen nach verstärkter Mitwirkung eines Verteidigers abzuleiten. Zunächst wird diese Forderung im Hinblick auf das Vorverfahren wegen dessen starker Präjudizwirkung[1444] untersucht. Die Überlegungen zum Hauptverfahren sollen an dieser Stelle noch zurückgestellt werden.[1445]

A. Anwesenheit des Verteidigers in der polizeilichen Vernehmung

I. Anwesenheitsforderungen in der Literatur

Die Forderung, dem Verteidiger die Anwesenheit auch bei nicht richterlichen Vernehmungen zu gestatten, findet sich schon seit Jahren in der Literatur.[1446] In den befürwortenden Stellungnahmen bezüglich einer Ausweitung des Anwesenheitsrechts spielt der Gedanke der präjudiziellen Wirkung des Vorverfahrens eine große Rolle.[1447] Neben dem Akteneinsichtsrecht und eigenen Ermittlungen des Verteidigers sei dessen Anwesenheit eines der Rechte, die eine wirksame Einflussnahme auf das Vorverfahren ermöglichen.[1448] Viele Fehlurteile, die auf fatalen Weichenstellungen im Vorverfahren aufbauen, wären durch eine Stärkung der Beschuldigtenrechte in diesem Verfahrensabschnitt vermeidbar gewesen.[1449] Auch der BGH erkennt die enorme Wichtigkeit des Vorverfahrens an.[1450] Dem Beschuldigten und seinem Verteidiger müsse Gelegenheit gegeben

---

[1444] Vgl. oben, 4. Teil, 1. Abschnitt, B.

[1445] Vgl. hierzu unten im 8. Teil.

[1446] *Müller-Dietz*, ZStW 93, 1177, 1237; *Roxin*, § 37, Rdnr. 29; *Salditt*, StV 2001, 311, 311, vgl. auch die Nachweise bei den Reformüberlegungen, unten, II.

[1447] Vgl. *Müller-Dietz*, ZStW 93, 1177, 1231; *Krause*, StV 1984, 169, 174; *Arbeitskreis Strafprozessreform*, Die Verteidigung, 88; *Jung*, JuS 1998, 1136, 1139 „Vorstrukturierung", die a.a.O., 1140 hierin eine Ähnlichkeit zum historischen Inquisitionsprozess sieht.

[1448] *Müller-Dietz*, ZStW 93, 1177, 1231, allerdings sieht er das Anwesenheitsrecht nicht „als Dreh- und Angelpunkt der Verteidigungsrechte schlechthin" an.

[1449] *Roxin*, § 37, Rdnr. 29.

[1450] Vgl. oben, 4. Teil, 1. Abschnitt, B.

werden, entsprechenden Einfluss auf die Beweisergebnisse dieses Verfahrensabschnitts auszuüben.[1451]

Am weitesten geht in diesem Zusammenhang die Forderung, die Verwertbarkeit von Beweisaufnahmen des Ermittlungsverfahrens von der Verteidigeranwesenheit abhängig zu machen.[1452] Hierdurch wird die Kontrollfunktion des Verteidigers am stärksten betont, wobei der Berechtigung dieser Forderung nicht weiter nachgegangen werden soll. Die Vernachlässigung des Vorverfahrens durch die StPO von 1877 in gesetzestechnischer Hinsicht[1453], insbesondere hinsichtlich der Anwesenheitsrechte, lässt sich aus der damaligen Annahme heraus erklären, dass wegen der Unmittelbarkeit der Beweisaufnahme in der Hauptverhandlung nur geringe Einwirkungsmöglichkeiten des Beschuldigten auf das „vorläufige" Vorverfahren nötig seien.[1454] Diese Idee der Hauptverhandlung als das „Kernstück des Strafverfahrens" wird heute aber immer mehr relativiert, so dass von neuen Grundvoraussetzungen ausgegangen werden muss.[1455]

1. Kein Anwesenheitsrecht de lege lata

Ein Anwesenheitsrecht des Verteidigers bei der polizeilichen Vernehmung besteht de lege lata nicht. Dennoch wurde vereinzelt das Gegenteil unterstellt: Angesichts der Belehrung gem. § 136 I 2 StPO, dass es dem Beschuldigten freistehe, „jederzeit" einen Verteidiger zu befragen, müsse geschlossen werden, dass der Beschuldigte auf die Anwesenheit eines Verteidigers bestehen könne, so dass eine Befragung ohne Anwesenheit nicht möglich sei.[1456] Dem wurde entgegengehalten, der Beschuldigte könne diese Belehrung auch ohne Verteidiger entgegennehmen und verstehen, denn auch sonst müsse er im Ermittlungsverfahren Entscheidungen ohne anwaltlichen Rat treffen.[1457]

1451 BGHSt 26, 322, 335 im Zusammenhang mit Benachrichtigungspflichten.

1452 *Rieß*, Peters-FS, 155, 203 („Leitsatz 27"); tendenziell ähnlich *Arbeitskreis Strafprozessreform*, Die Verteidigung, 88.

1453 Im Übrigen auch in gebührenrechtlicher Hinsicht, worauf *Jung*, JuS 1998, 1136, 1138 hinweist.

1454 *Rieß*, Peters-FS, 155, 207 Hauptverhandlung als „Kernstück" des Verfahrens. Vgl. auch a.a.O., 209, wo Rieß in Leitsatz 47 für eine gesetzliche Verdeutlichung der selbstständigen Bedeutung des Vorverfahrens eintritt.

1455 Selbst *Krause*, StV 1984, 169, 174, der noch von dieser ehemaligen Grundannahme ausgeht, relativiert dies, indem er die urteilsprägende Wirkung des Vorverfahrens zu bedenken gibt.

1456 *Sieg*, NJW 1975, 1009, 1009, der seine Annahme zusätzlich auf das Prinzip der Waffengleichheit als Folge des Rechts auf ein faires Verfahren stützt.

1457 *Schaefer*, MDR 1977, 980, 981.

Ableitungsversuchen aus § 137 I 1 StPO[1458] wurde mit dem Argument begegnet, diese Vorschrift bringe nur den Grundsatz zum Ausdruck, dass anwaltliche Beratung zulässig sei, jedoch konkretisiere sie die Rechte des Beschuldigten und seines Verteidigers nicht hinreichend.[1459] Andererseits lasse sich aus der Gesamtschau von § 136 I 2 StPO und § 137 StPO schließen, dass der Beschuldigte über ein bestehendes Recht belehrt werden solle, denn es erscheine wenig sinnvoll, § 137 I 1 StPO dadurch zu genügen, dass der Beschuldigte sich mit seinem Verteidiger telefonisch oder nach Unterbrechung außerhalb des Vernehmungszimmers berate.[1460]

Dies überzeugt aus zwei Gründen nicht: Zum einen ist das in diesem Zusammenhang zur Unterstützung herangezogene Argument, bei § 136 I 2 handele es sich um eine Belehrungspflicht, während die §§ 163 a IV 2, 168 c I, II Anwesenheitsrechte statuieren, so dass zwei unterschiedliche, nicht gleichsetzbare Regelungssysteme vorhanden wären[1461], sehr formalistisch und verliert das Zusammenspiel dieser Vorschriften aus dem Auge. Zum anderen mutet die Idee eines Verteidigers, der draußen vor der Tür wartet und nur auf „Abruf" beraten darf, befremdlich an und verkennt, dass der Beschuldigte häufig nicht in der Lage sein wird, sein eigenes Informationsbedürfnis zu erkennen, um dann auf den Verteidiger zurückzugreifen.

Zur Begründung eines Anwesenheitsrechts de lege lata wird auch noch eine andere Konstruktion angeboten: Da es sich bei den Befugnissen der Polizei um von der Staatsanwaltschaft abgeleitete handele und bei letzterer ein Anwesenheitsrecht des Verteidigers anerkannt sei, müsse – a maiore ad minus – ein Anwesenheitsrecht bei der Polizei erst recht gegeben sein.[1462] So ansprechend eine solche Argumentation auf den ersten Blick auch sein mag: Mit der gleichen Methode ließe sich eine Pflicht des Polizisten zur Eröffnung der in Betracht kommenden Strafvorschriften konstruieren, die, wie der Vergleich von § 163 a IV (für die Polizei) und § 163 a III 2 i.V.m. § 136 I 1 (für die StA) zeigt, so nicht existiert und auch nicht behauptet wird.[1463]

Aufgrund des klaren Wortlautes der §§ 163 a IV StPO wird ein Anwesenheitsrecht des Verteidigers bei der polizeilichen Vernehmung deshalb weitge-

---

1458 *Gössel*, ZStW 94, 5, 35; *Sieg*, NJW 1975, 1009, 1009; zuletzt auch apodiktisch *Wolf*, 153.

1459 *Krause*, StV 1984, 169, 173.

1460 *Sieg*, MDR 1985, 195, 196.

1461 *Stade*, 214.

1462 *Schaefer*, MDR 1977, 980, 982, der dies mit dem Gedanken stützt, die Polizei sei stärker vom Erfolgsdenken geprägt und forensisch weniger ausgebildet als die Staatsanwaltschaft.

1463 *Stade*, 215.

hend verneint.[1464] Hieraus lässt sich deutlich ablesen, dass der Gesetzgeber ein Anwesenheitsrecht dort nicht einräumen wollte, so dass auch alle anderen Herleitungsversuche zum Scheitern verurteilt sind.[1465] Wegen dieses qualifizierten Schweigens des Gesetzgebers kann von einer Regelungslücke nicht ausgegangen werden, wodurch auch für das argumentum a maiore ad minus kein Raum sei.[1466]

2. Problem einer Aussage unter „Bedingung der Verteidigeranwesenheit“

Die Unzufriedenheit über die Situation de lege lata wird in verschiedenen angebotenen Hilfskonstruktionen offenbar: Teilweise wird auf die Möglichkeit verwiesen, die Aussage unter die Bedingung der Verteidigeranwesenheit zu stellen.[1467] Denn es sei nie streitig gewesen, dass die Polizei die Anwesenheit des Verteidigers gestatten könne.[1468] Dass der Beschuldigte seine Aussage von der Anwesenheit eines Verteidigers abhängig machen kann, ist aber nicht mehr als eine untaugliche Umgehung des Problems: Der unerfahrene Beschuldigte wird erstens diese Möglichkeit nicht kennen oder zweitens zögern, von ihr Gebrauch zu machen, weil er fürchten könnte, dass dieses Vorgehen als Anzeichen dafür gewertet wird, dass er etwas zu verbergen hat.[1469] Die Entscheidung, mit der Aussageverweigerung mittelbar die Verteidigeranwesenheit zu erzwingen, setzt ein hohes Maß an Entscheidungskompetenz seitens des Angeklagten voraus, welches ihm durch die Anwesenheit eines Verteidigers erst erschlossen werden soll. Kurz gesagt: Wer auf diese Idee kommt, braucht eventuell keinen Verteidiger.[1470] Gerade derjenige aber, der nicht in der Lage ist, so zu handeln, bräuchte fachliche Unterstützung, ihm wird sie faktisch aber vorenthalten. Im Übrigen ist es problematisch, die Anwesenheit vom Wohlwollen der Polizei abhängig zu machen. Der Einsatz eines Verteidiger muss gerade von den Entscheidungen derjenigen Instanzen unabhängig sein, zu deren Kontrolle er berufen ist.[1471]

1464 Vgl. statt aller zusammenfassend LR/*Rieß*, § 163 a, Rdnr. 95 m.w.N.

1465 *Krause*, StV 1984, 169, 173.

1466 *Krause*, StV 1984, 169, 174 argumentum a maoire ad minus als ein Hilfsmittel zur Ausfüllung von Gesetzeslücken.

1467 Vgl. LR/Rieß, § 163 a, Rdnr. 96; Jung, JuS 1998, 1136, 1139.

1468 *Krause*, StV 1984, 169, 173.

1469 *Arbeitskreis Strafprozessreform*, Die Verteidigung, 88.

1470 Bei erfahrenen Beschuldigten mag diese Verhaltensweise häufiger vorkommen, vgl. zum Aspekt des gerichtserfahrenen Beschuldigten 4. Teil, 2. Abschnitt, A, II. 2. b) bb).

1471 Vgl. in anderem Zusammenhang *Gössel*, ZStW 94, 5, 32; *Salditt*, StV 2001, 311, 311 betont die Notwendigkeit, dass diese Rechte auch gegen den Widerstand der staatlichen Organe durchgesetzt werden können.

Es kann auch nicht überzeugen, das nicht vorhandene Recht des Verteidigers dadurch zu rechtfertigen, dass der Beschuldigte zur Aussage ja nicht verpflichtet sei, denn durch das Schweigen kann die Gefahr entstehen, dass Entlastungsbeweise verloren gehen.[1472] Gerade bezüglich dieser Frage – Aussage oder Schweigen – braucht der Beschuldigte den Rat des Verteidigers.[1473] Die beiden letzten Ansätze, aus denen man mangelnden gesetzgeberischen Handlungsbedarf[1474] ableiten könnte, überzeugen nicht, da sie das durchschnittliche Maß an Handlungskompetenz der Beschuldigten überschätzen. Es ist schon einiges an „Standfestigkeit" notwendig, seine Aussage von der Verteidigeranwesenheit abhängig zu machen oder trotz eines Bombardements von Fragen auch ohne Verteidigerunterstützung zu schweigen. Selbiges gilt auch für den Hinweis, der Beschuldigte sei im Gegensatz zur staatsanwaltlichen Vernehmung zu einem Erscheinen bei der Polizei nicht verpflichtet, wo dies gem. §§ 163 a III 2, 133 ff der Fall sei.[1475] Man darf vermuten, dass auch viele Juristen hiervon nichts wissen. Deshalb kann man vom Bürger ein solches Wissen nicht erwarten, so dass diese mangelnde Verpflichtung nicht geeignet ist, kompensierend zu wirken. Insgesamt ist deshalb Rieß zu folgen, wenn er ausführt:

„Mit einem rechtsstaatlichen und justizförmigen Strafverfahren ist es nicht zu vereinbaren, dem Beschuldigten effektive Verteidigungsmöglichkeiten im Ermittlungsverfahren vorzuenthalten."[1476]

Die Statuierung eines Rechts auf Verteidigeranwesenheit auch während der polizeilichen Vernehmung wäre damit nicht nur „ein großzügiger Dienst" des Gesetzgebers am liberalen Rechtsstaat[1477], sondern eine lange versäumte Selbstverständlichkeit, soll nicht der Eindruck bestehen bleiben, dass die Anwesenheitsrechte so konzipiert sind, dass die polizeilichen Vernehmungen „ungestört" ablaufen können.[1478] Auf einen Verteidiger kann insgesamt nur verzichtet werden, wenn der Beschuldigte seine Rechte nachprüfbar selbst wahrnehmen kann.[1479] Angesichts der bis hier schon aufgezeigten Probleme ist es allerdings fraglich, ob dies je einmal der Fall sein wird.

1472 *Gössel*, ZStW 94, 29, 35.

1473 Vgl. zum Beratungsbedarf oben, 3. Teil.

1474 *Sieg*, MDR 1985, 195, 195 erhebt Zweifel an einer „rechtlichen und praktischen Notwendigkeit" etwaiger Änderungen des Anwesenheitsrechts.

1475 Vgl. zu dieser Argumentation *Stade*, 219.

1476 *Rieß*, Peters-FS, 155, 108.

1477 *Krause*, StV 1984, 169, 175.

1478 *Jung*, JuS 1998, 1136, 1139.

1479 *Gössel*, ZStW 94, 29, 35.

II. Reform-Überlegungen bzgl. Verteidiger-Anwesenheit

Will man die Subjektsstellung des Angeklagten ernst nehmen, so darf man ihm den rechtskundigen Gebrauch seiner Rechte nicht vorenthalten, durch die diese Position erst begründet wird.[1480] Denn gerade die durch einen Verteidiger vorzunehmende Kontrolle aller Maßnahmen der Strafverfolgung gegen den Beschuldigten ist auch Inhalt der Subjektsstellung des Beschuldigten.[1481] Deshalb sind Reformbestrebungen im Gange.

1. Arbeitskreis deutscher, österreichischer und schweizerischer Strafrechtslehrer

Der Arbeitskreis deutscher, österreichischer und schweizerischer Strafrechtslehrer hat die weit verbreitete Forderung in der Literatur[1482] nach Ausweitung der Anwesenheitsbefugnisse des Verteidigers aufgegriffen und in seinem Reform-Gesetzes-Vorschlag umgesetzt. § 168 f I AE-EV gestattet dem Verteidiger auch bei der nicht richterlichen Vernehmung die Anwesenheit, wie Abs. II auch seine Anwesenheit bei nicht richterlichen Vernehmungen von Zeugen oder Sachverständigen gestattet. Abs. III sieht als Ausschlussgründe u.a. die Gefährdung des Zwecks weiterer Ermittlungsmaßnahmen vor.[1483] Der Arbeitskreis begründet die Notwendigkeit dieser Reform mit der Tatsache, dass Vernehmungen im Ermittlungsverfahren in die Hauptverhandlung eingeführt werden können, so dass dort ein Anwesenheitsrecht „geboten" erscheine.[1484] Hiermit wird nichts anderes ausgedrückt als der althergebrachte Gedanke, dass bei jeder vorweggenommenen Beweisaufnahme ein Anwesenheitsrecht des Beschuldigten und seines Verteidigers besteht.[1485]Allerdings wird vom Arbeitskreis auch die Gefahr gesehen, dass ein Anwesenheitsrecht bei Zeugen- und Sachverständigen-Vernehmungen die Ermittlungen schwerfällig gestalten könne oder das Strafverfolgungsinteresse behindere.[1486] Dieses soll durch die Möglichkeit einer weiten Interpretation

[1480] *Welp*, JZ 1980, 134, 136.

[1481] *Gössel*, ZStW 1994, 29, 30

[1482] Vgl. bereits *Arbeitskreis Strafprozeßreform*, Die Verteidigung, 88; *Roxin*, § 37, Rdnr. 29; *Krause*, StV 1984, 169, 174; *Weigend*, ZStW 104, 486, 507; *Roxin*, Hanack-FS, 1, 18. Wohl lediglich Sieg, MDR 1985, 195, 195 sieht aus seiner Sicht – wie bereits erwähnt – keine „rechtliche und praktische Notwendigkeit" für eine Reform.

[1483] *Alternativ-Entwurf Reform des* Ermittlungsverfahrens, 132.

[1484] *Alternativ-Entwurf Reform des Ermittlungsverfahrens*, 133.

[1485] *Welp*, JZ 1980, 134, 137; vgl. auch *Henkel*, 162.

[1486] Deshalb kritisch *Müller-Dietz*, ZStW 93, 1177, 1232, der zeitliche Verzögerungen und Belastungen der Ermittlungstätigkeit befürchtet und bezweifelt, ob der Beschuldigte die Verteidigungsmöglichkeiten nutzen kann, die sich aus einem Anwesenheitsrecht ergeben.

des Ausnahmetatbestandes des § 169 f III AE-EV verhindert werden können; jedenfalls entspreche ein solches Regel-Ausnahme-Verhältnis den rechtsstaatlichen Anforderungen besser als die Regelung de lege lata.[1487]

2. Eckpunktepapier der Regierungskoalition

Die Erkenntnis, dass die Anwesenheitsrechte des Verteidigers im Ermittlungsverfahren auszubauen sind, findet sich jetzt auch in den sog. „Eckpunkten einer Reform des Strafverfahrens" der Regierungskoalition wieder[1488]. Demnach müssten die Beteiligungsrechte des Verteidigers in der polizeilichen Beschuldigtenvernehmung ausgebaut werden. Reagiert werden soll damit u.a. auf die Tatsache, dass nur 2,7 % der Beweisanträge durch die Verteidigung gestellt werden, was sich daraus erkläre, dass keine Beweiserhebung beantragt würde, deren Durchführung man nicht auch beobachten könne.[1489] Man verspricht sich durch diese Veränderung sowohl ein stärkeres Engagement der Verteidigung bereits im Ermittlungsverfahren und damit effizientere Ermittlungen und die Vermeidung unnötiger Anklagen[1490]als auch eine Entlastung der Hauptverhandlung, die dadurch erreicht werden soll, dass die Verwertung von Niederschriften dann zulässig ist, „wenn der Verteidiger an der Vernehmung mitwirken konnte und kein Anlass zu einer ergänzenden Befragung besteht."[1491] Dies diene dem Opferschutz, da so Wiederholungen von Vernehmungen vermieden werden könnten.[1492]

Die Verlesbarkeit von Protokollen von Vernehmungen, in denen der Verteidiger anwesend war, ist nicht ohne Kritik geblieben. Zwar solle die Möglichkeit des „Transfers" der Ergebnisse des Vorverfahrens in die Hauptverhandlung auf die Ermittlungsorgane motivierend wirken, den Verteidiger frühzeitig einzubeziehen. Die schützende Form der Unmittelbarkeit dürfe aber nur durch das Zusammenwirken aller Beteiligten aufgehoben werden entsprechend § 251 I Nr. 4,

---

1487 *Alternativ-Entwurf Reform des Ermittlungsverfahrens*, 133.

1488 *Eckpunkte*, StV 2001, 314 f. Allerdings handelt es sich hierbei nicht um einen Beschluss der Bundesregierung, sondern um ein in der Regierungskoalition erarbeitetes Diskussionspapier, die *Däubler-Gmelin*, StV 2001, 359, 359, Fn. 1 feststellt. Vgl. hierzu die Stellungnahmen von *Freund*, GA 2002, 82, 82 ff; *Bittmann*, ZRP 2001, 489, 489 f; *v. Gahlen/Wattenberg*, ZRP 2001, 445, 445 f.

1489 *Däubler-Gmelin*, StV 2001, 359, 361, die im Gegensatz zum AK von 3 % ausgeht.

1490 *Eckpunkte*, StV 2001, 214, 315.

1491 *Däubler-Gmelin*, StV 2001, 359, 361. Zu den Gefahren, die sich aus dieser Verwertung „bei gegebener Anwesenheits*möglichkeit*" ergeben, warnend *Freund*, GA 2002, 82, 91; *v.Galen/Wittenberg*, ZRP 2001, 445, 450.

1492 *Däubler-Gmelin*, StV 2001, 359, 361.

II StPO[1493]; diese Entscheidung dürfe dem Verteidiger und dem Beschuldigten aber nicht automatisch genommen werden.[1494] Zudem sei diese automatische Transfermöglichkeit deshalb gefährlich, weil das Anwesenheitsrecht des Verteidigers nicht umfassend sein werde, so dass es denkbar ist, dass die Verwertung der Vernehmungen des Ermittlungsverfahrens auch bei Anwesenheit des Verteidigers ermöglicht werde.[1495]

Natürlich läuft der Gedanke, dass sich hier Möglichkeiten der Manipulation ergeben, auf den Vorwurf hinaus, StA und Gericht könnten ihre Pflichten zum Nachteil des Angeklagten missachten. Ob allerdings wirklich ein Ausgleich dadurch geschaffen wird, dass das Gericht weiterhin zur Wahrheitsermittlung verpflichtet bleibt,[1496] ist zweifelhaft, und die bislang gewonnenen Erkenntnisse zeigen deutlich, dass aller Anlass besteht, den Strafverfolgungsbehörden im Hinblick auf die Erfüllung ihrer gesetzlichen Verpflichtungen zu misstrauen.

B. Zusammenfassung des 2. Abschnitts

I. Die starke Präjudizwirkung des Ermittlungsverfahrens, die Gefahr von Fehlurteilen aufgrund von Einbeziehung von Erkenntnissen in die Urteilsgrundlage, die aus dieser Verfahrensphase stammen, und die gestiegene Bedeutung des Vorverfahrens haben zu Recht zu Forderungen nach einem Anwesenheitsrecht des Verteidigers geführt.

De lege lata lässt sich ein solches Recht nicht begründen. Insbesondere die Idee, der Beschuldigte könne seine Aussage unter die Bedingung der Verteidigeranwesenheit stellen und diese so erzwingen, setzt ein unrealistisch hohes Maß an Handlungskompetenz auf Seiten des Beschuldigten voraus.

II. Zu begrüßen sind daher die dargestellten Reformüberlegungen. Insbesondere die Überlegungen des AK, ein Anwesenheitsrecht mit Ausnahmen bei Gefährdung des Strafverfolgungsinteresses zu installieren, schafft einen akzeptablen Ausgleich zwischen staatlichem Interesse an der Sachverhaltsaufklärung und Verteidigungsinteresse des Beschuldigten.

Gefahr droht nur dann, wenn diese Ausnahmetatbestände zu extensiv interpretiert werden. Einen möglichen Preis, der für dieses verstärkte Anwesenheitsrecht zu zahlen sein wird, umreißt das Eckpunktepapier der Regierungskoalition:

1493 *Salditt*, StV 2001, 311, 312 verweist auf die fehlenden strafrechtlichen Sanktionsmöglichkeiten hinsichtlich des Leugnens von Zeugen vor der Polizei und StA, weshalb er eine ausdrückliche Zustimmung fordert.

1494 *Salditt*, StV 2001, 311, 312, der vor dem hohen Preis der Partizipation des Verteidigers warnt.

1495 *Salditt*, StV, 2001, 311, 312 warnt vor den Auswahlmöglichkeiten der Strafverfolgungsbehörden, was er mit dem Begriff „selektive Unmittelbarkeit" umreißt.

1496 *Däubler-Gmelin*, StV 2001, 359, 361, die für solche Bedenken keinen Anlass sieht.

Die Verlesbarkeit von Protokollen, die aus dem Vorverfahren stammen. Wiederum wird hierbei der Verteidiger als Absicherung hinsichtlich der Rechtmäßigkeit des Verfahrens eingesetzt.

7. Teil: Der Beschuldigte als Verfahrenssubjekt: Maßstab für den Umfang der Beratung und der notwendigen Verteidigung

1. Abschnitt: Die Subjektsstellung als Orientierungspunkt für ein Gesamtkonzept

„Verteidigung ist die Wahrnehmung selbstdefinierter prozessualer Interessen aus eigenem Recht, wenn die Autonomie das Grundgesetz der prozessualen Stellung des Beschuldigten ist.“[1497]

Die Rechte des Beschuldigten kann man als Partizipationschancen im Interaktions- und Kommunikationsprozess des Strafverfahrens begreifen und somit die Belehrungsvorschriften „als Hinweis auf den Anspruch auf Kommunikationsverweigerung“ verstehen. Hierüber muss der Beschuldigte belehrt werden, um sich daraufhin eigenverantwortlich für eine Verhaltensstrategie zu entscheiden.[1498] Wurden auf der einen Seite für den Bereich der Belehrung des Beschuldigten über seine prozessualen Möglichkeiten schon notwendige Veränderungen erarbeitet[1499], so zeichnete sich bislang eine skeptische Haltung hinsichtlich der Beratung[1500] zu einem konkreten Verhalten durch das Gericht ab. Zudem wurde die Notwendigkeit erweiterter Verteidigermitwirkung festgestellt.[1501]

Auf dem Weg zu einem schlüssigen Gesamtkonzept im Hinblick auf die Belehrung und Beratung des Beschuldigten muss aber noch genauer definiert werden, in welchem Maße Gericht und /oder Verteidigung Aufgaben zugewiesen werden. Als Maßstab ist in zwei zuvor behandelten Zusammenhängen die Idee der Prozesssubjektstellung formuliert worden, wobei der Gedanke der Selbstbestimmung im Vordergrund stand: Sowohl bei der Teilschweigeproblematik[1502] als auch bei der Widerspruchslösung[1503] lässt sich nur dann davon sprechen, der Beschuldigte habe die Rechtsfolgen so gewollt, wenn er hierüber auch eingehend informiert worden ist. Auch für eine sachgerechte Aufteilung der Verantwortlichkeiten zwischen Gericht und Verteidigung bietet sich die Idee der Prozesssubjektsstellung als Maßstab an.

[1497] *Welp*, ZStW 90, 101, 117.

[1498] Hassemer/Lüderssen/*Giehring*, 181, 186, zum Gedanken der souveränen, eigenverantwortlichen Entscheudung vgl. bereits oben, 2. Teil, 1. Abschnitt, B. II. 4.

[1499] Vgl. oben, 2. Teil, 1. Abschnitt, B.; 2. Abschnitt, E.

[1500] Vgl. oben, 4. Teil, 3. Abschnitt.

[1501] Vgl. oben, 6. Teil, 2. Abschnitt, B.

[1502] Vgl. oben, 2. Teil, 1. Abschnitt, II. 3. d) aa).

[1503] Vgl. oben, 4. Teil, 2. Abschnitt, A. V. 3.

Die Betrachtung der Subjektsstellung des Beschuldigten soll Aufschlüsse in zweierlei Hinsicht geben: Konkreter herauszuarbeiten ist, in welchem Ausmaße die bislang festgestellte Verteidigermitwirkung notwendig erscheint. Mit Blick auf das Gericht ist der bislang zurückgestellten Frage nachzugehen, inwieweit das Gericht dazu verpflichtet ist, unzweckmäßiges Aussageverhalten zu unterbinden.[1504] Insgesamt werden sich wichtige Erkenntnisse und Prämissen im Hinblick auf das im 8. Teil zu entwickelnde Gesamtkonzept ergeben.

Ausgangspunkt der folgenden Betrachtungen ist also die Subjektsstellung des Beschuldigten. Auszugehen ist hierbei davon, dass der Strafprozess als eine Interaktion vieler verschiedener Personen und Institutionen bezeichnet werden kann, die allesamt Prozessbeteiligte im weiteren Sinne sind.[1505] Die Prozesssubjekte nehmen eine exponierte Position ein, weil ihr Vorhandensein für den Strafprozess regelmäßig konstituierend ist und sie besondere Rechte und Pflichten haben. Als solche anerkannt sind das Gericht, die Staatsanwaltschaft und der Beschuldigte.[1506] Zunächst soll ein Blick auf das veränderte Verständnis der Rolle des Beschuldigten im Prozess geworfen werden.

A. Verändertes Verständnis von der Rolle des Beschuldigten im Prozess

Die Verfahrensstellung des Beschuldigten als Prozesssubjekt drückt zweierlei aus: Einerseits ist sie Ausdruck des Geistes der Verfahrensordnung, andererseits spiegelt sie die gesellschaftlichen Vorstellungen über das Verhältnis des Einzelnen zum Staat wieder.[1507] Mit dem Begriff des Prozesssubjekts wird also ein Zusammenhang zwischen Beschuldigtem, der Strafprozessordnung und der Rechtsstaatlichkeit hergestellt.[1508] Für diese Beziehung zwischen Obrigkeit und Untertan bildet die Bereitschaft der Staatsgewalt, die Freiheit und Würde des Individuums anzuerkennen, einen Gradmesser.[1509]

Dem reformierten Strafprozess des 19. Jahrhunderts liegt ein Verständnis des Beschuldigten zugrunde, das ihn als ein mit eigenverantwortlichen und selbstständigen Rechten ausgestattetes Subjekt des Verfahrens beschreibt, womit der Beschuldigten nicht mehr als bloßes Instrument staatlicher Versuche der Wahrheitsfindung betrachtet wird.[1510] Erst mit diesem Wandel des Verständnisses

[1504] Sog. „Reden um Kopf und Kragen“, vgl hierzu bereits oben, 3. Teil, 1. Abschnitt, E. II. 3; 3. Teil, 2. Abschnitt, B. II. 3; 4. Teil, 2. Abschnitt, B. II. 4. b). Diese Frage war ja zunächst zurückgestellt worden.

[1505] LR/*Rieß*, Einl. I, Rdnr. 1.

[1506] LR/*Rieß*, Einl. I, Rdnr. 2.

[1507] *Henkel*, § 38 II; Rieß, FS-Reichsjustizamt, 373, 375.

[1508] *Kahlo*, KritV 1997, 183, 183.

[1509] *v. Gerlach*, Hanack-FS, 117, 120.

[1510] *Rüping*, Rdnr. 91.

konnten Begriffe wie „Autonomieprinzip“ und „Subjektsstellung“ an Bedeutung gewinnen, hatten sie doch im Inquisitionsprozess des Mittelalters und der frühen Neuzeit noch keinen Platz, da hier der Beschuldigte als bloßes Objekt des Strafverfahrens aufgefasst wurde.[1511] Wenn das Ziel des Verfahrens aber nur einseitige Durchsetzung von Macht ist, ist im Verhältnis zum Ziel alles nur Objekt und nicht Subjekt.[1512]

Mit der Zeit setzte sich die Erkenntnis durch, dass die Verfahrensstrukturen des inquisitorischen Prozesses dem Verfahrensziel selbst im Weg waren, weil die einseitige Fixierung auf das Geständnis[1513], das notfalls auch durch Folter erwirkt werden sollte, und die ebenfalls einseitige Bündelung des Verfahrens in der Hand des Richters keine gute Basis waren, um die Wahrheit herauszufinden. Im Rahmen des sich verändernden gesellschaftspolitischen Klimas machte dies eine Neubestimmung der Beschuldigtenrechtsstellung erforderlich[1514], was zum heutigen noch weiter zu beschreibenden Subjektsverständnis führte.

Aus dieser Position als Subjekt nimmt der Beschuldigte Anteil an der Durchführung und Gestaltung des Verfahrens, indem er Anträge stellen, Beweismittel beibringen und auch Rechtsmittel einlegen kann.[1515] Hiermit wird ihm die Möglichkeit gegeben, auf Gang und Ergebnis des Verfahrens Einfluss zu nehmen.[1516] Dies ist treffend als „Rechtsmacht final gestaltender Einwirkung“ umschrieben.[1517] Denn als Subjekt wird der Beschuldigte erst anerkannt, wenn er aus einer gesicherten Rechtsposition heraus z.B. die Aufnahme einzelner Beweise verlangen kann.[1518] Die StPO lässt es nicht genügen, dass die Staatsanwaltschaft und das Gericht aus deren Objektivitätsverpflichtung heraus auch für Entlastungsmomente verantwortlich sind, denn der Beschuldigte soll nicht davon abhängig sein, dass diese Schutzpflichten auch wahrgenommen werden. Das Bedürfnis nach eigener Kontrolle und Einflussnahme ergibt sich auch aus der Tatsache, dass den Strafverfolgungsorganen entlastendes Material – auch unabsichtlich – entgehen kann.[1519]

Diese neue Sichtweise wird erst verständlich, wenn man sich die damals neuen liberalen Vorstellungen über die Unabhängigkeit des Individuums vom Staat vergegenwärtigt: Der Einzelne sollte nicht mehr in dem Staat aufgehen, sondern

---

1511 *Lüderssen*, NJW 1986, 2742, 2743.

1512 *Hardwig*, ZStW 66, 237, 239.

1513 Vgl. zum Parallelproblem in der Absprachepraxis der heutigen Zeit oben 2. Teil, 2. Abschnitt, D. II.

1514 Vgl. zur gesellschaftspolitischen Entwicklung *Kahlo*, KritV 1997, 183, 190.

1515 *Peters*, § 28 III 2; *Henkel*, § 38 II; *Beulke*, Rdnr. 110.

1516 Kleinknecht/*Meyer-Goßner*, Einl, Rdnr. 80 mit BVerfG-Nachweisen.

1517 Vgl. LR/*Rieß*, Einl. I, Rdnr. 3.

1518 *Rieß*, FS-Reichsjustizamt, 375, 420.

1519 *Fezer*, Fall 3, Rdnr. 2.

ihm als Persönlichkeit gegenüberstehen, was zur Folge hatte, dass ihm auch Instrumente zur Verfügung gestellt werden mussten, um diese Position verteidigen zu können.[1520] Allerdings kann die Subjektsstellung des Einzelnen nicht absolut verwirklicht werden: Immer ist sie in das dem Strafprozess eigenen Spannungsverhältnis zwischen Schutz des Individuums und Verwirklichung des staatlichen Strafanspruchs eingebettet.[1521]

Diese Orientierung auch an der Verwirklichung des staatlichen Strafanspruchs ist nicht ungefährlich. Denn eine gesicherte Rechtsposition ist dem Beschuldigten aufgrund der Anerkennung seiner Persönlichkeit und Menschenwürde zu sichern und nicht lediglich aus der instrumentalen Vorstellung heraus, dass dies dem Ziel der Wahrheitsfindung und Verwirklichung der Gerechtigkeit diene, weil letzteres zu einer Wahrheitsfindung um jeden Preis führen kann, was dem Wesen des alten Inquisitionsprozesses gefährlich nahe kommt.[1522] Damit würde ausgedrückt, dass der Gedanke der Subjektsstellung auch gegen den Beschuldigten gewendet werden kann[1523], etwa in der Art, dass man ihn für die Findung der Wahrheit mitverantwortlich macht. Unter Berücksichtigung dieser Gefahr soll bei den folgenden Überlegungen die Sicherung der Eigenständigkeit des Beschuldigten im Mittelpunkt stehen. Auch das im 8. Teil zu entwickelnde Gesamtkonzept wird unter dieser Prämisse stehen müssen.

B. Notwendigkeit der Unterstützung des Beschuldigten bei der Rechtswahrnehmung

Diese verfahrensmäßige Selbstständigkeit als autonomes Subjekt verlangt, dass der Beschuldigte in die Lage versetzt wird, diese Gestaltungsmöglichkeiten wahrzunehmen. Dies erfordert eine Beratung durch einen Dritten, der die Chancen und Risiken fachkundig abschätzen kann,[1524] allerdings nur insoweit, als der Beschuldigte auf diese Hilfe tatsächlich angewiesen ist.[1525] Dass der Beschuldigte angesichts des immer komplizierter und unüberschaubarer gewordenen

---

1520 *Lüderssen*, NJW 1986, 2742, 2743.

1521 *Henkel*, § 38 II; *Rieß*, FS-Reichsjustizamt, 375, 375.

1522 Vgl. *Rieß*, FS-Reichsjustizamt, 375, 381, der nachweist, wie unter nationalsozialistischer Herrschaft trotz verbalem Festhalten an einer starken Position des Beschuldigten eine entscheidende Schwächung der Beschuldigtenstellung herbeigeführt wurde.

1523 Vgl. *Rieß*, FS-Reichsjustizamt, 375, 382, Rn. 33: „Die verbale Aufrechterhaltung der Prozeßsubjektqualität des Beschuldigten (...) wird z.B. dazu genutzt, eine Durchgehende Demontage von Einzelbefugnissen, die aus diesem Begriff folgen oder ihn ausmachen, wie hinter einer Nebelwand zu verbergen."

1524 *Welp*, ZStW 90, 101, 102; vgl. auch *Rieß*, StV 1981, 460, 463, der von der Notwendigkeit der „unterstützenden Hilfe eines nicht persönlich durch den Schulvorwurf betroffenen Fachmannes" spricht.

1525 Vgl. zur Frage der Kenntnis des Schweigerechts oben 4. Teil, 2. Abschnitt, A. II. 2.

Rechtssystems[1526] jedoch zur Selbstverteidigung weitgehend unfähig sein wird[1527] hat sich schon aus den Betrachtungen des 2. Teils ergeben[1528]. Hier besteht die Gefahr, dass ein fiktiver autonomer Handlungsspielraum suggeriert wird[1529], denn es ist nicht nur allein die fehlende Distanz zum Tatvorwurf, die dem Beschuldigten die Interpretation seiner Interessen unmöglich macht. Vielfach kommen Inkompetenz oder Selbstüberschätzung erschwerend hinzu.[1530]

Unfähig zur Selbstverteidigung in komplizierten Sachen sind nämlich nicht nur ungebildete, sprachlich ungewandte Menschen, sondern auch solche, deren Handlungs- und Leistungsfähigkeit im alltäglichen Sozialleben nicht in Zweifel gezogen wird.[1531] Gerade deshalb ist das Erkennen eines Autonomiedefekts so schwierig, weil die Einordnung des konkreten Beschuldigten als hilfsbedürftiges Subjekt stark von außerprozessualen Faktoren abhängt. Bei einem gebildeten Selbstständigen wird man die Fähigkeit zur Verteidigung eher annehmen als bei einem Arbeitslosen ohne Schulabschluss. Jedoch: Ab einer bestimmten Schwierigkeitsschwelle des Verfahrens kann man von der Verteidigungsunfähigkeit nahezu jedes Beschuldigten ausgehen.[1532]

Man kann auch so weit gehen und sagen, dass das Strafverfahren als solches eine ständige Bedrohung autonomen Handelns darstellt.[1533] Diese zugegeben drastische Formulierung sagt natürlich nichts darüber aus, ob und in welchem Umfang diese Bedrohung zu akzeptieren, ja dem Verfahren wesensnotwendig immanent ist. Auch der rechtmäßige Einsatz von Zwangsmitteln stellt einen Autonomieeingriff dar, der selbstverständlich hinzunehmen ist.

Festgestellt werden kann insgesamt, dass Verteidigungsunfähigkeit in weitem Umfang bei den meisten Beschuldigten vermutet werden kann, dass die Feststellung aber Probleme bereitet.

C. Maßstäbe zur Bestimmung des Autonomiedefekts?

Damit drängt sich die Frage nach der Bestimmung der Maßstäbe auf, anhand derer das Vorhandensein eines Autonomiedefekts bestimmt werden kann. Dies ist für den Richter von besonderer Wichtigkeit, wenn ihm Hinweise und Beratungspflichten zugewiesen werden sollen, denn er muss erkennen können, ab

---

1526 *Haffke*, StV 1981, 471, 481.

1527 *Welp*, ZStW 90, 101, 115; ähnlich *Hermann*, StV 1996, 396, 397.

1528 Vgl. oben den Belehrungsbedarf, 2. Teil, 1. Abschnitt, B. II; 2. Abschnitt, E.II.

1529 *Rieß*, StV 1981, 460, 462.

1530 *Welp*, ZStW 90, 101, 116.

1531 *Rieß*, StV 1981, 460, 462.

1532 Rieß, StV 1981, 460, 462. Ob dieses Defizit nur „durch den Beistand eines Verteidigers“ wieder hergestellt werden kann, wie Rieß a.a.O. meint, soll hier untersucht werden.

1533 *Hassemer*, ZRP 1980, 326, 331.

welchem Zeitpunkt er aktiv werden soll. Ein Autonomiedefekt lässt sich nicht allgemein, sondern immer nur situationsbezogen beurteilen.[1534] Wenig hilfreich ist es deshalb, nur denjenigen Beschuldigten als wirklich autonom zu bezeichnen, der zur Entwicklung einer eigenen Verteidigungsstrategie in der Lage ist, um daraus dann den Schluss zu ziehen, dass es kaum Beschuldigte gäbe, denen man volle Autonomie bescheinigen könne.[1535] Dieser allzu pessimistische Befund führt zwangläufig zu dem Ergebnis, dass ein Verfahren ohne Verteidiger nicht möglich sein kann[1536], bzw. hat unter der hier verfolgten Prämisse einer Zuweisung der Beratung auch an den Richter die Folge, dass eine permanente Orientierung des Beschuldigten über seine Rechte und Möglichkeiten stattfinden müsste, was unausweichliche Kollisionen mit der Amtsaufklärungspflicht zur Folge hätte. Dies überzeugt schon deshalb nicht, weil ja auch die notwendige Verteidigung eine Einschränkung der Autonomie des Beschuldigen bedeutet, der sich nicht verteidigen lassen will. Auch dies gilt es zu akzeptieren.

Die Orientierung daran, dass volle Autonomie nur dann gegeben sei, „wenn der Beschuldigte in einem idealtypischen Sinne in der Lage ist, seine Interessen so zu gewichten, dass das Spiel der Kräfte ausgewogen ist“[1537], ist eher als unscharfer Programmsatz denn als verlässlicher Maßstab einzuordnen. Zur Bestimmung des Autonomiedefizits benötigt man klarere Kriterien. Doch diese sind kaum zu finden. Dies zeigt der Versuch, wie beim strafrechtlichen Vorsatz i.S.d. § 15 StGB zwischen kognitivem und voluntativem Element zu unterscheiden:

Wissensdefizite bezüglich der verschiedenen Einlassungsmöglichkeiten lassen sich durch entsprechende Aufklärung des Gerichts beseitigen. Dieser Gedanke liegt u.a. den Belehrungsvorschriften der §§ 136 I 2, 243 IV zugrunde.[1538]Ob dies allerdings wirklich lediglich einen „Bereich für wohlverstandene gerichtliche „Fürsorge“ darstellt, deren Zulässigkeit unproblematisch ist, weil sie keinen Eingriffscharakter hat“[1539], kann nicht so einfach behauptet werden. Wie schon gezeigt, ist hier der Bereich bedenklicher Suggestion schnell erreicht[1540], was sich bereits anhand des angeblich „neutralen“ Hinweises auf die strafmildernde Wirkung des Geständnisses gezeigt hat. Ein Maßstab aber dafür, wann ein Beschuldigter ausreichend über prozessuale Möglichkeiten informiert

---

[1534] *Rieß*, StV 1981, 460, 462.

[1535] *Beulke*, Verteidiger, 72.

[1536] *Schmidt-Leichner*, NJW 1965, 1309, 1310: „Der m.E. richtige Zustand „keine Hauptverhandlung ohne Verteidiger“ (...) gilt noch nicht.“

[1537] *AK Strafprozessreform*, Verteidigung, 61.

[1538] Vgl. zum Informationselement der Belehrungen oben. 4. Teil, 2. Abschnitt, A. II. und III.

[1539] *Stein*, ZStW 97, 303, 317.

[1540] Vgl. oben, 4. Teil, 2. Abschnitt, B. II. 3. die Frage nach dem Hinweis auf die strafmildernde Wirkung des Geständnisses.

ist, ist nicht erkennbar. Es wurde schon eingehend kritisiert, dass die Rechtsprechung mit „Kenntnisfiktionen“[1541] insbesondere im Bereich des Schweigerechts arbeitet. Dies überzeugt nicht. Man wird aber im Bereich des Wissens um bestimmte prozessuale Umstände oder Möglichkeiten zwischen *regelmäßig* erforderlichen und *situativ* erforderlichen Belehrungen unterscheiden können.[1542] Als Anknüpfungspunkt bieten sich Situationen an, in denen aufgrund ihrer Komplexität ein hoher Belehrungsbedarf vermutet werden kann, wie z.B. das Vorliegen einer Widerspruchssituation.

Geht es hingegen um eine freiverantwortliche Entscheidung, ist das voluntative Element entscheidend: Bezüglich des Willenselements, das den Autonomiedefekt der intellektuellen oder seelischen Schwäche kennzeichnet, ist eine Orientierung an den „Grenzziehungen individueller Autonomie für andere Lebensbereiche“[1543] zwar möglich. Die §§ 104-106 BGB und insbesondere § 105 II BGB erlauben nur demjenigen die rechtsgeschäftliche Regelung seiner privaten Belange, dessen Willensbetätigung nicht erheblich gestört oder aufgehoben ist, sowie auch die §§ 17, 19-21 StGB die psychische Fähigkeit zur Wahl zwischen verschiedenen Verhaltensmöglichkeiten voraussetzen.[1544] Mehr als grobe Richtlinien, wann eine Beratung auch durch das Gericht angezeigt sein könnte, lassen sich hieraus aber nicht gewinnen. Damit bleibt festzuhalten, dass es kaum handhabbare Kriterien dafür gibt, ab welchem Zeitpunkt eine Vereidigerberatung angezeigt, bzw. ein gerichtlicher Hinweis in beratungstechnischer Hinsicht angebracht ist. Auch hier kann nur wieder an typische Situationen angeknüpft werden, in denen ein besonders hoher Beratungsbedarf vermutet werden kann wie beim Vorliegen einer Widerspruchssituation.

D. Verpflichtung zur Abwendung von Nachteilen? Zweischneidigkeit der Unterstützung des Beschuldigten durch Beratung

Es ist nicht nur schwierig, Maßstäbe für das Einsetzen der Beratungspflicht des Gerichts zu bestimmen, Probleme bereitet auch die Definition des Umfangs. Gemessen an der Prozesssubjektsstellung des Beschuldigten stellt sich die Frage, ob seitens des Gerichts eine umfassende Verpflichtung, vermeidbare prozessuale Nachteile vom Beschuldigen in seinem eigenen Interesse abzuwenden, tatsächlich besteht.[1545] Bei den erweiterten Belehrungs- und Beratungspflichten

---

[1541] Vgl. oben, 4. Teil, 2. Abschnitt, A. II. 2. b).

[1542] Vgl. 8. Teil, insbesondere zur Frage der Ausgestaltung hinsichtlich der Widerspruchslösung.

[1543] *Stein*, ZStW 97, 303, 317.

[1544] *Stein*, ZStW 97, 303, 318.

[1545] Vgl. *Maiwald*, Lange-FS, 745, 751, der bemerkt, dass mit Anerkennung der Subjektsstellung der Fürsorge Grenzen gesetzt werden.

war hierüber schon reflektiert worden, vorliegend soll die noch offene Frage[1546] beantwortet werden, ob das Gericht verhindern muss, dass sich der Beschuldigte „um Kopf und Kragen“ redet.

Man wird im Hinblick auf die besondere Position des Beschuldigten sehr behutsam sein müssen: Es besteht die Gefahr, dass die Erstreckung des Fürsorgegedankens auf die Art der Verteidigung zu einer Korrektur der für sachwidrig erachteten Verteidigung führt und damit die Stellung des Beschuldigten als autonomes Subjekt zerstört.[1547] Dies kann auch bei beratenden Hinweisen der Fall sein. Prozesssubjekt ist der Beschuldigte aber nur kraft seiner Autonomie, welche er durch die verfahrensmäßige Selbstständigkeit erlangt, mit der er über seine prozessualen Gestaltungsmöglichkeiten disponiert.[1548] Doch ist eine Grenzziehung zwischen „unvernünftig, aber verständig getroffener“ Entscheidung und einer solchen, der ein Autonomiedefizit zugrunde liegt, schwer zu treffen und birgt immer die Gefahr in sich, dass die Überwachung einer Überschreitung der Grenze zum „Autonomiedefekt“ zu einer Kontrolle der Gründe wird, weshalb der Beschuldigte ein bestimmtes Verteidigungsverhalten gewählt oder unterlassen hat.[1549] Die Beratung hat sich deshalb auf das Nötigste zu beschränken, will man die Position des Beschuldigten wirklich stärken und ihn nicht nur bevormunden.

Rechtsstaatlich begründete Achtung der Autonomie und eine aus sozialstaatlichen Aspekten heraus geforderte Fürsorge in den Fällen geminderter oder defekter Autonomie schaffen nämlich einen sich durch das ganze Recht der Strafverteidigung ziehenden Konflikt[1550], welcher sich hier auf der Ebene der gerichtlichen Beratung in anderer Gestalt fortsetzt. Wie schon die notwendige Verteidigung eine Einschränkung der autonomen Entscheidung des Beschuldigten, sich nicht von einem Dritten verteidigen zu lassen, darstellen kann[1551], können gerichtliche Hinweise eine ähnliche Wirkung entfalten. Welp hat im Zusammenhang mit der Beratung durch den Verteidiger ausgeführt, dass sowohl die Behauptung, dass die Attitüde der Wehrlosigkeit stets eine unzweckmäßige Verteidigung sei, als auch die Meinung, dass die Anwesenheit eines Verteidigers stets von Vorteil oder auch nur nicht nachteilig sei, nicht zu beweisen ist.[1552] Dieser Gedanke ist auf die hier zur Diskussion stehende Pflicht des Gerichts übertragbar: Auch bei der Erteilung von beratenden Hinweisen steht nicht fest,

---

[1546] Vgl. oben, 3. Teil, 1. Abschnitt, E. II. 3; 3. Teil, 2. Abschnitt, B. II. 3; 4. Teil, 2. Abschnitt, B. II. 4. b).

[1547] *Maiwald*, Lange-FS, 745, 758.

[1548] *Welp*, ZStW 90, 101, 116.

[1549] Vgl. *Haffke*, StV 1981, 471,482 für den Verzicht auf einen Verteidiger.

[1550] *Hassemer*, ZRP 1980, 326, 331.

[1551] *Hassemer*, ZRP 1980, 326, 331.

[1552] *Welp*, ZStW 90, 101, 121.

ob diese sich vor- oder nachteilig auswirken. Zwar ist das Gericht über den eigenen Erkenntnisstand im Bilde und kann die Wirkung der eigenen Hinweise besser überblicken. Eine Gefahr darf aber nicht übersehen werden: Die Grenze zwischen sinnvoller Beratung und bloßem Raten zu einem Geständnis zum einzigen Zweck der Verfahrensverkürzung dürfte schwer zu ziehen sein.[1553]

Zum Autonomiegedanken gehört auch die Überlegung, dass der Beschuldigte weitere Hilfestellung des Gerichts in Form von Beratungen nicht wünschen könnte. Ob es tatsächlich noch eine Rolle spielt, dass der Beschuldigte versuchen könnte, durch ein Zurückziehen auf die oben angesprochene Attitüde der Wehrlosigkeit die Legitimität des Strafverfahrens auf radikale Weise in Frage zu stellen, und deshalb ein Interesse daran habe, „jeden Schein der Kumpanei, der Einpassung in ein System (...) zu vermeiden, um so die „wahre“ repressive Natur staatlicher Strafjustiz, ihre Illegitimität und Unangemessenheit aufzudecken und anzuprangern“[1554], ist in der heutigen Zeit [1555]eher zu bezweifeln, zeigt aber eines deutlich: Nicht immer ist Hilfe erwünscht.

„Aufgenötigte Hilfe“ ist aber keine Unterstützung, sondern eher eine Belastung für den Beschuldigten, dessen zu schützende Interessen in ihr Gegenteil verkehrt werden.[1556] Das „wahre“ oder auch „objektive“ Beschuldigteninteresse ist also nicht zwangsläufig mit den subjektiven Wünschen und Vorstellungen des Beschuldigten identisch.[1557] Als Preis der Freiheit muss angesehen werden, dass auch unvernünftige Entscheidungen gefällt werden können und dürfen. Solche Entscheidungen werden in allen Lebensbereichen getroffen und respektiert, und es ist nicht einzusehen, warum für den Strafprozess anderes gelten sollte. Staatlich verordnete „gesamtgesellschaftliche“ Vernunft wäre der Tod der persönlichen Freiheit, [1558] insbesondere dann, wenn ein „wohlverstandenes Interesse“ des Beschuldigten ausschlaggebend sein soll für die Wahl seines Verhaltens, das tatsächlich aber von anderen Verfahrensteilnehmern – hier dem Gericht – definiert wird.[1559]

1553 Vgl. oben, 4. Teil, 2. Abschnitt, B. II. 3.

1554 *Haffke*, StV 1981, 471, 472.

1555 *Haffkes* Ausführungen sind als Ausdruck des politischen Klimas der 80er Jahre zu verstehen, welches die Diskussion um Verteidigung im Strafverfahren und dessen Begrenzung prägte.

1556 Vgl. *Hassemer*, ZRP 1980, 326, 327 für den Pflichtverteidiger.

1557 Haffke, StV 1981, 471, 480.

1558 *Haffke*, StV 1981, 471, 481.

1559 *Hassemer*, ZRP 1980, 326, 331.

„Nicht die staatliche Einverleibung des Beschuldigteninteresses ist es mithin, die den Inquisitionsprozeß der Moderne von dem des Mittelalters und der beginnenden Neuzeit unterscheidet, sondern die Anerkennung der Autonomie des Beschuldigten gegenüber dem Staat."[1560]

Mithin muss eine gerichtliche Beratung die Autonomie des Beschuldigten schützen, ohne sie zu weit einzuschränken. Insgesamt kann es also nicht zweifelhaft sein, dass das Gericht auch offensichtlich unsinniges Verteidigungsverhalten akzeptieren muss.

E. Vertrauen und Informationsvorsprung im Verteidiger – Mandantenverhältnis

Doch auch aus einem anderen Grund sind der Beratung durch das Gericht Grenzen gesetzt. Zu bedenken ist nämlich, dass Hinweise nur dann umgesetzt werden können, wenn Vertrauen gegenüber dem „Beratenden" besteht.[1561] Dem Beschuldigten kann aber nur dann wirksam geholfen werden, wenn der Unterstützende über das Tatgeschehen und die Persönlichkeit umfassend unterrichtet ist, so dass eine Verteidigungsstrategie empfohlen werden kann, womit sich wieder einmal bewahrheitet, dass der Beschuldigte die wichtigste Informationsquelle darstellt.[1562]

Hier werden die Grenzen gerichtlicher Beratung besonders deutlich: Eine wirklich gute Beratung setzt die Kenntnis des Sachverhaltes voraus. Diesen herauszufinden, ist aber gerade die Aufgabe des Gerichts. Damit fehlt dem Gericht eine wichtige Grundlage für die Beratung, die eher der Verteidiger haben kann, wenn der Angeklagte ihm den wahren Sachverhalt geschildert hat. Aber auch dies ist nicht immer der Fall. Andererseits weiß nur das Gericht um die eigene Einschätzung der Sach- und Rechtslage. Somit spricht vieles dafür, zwischen Gericht und Verteidigung eine Aufgabenverteilung vorzunehmen.[1563]

F. Aufgabenverteilung Gericht-Verteidiger

Nach alledem ist durchaus zweifelhaft, ob die Lösung in einer starken Ausweitung der notwendigen Verteidigung liegen kann. Im Institut der Pflichtverteidigung kann man die Gefahr sehen, dass sich die Strafprozessordnung der Aufgabe entledigt, für eine gewisse Chancengleichheit vor Gericht zu sorgen[1564], die eigentlich auch ohne einen Verteidiger gewährleistet werden sollte. Denn aus

---

1560 *Lüderssen*, NJW 1986, 2742, 2743.

1561 Vgl. in Bezug auf den Pflichtverteidiger *Haffke*, StV 1981, 471, 472.

1562 *Welp*, ZStW 90, 101, 102, 119, allerdings aus der Sicht des Verteidigers geschildert.

1563 Vgl. VII.

1564 *Welp*, ZStW 90, 101, 105.

der Subjektsqualität des Beschuldigten kann auch die Forderung abgeleitet werden, dass der Beschuldigte in die Lage zu versetzen ist, ohne Verteidiger seine Rechte wahrnehmen zu können.[1565] Alle notwendigen Bedingungen des gerechten Urteils müssten schon außerhalb der Verteidigung angelegt sein.[1566] Andererseits kann man behaupten, dass angesichts der immer stärker ausdifferenzierten Beschuldigtenrechte ein Hinwegsetzen über den Willen des Beschuldigten gerade erforderlich ist, um seine Subjektsstellung zu sichern, indem man ihm im Wege der notwendigen Verteidigung einen Verteidiger zuweist.[1567]

Damit sind die zwei Extrempunkte gekennzeichnet, zwischen denen die Lösung zu suchen ist: Dem Angeklagten muss infolge verstärkter Aufgabenzuweisung an das Gericht eine Verteidigung auch ohne Verteidiger möglich sein, oder eine Verteidigung ist sowieso nur mit einem Verteidiger möglich, weil erst dessen ständige Anwesenheit es ermöglicht, dass die Interessen des Beschuldigten wahrgenommen werden können. Die Mitte bildet eine Aufgabenverteilung zwischen Verteidigung und Gericht, bei der die Frage, ob eine permanente Verteidigermitwirkung nötig ist, erst später abschließend geklärt werden wird.[1568] Zunächst hat eine funktionale Zuordnung stattzufinden. Dabei ist von Folgendem auszugehen:

Staatliche Verfahrensregelungen können Verteidigung nur einrichten und garantieren, nicht aber mit Leben füllen. Im Verhältnis der Verfahrensbeteiligten zueinander hat die Rolle der Verteidigung und des Verteidigers nur dann Sinn, wenn sie nicht von Gericht oder Strafverfolgungsbehörden mitgespielt werden kann, wenn also allein der Beschuldigte sie ausfüllt oder über ihre Ausfüllung entscheidet.[1569] Dem Verteidiger fällt dabei die zentrale Aufgabe zu, „Autonomiedefizite“ in der Person des Beschuldigten auszugleichen und prozeduale Gerechtigkeit im Einklang mit den Regeln des Prozesses zu verwirklichen. Dabei ist zu bedenken, dass die eigenverantwortliche Entscheidung Ausfluss einer bis zu einem bestimmten Grad kalkulierbaren und steuerungsfähigen aktiven „Prozessrolle“ ist.[1570] Prozessuale Hilfestellung soll dem Beschuldigten nämlich lediglich eine sachgemäße autonome Entscheidung ermöglichen und erleichtern. Diese Entscheidung soll ihm weder abgenommen, noch kann er von den Folgen seiner Entscheidung freigestellt werden. Andererseits kann sie unter der Voraussetzung erfolgen, dass er ausreichend und detailliert ins Bild gesetzt worden ist

---

1565 *Rieß*, FS-Reichsjustizamt, 373, 404.

1566 *Welp*, ZStW 90, 101, 119.

1567 *Rieß*, FS-Reichsjustizamt, 373, 405.

1568 Vgl. unten, 8. Teil.

1569 *Hassemer*, ZRP 1980, 303, 331.

1570 *Wollweber*, StV 1999, 355, 356.

über die ihm zur Verfügung stehenden Möglichkeiten und deshalb weiß oder zumindest wissen muss, was er tut.[1571]

Die Gefahren, die es in sich birgt, diese Aufgabe ausschließlich in die Hände des Gerichts zu legen, formuliert treffend Haffke:

„Der im Namen des Betroffenen gegen ihn und seine Freiheitsrechte gewendete Fürsorgegedanke führt geradewegs in einen totalitären Fürsorge- und Bevormundungsstaat, in dem die Freiheitsgarantien des klassisch-liberalen Rechtsstaats ausgehöhlt und aufgehoben sind.“[1572]

Die Aufgabenverteilung, wie sie für die Teilschweigeproblematik und die Widerspruchslösung bereits vorgeschlagen wurde – das Gericht zeigt die Situation an, der Verteidiger berät – erweist sich dann als handhabbares Modell, wenn man dem Beschuldigten auch die Frage, ob er einen beratenden Verteidiger wünscht, in noch zu bestimmendem Umfang überlässt. Damit lässt sich die Beschuldigtenautonomie trotz weitgehender Fürsorgemaßnahmen aufrechterhalten. Die konkrete Ausgestaltung ist dem 8. Teil vorbehalten.

2. Abschnitt: Zusammenfassung und Ergebnis des 7. Teils

Die Betrachtung der Subjektsstellung hat folgende Erkenntnisse für die Umsetzung in Gesetzesvorschläge hervorgebracht:

1. Die grundlegenden Veränderungen im Verhältnis Staat-Individuum und die Abkehr von der einseitigen Geständnisfixierung des alten Inquisitionsprozesses haben dazu geführt, dass dem Angeklagten eine „Rechtsmacht final gestaltender Einwirkung“ auf den Prozess eingeräumt wird, bei deren Ausübung er völlig unabhängig von der Tätigkeit des Staats ist. Die Sicherung dieser Eigenständigkeit muss bei der Entwicklung neuer Belehrungs- und Beratungsvorschriften im Mittelpunkt stehen.

2. Vielfach ist der Beschuldigte nicht in der Lage, sich selbst zu vereidigen. Kaum überwindbare Schwierigkeiten bringt es mit sich, diese Situation erkennen zu wollen. Hierbei fehlt es an tauglichen Maßstäben. Anzuknüpfen ist deshalb an typische Situationen, wie das Vorliegen einer Widerspruchssituation, die besondere Schwierigkeiten im Hinblick auf die Wahl des Einlassungsverhaltens mit sich bringen.

3. Die Korrektur der für sachwidrig erachteten Verteidigungsart durch das Gericht zerstört die Autonomie des Beschuldigten. Nicht immer ist Beratung erwünscht, auch objektiv unvernünftige Entscheidungen sind zu akzeptieren.

[1571] *Haffke*, StV 1981, 471, 482.

[1572] *Haffke*, StV 1981, 471, 480, der auf die „Gefahr solchen freiheitsbedrohenden, expandierenden sozialstaatlichen Denkens und Argumentierens“ hinweist.

4. Das Gericht ist schon deshalb als Berater ungeeignet, weil mangels Vertrauensbeziehung kein „Informationsvorsprung" besteht, wie dies im Verteidiger-Angeklagten-Verhältnis denkbar ist.

5. Das Gericht ist nur zur Eröffnung von Chancen zur sachgerechten Verteidigung verpflichtet, die Entscheidung für das eine oder andere Aussageverhalten darf es dem Beschuldigten nicht abnehmen. Somit bietet es sich an, dem Angeklagten von Seiten des Gerichts in bestimmten, zu typisierenden Situationen die Konsultation eines Verteidigers anzuraten, worüber der Angeklagte dann befinden muss. Insbesondere die Teilschweigeproblematik als auch die Widerspruchslösung sind hierbei geeignete Anknüpfungspunkte. Hierbei ist über eine PKH-Regelung nachzudenken.

8. Teil: Umsetzung in Vorschläge de lege ferenda

Am Ende dieser Untersuchung gilt es, die zuvor erarbeiteten Ergebnisse in Vorschläge de lege ferenda umzusetzen. Hierbei besteht grundsätzlich die Schwierigkeit, dass sich nicht immer klar feststellen lässt, wo gesetzestechnisch angeknüpft werden sollte. So könnte man sagen, der Hinweis, dass „in diesem Moment das Schweigen gebrochen wird", wäre vom Rechtsgedanken her dem § 265 StPO zuzuordnen.[1573] Dies führt aber dazu, dass dieser Hinweis nur in der Hauptverhandlung erteilt werden müsste – § 265 StPO hat ja nur diesen Anwendungsbereich – , obwohl auch im Vorverfahren in diese Richtung Belehrungsbedarf besteht. Eine Anknüpfung an § 136 I 2 StPO gestaltet sich ebenso schwierig, denn in diesem Fall müsste § 243 StPO an eine Belehrungsvorschrift aus dem Vorverfahren anknüpfen. § 243 IV 2 StPO verweist lediglich auf § 136 II StPO und wiederholt die Belehrung hinsichtlich des Rechts der Aussageverweigerung in § 243 IV 1 StPO. Hier hat sich der Gesetzgeber gegen eine Verweisungstechnik entschieden. Eine solche findet sich aber wiederum in § 163 a III, IV StPO. Es gibt also die Möglichkeit, Verweise zu entwickeln oder den Inhalt von Belehrungsvorschriften zu wiederholen. Ergänzungen bestehender Belehrungsvorschriften führen also immer dazu, dass die Verweisungsmechanismen mit bedacht werden müssen.

Wegen der aufgezeigten gesetzestechnischen Schwierigkeiten soll an dieser Stelle nicht der Wortlaut der Gesetzesänderungen formuliert, sondern die notwendigen Ergänzungen lediglich inhaltlich dargestellt werden. Am Ende steht eine große Belehrungsvorschrift, die alle notwendigen Elemente enthält. Hierbei wird zwischen den immer erforderlichen Belehrungen und situativ erforderlichen Belehrungen zu unterscheiden sein.[1574] Für jedes Element ist dann zu überlegen, in welchem Verfahrensabschnitt und für welche Vernehmungspersonen es gelten soll. Wie diese Zuweisung gesetzestechnisch zu bewältigen sein wird, soll hier nicht weiter diskutiert werden.

Eine solche große Belehrungsvorschrift muss natürlich den Inhalt des § 136 I StPO und des § 265 I und II StPO enthalten. Hinzu kommen dann die notwendigen Ergänzungen für das Schweigerecht (1. Abschnitt), das Geständnis (2. Abschnitt) und Auskünfte zur Sach- und Rechtslage (3. Abschnitt). Letztlich ist über die Einbindung des Verteidigers nachzudenken (4. Abschnitt), bevor am Ende das Gerüst einer großen Belehrungsvorschrift steht (5. Abschnitt), das die erforderlichen Belehrungselemente enthält. Die in diesem Zusammenhang erforderlichen Regelungen werden dieser großen Belehrungsvorschrift zur Seite

1573 „Änderung der Sachlage", vgl. oben, 4. Teil, 2. Abschnitt, B. IV. 1.

1574 Vgl. oben, 4. Teil, 2. Abschnitt B. II. 4 a); III. 4 a).

gestellt, ohne dass dies zwingend der Ort ist, an dem der Gesetzgeber dieses regeln müsste.

1. Abschnitt: Zusätzliche Belehrungen zum Schweigerecht

A. Bezgl. Teil-Schweigen (generell)

Über den Regelungsgehalt des § 136 I 2 StPO hinaus ist eine generelle Belehrung darüber erforderlich, dass nach einer Einlassung zu bestimmten Umständen der Tat ein Schweigen auf weitere Fragen hinsichtlich dieses Punktes nachteilige Schlussfolgerungen erlaubt, mithin das sog. „Teilschweigen" verwertbar ist.[1575]

Zusätzlich ist zu normieren, dass es sich um eine generelle Belehrung handelt, die unabhängig von Kenntnis und Verteidigerbeistand zu erfolgen hat.[1576] Zwar ist dieser Zustand bereits de lege lata gegeben.[1577] Die Tatsache, dass in diesen Fällen ein Verwertungsverbot nicht besteht, könnte hier aber an der „unbedingten Notwendigkeit" der Belehrung zweifeln lassen. Der Zusatz „unabhängig von Kenntnis und Verteidigerbeistand" soll diesem Eindruck entgegenwirken. Ob hierdurch im Hinblick auf die Beweisverwertung mit einer anderen Bewertung zu rechnen ist, wird man abwarten müssen. Vorerst wird man davon auszugehen haben, dass ein Beweisverwertungsverbot bei Kenntnis oder Verteidigerbeistand[1578] (weiterhin) nicht besteht.[1579]

Diese Belehrung hinsichtlich der generellen Folgen des Teilschweigens muss für alle Verfahrensstadien und alle Vernehmungspersonen gelten, insbesondere auch für die Polizei. Zwar ist Kritik an dieser Forderung programmiert. Man kann Zweifel äußern, ob derartige Erweiterungen Chance auf Durchsetzung in der Praxis haben, wenn schon die bestehenden Belehrungsvorschriften nur wenig beachtet werden. Dennoch ist hieran festzuhalten. Die Vernehmungspraxis der Polizei hat sich nach den rechtlichen Vorgaben der Strafprozessordnung zu richten und nicht die rechtliche Entwicklung nach den defizitären Verhältnissen sowohl im polizeilichen Alltag als auch in der polizeilichen Ausbildung.

[1575] Ergebnis des 2. Teils, 1. Abschnitt, B. II. 1.

[1576] Ergebnis des 4. Teils, 2. Abschnitt, A. VI. 3.

[1577] BGHSt 38, 214, 224; vgl. hierzu auch oben, 4. Teil, 2. Abschnitt, A. II. 2.

[1578] Die Mitwirkung eines Verteidigers wird als Indiz für die Kenntnis des Schweigerechts angesehen, vgl. oben, 4. Teil, 2. Abschnitt, A. II. 2. b) aa).

[1579] Nach den Maßgaben von BGHSt 38, 214, 224 wird man weiterhin dazu kommen, dass bei „wertender Abwägung" dem „Interesse an der Fortführung des Verfahrens" Vorrang gegeben wird. Angesichts der neben der reinen Information stehenden Belehrungszwecke (vgl. oben, 4. Teil, 2. Abschnitt, A. III.) kann man aber auch anderer Ansicht sein.

B. Brechen des Schweigens im Vernehmungskontext (situativ)

Hinsichtlich des Schweigerechts im Vernehmungskontext ist es erforderlich, dass der Moment, in dem der Beschuldigte das Schweigen oder – gleichbedeutend – das pauschale Bestreiten bricht und sich einzulassen beginnt, vom Vernehmenden durch einen Hinweis angezeigt wird.[1580] Erfasst hiervon wird nicht nur die Teilschweigeproblematik[1581], sondern auch die Frage, inwieweit ein Beitrag des Verteidigers[1582] als Einlassung des Beschuldigten anzusehen ist. Der Beschuldigte wird hierdurch erst in die Lage versetzt, sich gemäß der ihm zuvor erteilten Belehrung hinsichtlich der grundsätzlichen Folgen des Teilschweigens zu verhalten.

An dieser Stelle muss dem Beschuldigten eine Bedenkzeit[1583] eingeräumt werden. In dieser kann er sich entscheiden, ob er sich einlassen möchte oder nicht. Will er dies nicht, so ist seine zuvor gemachte Aussage nicht verwertbar. Auch hierauf ist der Beschuldigte hinzuweisen.

Problematisch ist die Fallgruppe des pauschalen Bestreitens. An sich müsste hier ein Hinweis ergehen, dass das Schweigen noch nicht gebrochen wurde[1584], weil sich auch hier der Beschuldigte in Zugzwang im Hinblick auf weitere Fragen wähnen könnte. An diesem Punkt wird man sich darauf beschränken müssen, in der Gesetzesbegründung klarzustellen, welches Verhalten als Schweigen zu definieren ist und welches nicht. Zudem relativiert sich das Problem, wenn man bedenkt, dass es ja bei einem pauschalen Bestreiten durchaus bleiben kann; in diesem Fall hat sich ein etwaiger „innerer Zwang“ gar nicht ausgewirkt. Folgt eine weitere Aussage nach, so befindet man sich bereits im Bereich der hier vorgeschriebenen „Teilschweigewarnung“, der Beschuldigte müsste dann auf einen Wechsel seines Einlassungsverhaltens hingewiesen werden. Insofern muss diese Fallgruppe „pauschalen Bestreitens“ nicht weiter geregelt werden.

Auch die Belehrung, dass jetzt eine Aussage vorliegt, muss – ebenso wie die generelle Teilschweigebelehrung – für alle Verfahrensstadien und somit für Polizei, Staatsanwaltschaft und Gericht gleichermaßen gelten. Für die zu erwartende Kritik hieran gilt das zur generellen Teilschweigebelehrung oben Ausgeführte entsprechend.

[1580] Ergebnis des 1. Teils, 1. Abschnitt, B. II 1. a) bb). Dort waren die hier erfolgenden Relativierungen bereits angekündigt worden.

[1581] Vgl. oben, 2. Teil, 1. Abschnitt, II. 3.

[1582] Vgl. oben, 2. Teil. 1. Abschnitt, A. IV. 2.

[1583] Vgl. oben, 2. Teil, 1. Abschnitt. B.II. 1.b; 3. Teil. 1. Abschnitt, E. II. 1.; und Ergebnis des 4. Teils, 2. Abschnitt, B. III. 4.

[1584] Vgl. oben, Ergebnis des 1. Teils, 1. Abschnitt. B. II. 1. a) cc).

2. Abschnitt: Geständnis

A. Belehrung über Gefahren in beweisrechtlicher Hinsicht

Bezüglich des Geständnisses ist in beweisrechtlicher Hinsicht der Hinweis erforderlich, dass der spätere Widerruf eines Geständnisses kein Verwertungsverbot zur Folge hat.[1585] Hierbei steht die Warnfunktion[1586] der Belehrung stark im Vordergrund. Dieser Hinweis muss in allen Verfahrensphasen und für alle Vernehmungspersonen, also Gericht, Staatsanwaltschaft und Polizei, gelten. Naturgemäß ist diese Belehrung besonders wichtig im Vorverfahren.

B. Hinweis auf strafmildernde Wirkung

Große Probleme wirft der Hinweis auf die strafmildernde Wirkung des Geständnisses wegen der hiervon ausgehenden Zwangswirkung auf. In der vorliegenden Untersuchung wurden derartige Hinweise aus diesem Grund auch äußerst kritisch betrachtet.[1587] Auf der anderen Seite ist aber auch klar, dass sich eine solche Wirkung des Geständnisses im Einzelfall durchaus begründen lässt. Somit lassen sich solche Hinweise nicht generell verbieten. Erlauben sollte man deshalb nur den äußerst eingeschränkten Hinweis, dass ein Geständnis strafmildernde Wirkung haben *könnte*, wenn im Laufe der Beweiserhebung nicht noch Umstände zu Tage träten, die diese Wirkung wieder ausschließen. Zusätzlich zu diesem sehr vorsichtigen Hinweis empfiehlt es sich, in § 46 II StGB das Geständnis ausdrücklich als strafmildernden Umstand aufzunehmen. Viele umständliche und dogmatisch zweifelhafte Begründungen, gerade im Fall des taktisch motivierten Geständnisses[1588], wären damit überflüssig.

Der vorsichtige Hinweis auf die strafmildernde Wirkung muss in allen Verfahrensabschnitten und für Polizei, Staatsanwaltschaft und Gericht gleichermaßen gelten.

3. Abschnitt: Sach- und Rechtslage

A. Speziell für Beweisverwertungsverbote: Widerspruchslösung

In den Bereich der lediglich situativ erforderlichen Belehrungen gehört der Hinweis, dass eine Widerspruchssituation gegeben ist, also die Frage im Raum steht, ob der Beschuldigte der Verwertung eines Beweismittels, das von einem

---

1585 Ergebnis 1. Teil, 2. Abschnitt, E.II.1.

1586 Vgl. oben, 4. Teil, 2. Abschnitt, A. III.

1587 Vgl. oben, Ergebnis des 4. Teils, 2. Abschnitt, B. II.4.c).

1588 Vgl. oben, 4. Teil, 2. Abschnitt, B. II. 3.

Verwertungsverbot betroffen ist, widersprechen will. Auf eine solche Situation ist der Beschuldigte unabhängig davon, ob ein Verteidiger mitwirkt, hinzuweisen.[1589] Das Gericht muss den eventuell erfolgenden Widerspruch des Beschuldigten bis zum Ende der Beweisaufnahme bescheiden.[1590] Nur so kann der Beschuldigte sein Einlassungsverhalten am Stand der Beweisaufnahme zuverlässig orientieren, weil er weiß, welche Beweismittel verwertet werden dürfen.

B. Allgemeine Einschätzung der Sach- und Rechtslage

Dem Beschuldigten muss die Möglichkeit gegeben werden, Kundgabe vorläufiger Einschätzung des Gerichts hinsichtlich der Sach- und Rechtslage zu beantragen. Als Vorbild kann hier der Formulierungsvorschlag von Schmidt-Hieber[1591] dienen:

> „Auf Antrag des Angeklagten oder seines Verteidigers soll das Gericht die Sach- und Rechtslage mit den Beteiligten erörtern. Der Angeklagte ist auf diese Möglichkeit hinzuweisen."

Die Formulierung „soll" entschärft das Problem, dass das Gericht nicht ausnahmslos gezwungen sein darf, seine Gedanken offenzulegen. Denkbar ist z.B., dass mit der Ladungsreihenfolge der Zeugen eine bestimmt Art der Beweisführung verbunden ist. Diese offenzulegen, könnte die Gefahr der Einflussnahme auf spätere Zeugen erhöhen. Die Formulierungen eines – verwaltungsrechtlich gesprochen – „gebundenen Ermessens" schafft hier einen angemessenen Ausgleich: Verpflichtung zur Kundgabe ist der Regelfall, besondere Umstände können hiervon entbinden. Letztere können in der Gesetzesbegründung präzisiert werden.

Erforderlich ist in diesem Zusammenhang eine Befangenheitsklausel, die besagt, dass die Bereitschaft zur Kundgabe der Einschätzung der Sach- und Rechtslage an sich nicht den Verdacht der Befangenheit begründet.[1592] Liegen aber besondere Umstände vor und verweigert der Richter deshalb die Auskunft, wird man einen pauschalen Hinweis auf eben diese Umstände ausreichen lassen müssen. Ansonsten wäre der Richter mittelbar gezwungen, doch Auskünfte über das Beweisprogramm zu liefern. Man wird in diesem Bereich der Verweigerung von Auskünften den Maßstab des § 24 StPO anwenden können, ohne Modifikationen ins Gesetz einfügen zu müssen.

[1589] Vgl. oben, Ergebnis des 5. Teil, 4. Abschnitt, 2.

[1590] Vgl. oben, Ergebnis des 5. Teil, 4. Abschnitt, 1.; 6. Teil, 1. Abschnitt, A. VI. 4.

[1591] *Schmidt-Hieber*, DRiZ 1990, 321, 326.

[1592] Vgl. Ergebnis des 5. Teil, 4. Abschnitt, 3.

In der Gesetzesbegründung könnte verdeutlicht werden, dass das Ziel dieser Regelung die Idee des Rechtsgesprächs in seiner allgemeinen Form aufgreift und nicht lediglich dazu dienen soll, die Absprachenpraxis zu normieren. Das könnte eine derart kurze Regelung auch gar nicht leisten. Gleichwohl kann durch die so allgemein eröffnete Möglichkeit der rechtlichen und sachlichen Auseinandersetzung mit dem Gericht der Weg zu einer Absprache eröffnet werden.

4. Abschnitt: Einbindung des Verteidigers

Am Ende dieser Untersuchung muss über die Einbindung des Verteidigers nachgedacht werden. Die Enge des § 140 II StPO hat sich oben bereits als Problem dargestellt.[1593] Eine bloße Erweiterung des Katalogs hätte aber zur Folge, dass dem Angeklagten ggf. ein Verteidiger aufgezwungen würde, was unter dem Gesichtspunkt der Beschuldigtenautonomie negativ zu bewerten ist. Zudem wird dem Beschuldigten gem. § 141 I ein Verteidiger bestellt, „sobald er gemäß § 201 zur Erklärung über die Anklageschrift aufgefordert worden ist." Während des Vorverfahrens geschieht dies gem. § 141 III StPO nur, wenn nach Auffassung der Staatsanwaltschaft im gerichtlichen Verfahren ein Verteidiger gem. § 140 I oder II StPO notwendig sein wird. Mit § 141 III StPO hat sich der BGH jüngst befasst.[1594]

Grundlage war ein Fall, bei dem der Ermittlungsrichter die Zeugin vernommen hatte und den bislang unverteidigten und inhaftierten Beschuldigten gem. § 168c III StPO von der Anwesenheit ausgeschlossen und ein Unterbleiben der Benachrichtigung vom Vernehmungstermin gem. § 168 c V 2 StPO angeordnet hatte. Vor diesem Vernehmungstermin war eine Verteidigerbestellung nicht erfolgt, die Zeugenaussage wurde durch Vernehmung des Ermittlungsrichters in die Hauptverhandlung eingeführt.

Der BGH stellt hier eine Verpflichtung zur Verteidigerbestellung jedenfalls für die Fälle fest, in denen der Beschuldigte kein Anwesenheitsrecht hat und die hierbei erhobenen Beweise später zum Gegenstand der Hauptverhandlung gemacht werden sollen.[1595] Der BGH ließ aber offen, ob es überhaupt bei prognostizierter notwendiger Verteidigung Fälle denkbar sind, in denen von einer Ver-

---

[1593] Vgl. oben, 4. Teil, 1. Abschnitt. A.

[1594] BGHSt 46, 93, 94. Vgl. zu dieser Entscheidung *Fezer*, JZ 2001, 363, 363; *Kunert*, NStZ 2001, 217, 217; *Schlothauer*, StV 2001, 127, 127; *Neuhaus*, JuS 2002, 18, 18. Vgl. auch die hierzu im Zusammenhang stehenden Entscheidungen BGH StV 2002, 117, 117; BGH StV 2002, 180, 180.

[1595] BGHSt 46, 93, 94. Vgl. Hierzu demnächst *Fezer*, Verteidigerbestellung und Verteidigerwahl, 4, der zu Recht darauf hinweist, dass dies bei ermittlungsrichterlichen Vernehmungen in der Regel der Fall ist.

teidigerberstellung abgesehen werden kann.[1596] Die Auswirkungen dieser Entscheidung insbesondere auf die polizeiliche Beschuldigtenvernehmung sind daher unklar.[1597]

Fezer hält angesichts dieser BGH-Entscheidung die Differenzierung zwischen § 141 I und III (insbes. S. 1 und S. 2), wie sie sich de lege lata darstellt, für nicht berechtigt. Er setzt sich für eine erhebliche Verbesserung der Möglichkeiten der Verteidigermitwirkung im Ermittlungsverfahren ein und plädiert für eine grundlegende Gesetzesreform. Fezer hält den reinen Dualismus zwischen Verteidigerwahl des Beschuldigten und hoheitlicher Verteidigerbestellung für verfehlt, weil er den mittellosen Beschuldigten benachteilige.[1598] Er setzt sich für die Schaffung eines reduzierten Kernbereichs des § 140 und eines darüber hinausgehenden Bereichs und in Verbindung hiermit die Abschaffung der in § 141 III 2 StPO enthaltenen Ermessensklausel ein. Die durch die Reduktion des Kernbereichs entstehenden Lücken sollen durch ein Prozesskostenmodell aufgefangen werden. Der Beschuldigte soll also außerhalb der Fälle des § 140 Prozesskostenhilfe beantragen und einen Verteidiger wählen können, wobei dieses Wahlrecht dem Autonomieprinzip besser entspreche als das Modell einer Beiordnung.[1599]

Fezer will diese Möglichkeit, auf Kosten des Staates einen Verteidiger wählen zu dürfen, aber – am Kriterium der „Erforderlichkeit" orientierend – typisieren: Will er diese „Erforderlichkeit" nach Abschluss der Ermittlungen oder Anklageerhebung generell annehmen, so will er im Ermittlungsverfahren typische Fälle der „Sachdienlichkeit" der Verteidigermitwirkung im Gesetz verankern. Explizit nennt er z.B. Beweiserhebungen, die später in der Hauptverhandlung reproduziert werden sollen, sowie für den Verfahrensfortgang besonders bedeutsame Beweiserhebungen, wobei er speziell die erste polizeiliche Vernehmung im Blick hat. Ein solches Wahlrecht hält er im gesamten Ermittlungsverfahren aber nur geboten bei einer besonderen Schwierigkeit der Sach- oder Rechtslage.[1600]

Für einen solchen Katalog, der die Umstände umfasst, bei dem der Beschuldigte von der PKH-Regelung Gebrauch machen kann, bieten sich die Situationen des Teilschweigens bzw. des Vorliegens einer Widerspruchssituation an. Nach Anzeigen der Widerspruchssituation durch das Gericht bzw. des Auftretens der Teilschweigeproblematik durch Polizei, Staatsanwaltschaft oder Gericht

[1596] BGHSt 46, 93, 99; vgl. hierzu *Kunert*, NStZ 2001, 217, 217, der die übervorsichtige Haltung des BGH bedauert.

[1597] Vgl. demnächst *Fezer*, Verteidigerbestellung und Verteidigerwahl, 5; BGH StV 2002, 180, 181 hält aber eine „derart frühzeitige notwendige Verteidigung bereits im Ermittlungsverfahren" für nicht von der derzeitigen Rechtslage gefordert.

[1598] Vgl. demnächst *Fezer*, Verteidigerbestellung und Verteidigerwahl, 6.

[1599] *Fezer*, a.a.O., 7.

[1600] *Fezer*, a.a.O., 8, für den Fall, dass dieses Kriterium nicht mehr Bestandteil von § 140 II StPO – abweichend von der Situation de lega lata – sein sollte.

kann der Beschuldigte auf die Möglichkeit einer Verteidigerkonsultation unter Übernahme der Kosten durch den Staat hingewiesen werden. Seiner autonomen Entscheidung obliegt es dann, ob er von dieser Möglichkeit Gebrauch macht; eine unter dem Gesichtspunkt der Beschuldigtenautonomie gute Lösung.

Die Entwicklung eines neben § 140 StPO bestehenden Katalogs – z. B. eines „§ 140 a StPO" – , der in den dort bestimmten Fällen dem Beschuldigten die Wahl eines Verteidigers auf Staatskosten ermöglicht, ist zu begrüßen. Wie bereits erörtert, könnte die Teilschweigeproblematik und das Auftreten einer Widerspruchssituation Teil dieses Kataloges sein, aber auch die Situation eines Geständniswiderrufs. Durch die Differenzierung zwischen notwendiger Verteidigung und einem Katalog, bei dem der Beschuldigte einen Verteidiger beantragen kann, vermeidet man es auch, neue zweifelhafte Begriffe wie den einer „notwendigen Verteidigung auf Antrag"[1601] einführen zu müssen.

Zu ergänzen sind die angestellten Überlegungen um die bereits erhobene Forderung, ein Anwesenheitsrecht des Verteidigers im Ermittlungsverfahren ausdrücklich zu regeln.[1602] Die neu zu gestaltenden §§ 140 I, 140 a StPO müssen bereits im Vorverfahren gelten, um eine umfassende Verteidigermitwirkung zu gewährleisten.

1601 Begriff von *Hermann*, StV 1996, 396, 398; hiergegen zu Recht *Schellenberg*, StV 1996, 641, 642.

1602 Vgl. oben, 6. Teil, 2. Abschnitt, B. I-III.

5. Abschnitt: Gesamtüberblick über den Inhalt der großen Belehrungsvorschrift und die mit ihr einhergehenden Regelungen

Der folgende Überblick ist der Sache nach formuliert und ist nicht als Normtext zu verstehen.

§§ XY Belehrung des Beschuldigten

Abs. I: Generelle Belehrungen (erfolgen immer)

1. bzgl. des Rechts, die Aussage zu verweigern (zurzeit § 136 I 2 StPO)
2. bzgl. der Möglichkeit der negativen Bewertung des Teilschweigens (neu)
3. bzgl. der Möglichkeit, dass sich ein Geständnis strafmildernd auswirken könnte, sich aber aus den Ermittlungen bzw. der Beweisaufnahme etwas anderes ergeben kann (neu, mit großen Vorbehalten)

In diesem Zusammenhang: Eventuell Einfügung des Begriffs „Geständnis" in § 46 II StGB

4. bzgl. des Umstandes, dass der spätere Widerruf eines Geständnisses kein Verwertungsverbot zur Folge hat (neu)
5. bzgl. der Möglichkeit, jederzeit, auch vor seiner Vernehmung, einen von ihm zu wählenden Verteidiger zu befragen (zurzeit § 136 I 2 StPO)
6. bzgl. des Rechts, Beweisanträge zu stellen (zurzeit § 136 I 3 StPO)
7. bzgl. des Rechts, sich auch schriftlich zu äußern (zurzeit § 136 I 4 StPO)

Zusatz: Belehrungen haben auch bei Kenntnis und / oder Anwesenheit eines Verteidigers zu erfolgen (Bestärkung der de lega lata bereits gegebenen Situation).
Geltungsbereich (zu regeln in separater Vorschrift): in allen Verfahrensstadien für Polizei, Staatsanwaltschaft und Gericht.

Abs. II: Situative Belehrungen (erfolgen bei gegebener Situation)

Hinweis auf den Umstand,

1. dass mit der erfolgten Einlassung das Schweigen gebrochen wurde.

Hiermit in Verbindung: Einführen einer Bedenkzeit und eines Beweisverwertungsverbotes, falls die vorherige Aussage nicht gewollt ist

2. dass ein Beweisverwertungsverbot im Raum steht und die Möglichkeit zum Widerspruch besteht. Der Hinweis erfolgt unabhängig von der Mitwirkung eines Verteidigers.
3. dass eine Verurteilung auf Grund eines anderen als in der gerichtlich zugelassenen Anklage aufgeführten Strafgesetzes in Betracht kommt (§ 265 I 2 StPO) bzw. sich erst in der Verhandlung Umstände ergeben, welche die Strafbarkeit erhöhen oder die Anordnung einer Maßregel der Besserung und Sicherung rechtfertigen (§ 265 I 2 StPO). Hinzuweisen ist nicht nur auf die Veränderung des rechtlichen, sondern auch des sachlichen Gesichtspunktes (Normierung der BGH-Auslegung des § 265 I StPO).

Geltungsbereich (zu regeln in separater Vorschrift): Nr.1 für das gesamte Verfahren und für Polizei, Staatsanwaltschaft gleichermaßen; Nr. 2 und Nr. 3 nur für die Hauptverhandlung und das Gericht.

Abs. III: Auskünfte auf Antrag des Beschuldigten

- Auf Antrag des Angeklagten oder seines Verteidigers soll das **Gericht** die Sach- und Rechtslage mit den Beteiligten erörtern. Der Angeklagte ist auf diese Möglichkeit hinzuweisen.
- Die Bereitschaft zur Erörterung der Sach- und Rechtslage begründet nicht die Besorgnis der Befangenheit.

§ 140 a

- Im Falle des § XY Abs. II und beim Widerruf eines Geständnisses ist der Beschuldigte auf die Möglichkeit der Wahl eines Verteidigers hinzuweisen, dessen Kosten vom Staat im Wege einer PKH-Regelung getragen werden.

In diesem Zusammenhang:

- Gesamtreform des § 140, eventuell Ausgliederung einiger Tatbestandsmerkmale in den neuen „§ 140 a StPO“.

- Einführung eines Anwesenheitsrechts des Verteidigers im Ermittlungsverfahren

- Geltung der §§ 140, „140 a“ StPO bereits im Vorverfahren.

9. Teil: Schlussbemerkung

Die hier vorgeschlagenen Gesetzesänderungen sind zahlreich und sollen Anlass zu weiterer Diskussion geben.

Problematisch ist zunächst der große Belehrungsumfang. Man kann nicht schon wegen der Fülle der Details sagen, dass die hier unterbreiteten Vorschläge von vornherein praxisfremd wären. Sämtliche Hinweise sind in der Rechtsprechung und im Schrifttum angelegt und wurden vorliegend zu einem geschlossenen System zusammengefügt. Ist – wie hier erfolgt – die praktische und dogmatische Notwendigkeit eines jeden Elements der großen Belehrungsvorschrift nachgewiesen worden, so kann man nicht ohne Begründungsnot argumentieren, dass die Häufung der Hinweise zum gegenteiligen Befund führt.

Deutlich geworden ist auch, dass Konstruktionen wie die Widerspruchslösung oder die Teilschweigeproblematik Belehrungs- und Beratungsbedarf erst hervorrufen. Man kann also auch umgekehrt argumentieren: Der Verzicht auf eine Verwertung des Teilschweigens bzw. eine Korrektur der herrschenden Ansicht im Hinblick auf die Widerspruchslösung könnten diesen Belehrungsbedarf auch wieder verringern. Eine solche Entwicklung ist zwar nicht in Sicht. Will man auf diese dogmatischen Figuren nicht verzichten, so darf dies aber nicht zulasten des Beschuldigten gehen; man muss also die Konsequenzen in Gestalt eines großen Belehrungsumfangs tragen. Es besteht ein enger Zusammenhang zwischen dogmatischer Entwicklung und Belehrungsumfang, der sich in der hier vorgelegten Belehrungsvorschrift niederschlägt.

Weiterhin ist problematisch, dass die Polizei in weitem Umfang in die Pflicht genommen wird. Hieran kann man stärkere Bedenken anmelden als an den Belehrungspflichten, die das Gericht betreffen, denn von jedem Richter kann erwartet werden, dass er den hier vorgesehenen Belehrungsumfang zu handhaben in der Lage ist. Dies könnte sich im Falle der Polizei anders darstellen. Nicht umsonst bezieht sich die Diskussion um Verwertungsverbote und Widerspruchslösung hauptsächlich auf unterlassene Belehrungen in der polizeilichen Vernehmung. Hier werden offensichtlich die meisten Fehler gemacht.

Zwei Ebenen sind hier zu trennen: Zum einen sind die rechtlichen Kenntnisse der Beamten schon hinsichtlich der aktuell bestehenden Belehrungspflichten nicht ausreichend. Diese Feststellung richtet sich auf die defizitäre Ausbildung der Beamten und darf kein Argument gegen Erweiterungen sein. Diese Defizite sind schlicht und einfach zu beheben.

Auf der anderen Seite zeigt die mangelhafte Umsetzung der bestehenden Belehrungspflichten auch, dass diese immer noch als hinderlich betrachtet werden bei der Aufklärung des Sachverhalts, weil der „Wissende“ sich nicht so schnell einlässt. Ob sich eine Bewusstseinsänderung bei der Polizei in der Art herbeiführen lässt, dass diese sich auch verpflichtet fühlt, dem Beschuldigten rechtlich auf fairer Basis zu begegnen, mag man angesichts der gängigen Vernehmungsmethoden bezweifeln. Ein Argument gegen eine Erweiterung des bestehenden Belehrungsstandards lässt sich hieraus aber nur ableiten, wenn man die Wirksamkeit der auch für die Polizei geltenden Belehrungsvorschriften generell in Frage stellt. Dies wird ersichtlich nicht getan und kann somit schwerlich als Argument gegen Erweiterungen herhalten.

Das hier vorgestellte Konzept nimmt den Richter stark in die Pflicht. Über die einzelnen Hinweispflichten hinaus verpflichtet es ihn nicht nur zur Kommunikation, sondern gibt dem Gedanken des Rechtsgesprächs einen äußeren Rahmen, ohne lediglich die Absprachenpraxis im Auge zu haben. Auf der anderen Seite wird der Verteidiger in dieses System integriert, wobei der Beschuldigtenautonomie möglichst weitgehend Rechnung getragen wird. Richter und Verteidiger wirken also hinsichtlich der Belehrung und Beratung des Beschuldigten zusammen.

In der Tat lässt sich also feststellen: Belehrung und Beratung des Beschuldigten hinsichtlich seines Aussageverhaltens sind eine gemeinsame Aufgabe von Gericht und Verteidigung, wobei das Gericht schwerpunktmäßig für die Belehrung, der Verteidiger für die Beratung zuständig ist. Diese Untersuchung hat aber auch gezeigt, dass viele hiermit verbundene Fragen und Probleme ihren Ursprung schon im Vorverfahren haben und auch hier geregelt werden müssen. Nur so wird dem Beschuldigten die Möglichkeit gegeben, wirklich selbstbestimmt über sein Einlassungsverhalten zu entscheiden.

Literaturverzeichnis

Alternativkommentar, Kommentar zum Grundgesetz für die Bundesrepublik Deutschland, Reihe Alternativkommentare, Band 3, 3. Auflage, Neuwied / Kriftel 2001(zitiert: AK-GG/*Bearbeiter*)

Alternativkommentar, Kommentar zur StPO, Band 2, Teilband 1, §§ 94 - 212 b, Neuwied / Kriftel 1992 (zitiert: AK/*Bearbeiter*)

Amelung, Knut, Anm. Vorlagebeschluss OLG Celle, 1 Ss 2 / 91, StV 1991, 454.

Amelung, Knut, Die Verwertbarkeit rechtswidrig gewonnener Beweismittel zugunsten des Angeklagten und deren Grenzen, StraFo 1999, 181

Amelung, Martin, Die Einlassung des Mandanten im Strafprozess, Koch-FS, 145

Arbeitskreis deutscher, österreichischer und schweizerischer Strafrechtslehrer, Alternativ-Entwurf Reform des Ermittlungsverfahrens(AE-EV), München 2001

Arbeitskreis Strafprozeßreform, Die Verteidigung, Heidelberg / Karlsruhe 1979

Arndt, Adolf, Das Schweigen vor Gericht, NJW 1966, 869

Artkämper, Heiko, Fehlerquellen der Beschuldigtenvernehmung, Kriminalistik 1996, 393, 471

Artkämper, Heiko, Der Deal im Strafprozess, Kriminalistik 1999, 784

Arzt, Gunther, Ketzerische Bemerkungen zum Prinzip in dubio pro reo, Berlin / New York 1997

Arzt, Gunther, Geständnisbereitschaft und Strafrechtssystem, FS-SchwKrG, 233

Barton, Stephan, Mindeststandards der Strafverteidigung, Baden-Baden 1994

Bauer, Gerhard, Die Aussage des über das Schweigerecht nicht belehrten Beschuldigten, Göttingen 1972

Bauer, Wolfram, Die „Beweislastverteilung" bei unterlassener Belehrung des Beschuldigten, wistra 1993, 99

Baumann, Jürgen, Beeinträchtigung der Verbrechensverfolgung durch die Strafprozeßnovelle?, JuS 1965, 172

Baumann, Jürgen, Von der Gauzone zur rechtsstaatlichen Regelung – Ein Vorschlag zur Einführung des Rechtsgesprächs in § 265, NStZ 1987, 157

Beck`sches Formularbuch für den Strafverteidiger, 3. Auflage, München 1999 (zitiert: Formularbuch/*Bearbeiter*)

Bernsmann, Klaus, Verwertungsverbot bei fehlender und mangelhafter Belehrung, StraFo 1998, 73

Beulke, Werner, Muss die Polizei dem Beschuldigten vor der Vernehmung „Erste Hilfe" bei der Verteidigerkonsultation leisten?, NStZ 1996, 257

Beulke, Werner, Der Verteidiger im Strafverfahren, Frankfurt am Main 1980 (zitiert: *Beulke*, Verteidiger)

Beulke, Werner, Strafprozeßrecht, 4. Auflage, Heidelberg 2000

Bittmann, Folker, Das Eckpunktepapier zur Reform des Strafverfahrens, ZRP 2001, 489
Bockemühl, Jan, Handbuch des Fachanwalts Strafrecht , Neuwied / Kriftel 2000 (zitiert: Bockemühl/*Bearbeiter)*
Bode, Hans Jürgen, Verständigung im Strafprozeß, DRiZ 1988, 281
Bohlander, Michael, Anmerkung zu BGHSt 38, 214, NStZ 1992, 504
Bohlander, Michael, Die sog. „Widerspruchslösung“ des BH und die Verantwortung des Strafverteidigers – Ansatz zu einem Revisionsgrund der „ineffective assistance of counsel“ im deutschen Strafprozeß?, StV 1999, 562
Bohlander, Michael, Entlastung der Strafrechtspflege – Ersetzung des § 244 II StPO durch § 288 I ZPO?, NStZ 1992, 578
Bohnert, Joachim, Ordnungsvorschriften im Strafverfahren, NStZ 1982, 5
Bosch, Nikolaus, Aspekte des nemo-tenetur-Prinzips aus verfassungsrechtlicher und strafprozessualer Sicht, Berlin 1998
Böttcher, Reinhard, Der Deutsche Juristentag und die Absprachen im Strafprozeß, Meyer-Goßner-FS, 49
Braun, Stefan, Die Absprache im deutschen Strafverfahren, Aachen 1998
Braun, Stefan, Vorschlag für eine Absprachenregelung im Strafverfahren, StraFo 2001, 77
Britz, Guido, Der praktische Fall – Strafrecht: Strafbarkeit böser Gedanken?, JuS 1997, 146
Bruns, Hans-Jürgen, Der „Verdächtige“ als schweigeberechtigte Auskunftsperson und als selbständiger Prozeßbeteiligter neben dem Beschuldigten und dem Zeugen?, Schmidt-Leichner-FS, 1
Bruns, Hans-Jürgen, Das Recht der Strafzumessung, Köln / Berlin / Bonn / München 1985
Brüssow, Rainer; Krekeler, Wilhelm; Mehle, Volkmar, Strafverteidigung in der Praxis, Bonn 1998 (zitiert: B/K/M/*Bearbeiter*)
Burhoff, Detlef, Handbuch für die strafrechtliche Hauptverhandlung, 3. Auflage, Herne / Berlin 1999
Burhoff, Detlef, Verteidigerfehler in der Tatsachen- und Revisionsinstanz, StV 1997, 432
Busam, Gerhard, Das Geständnis im Strafverfahren, Lübeck 1983

Castringius, Arnold, Schweigen und Leugnen des Beschuldigten im Strafprozeß, Hamburg 1965
Cramer, Peter, Absprachen im Strafprozess, Rebmann-FS, 145

Dahs, Hans, Besprechung von Rogall, Der Beschuldigte, GA 1978, 89
Dahs, Hans, Rezension zu Schwarz / Kleinknecht, NJW 1965, 1265
Dahs, Hans, Die kleine Strafprozeßreform, NJW 1964, 81

Dahs, Hans, Die Ausweitung des Widerspruchserfordernisses, StraFo 1998, 253
Dahs, Hans, Handbuch des Strafverteidigers, 6. Auflage, Köln 1999
Dahs, Hans, Absprachen im Strafprozeß, NStZ 1988, 153
Dahs, Hans, Der Anwalt im Strafprozeß, AnwBl 1959, 171
Dahs, Hans; *Langkeit, Jochen*, Das Schweigerecht des Beschuldigten und seine Auskunftsverweigerung als „verdächtiger Zeuge", NStZ 1993, 213
Dallmayer, Jens, Strafprozessrecht: §§ 53, 261 StPO: Schweigerechte des Beschuldigten und des Arztes, JA 2000, 544
Däubler-Gmelin, Herta, Überlegungen zur Reform des Strafprozesses, StV 2001, 359
Dencker, Friedrich, Besprechung von Aufsätzen und Anmerkungen zum Straf- und Strafprozessrecht, NStZ 1982, 458
Dencker, Friedrich, Belehrung des Angeklagten über sein Schweigerecht und Vernehmung zur Person, MDR 1974, 359
Dencker, Friedrich, Zum Geständnis im Straf- und Strafprozeß, ZStW 102, 51
Detter, Klaus, Versäumnisse in der Strafzumessungsverteidigung, StraFo 1997, 193
58. Deutscher Juristentag, Absprachen im Strafverfahren? Grundlagen, Gegenstände und Grenzen, Sitzungsbericht L, München 1990
Deutscher Richterbund, Stellungnahme des Deutschen Richterbundes zum Eckpunkte-Papier der Bundesregierung zur Reform des Strafverfahrens, www.drb.de/stellung/st-eckpunkte.html (nicht im Druck erschienen)
Dielmann, Heinz Jürgen, „Guilty Plea" und „Plea Bargaining" im amerikanischen Strafverfahren – Möglichkeiten für den deutschen Strafprozeß?, GA 1981, 559
Dingeldey, Thomas, Das Prinzip der Aussagefreiheit im Strafprozeß, JA 1984, 407
Dörig, Anm. zu BGH 4 StR 333 / 87, NStZ 1988, 143
Dörig, Anm. zu BGH, Urteil v. 6.8.1987 – 4 StR 333/87 (LG Münster), NStZ 1988, 143
Dornach, Markus, Ist der Strafverteidiger aufgrund seiner Stellung als „Organ der Rechtspflege" Mitgarant eines justizförmigen Strafverfahrens ?, NStZ 1995, 57
Dornach, Markus, Der Strafverteidiger als Mitgarant eines justizförmigen Strafverfahrens, Berlin 1994
DRB / DAV, „Für Streitkultur im Strafverfahren", DRiZ 1997, 491
Dudel, Bernd, Das Widerspruchserfordernis bei Beweisverwertungsverboten, Baden-Baden 1999
Dünnebier, Hans, Anm. zu BGHSt 19, 88, JR 1966, 66
Dünnebier, Hans, Anm. zu BGH, Urteil v. 5.11.63 – 5 StR 445 / 63, JR 1964, 66

Eckpunkte einer Reform des Strafverfahrens, StV 2001, 314 (zitiert: *Eckpunkte*)

Eisenberg, Ulrich, Beweisrecht der StPO, 3. Auflage, München 1999
Eschelbach, Ralf, Absprachen in der strafrechtlichen Hauptverhandlung, JA 1999, 694
Eser, Albin, Der Schutz vor Selbstbezichtigung im deutschen Strafprozessrecht, Beiheft ZStW 86, 136

Feigen, Hanns W., Neue Risiken für die Rechte des Beschuldigten, in: Zur Theorie und Systematik des Strafprozeßrechts, Symposium zu Ehren von Hans Joachim Rudolphi, 161 (zitiert: *Feigen*, Rudolphi-Symposium)
Fezer, Gerhard, Anm. zu BGHSt 38, 214, JR 1992, 385
Fezer, Gerhard, Anm. zu OLG Hamm 4 Ss 2376/78, JR 1980, 83
Fezer, Gerhard, Anm. zu BGHSt 38, 349, JZ 1994, 686
Fezer, Gerhard, Anm. zu BGH 3 StR 188 / 89, StV 1990, 195
Fezer, Gerhard, Anm. zu BGHSt 31, 395, JR 1984, 341
Fezer, Gerhard, Anm. zu BGH 5 StR 445 / 95StV 1997, 57
Fezer, Gerhard, Anm. zu BGH 3 StR 129 / 88, JZ 1989, 348
Fezer, Gerhard, Anm. zu BGH, Urteil v. 24.8.1988 – 3 StR 129/88 (LG Kleve), JZ 1989, 348
Fezer, Gerhard, Strafprozeßrecht, 2. Auflage, München 1995
Fezer, Gerhard, Hat der Beschuldigte ein „Recht auf Lüge"?, Stree/Wessels-FS, 663
Fezer, Gerhard, Grundfragen der Beweisverwertungsverbote, Heidelberg 1995
Fezer, Gerhard, Tatrichterlicher Erkenntnisprozeß – „Freiheit der Beweiswürdigung", StV 1995, 95
Fezer, Gerhard, Verteidigerbestellung und Verteidigerwahl im Ermittlungsverfahren, *demnächst* in Marszal-FS
Fezer, Gerhard, Anm. zu BGHSt 46, 93, JZ 2001, 363
Fincke, Martin, Verwertbarkeit von Aussagen des nicht belehrten Beschuldigten, NJW 1969, 1014
Fincke, Martin, Zum Begriff des Beschuldigten und den Verdachtsgründen, ZStW 95, 918
Freund, Georg, Stellungnahme eines Arbeitskreises der Strafrechtslehrer zum „Eckpunktepapier" zur Reform des Strafverfahrens, GA 2002, 82
Fuhrmann, Hans, Das Schweigen des Angeklagten in der Hauptverhandlung, JR 1965, 417

von Galen, Margarete; Wattenberg, Andreas, Eckpunkte einer Reform des Strafverfahrens, ZRP 2001, 445
Gallandi, Volker, Strafprozeßrecht im Umbruch, wistra 1991, 47
Gallandi, Volker, Vertrauen im Strafprozeß, MDR 1987, 801
Gatzweiler, Norbert, Die Verständigung im Strafprozeß – Standortbestimmung eines Strafverteidigers

Geppert, Klaus, Die „qualifizierte“ Belehrung, Meyer-GS, 93
Geppert, Klaus, Notwendigkeit und rechtliche Grenzen der „informatorischen Befragung“ im Strafverfahren, Oehler-FS, 323
v. Gerlach, Jürgen, Die Vernehmung des Beschuldigten und der Schutz vor Selbstbeschuldigung im deutschen und anglo-amerikanischen Strafverfahren , Hanack-FS, 117
Geyer, Christian, Funktion und Grenzen der Pflicht zur Belehrung nach § 136 Abs. I Satz 2 StPO, Regensburg 1998
Giehring, Heinz, Rechte des Beschuldigten, Handlungskompetenz und kompensatorische Strafverfolgung, in: Sozialwissenschaften im Studium des Rechts, Band III Strafrecht, München 1978
Gillmeister, Ferdinand, Die Hinweispflicht des Tatrichters, StraFo 1997, 8
Gössel, Karl Heinz, Rezension von Bosch, Aspekte des nemo-tenetur-Prinzips, GA 2001, 192
Gössel, Karl Heinz, Die Stellung des Verteidigers im rechtsstaatlichen Strafverfahren, ZStW 94, 5
Grüner, Gerhard, Über den Mißbrauch von Mitwirkungsrechten und die Mitwirkungspflichten des Verteidigers im Strafprozeß, Berlin 2000
Grünwald, Gerald, Anm. zu BGHSt 31, 395, JZ 1983, 716
Grünwald, Gerald, Anm. zu BGHSt 22, 129, JZ 1968, 752
Grünwald, Gerald, Beweisverbote und Verwertungsverbote im Strafverfahren, JZ 1966, 489
Grünwald, Gerald, Das Beweisrecht der Strafprozeßordnung, Baden-Baden 1993
Grünwald, Gerald, Menschenrechte im Strafprozeß, StV 1987, 453
Gübner, Ralph, Anm. zu AG Neumünster, Beschl. v. 9.8.2000 – 27 Ls 571 Js 52841/99, StV 2001, 500
Güldenpfennig, Rudolf, Anm. zu OLG Oldenburg, 4 Ss 365 / 68, NJW 1969, 1867
Gundlach, Rainer, Die Vernehmung des Beschuldigten im Ermittlungsverfahren, Frankfurt am Main 1984
Günter, Hans Helmut, Die Einführung und Verwertung früherer Angaben des in der Hauptverhandlung schweigenden Angeklagten, DRiZ 1971, 379
Günther, Hans-Ludwig, Die Schweigebefugnis des Tatverdächtigen im Straf- und Bußgeldverfahren aus verfassungsrechtlicher Sicht, GA 1978, 193
Günther, Hans-Ludwig, Strafrichterliche Beweiswürdigung und schweigender Angeklagter, JR 1978, 89

Haffke, Bernhard, Zwangsverteidigung – notwendige Verteidigung – Pflichtverteidigung – Ersatzverteidigung , StV 1981, 471

Hahn, Carl, Die gesamten Materialien zu den Reichs-Justizgesetzen, Band 3, Materialien zur Strafprozeßordnung, Abteilung 1, 2. Auflage, Aalen 1983
Haizmann, Michael, Anm. zu BGH 1 StR 768 / 95, StraFo 1996, 121
Hamm, Rainer, Der Standort des Verteidigers im heutigen Strafprozeß, NJW 1993, 289
Hamm, Rainer, Staatliche Hilfe bei der Suche nach Verteidigern – Verteidigerhilfe zur Begründung von Verwertungsverboten?, NJW 1996, 21844
Hamm, Rainer, Verwertung rechtswidriger Ermittlungen – nur zugunsten des Beschuldigten ?, StraFo 1998, 361
Hamm, Rainer, Von der Unmöglichkeit, Informelles zu formalisieren - das Dilemma der Urteilsabsprachen, Meyer-Goßner-FS, 33
Hammerstein, Gerhard, Anm. zu BGHSt 34, 324, JR 1987, 479
Hammerstein, Gerhard, Sachaufklärung durch inquisitorische Vernehmung des Angeklagten, Middendorff-FS, 111
Hammerstein, Gerhard, Verteidigung ohne Verteidiger, JR 1985, 140
Hanack, Ernst-Walter, Anm. zu BGH 2StR 612 / 80, JR 1981, 433
Hanack, Ernst-Walter, Die Rechtsprechung des Bundesgerichtshofs zum Strafverfahrensrecht, JZ 1971, 168
Hänlein, Andreas, Moos, Michael, Zu Reichweite und revisionsrechtlicher Problematik der Hinweispflicht nach § 265 I, NStZ 1990, 481
Hardwig, Werner, Die Persönlichkeit des Beschuldigen im Strafprozeß , ZStW 66, 237
Hartwig, Sven, Strafprozessuale Folgen des verspäteten Widerspruchs gegen eine unzulässige Beweisverwertung, JR 1998, 359
Hassemer, Winfried, Über den Mißbrauch von Rechten, Meyer-Goßner-FS, 127
Hassemer, Winfried, Reform der Strafverteidigung, ZRP 1980, 326
Hecker, Bernd, Verwertungsverbot infolge unterlassener Betroffenenbelehrung?, NJW 1997, 1833
Hegmann, Jürgen, Die Belehrung des Angeklagten gem. § 243 IV 1 StPO in der Berufungsverhandlung, NJW 1975, 915
Heidelberger Kommentar zur Strafprozeßordnung, 3. Auflage, Heidelberg 2001, (zitiert: HK/*Bearbeiter*)
Heinitz, Ernst, Gedanken zur Strafprozeßreform, JR 1961, 241
Heinrich, Bernd, Rügepflichten in der Hauptverhandlung und Disponibilität strafverfahrensrechtlicher Vorschriften, ZStW 2000, 399
v. Heintschel-Heinegg, Bernd, Strafverfahrensrecht: Verwertungsverbot bei verweigerter Anwaltskonsultation, JA 1993, 319
Henkel, Heinrich, Strafverfahrensrecht, 2. Auflage, Stuttgart / Berlin/ Köln / Mainz 1968
Herdegen, Gerhard, Anm. zu BGHSt 43, 212, JZ 1998, 54

Herrmann, Joachim, Das Recht des Beschuldigten, vor der polizeilichen Vernehmung einen Verteidiger zu befragen, NStZ 1997, 209

Herrmann, Joachim, Rechtliche Strukturen für Absprachen in der Hauptverhandlung: Die Richtlinienentscheidung des Bundesgerichtshofs - BGHSt 43, 195, JuS 1999, 1163

Herrmann, Joachim, Überlegungen zur Reform der notwendigen Verteidigung, StV 1996, 396

Hess, Christian, Die Zulässigkeit aufgedrängter Fürsorge gegenüber dem Beschuldigten im Strafprozeß, Frankfurt a.M. 1989

Hirschberg, Max, Das Fehlurteil im Strafprozeß, Stuttgart 1959

Höra, Knut, Wahrheitspflicht und Schweigebefugnis des Beschuldigten, Frankfurt a.M. 1970

Hübner, Claudia, Allgemeine Verfahrensgrundsätze, Fürsorgepflicht oder fair trial, Tübingen 1983

Ignor, Alexander; Matt, Holger, Integration und Offenheit im Strafprozeß – Vorschläge zu einer Reform des Strafverfahrens, StV 2002, 102

Ioakimidis, Aridne, Die Rechtsnatur der Absprache im Strafrecht, Berlin 2001

Jerouscheck, Günter, Jenseits von Gut und Böse: Das Geständnis und seine Bedeutung im Strafrecht, ZStW 102, 793

Jerusalem, Andreas, Anm. zu OLG Hamburg, 2 Ss 57 / 65, NJW 1966, 1278

Joerden, Jan, Verbotene Vernehmungsmethoden – Grundfragen des § 136 a StPO, JuS 1993, 927

Jung, Heike, Zu Rechtsstellung des Beschuldigten im Ermittlungsverfahren – eine Positionsbestimmung, JuS 1998, 1136

Kahlo, Michael, Der Begriff der Prozeßsubjektivität und seine Bedeutung im reformierten Strafverfahren, besonders für die Rechtsstellung des Beschuldigten, KritV 1997, 183

Kaiser, Eberhard, Auswirkungen des Strafprozeßänderungsgesetzes unter besonderer Berücksichtigung des Haftrechts, NJW 1968, 777

Karlsruher Kommentar zur Strafprozeßordnung, 3. Auflage, Karlsruhe 1993 (zitiert: KK/*Bearbeiter*)

Kaufmann, Michael, Anm. zu BGH 2 StR 130 / 97, NStZ 1998, 474

Keiser, Claudia, Die Anwendung des „nemo-tenetur-Grundsatzes“ auf das Prozeßverhalten des Angeklagten, StV 2000, 633

Kempf, Eberhard, Rechtsmißbrauch im Strafprozeß, StV 1996, 507

Kiehl, Walter, Verwertungsverbot für Beschuldigtenvernehmung ohne vorherige Belehrung: Der BGH korrigiert sich – überzeugend?, NJW 1993, 501

Kiehl, Walter H. ,Neues Verwertungsverbot bei unverstandener Beschuldigtenbelehrung – und neue Tücken für die Verteidigung, NJW 1994, 1247
Kintzi, Heinrich, Anmerkung zu BGHSt 43, 195, JR 1998, 249
Kintzi, Heinrich, Anm. zu BGH, Urteil vom 20.2.1996 – 5 StR 679/95 (BGHSt 42, 46), JR 1997, 78
Kintzi, Heinrich, Verständigung im Strafverfahren, DRiZ 1992, 245
Kleinknecht, Theodor, Anm. zu BGHSt 20, 281, JR 1966, 270
Kleinknecht, Theodor, Gesetz zur Änderung der Strafprozeßordnung und des Gerichtsverfassungsgesetzes, JZ 1965, 153
Kleinknecht, Theodor, Die Beweisverbote im Strafprozeß, NJW 1966, 1537
Kleinknecht, Theodor; Meyer-Goßner, Lutz, Strafprozeßordnung, 45. Auflage, München 2001 (zitiert: Kleinknecht/*Bearbeiter*)
Klug, Oliver K.-F., Zum Strafverfahren als Parteiprozeß, ZRP 1999, 288
KMR – Kommentar zur Strafprozeßordnung, Neuwied / Kriftel / Berlin, 30. Lieferung, Dezember 2001 (zitiert: KMR/*Bearbeiter*)
Kohlhaas, Max, Schlüsse aus dem Schweigen des Beschuldigten?, NJW 1965, 2283
Kölbel, Ralf, Bindungswirkung von Strafmaßabsprachen, NStZ 2002, 73
König, Stefan, Pazifische Phantasien, Friebertshäuser-FG, 211
König, Stefan, Anmerkung zu BGHSt 43, 212, StV 1998, 113
König, Stefan, Offene Kommunikation in der Hauptverhandlung – Thesen aus anwaltlicher Sicht, AnwBl 1997, 541
Kratsch, D., Strafverfahrensrecht: Verwertung der Aussage des Beschuldigten trotz unterlassener Belehrung, JA 1984, 179
Krause, Dietmar, Einzelfragen zum Anwesenheitsrecht des Verteidigers im Strafverfahren, StV 1984, 169
Krekeler, Wilhelm, Auskunft- und Raterteilung durch den Verteidiger, Friebertshäuser-FG, 53
Kremer, Stefan Hubertus, Absprachen zwischen Gericht und Verfahrensbeteiligten im Strafprozeß, Bonn 1994
Kroth, Wolfgang, Die Belehrung des Beschuldigten über sein Recht, die Aussage zu verweigern, München 1976
Kuckein, Jürgen, Zur Verwertbarkeit des Geständnisses bei einer gescheiterten Verständigung im Strafverfahren, Meyer-Goßner-FS, 63
Kuckein, Jürgen; Pfister, Wolfgang, Verständigung im Strafverfahren - Bestandsaufnahme und Perspektive, BGH-FS, 641
Kühl, Kristian, Freie Beweiswürdigung des Schweigens des Angeklagten und der Untersuchungsverweigerung eines angehörigen Zeugen - BGHSt 32, 140, JuS 1986, 115
Kühne, Hans-Heiner, Anm. zu BGHSt 45, 363, JZ 2000, 684
Kühne, Hans-Heiner, Strafprozeßrecht, 5. Auflage, Heidelberg 1999

Kunert, Karl Heinz, Wie weit schützt die Strafprozeßordnung die Grundrechte des Beschuldigten?, MDR 1967, 539

Kunert, Karl Heinz, Anm. zu BGHSt 46, 93, NStZ 2001, 217

Küpper, Georg; Bode, Karl-Christoph, Absprachen im Strafverfahren, Jura 1999, 351 (Teil 1), 393 (Teil 2)

Lackner, Karl; Kühl, Kristian, Strafgesetzbuch mit Erläuterungen, 24. Auflage, München 2001 (zitiert: Lackner/*Bearbeiter)*

Landau, Herbert; Eschelbach, Ralf, Absprachen zur strafrechtlichen Hauptverhandlung, NJW 1999, 321

Leiwesmeyer, Hans, Der schweigende Angeklagte, Kiel 1994

Lesch, Heiko, Inquisition und rechtliches Gehör in der Beschuldigtenvernehmung, ZStW 111, 624

Lesch, Heiko, Der Beschuldigte im Strafverfahren – über den Begriff und die Konsequenzen der unterlassenen Belehrung, JA 1995, 157

Lilie, Hans, Gutachten D zum 63. Deutschen Juristentag: Ist für die Strafjustiz ein dreigliedriger Justizaufbau, eine Reform des Rechtsmittelsystems und eine Aufgabenverlagerung auf außergerichtliche Verfahren zu empfehlen ?, München 2000

v. Löbbecke, Bernfried, Fürsorgepflicht im Strafprozeß?, GA 1973, 200

Löwe-Rosenberg, 25. Auflage
- Einleitung; §§ 1- 71, Berlin / New York 1999
- §§ 112-136a, Berlin / New York 1997
- §§ 213-295, Berlin / New York 2001

(zitiert: LR/*Bearbeiter)*

Lüderssen, Klaus, Die Pflichtverteidigung, NJW 1986, 2742

Lüderssen, Klaus, Die Verständigung im Strafprozeß, StV 1990, 415

Maatz, Kurt Rüdiger, Mitwirkungspflicht des Verteidigers in der Hauptverhandlung und Rügeverlust, NStZ 1992, 513

Maiwald, Manfred, Zur gerichtlichen Fürsorgepflicht im Strafprozeß und ihren Grenzen, Lange-FS, 745

Malek, Klaus, Verteidigung in der Hauptverhandlung, 3. Auflage, Heidelberg 1999

Maul, Heinrich; Eschelbach, Ralf, Zur „Widerspruchslösung" von Beweisverbotsproblemen in der Rechtsprechung, StraFo 1996, 66

Maunz, Theodor / Dürig, Günter, Band 5, Lieferungen 1-39, München 2001 (zitiert: Maunz / Dürig /*Bearbeiter*)

Meurer, Dieter, Dogmatik und Pragmatismus – Marksteine der Rechtsprechung des BGH in Strafsachen, NJW 2000, 2936

Meyer, J., Anm. zu BGHSt 34, 324, JR 1988, 79

Meyer, Karlheinz, Anm. zu BGHSt 31, 395, NStZ 1983, 566

Meyer, Karlheinz, Entsprechende Anwendung des § 265 Abs. 1 StPO bei veränderter Sachlage?, GA 1964, 257
Meyer, Karlheinz, Anm. zu BGHSt 20, 298, JR 1966, 350
Meyer-Goßner, Lutz, Die Rechtsprechung zur Verständigung im Strafprozeß, StraFo 2001, 73
Meyer-Goßner, Lutz, Entlastung der Strafrechtspflege, NStZ 1992, 167
Meyer-Goßner, Lutz; Appl, Ekkehard, Die Ausweitung des Widerspruchserfordernisses, StraFo 1998, 258
Michel, Norbert, Einlassung durch den Anwalt?, MDR 1994, 648
Miebach, Klaus, Der teilschweigende Angeklagte, NStZ 2000, 234
Molketin, Rüdiger, Die Schutzfunktion des § 140 II StPO zugunsten des Beschuldigten im Strafverfahren, Frankfurt am Main 1986
Molketin, Rüdiger, Die Rechtsprechung zu § 140 Abs. 2 S. 1 StPO in den Jahren 1996/1997 (1. Teil), AnwBl 2001, 85.
Moos, Ruth, Das Geständnis im Strafverfahren und in der Strafzumessung, Göttingen 1983
Müller, Egon, Anm. zu BGHSt 42, 15, StV 1996, 358
Müller-Dietz, Heinz, Die Stellung des Beschuldigten im Strafprozeß, ZStW 93, 1177

Nack, Armin, Verwertung rechtswidriger Ermittlungen nur zugunsten des Beschuldigten?, StraFo 1998, 367
Neuhaus, Ralf, Zur Notwendigkeit der qualifizierten Beschuldigtenbelehrung, NStZ 1997, 312
Neuhaus, Ralf, Notwendige Verteidigung im Ermittlungsverfahren – BGHSt 46, 93, JuS 2002, 18
Nickl, Rolf, Das Schweigen des Beschuldigten und seine Bedeutung für die Beweiswürdigung, Hamburg 1978
Niemöller, Martin, Rechtsmißbrauch im Strafprozeß, StV 1996, 501
Niemöller, Martin, Die Hinweispflicht des Strafrichters bei Abweichungen vom Tatbild der Anklage, Frankfurt am Main 1988
Niemöller, Martin, Absprachen im Strafprozeß, StV 1990, 34
Nothhelfer, Martin, Die Freiheit von Selbstbezichtigungszwang, Heidelberg 1989

Oellerich, Rainer, Voraussetzungen einer notwendigen Verteidigung und Zeitpunkt der Pflichtverteidigerbestellung, StV 1981, 434
Ostendorf, Heribert, Kommunikation und Interaktion im Strafrechtssystem, DRiZ 1999, 63
Ostermeyer, Helmut, Anm. zu OLG Oldenburg, 4 Ss 365 / 68, NJW 1969, 1187
Ostermeyer, Helmut, Anmerkung zu BGH, Beschluss vom 2.04.68, 5 StR 153 / 68 (LG Berlin), NJW 1968, 1789

Park, Tido, Anm. zu BGH 1 StR 441 / 97, StV 1998, 59
Park, Tido, Die prozessuale Verwertbarkeit verschiedener Formen der Einlassung im Strafverfahren, StV 2001, 589
Paulus, R., Anm. zu AG Hameln, 11 Ls 39 Js 13682/87, NStZ 1990, 294
Pelchen, G., Anm. zu BGHSt 32, 140, JR 1985, 71
Peters, Karl, Strafprozeß, 4. Auflage, Heidelberg 1985
Prüfer, Hans, Das fragwürdige Geständnis, StV 1998, 232

Quentmeier, Kirsten, Geständnis, Schweigerecht und Schweigen des Beschuldigten, JA 1996, 215

Radbruch, Gustav, Grenzen der Kriminalpolizei, Sauer-FS, 121
Ransiek, Andreas, Belehrung über Aussagefreiheit und Recht der Verteidigerkonsultation: Folgerungen für die Beschuldigtenvernehmung, StV 1994, 34
Ransiek, Andreas, Die Rechte des Beschuldigten in der Polizeivernehmung, Heidelberg 1990
Rejewski, Erwin, Unterbliebener Hinweis auf die „Aussagefreiheit" des Beschuldigten als Revisionsgrund ?, NJW 1967, 1999
Richter II, Christian, Wider die Gegenreform, StV 1994, 454
Richter II, Christian, Reden-Schweigen-Teilschweigen, StV 1994, 687
Rieß, Peter, Prolegomena zu einer Gesamtreform des Strafverfahrensrechts, Schäfer-FS, 155
Rieß, Peter, Pflichtverteidigung – Zwangsverteidigung – Ersatzverteidigung Reform der notwendigen Verteidigung, StV 1981, 460
Rieß, Peter, Der Beschuldigte als Subjekt des Strafverfahrens in Entwicklung und Reform der Strafprozeßordnung, FS-Reichsjustizamt, 373
Rieß, Peter, Die Vernehmung des Beschuldigten im Strafprozeß, JA 1980, 293
Rieß, Peter, Anm. zu BGHSt 38, 372, JR 1993, 334
Rieß, Peter, Das Strafprozeßänderungsgesetz 1964, Kleinknecht-FS, 355
Rogall, Klaus, Anm. zu BVerfG – 3. Kammer des 2. Senats, Beschl. v. 1.3.2000 – 2 BvR 2017 u. 2039/94, StV 2000, 490
Rogall, Klaus, Anm. zu BGHSt 38, 302, JR 1993, 380
Rogall, Klaus, Der Beschuldigte als Beweismittel gegen sich selbst, Bonn 1977
Rönnau, Thomas, Die neue Verbindlichkeit bei den strafprozessualen Absprachen, wistra 1998, 49
Roschmann, Christian, Das Schweigen des Beschuldigten im Strafprozeß, Bremen 1983
Roxin, Claus, Gegenwart und Zukunft der Verteidigung im rechtsstaatlichen Straf-verfahren, Hanack-FS, 1
Roxin, Claus, Das Recht des Beschuldigten zur Verteidigerkonsultation in der neuesten Rechtsprechung, JZ 1997, 343

Roxin, Claus, Anm. zu BGHSt 38, 372, JZ 1993, 427
Roxin, Claus, Anm. zu BGHSt 38, 214, JZ 1992, 923
Roxin, Claus, Strafverfahrensrecht,25. Auflage, München 1998
Rückel, Christoph, Verteidigertaktik bei Verständigungen und Vereinbarungen im Strafverfahren, NStZ 1987, 297
Rudolphi, Hans-Joachim, Die Revisibilität von Verfahrensmängeln im Strafprozeß, MDR 1970, 93
Rüping, Hinrich, Zur Mitwirkungspflicht des Beschuldigten und Angeklagten, JR 1974, 135
Rüping, Hinrich, Das Strafverfahren, 3. Auflage, München 1997

Salditt, Franz, Eckpunkte – Streitfragen des partizipatorischen Strafprozesses, StV 2001, 311
Sarstedt, Werner, Die Revision in Strafsachen, 4. Auflage, Berlin / New York 1962
Schaefer, Hans-Christoph, Zum Anwesenheitsrecht des Verteidigers bei polizeilichen Vernehmungen des Beschuldigten, MDR 1977, 980
Schäfer, Gerhard, Praxis der Strafzumessung, 3. Auflage, München 2001
Schäfer, Herbert, Rechtsgespräch und Verständigung im Strafprozeß, DRiZ 1989, 294
Scheffler, Uwe, Anm. zu BGHSt 38, 111, JR 1993, 171
Scheffler, Uwe, Rückkehr zur bisherigen Rechtsauffassung nach einem rechtlichen Hinweis gem. § 265 Abs. I StPO ohne erneuten Hinweis?, JR 1989, 232
Schellenberg, Frank, Die Hauptverhandlung im Strafverfahren, 2. Auflage, Köln / Berlin / Bonn / München 2000
Schellenberg, Frank, Notwendige Verteidigung , StV 1996, 641
Schlothauer, Reinhold, Gerichtliche Hinweispflichten in der Hauptverhandlung, StV 1986, 213
Schlothauer, Reinhold, Vorbereitung der Hauptverhandlung, 2. Auflage, Heidelberg 1998
Schlothauer, Reinhold, Die Flucht aus der Justizförmigkeit durch die europäische Hintertür, StV 2001, 127
Schmidt, Eberhard, Sinn und Tragweite des Hinweises auf die Aussagefreiheit des Beschuldigten, NJW 1968, 1209
Schmidt, Eberhardt, § 261 in der neuen höchstrichterlichen Rechtsprechung, JZ 1970, 338
Schmidt-Hieber, Werner, Hinweis auf die strafmildernde Wirkung eines Geständnisses?, Wassermann-FS, 995
Schmidt-Hieber, Werner, Die gescheiterte Verständigung, NStZ 1988, 302
Schmidt-Hieber, Werner, Der strafprozessuale „Vergleich“ – eine illegale Kungelei?, StV 1986, 355

Schmidt-Hieber, Werner, Absprachen im Strafprozeß – Rechtsbeugung oder Klassenjustiz?, DRiZ 1990, 321
Schmidt-Hieber, Werner, Vereinbarungen im Strafverfahren, NJW 1982, 1017
Schmidt-Hieber, Werner, Absprachen im Strafprozeß – Privileg des Wohlstandskriminellen, NJW 1990, 1884
Schmidt-Leichner, Erich, Ist und bleibt das Schweigen des Beschuldigten zweischneidig?, NJW 1966, 189
Schmidt-Leichner, Erich, Anm. zu BGH 1 StR 26 / 66 und 2 StR 160 / 66, NJW 1966, 1718
Schmidt-Leichner, Erich, Das neue Recht im Strafverfahren, NJW 1965, 1309
Schmitz, Roland, Anm. zu BGH3 StR 188 / 89, JA 1990, 173
Schneider, Hans Joachim, Beweisverwertungsverbot der Zeugnisverweigerung gegen den Angeklagten – BGHSt 22, 113, JuS 1970, 271
Schneider, Hartmut, Die strafprozessuale Beweiswürdigung des Schweigens von Zeugen und angehörigen Zeugen, Jura 1990, 572
Schönke, Adolf; Schröder, Horst, Strafgesetzbuch, Kommentar, 26. Auflage, München 2001, (zitiert: Sch/Sch/*Bearbeiter*)
Schorn, Hubert, Belehrungen und belehrende Hinweise im Strafprozeß, JR 1967, 203
Schorn, Hubertus, Die Fürsorgepflicht im Strafverfahren, MDR 1966, 639
Schroeder, Friedrich Christian, Fälle und Lösungen nach höchstrichterlichen Entscheidungen: Strafprozeßrecht, Karlsruhe 1969
Schünemann, Bernd, Die Belehrungspflichten der §§ 243 IV, 136 n. F. StPO und der BGH, MDR 1969, 101
Schünemann, Bernd, 58. Deutscher Juristentag: Absprachen im Strafverfahren? Grundlagen, Gegenstände und Grenzen, Gutachten B, München 1990
Seelmann, Kurt, Revision wegen des Unterlassen der Belehrung über das Recht zur Aussageverweigerung – BGHSt 25, 325, JuS 1976, 157
Seibert, Claus, Das Schweigen des Angeklagten, NJW 1965, 1706
Seitz, Helmut, Anm. zu BGHSt 39, 305, NStZ 1994, 185
Sieg, Hans O., Zum Anwesenheitsrecht des Verteidigers bei polizeilichen Vernehmungen des Beschuldigten - de lege lata, de lege ferenda?, MDR 1985, 195
Sieg, Hans O., Zur Anwesenheit des Verteidigers bei Vernehmungen des Beschuldigten im Ermittlungsverfahren, NJW 1975, 1009
Sieg, Hans O., Anm. zu BGHSt 31, 395, MDR 1984, 725
Sinner, Stefan, Anm. zu BGH, Ur. v. 17.11.1999 – 2 StR 313/99 (LG Aachen), StV 2000, 289
Siolek, Wolfgang, Neues zum Thema Verständigung im Strafverfahren, DRiZ 1993, 422
Siolek, Wolfgang, Verständigung im Strafverfahren – eine verfassungswidrige Praxis!, DRiZ 1989, 321

Siolek, Wolfgang, Verständigung in der Hauptverhandlung, Baden-Baden 1993
Solbach, Anmerkung zu BGHSt 38, 214, JA 1992, 222
Stade, Monika, Die Stellung des Verteidigers im Ermittlungsverfahren, Göttingen 1997
Stein, Ulrich, Die Anwesenheitspflicht des Angeklagten in der Hauptverhandlung, ZStW 97, 303
Stern, Steffen, Der Geständniswiderruf in der Strafverteidigerpraxis, Bielefeld 1986
Stern, Steffen, Der Geständniswiderruf als forensisches Erkenntnisproblem, StV 1990, 563
StPO-Kommission, Sitzung der StPO-Kommission, DRiZ 1987, 244
Strafrechtsausschuss der Bundesrechtsanwaltskammer, Thesen zur Strafverteidigung, München 1992 (zitiert: *BRAK*)
Strafrechtsausschuss der Bundesrechtsanwaltskammer, Stellungnahme zum Regierungsentwurf eines Gesetzes zur Änderung der Strafprozeßordnung und des Gerichtsverfassungsgesetzes (StPÄG), 1960
(zitiert: *Stellungnahme BRAK*)
Stree, Walter, Schweigen des Beschuldigten im Strafverfahren, JZ 1966, 593
Systematischer Kommentar zur Strafprozeßordnung und zum Gerichtsverfassungsgesetz, Neuwied, 25. Aufbaulieferung, Oktober 2001
(zitiert: SK/*Bearbeiter*)

Torka, Ronald, Nachtatverhalten und Nemo tenetur, Berlin 2000
Tschwerwinka, Ralf, Absprachen im Strafprozeß, Frankfurt am Main 1995

ter Veen, Heino, Die Zulässigkeit der informatorischen Befragung, StV 1983, 293
Ventzke, Klaus-Ulrich, Anm. zu BGHSt 42, 170, StV 1996, 524
Ventzke, Klaus-Ulrich, Die Widerspruchslösung des Bundesgerichtshofs – viel Getu um nichts?, StV 1997, 543
Ventzke, Klaus-Ulrich, Anm. zu BGH, Beschl. v. 15.8.2000 – 5 –StR 223/00 (LG Hamburg), StV 2001, 545
Verrel, Torsten, Die Selbstbelastungsfreiheit im Strafverfahren, München 2001
Volk, Klaus, Anm. zu BGHSt 32, 140, NStZ 1984, 377

Wagner, Heinz, Rechtliches Gehör im Ermittlungsverfahren, ZStW 109, 545
Wagner, Heinz; Rönnau, Thomas, Die Absprachen im Strafprozeß, GA 1990, 387
Walder, Hans, Die Vernehmung des Beschuldigten, Hamburg 1965
Warburg, Justus R., Die anwaltliche Praxis in Strafsachen, Stuttgart 1985
Weigend, Thomas, Unverzichtbares im Strafverfahren, ZStW 113, 271
Weigend, Thomas, Die Reform des Strafverfahrens, ZStW 104, 486

Weigend, Thomas, Der Schutz der Selbstbestimmung des Beschuldigten bei seiner Vernehmung im Strafverfahren, in: Dieter Leipold (Hrsg.), Selbstbestimmung in der modernen Gesellschaft aus deutscher und japanischer Sicht, 149 ff
Weigend, Thomas, Der BGH vor der Herausforderung der Absprachenpraxis, BGH-FG, 1011
Weigend, Thomas, Eine Prozeßordnung für abgesprochene Urteile?, NStZ 1999, 57
Weihrauch, Matthias, Verteidigung im Ermittlungsverfahren, 5. Auflage, Heidelberg 1997
Welp, Jürgen, Anwesenheitsrechte und Benachrichtigungspflichten, JZ 1980, 134
Welp, Jürgen, Der Verteidiger als Anwalt des Vertrauens, ZStW 90, 101
Wesemann, Horst; Müller, Anissa, Das gem. § 136a Abs. III StPO unverwertbare Geständnis und seine Bedeutung im Rahmen der Strafzumessung, StraFo 1998, 113
Wessels, Johannes, Schweigen und Leugnen im Strafverfahren, JuS 1966, 169
Widmaier, Gunter, Mitwirkungspflicht des Verteidigers in der Hauptverhandlung und Rügeverlust , NStZ 1992, 519
Wolf, Gerhard, Das System des Rechts der Strafverteidigung, Frankfurt Oder 2000
Wollweber, Harald, Anmerkung zu BGH 2 StR 130 / 97, StV 1999, 355
Wolter, Jürgen, Anm. zu BGH 3 StR 136 / 83, NStZ 1984, 276
Wolter, Jürgen, Aspekte einer Strafprozeßreform bis 2007, München 1991
Wolter, Jürgen, Anm. zu BGH, Urteil v. 24.8.1983 – 3 StR 136 /83 (LG Kleve), NStZ 1984, 276

Zaczyk, Rainer, Das Anwesenheitsrecht des Verteidigers bei richterlichen Vernehmungen im Ermittlungsverfahren (§ 168 c StPO), NStZ 1987, 537
Zipf, Heinz, Die Strafzumessung, Heidelberg 1977
Zschockelt, Alfons, Anm. zu BGH, Urt. v. 20.2.1996 – 5 StR 679/95 (LG Hannover), NStZ 1996, 449

SCHRIFTEN ZUM STRAFRECHT UND STRAFPROZESSRECHT

Herausgegeben von Manfred Maiwald

Band 1 Christian-Peter Frees: Die steuerrechtliche Selbstanzeige. Zur kriminalpolitischen Zweckmäßigkeit des § 371 AO. 1991.

Band 2 Norbert Joachim: Der Hörensagenbeweis im Strafverfahren. 1991.

Band 3 Alfred A. Göbel: Die Einwilligung im Strafrecht als Ausprägung des Selbstbestimmungsrechts. 1991.

Band 4 Karl-Heinz Vehling: Die Abgrenzung von Vorbereitung und Versuch. 1991.

Band 5 Heiko Hartmut Lesch: Das Problem der sukzessiven Beihilfe. 1992.

Band 6 Dirk Schwerdtfeger: Besondere persönliche Unrechtsmerkmale. 1992.

Band 7 Stefan Göhring: Polizeiliche Kontrollstellen und Datenverarbeitung. § 163 d StPO und novellierte Polizeigesetze der Länder zwischen Strafverfolgung, Gefahrenabwehr und vorbeugender Straftatenbekämpfung. 1992.

Band 8 Werner Kemper: Horizontale Teilrechtskraft des Schuldspruchs und Bindungswirkung im tatrichterlichen Verfahren nach der Zurückverweisung. §§ 353, 354 Abs. 2 StPO. 1993.

Band 9 Ovvadias Namias: Die Zurechnung von Folgeschäden im Strafrecht. 1993.

Band 10 Jan Zopfs: Unfallflucht bei eindeutiger Haftungslage? Unverzüglichkeitsgebot und Wahlmöglichkeit in § 142 Abs. 2 und 3 StGB. 1993.

Band 11 Stefan Hiebl: Ausgewählte Probleme des Akteneinsichtsrechts nach § 147 StPO. 1994.

Band 12 Ralf Krack: List als Straftatbestandsmerkmal. Zugleich ein Beitrag zu Täuschung und Irrtum beim Betrug. 1994.

Band 13 Henning Radtke: Zur Systematik des Strafklageverbrauchs verfahrenserledigender Entscheidungen im Strafprozeß. 1994.

Band 14 Bernd J. A. Müssig: Schutz abstrakter Rechtsgüter und abstrakter Rechtsgüterschutz. Zu den materiellen Konstitutionskriterien sog. Universalrechtsgüter und deren normentheoretischem Fundament – am Beispiel der Rechtsgutsbestimmung für die §§ 129, 129a und 324 StGB. 1994.

Band 15 Heinz Koriath: Über Beweisverbote im Strafprozeß. 1994.

Band 16 Burkhard Niepoth: Der untaugliche Versuch beim unechten Unterlassungsdelikt. 1994.

Band 17 Karsten Altenhain: Die Strafbarkeit des Teilnehmers beim Exzeß. 1994.

Band 18 Ina Walbaum: Schuldspruch in der Revisionsinstanz nach freisprechendem Urteil des Tatgerichts. 1996.

Band 19 Birgit Dalbkermeyer: Der Schutz des Beschuldigten vor identifizierenden und tendenziösen Pressemitteilungen der Ermittlungsbehörden. 1994.

Band 20 Thomas Hackner: Der befangene Staatsanwalt im deutschen Strafverfahrensrecht. 1995.

Band 21 Hartmut Loritz: Kritische Betrachtungen zum Wert des strafprozessualen Zwischenverfahrens. 1996.

Band 22 Heinz-Hermann Berghof: Therapie und Strafe im Betäubungsmittelrecht. Recht und Wirklichkeit der Behandlung Drogenabhängiger unter besonderer Berücksichtigung der §§ 35 ff BtMG. 1995.

Band 23 Oliver Mertens: Strafprozessuale Grundrechtseingriffe und Bindung an den Wortsinn der ermächtigenden Norm. 1996.

Band 24 Sönke Bahnsen: Das Akteneinsichtsrecht der Verteidigung im Strafverfahren. Dogmatische Grundlagen und Einzelprobleme im Lichte einer rechtsstaatlichen Verfahrensgestaltung. 1996.

Band 25 Dirk Schwieger: Der Vorteilsbegriff in den Bestechungsdelikten des StGB. 1996.

Band 26 Stephanie Meinecke: Die Auswirkungen von Verfahrensfehlern auf die Strafbarkeit nach den Aussagedelikten. 1996.

Band 27 Ute Lambrecht: Strafrecht und Disziplinarrecht. Abhängigkeiten und Überschneidungen. 1997.

Band 28 Carsten Momsen: Verfahrensfehler und Rügeberechtigung im Strafprozeß. Die Strukturen der Revisionsberechtigung unter besonderer Berücksichtigung des Begriffs "Rechtsnormen, die lediglich zugunsten des Angeklagten gegeben sind" in § 339 StPO. 1997.

Band 29 Ursula Epp: Die Abgeordnetenbestechung – § 108 e StGB. 1997.

Band 30 Bernd Scheiff: Wann beginnt der Strafrechtsschutz gegen kriminelle Vereinigungen (§ 129 StGB)? 1997.

Band 31 Ulrike Fontaine: Max Grünhut (1893-1964). Leben und wissenschaftliches Wirken eines deutschen Strafrechtlers jüdischer Herkunft. 1998.

Band 32 Claudia Keiser: Das Kindeswohl im Strafverfahren. Zur Notwendigkeit eines am Kindeswohl orientierten Umgangs mit minderjährigen Opfern und Zeugen, den Möglichkeiten de lege lata und den Erfordernissen de lege ferenda. 1998.

Band 33 Wiebke Schürer-Mohr: Erlaubte Risiken. Grundfragen des "erlaubten Risikos" im Bereich der Fahrlässigkeitsdogmatik. 1998.

Band 34 Stephan Voigtel: Zum Freibeweis bei Entscheidungen der Strafvollstreckungskammer. Eine Untersuchung zu ausgewählten Fragen des Beweisrechts im gerichtlichen Verfahren in Strafvollstreckungs- und Strafvollzugssachen. 1998.

Band 35 Volkmar Wißgott: Das Beweisantragsrecht im Strafverfahren als Kompensation der richterlichen Inquisitionsmaxime. Die Judikatur des Reichsgerichts zum strafprozessualen Beweisrecht. 1998.

Band 36 Susanne Merz: Strafrechtlicher Ehrenschutz und Meinungsfreiheit. 1998.

Band 37 Uwe Schlömer: Der elektronisch überwachte Hausarrest. Eine Untersuchung der ausländischen Erfahrungen und der Anwendbarkeit in der Bundesrepublik Deutschland. 1998.

Band 38 Michael Liedke: Die Vermögensstrafe gemäß § 43a StGB in ihrer kriminalpolitischen Bedeutung. 1999.

Band 39 Danja Domeier: Gesundheitsschutz und Lebensmittelstrafrecht. Zur Konkretisierung der Verkehrspflichten und ihrer Strafbewehrung, insbesondere mit Blick auf §§ 8 ff. LMBG. 1999.

Band 40 Ritva Westendorf: Die Pflicht zur Verhinderung geplanter Straftaten durch Anzeige. Eine kritische Betrachtung der §§ 138, 139 StGB im Kontext der Unterlassungsdelikte. 1999.

Band 41 Hans Theile: Tatkonkretisierung und Gehilfenvorsatz. 1999.

Band 42 Nicole Lange: Vorermittlungen. Die Behandlung des staatsanwaltschaftlichen Vorermittlungsverfahrens unter besonderer Berücksichtigung von Abgeordneten, Politikern und Prominenten. 1999.

Band 43 Tanja Gunder: Der Umgang mit Kindern im Strafverfahren. Eine empirische Untersuchung zur Strafverfolgung bei Sexualdelinquenz. 1999.

Band 44 Sven-Markus Thiel: Die Konkurrenz von Rechtfertigungsgründen. 2000.

Band 45 Jan Schlüter: Die Strafbarkeit von Unternehmen in einer prozessualen Betrachtung nach dem geltenden Strafprozeßrecht. 2000.

Band 46 Detlef Heise: Der Insiderhandel an der Börse und dessen strafrechtliche Bedeutung. Eine Untersuchung des neuen deutschen Insiderrechts speziell unter Bezugnahme auf die strafrechtstheoretischen und strafrechtsdogmatischen Grundlagen. 2000.

Band 47 Hermann Wichmann: Das Berufsgeheimnis als Grenze des Zeugenbeweises. Ein Beitrag zur Lehre von den Beweisverboten. 2000.

Band 48 Rainer T. Cherkeh: Betrug (§ 263 StGB), verübt durch Doping im Sport. 2000.

Band 49 Kristian Hohn: Die Zulässigkeit materieller Beweiserleichterungen im Strafrecht. Eine Untersuchung über Erscheinungsformen und Grenzen der Lösung beweisrechtlicher Probleme im materiellen Strafrecht. 2000.

Band 50 Malte Rabe von Kühlewein: Der Richtervorbehalt im Polizei- und Strafprozeßrecht. 2001.

Band 51 Donata Meinecke: Die Gesetzgebungssystematik der Versuchsstrafbarkeit von Verbrechen und Vergehen im StGB. 2001.

Band 52 Joachim Bock: Begriff, Inhalt und Zulässigkeit der Beweislastumkehr im materiellen Strafrecht. 2001.

Band 53 Gabriele Rose: Grenzen der journalistischen Recherche im Strafrecht und Strafverfahrensrecht. 2001.

Band 54 Wiebke Reitemeier: Täuschungen vor Abschluß von Arbeitsverträgen. Zum Verhältnis zwischen dem Straftatbestand des Betrugs und dem Anfechtungsrecht wegen arglistiger Täuschung (§§ 263 Abs. 1 StGB, 123 Abs. 1 Alt. 1 BGB). 2001.

Band 55 Peter Rackow: Das DNA-Identitätsfeststellungsgesetz und seine Probleme. 2001.

Band 56 Frank Zschieschack: Geiselnahme und erpresserischer Menschenraub (§§ 239a, 239b StGB) im Zwei-Personen-Verhältnis. 2001.

Band 57 Natascha Sëyfi: Das Sicherungsverfahren (§§ 413 - 416 StPO). 2002.

Band 58 Dirk Seiler: Die *Sperrwirkung* im Strafrecht. 2002.

Band 59 Dorothee Sydow: Die actio libera in causa nach dem Rechtsprechungswandel des Bundesgerichtshofs. 2002.

Band 60 Inga Metrikat: Die Unterbringung in einer Entziehungsanstalt nach § 64 StGB – Eine Maßregel im Wandel? Eine vergleichende, empirische Untersuchung zur Entscheidung des Bundesverfassungsgerichts vom 16.03.1994, BVerfGE 91, 1 ff. 2002.

Band 61 Sabine Caroline Bechtoldt: Die Erledigungserklärung im Maßregelvollzug des § 63 StGB. Eine empirische Untersuchung der Erledigungserklärung und zugleich rechtsdogmatische Erörterung ihrer Rechtskraftproblematik. 2002.

Band 62 Sandra Schulte-Nover: Strafrichter in Deutschland und England. Ein systematischer Rechtsvergleich im Hinblick auf die richterlichen Kompetenzen im Strafverfahren. 2003.

Band 63 Tim Schurig: Belehrung und Beratung des Beschuldigten über sein Aussageverhalten. Eine gemeinsame Aufgabe von Gericht und Verteidigung? 2003.

FSC
www.fsc.org
MIX
Papier | Fördert gute Waldnutzung
FSC® C083411

Kolibri 360 GmbH
Ferdinand-Jühlke-Straße 7
99095 Erfurt, Deutschland
produktsicherheit@kolibri360.de

Druck:
CPI Druckdienstleistungen GmbH
im Auftrag der
Kolibri 360 GmbH
Ferdinand-Jühlke-Str. 7
99095 Erfurt